James P. O'Shaughnessy

Die besten Anlagestrategien aller Zeiten

James P. O'Shaughnessy

Die besten Anlagestrategien aller Zeiten

Aus dem Amerikanischen übersetzt von Andreas Körner

 **verlag moderne industrie**

Die Deutsche Bibliothek – CIP-Einheitsaufnahme

O'Shaughnessy, James P.:
Die besten Anlagestrategien aller Zeiten / James P. O'Shaughnessy.
Aus dem Amerikan. übers. von Andreas Körner. – Landsberg/Lech :
mi, Verl. Moderne Industrie, 1999
    Einheitssacht.: What works on Wall Street <dt.>
    ISBN 3-478-36580-5

2. Auflage 1999

Copyright für die deutschsprachigen Rechte © 1999 verlag moderne industrie,
86895 Landsberg/Lech
Internet: http:/www.mi-verlag.de

Titel der amerikanischen Originalausgabe: „What works on Wall Street"

Umschlaggestaltung: Daniela Lang, Stoffen
Satz: Fotosatz Buck, Kumhausen
Druck: Himmer, Augsburg
Bindearbeiten: Thomas, Augsburg
Printed in Germany 360 580/089901
ISBN 3-478-36580-5

Inhalt

16 Der Einsatz von Mehrfaktorenmodellen zur Performance-Verbesserung

19 Die Suche nach einer wegweisenden Wachstumsstrategie

Über den Autor

James P. O'Shaughnessy ist Präsident und Geschäftsführer der O'Shaughnessy Capital Management Inc., einer renommierten in Greenwich, Conncticut, USA, ansässigen Investment Management Gesellschaft.

Er fungiert zugleich als Fondsmanager von vier sogenannten „No Load Funds" der O'Shaughnessy Gruppe (unter No Load Fonds versteht man Investmentfonds, bei denen der sonst übliche Ausgabeaufschlag entfällt). Der bereits seit geraumer Zeit als einer der führenden amerikanischen Finanzexperten und Vorreiter der quantitativen Aktienanalyse geltende Publizist wurde vom Wirtschaftsmagazin *Barron's* als „Weltweiter Top-Performer" und „Statistikguru" gefeiert. Das Fachblatt *Higher Returns* bezeichnete O'Shaughnessy als einen der „fundamentalsten und grundlegendsten Marktstrategen jemals". *Forbes* nannte sein Erstlingswerk *Invest like the Best* eine der besten Neuerscheinungen des Jahres 1994, ebenso *The Stocktraders Almanach,* der im gleichen Jahr bestätigte, daß es sich bei *Invest like the Best* um das beste Investmentbuch des Jahres handle.

O'Shaughnesy's Investmentstrategien erweckten das Interesse nahezu aller klangvollen Namen der Wirtschaftspublizistik und wurden detailliert vom *Wallstreet Journal,* der *New York Times, The Washington Post, The Financial Times, The Los Angeles Times,* Londons *Daily Mail,* Japans *Nikkei Shimbun Daily, Newsweek, Barron's, Forbes, Smart Money, Worth* sowie *Money* wohlwollend besprochen.

Darüber hinaus ist O'Shaughnessy Stammgast der Wirtschaftssendungen von CNN sowie CNBC.

O'Shaughnessy lebt in Greenwich, Connecticut, mit seiner Frau und drei Kindern.

Man warte auf den weisesten aller Ratgeber, die Zeit.

Perikles

Vorwort

V

Je bahnbrechender eine Entdeckung ist, desto offenkundiger erscheint sie im nachhinein.

Arthur Koestler

Patrick Henry hatte mit seiner Aussage, daß der einzige Weg, die Zukunft einzuschätzen, die Vergangenheit sei, zweifelsohne recht. Übertragen auf die Kapitalmärkte legt dies nahe, daß Anleger, die die erfolgreichsten Investmentstrategien für die Zukunft umsetzen wollen, Zugang zu objektivem, langfristigem Datenmaterial zur Wertentwicklung von (hier) Aktien benötigen. Hierbei ist es unerheblich, ob ein kurzfristiger spekulativer Ansatz zum Tragen kommt oder ob ein eher konservativer, risikoaverser Anleger auf langfristiges, stetiges Kapitalwachstum für die Altersvorsorge abzielt. Detaillierte Informationen darüber, wie sich unterschiedliche Investitionsstrategien historisch entwickelt haben, statten Sie mit dem unerläßlichen Wissen darüber aus, wie sich die unterschiedlichen Ansätze bezüglich der Kriterien Risiko, Flexibilität und Kontinuität der Erträge darstellen. Der Zugang zu wirklich langfristigen Anlageergebnissen ermöglicht Ihnen, fundierte Entscheidungen auf Basis von Information und nicht anhand vager Versprechungen zu treffen.

Dieses Buch leistet hier einen unschätzbaren Beitrag, indem es erstmals eine echte Langfriststudie der gängigsten Strategien am Beispiel des amerikanischen Aktienmarktes betreibt. Bis dato lag nämlich noch keine relevante Beschreibung darüber vor, welche Rezepte tatsächlich auf lange Sicht gewinnen und welche nicht. Zwar gibt es allerhand Untersuchungen, die einen kürzeren Zeithorizont umfassen, *What Works on Wallstreet* stellt jedoch den ersten kompletten, statistisch gesicherten Leitfaden zur Wirksamkeit der beliebtesten Investmentstrategien professioneller Marktteilnehmer dar.

Sämtliche Analysen in diesem Buch gehen auf Zahlenmaterial von Standard & Poors Compustat zurück; diese Datenbank ist bei weitem die größte, umfassendste Quelle für Informationen zum amerikanischen Aktienmarkt. Erstmals zur Erstellung dieses Werkes

15

wurde die Gesamtheit der historischen S&P Compustat Datenbasis externen Researchern zur Verfügung gestellt. Mit *What Works on Wallstreet* halten Sie 45 Jahre quantitatives Research über die Resultate der erfolgversprechendsten Strategien am liquidesten Aktienmarkt der Welt in Händen.

Grundlagen

Erst das Zusammenspiel hochleistungsfähigster Computer mit der nahezu unbegrenzten Datenbasis ermöglichte es, stringent nachzuweisen, daß die potentiellen Erträge eines Portfolios direkt von dessen Bestimmungsgrößen abhängen. Vor der Verfügbarkeit superschneller EDV-Systeme war es nahezu ausgeschlossen, zu bestimmen, welche Strategie grundlegend für die Entwicklung des jeweiligen Portfolios war. Die Anzahl der bestimmenden Variablen (wie z.B. das Kurs-Gewinn-Verhältnis oder die Dividendenrendite), die ein Investor zur Entscheidung heranziehen konnte, erschienen schlicht unbegrenzt. Es blieb also lediglich die Möglichkeit, die Entwicklung des Portfolios in seiner Gesamtheit im Zeitablauf zu beurteilen, so daß oftmals sogar professionelle Fondsmanager nicht konkret bestimmen konnten, welche Faktoren es nun waren, die den Erfolg respektive Mißerfolg zu verantworten hatten. Man mußte sich vielmehr auf Beschreibungen allgemeiner Art beschränken, diese hatten dann zwangsläufig nur qualitativen Charakter.

Wie bereits angemerkt, änderte sich dies durch den Einsatz von Computern grundlegend. Wir können nun ein Portfolio auch quantitativ analysieren und somit im statistischen Sinne diejenigen Stellgrößen isolieren, die dafür verantwortlich sind, daß manche Strategien eine sehr gute Performance generieren, während andere in der Mittelmäßigkeit verharren.

Der Einsatz moderner EDV ermöglicht es darüber hinaus, beliebige determinierende Faktoren rückwirkend miteinander zu verketten und somit Schlüsse über eine etwaige zukünftige Entwicklung (dieser speziellen und nahezu jeder beliebigen denkbaren Strategie) zu ziehen.

Die meisten Strategien sind schlicht mittelmäßig

What works on Wallstreet zeigt deutlich auf, daß die meisten Ansätze zur Portfolioallokation nur mittelmäßige Resultate hervorbringen; dies gilt im besonderen für die Mehrzahl der Strategien, die zwar in der Kurzfristbetrachtung vielversprechend erscheinen. Im langfristigen Vergleich aber gelingt es den wenigsten davon, eine simple Nachbildung z.B. des S&P 500 Index (oder eines entsprechenden anderen Index, also ein sog. Spiegelportfolio, Anm. des Übersetzers) zu schlagen.

Ein weiterer wertvoller Beitrag, den dieses Buch leistet, ist der Nachweis, daß die in der Wirtschaftswissenschaft verbreitete „Random-Walk-Theorie" fehlgeht. Diese Theorie beschreibt die Entwicklung von Aktienkursen als ein Zufallsgeschehen und negiert somit jegliche Prognostizierbarkeit oder die Möglichkeit, den Markt zu schlagen (Anm. des Übersetzers).

Das Buch zeigt hier deutlich, daß, anders als in der Theorie beschrieben, systemimmanent am Aktienmarkt regelmäßig manche Anlagestrategien honoriert werden, während andere gnadenlos abgestraft werden.

Die Analyse der unterschiedlichsten Erträge über die letzten 45 Jahre durch *What Works on Wallstreet* zeigt klar auf, daß an den langfristigen Ertragserwartungen einer Aktienanlage kaum etwas Zufälliges zu finden ist. Dies impliziert die greifbare Möglichkeit, daß Investoren deutlich besser abschneiden können als der Gesamtmarkt, wenn sie nur konsequent über die Zeit getestete Strategien, die auf rationelle Überlegungen zurückgehen und auf sinnvoller Methodik basieren, zur Portfollioallokation einsetzen.

Disziplin ist der Schlüssel zum Erfolg

Wie gesagt: Der einzige Weg, den Markt zu schlagen, ist, oben benannte Strategien konsequent einzusetzen. 80% der von der Agentur Morningstar (ähnlich dem im deutschen Sprachraum geläufigeren Micropal Award, Anm. des Übersetzers) bewerteten Publikumsfonds verfehlen das Klassenziel jedoch, weil deren Fondsmanager es an der nötigen Disziplin fehlen lassen, eine einmal definierte und als sinnvoll erkannte Strategie durchzuhalten. Dieser Mangel an Disziplin verhindert jegliche positive langfristige Wertentwicklung.

Highlights des Buches

Nach der Lektüre der entsprechenden Kapitel des Buches werden Ihnen folgende Punkte klar sein:

- Die meisten der vielgepriesenen Anlagestrategien mit sehr kleinen Aktienwerten (niedrig kapitalisierte Werte, sog. Small Caps, Anm. des Übersetzers) kaprizieren sich auf Werte mit einer Marktkapitalisierung von weniger als 25 Mio. US$. Sie haben daher de facto nur theoretische Aussagekraft, da diese Werte eigentlich für jede Anlegergruppe zum Erwerb zu klein sind.
- Wenn man sich für Werte mit niedrigem KGV (Kurs-Gewinn-Verhältnis, engl.: PER, Price-Earnings-Ratio, Anm. des Übersetzers) entscheidet, ist es am vielversprechendsten, dies mit großen, bekannten Firmen zu tun.
- Wenn man auf der Suche nach Marktoutperformern ist, stellt ein gutes, d.h. niedriges Kurs-Umsatz-Verhältnis *Price-to-Sales-Ratio,* also der Aktienkurs im Verhältnis zum Umsatz, einen hervorragenden Indikator dar.
- Die Verlierer des letzten Jahres sind auch heuer die schlechteste Wahl.
- Die Gewinnsteigerungsrate des letzten Jahres ist isoliert betrachtet wertlos, um ein gutes Investment rauszupicken.
- Mit der Anzahl der einbezogenen Bestimmungsgrößen steigt der zu erwartende Anlageerfolg überproportional.
- Man kann einen breiten Index (hier den S&P 500) um den Faktor 4 schlagen, wenn man sich auf Blue Chips mit hohen Dividendenrenditen konzentriert.
- Relative Stärke ist die einzige Wachstumsvariable, die den Markt beständig schlägt.
- Die aktuellen Lieblinge des Marktes mit den höchsten KGVs zu erwerben ist einer der größten Fehler.
- Dem potentiellen Risiko einer Strategie sollte überragende Beachtung geschenkt werden.
- Eine Kombination aus wachstums- und substabzorientierten Strategien ist der vielversprechendste Weg zum Anlageerfolg.

Danksagung

Ohne die Mithilfe zahlreicher Personen wäre dieses Buch nicht zu realisieren gewesen. Als ich vor einigen Jahren mit diesem Projekt begonnen habe, war Jim Banscome, damals Chef von Compustat, zu jedem Zeitpunkt eine tragende Säule des Unterfangens. Sein Nachfolger Paul Cleckner unterstützte mich gleichermaßen und darf mit Fug und Recht als einer derjenigen Firmenchefs gelten, die sich im besten Sinne die Befriedigung der Bedürfnisse ihrer Kunden, hier von Tausenden von Investoren, zu ihrem persönlichen Ziel gemacht haben. Die Zusammenarbeit mit Howard Smith, dem aktuellen Geschäftsführer von Compustat, beim koninuierlichen Verfeinern des Datenmaterials und somit der resultierenden Strategien war ebenfalls in höchstem Maße befriedigend. Vielen Dank auch an Steve Johannson, der mir als Spezialist in puncto Compustat PC Plus bei der ersten Ausgabe diese Buches unter die Arme gegriffen hat. Steve übertraf alle Erwartungen, als es darum ging, das Testdesign zu entwickeln, sowie bei seiner maßgeblichen Beteiligung an der zugrundeliegenden Researcharbeit.

Auf keinen Fall würde dieses Buch jedoch ohne die kontinuierliche Hilfe und ständige Ermutigung durch meine Frau Melissa vor Ihnen liegen. Besonderen Dank schulde ich ihr für das Redigieren wirklich jeder Zeile sowie ihre wertvolle Hilfe beim Erstellen des Manuskripts. Ohne ihre professionellen Fähigkeiten wäre dieses Buch niemals fertiggestellt worden.

Neben der Tatsache, daß ich sie über alles liebe, verdanke ich ihr ohnedies jeglichen Erfolg, der mir als Autor zuteil wurde.

Vielen Dank auch an die Kollegen bei O'Shaughnessy Capital Management, die mich ohne Murren in der Zeit des Entstehens des Buches ertragen haben.

James P. O'Shaughnessy
Greenwich, Connecticut,
USA, 1997

1 Investmentstrategien mit Aktien: Unterschiedliche Methoden, gleiches Ziel

Intelligenz bestreitet neun Zehntel jeder Schlacht.   Napoleon

Es gibt zwei Grundansätze, in Aktien zu investieren: den aktiven und den passiven Investmentansatz. Geläufiger in diesem Kontext ist sicherlich der aktive Ansatz. Vereinfacht gesprochen versuchen die Manager des entsprechenden Vermögens hierbei – durchaus unabhängig vom individuell vorgegebenen Risikograd –, die Erträge des Portfolios zu maximieren, indem sie Titel erwerben, die sie für überlegen halten. Die Wege, zu dieser Einschätzung über eine Aktie zu gelangen, ähneln sich dabei regelmäßig überaus stark. Firmen werden analysiert, man spricht mit dem Management, unterhält sich mit Kunden und dem Wettbewerb, man untersucht historische Trends sowie aktuelle Prognosen, um abschließend zu entscheiden, ob die entsprechende Aktie einen Kauf wert ist. Die Gruppe dieser *objektiven* Investoren läßt sich wiederum nach den beiden geläufigsten Stilen bei der Auswahl der Werte differenzieren. Hierbei spricht man dann vom wachstumsorientierten versus wert- oder substanzorientierten Ansatz. Welche Sorte Aktien nun ins Depot genommen wird, entspringt also weitestgehend der jeweiligen Philosophie. Wachstumsorientierte Anleger kaufen Aktien, die überdurchschnittliche Wachstumsraten bei Umsatz und Gewinn aufweisen und versprechen, diesen Trend beizubehalten. Der klassische Wachstumswert erfreut seinen Käufer mit konstant steigendem Gewinnwachstum. Ganz im Vordergrund steht bei diesem Ansatz das Wachstumspotential des betreffenden Papiers; wachstumsorientierte Geldanleger unterstellen mithin, daß sich der Aktienkurs entsprechend der etwaigen Gewinnsteigerung entwickelt.

In Abgrenzung zum bislang Skizzierten ist der substanzorientierte Ansatz zu nennen, der nach Dividendenwerten Ausschau hält, deren aktuelle Börsenbewertung substantiell unter dem inneren (tatsächlichen) Wert respektive unter deren Liquidationserlös liegt. Diese Investoren nutzen als Entscheidungshilfe Kennzahlen wie das Kurs-Gewinn-Verhältnis oder Kurs-Umsatz-Verhältnis, um Papiere

1

zu identifizieren, die unter ihrem vermeintlichen inneren Wert notieren. Als Grundgedanke steht hier das „Schnäppchen", bei dem sich ein tatsächlicher Wert von einem Dollar für siebzig Cents abstauben läßt. Im Zentrum des Denkens und Handelns wert- bzw. substanzorientierter Anleger steht eindeutig die Bilanz des Unternehmens. Dieser Investmentansatz unterstellt, daß im Zeitablauf der Börsenkurs und der innere Wert konvergieren.

In vielen Fällen kommt bei aktiv gemanagten Fonds ein Gemisch beider Schulen zum Einsatz, wobei die Erfahrung lehrt, daß Fonds mit einer dezidiert ausformulierten und klar definierten Strategie in der Regel die Nase vorne haben. Statistisch gesehen wird die Mehrzahl sämtlicher Publikumsfonds, professionell gemanagter Pensionsfonds sowie betreuter Individualkonten entsprechend dem aktiven Ansatz geführt.

Der traditionelle Ansatz funktioniert nicht wirklich

Der traditionelle Ansatz des aktiven Vermögensmanagements klingt nur genau so lange überzeugend, bis man einen Blick auf die Resultate wagt. Fakt ist nämlich, daß hier die überwiegende Mehrheit das angestrebte Ziel, einen als Meßlatte vorgegebenen Index (sog. Benchmark oder auch Peergroup bei Fonds, Anm. des Übersetzers) zu schlagen, verfehlt. Dies hat leider in der kurzfristigen wie in der langfristigen Betrachtung Gültigkeit. Abbildung 1.1 stellt die prozentuale Verteilung derjenigen aktiv geführten Investmentfonds dar, die von der Agentur Morningstar (eine amerikanische Ratingagentur, die sich unter anderem mit Fonds beschäftigt, Anm. des Übersetzers) analysiert worden sind und den hier als Maßstab vorgegebenen Vanguard Index 500 Fonds, eine Nachbildung des S&P 500 Index, schlagen konnten. Selbst während der besten Zehnjahresperiode, endend zum 31.12.1994, wiesen lediglich 26 % der auf traditionelle Weise aktiv gemanagten Fonds eine bessere Wertentwicklung auf als der Index.

Sieht man genauer hin und betrachtet, wie ausgeprägt die prozentuale Überperformance dieser Fonds war, verdüstert sich das Bild zusehends. Wie Abbildung 1.2 zeigt, haben von den 128 Investmentfonds, die in den 10 Jahren bis 31.12.1996 überhaupt den Index schlagen konnten, lediglich 43 % diesen um mehr als 2 % übertroffen. Diese Zahlen verzerren das Bild sogar noch etwas zum Positiven hin, da sämtliche Fonds, die die entsprechende Zehnjahresperiode nicht überlebt haben, nicht berücksichtigt wurden.

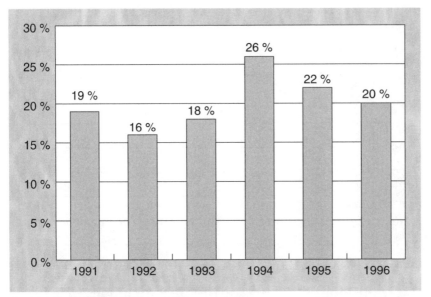

Quelle: Morningstar OnDisk

Abb. 1.1: Hier wird dargestellt, welcher prozentuale Anteil aller Aktienfonds, für die Werte vorliegen, in den jeweils zurückliegenden 10 Jahren vor dem 31. Dezember des angegebenen Jahres den Vanguard Index 500 Fonds geschlagen haben.

Die logische Konsequenz aus obigen Ausführungen war, daß passive Strategien, die den Index z.B. nur spiegelbildlich nachbauen, explosionsartig an Bedeutung gewannen. Hierbei beschränken sich Investoren darauf, Investmentfonds (aber auch Indexzertifikate, Anm. des Übersetzers) zu kaufen, die einen Index deckungsgleich abbilden, von dem der Anleger annimmt, daß er den breiten Markt möglichst gut repräsentiert. Natürlich kann hier das Ziel nur sein, an der Marktentwicklung eins zu eins teilzunehmen, ohne den Index schlagen zu wollen oder zu können. Man gibt also die augenscheinlich geringe Chance einer Überperformance zugunsten der Sicherheit auf, nicht schlechter als der Index abzuschneiden. Getrieben von den enttäuschenden Resultaten bei traditionell gemanagten Fonds schwollen denn auch die unter Verwaltung stehenden Assets von Indexfonds von kümmerlichen 10 Mrd. US$ im Jahre 1980 auf erkleckliche 250 Mrd. US$ in 1990 an. Schätzungen zufolge werden zum Ende des Jahrhunderts mehr als die Hälfte aller Pensionsfonds Indexfonds sein. Auch wenn dieser Trend von den (in den USA überaus wichtigen, Anm. des Übersetzers) Pensionsfonds ausging,

23

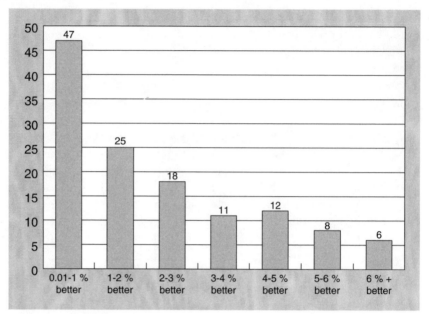

Quelle: Morningstar OnDisk

Abb. 1.2: Diese Graphik veranschaulicht, um welchen prozentualen Betrag sich die 128 Publikumsfonds, die den Vanguard Index 500 Fonds in den 10 Jahren vor dem 31.12.1996 schlagen konnten, besser entwickelten als die Referenz.

wird er nunmehr fast zeitgleich vom breiten Spektrum der sonstigen offenen Investmentfonds nachvollzogen. Demzufolge sind zumindest in den USA Indexfonds das am schnellsten wachsende Segment im Fondsgeschäft. So stiegen die in offenen Indexfonds (in der Abgrenzung zu obigen Pensionsfonds, Anm. des Übersetzers) angelegten Mittel von 1986 bis 1996 von 556 Mio. US$ auf 65 Mrd. US$ an.

Wo liegen die Schwachstellen?

Von der wissenschaftlichen Warte betrachtet ist es kaum erstaunlich, daß traditionell aktiv geführte Fonds den Markt normalerweise nicht schlagen können. Laut Theorie handelt es sich nämlich speziell beim Effektenmarkt um ein effizientes Marktgeschehen, was impliziert, daß sämtliche verfügbaren Informationen bereits im Preis enthalten sind. Dies legt den Schluß nahe, daß die zukünftige Kursentwicklung nicht vorhersehbar ist und einem Zufallsweg (Random

Walk, Anm. d. Übersetzers) folgt. Also könnte genausogut ein Affe mit Dartpfeilen auf den Kursteil der Tageszeitung werfen, um die Titelauswahl zu treffen.

Die Erkenntnisse der Langfristanalyse im vorliegenden Buch widersprechen dieser These ganz eindeutig. Weit entfernt von einem Zufallsgeschehen, zeigt die Datenlage ein gänzlich unzufälliges Verhaltensmuster.

Das 45 Jahre umfassende Datenmaterial legt eine ausgeprägte Möglichkeit der Prognostizierbarkeit von Anlageergebnissen nahe. Genauso deutlich wie durchgängig belohnt der Markt bestimmte Eigenschaften (z.B. Aktien mit niedrigen Kurs-Gewinn-Verhältnissen) und bestraft gleichermaßen durchgängig andere in der Langfristbetrachtung. Dies hebelt allerdings das geläufige Paradox keineswegs aus, daß trotz Kenntnis der Sachlage 80% der Fondsmanager ihre Benchmark nicht schlagen können.

Ein gewichtiger Grund ist sicherlich, daß man nicht automatisch mit einer vielversprechenden Aktie oder anderen Anlagemöglichkeit Geld verdient. Die gewinnbringende Umsetzung verlangt nämlich die Fähigkeit und Möglichkeit, konsequent, geduldig, fast sklavisch an einer Strategie festzuhalten, selbst wenn diese temporär schlechter abschneidet als Konkurrenzmodelle. Nur wenige befinden sich in eben dieser erfolgversprechenden Situation. Wirklich erfolgreiche Manager finden sich nicht einfach mit den wohlfeilen Gegebenheiten ab, sie kämpfen um jeden Renditepunkt und durchforsten den ganzen Markt nach wirklichen Gewinnern.

Im nächsten Kapitel werde ich Ihnen darlegen, daß der Grund, warum der traditionelle Ansatz nicht funktionieren kann, unter anderem in der Art menschlicher Entscheidungsfindung zu suchen ist; systembedingt weist dieser Prozeß Schwächen auf und ist ziemlich unzuverlässig. Gerade diese Schwachstellen bieten demjenigen Investor vielversprechende Möglichkeiten, der eine rational nachvollziehbare, über die Zeit getestete Strategie diszipliniert umsetzt.

Die Analyse der falschen Parameter

Es kann kaum überraschen, daß die Mehrzahl der Wirtschafts- oder Finanzwissenschaftler zu dem Schluß kommen, daß auf konventionellem Wege gehandhabte Aktienportfolios keine besseren Resultate generieren können als ein Zufallsgenerator. In den meisten Fällen können nämlich die Erfolgsbilanzen einzelner Fondsmanager kaum in die Zukunft fortgeschrieben werden, da deren Verhalten über die

1

Zeit unbeständig ist. Es ist fast überflüssig, zu erwähnen, daß auf der Basis inkonsistenten Anlegerverhaltens kaum werthaltige Prognosen zu erstellen sind. Selbst wenn ein Portfoliomanager völlig konstant und rational handelte, eigentlich eine der Kardinaltugenden dieser Branche, ginge die Prognostizierbarkeit künftiger Ergebnisse spätestens dann verloren, wenn dieser Manager die Gesellschaft verläßt. Analog tritt der Verlust der Vorhersehbarkeit im undramatischeren Fall ein, daß der Vermögensverwalter sich einfach entschließt, seinen Stil zu ändern. Die Wissenschaft geht also beständig von falschen Annahmen aus. Sie unterstellt perfekt rationales, kontinuierliches Verhalten in einem Umfeld, das von Gier, Hoffnung und Angst bestimmt ist. Man tut also nichts anderes, als ein statisch aufgesetztes Portfolio, z.B. in Form des S&P Index, mit den Anlageergebnissen eher wankelmütiger, unstetig geführter Depots zu vergleichen, deren einzelne Anlageentscheidungen an ein unkontrolliertes Aus-der-Hüfte-Schießen erinnern. Eine Analyse und Aufzeichnung der Performance im Zeitablauf (engl.: Track Record, Anm. des Übersetzers) ist ohnehin wertlos, wenn man nicht weiß, welche Strategie das Management genau verfolgt und ob diese noch Gültigkeit hat.

De facto evaluiert man zwei getrennte Faktoren, wenn man ein traditionell geführtes Depot untersucht: zuerst die Strategie als solche und darüber hinaus die Fähigkeit der Manager, diese erfolgreich umzusetzen. Vor diesem Hintergrund erscheint es sinnvoller und vielversprechender, z.B. den eindimensionalen S&P Ansatz tatsächlich nur mit konkurrierenden Ein- bzw. Multifaktorenmodellen zu vergleichen.

Warum die Nachbildung von Indizes erfolgreich ist

Den „Index zu kaufen", man sagt auch „Spiegelportfolios aufbauen", funktioniert deshalb, weil es keine unbegründbaren Gefühlsentscheidungen zuläßt, sondern vielmehr so zwingend wie einfach die großen Blue Chips, diejenigen höher kapitalisierten Werte, die faktisch den z.B. S&P Index repräsentieren, ins Depot aufnimmt. Mit der durchaus simplen Strategie, auf Aktienwerte mit großer Marktapitalisierung, also einem hohen Börsenwert, zu setzen, gelingt es dem S&P Index ja durchaus regelmäßig, 80 % der traditionellen Fonds zu schlagen. Abbildung 1.3 stellt die Performance des S&P 500 der Entwicklung der „großen Aktien" gegenüber. Wir definieren „große Aktien" in diesem Kontext derart, daß ihre Marktkapitalisierung im Referenzjahr über dem Durchschnittswert sämtli-

1

cher Aktienwerte der Compustat Datenbasis liegt. Faktisch kommen entsprechend der Marktkapitalisierung für Kaufentscheidungen somit nur 16% der enthaltenen Aktien in Frage. Diese verbleibenden Aktien wurden dann zu gleichen Nominalbeträgen erworben. Das Gesamtanlegeergebnis ist nahezu identisch. Ein ursprüngliches Investment von jeweils 10 000 US$ am 31.12.1951 entwickelte sich bei Anlage analog dem S&P Index zu 1 726 128 US$ am 31.12.1996. Hätte man den gleichen Betrag über den gleichen Zeitraum in eben jene 16% der großen Aktien investiert, ergäbe sich ein Endbetrag von 1 590 667 US$, also lediglich ein bescheidener Unterschied von 135 461 US$ (über 45 Jahre!). In beiden Fällen wurde Wiederanlage der Dividenden unterstellt. Bemerkenswert ist hierbei, daß diese parallele Entwicklung sich nicht auf die Erträge beschränkt, sondern für das Risiko, gemessen als Standardabweichung der Erträge, gleichermaßen gilt. Die jährliche Standardabweichung der Erträge des S&P Portfolios nahm einen Wert von 16,65% an, während die Anlage in die Gruppe der hochkapitalisierten Aktien eine geringfügig niedrigere Standardabweichung von 16,01% aufwies.

Sich an den S&P 500 anzulehnen ist natürlich nur eine Möglichkeit, eine Strategie umzusetzen, konstant starke, hochkapitalisierte und hochliquide Aktienwerte zu kaufen.

Eine Strategie, die gleichermaßen aufgeht, ist der Erwerb der jeweils 10 Aktien aus dem Dow Jones Industrial Average Index (DJIA) mit der höchsten Dividendenrendite. Von 1928 an, als der Dow auf 30 Werte aufgestockt wurde, bis 1996 schlug diese Strategie den S&P Index fast durchgängig. Tatsächlich gelang es bei diesem Ansatz, diesen marktbreiten Index in fast jeder Zehnjahresperiode, von den depressionsgeplagten Dreißigern bis zu den boomenden Neunzigern, zu schlagen, wobei es darunter lediglich zwei Dekaden gab, in denen dies nicht gelang.

Dieses Buch hält weitere dieser Gewinnerstrategien für Sie bereit.

Wie hat sich die Performance wirklich ergeben?

Nur durch die Kombination leistungsfähigster EDV-Systeme mit der beeindruckenden Datenfülle von Compustat war es überhaupt möglich, erstmals grundsätzlich nachzuweisen, daß die Erträge eines Depots maßgeblich davon bestimmt werden, wie die einfließenden Parameter festgelegt werden. Zuvor war es so gut wie unmöglich, exakt zu bestimmen, welche der (Teil-)Strategien die Entwicklung der Anlage bestimmt hat.

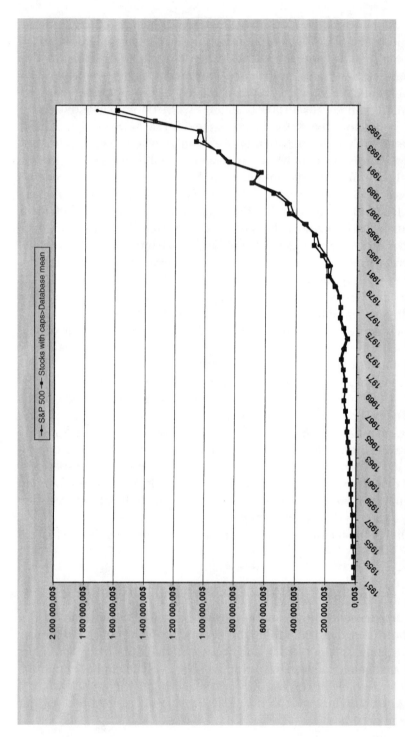

Abb. 1.3: Die beiden Gesamtrenditen für den S&P 500 Index und für die „großen Aktien" mit einer Marktkapitalisierung über dem Durchschnittswert der Datenbank (in etwa die oberen 16% der Aktien).

Da damals wie heute die Anzahl der Faktoren, die für die Wertentwicklung eines Portfolios verantwortlich sind (wie eben das KGV oder die Divdendenrendite), endlos erscheinen, war man in der Prä-Computer-Ära darauf beschränkt, allgemeine quantitative Aussagen über das jeweilige Depot zu treffen. Selbst professionellen Fondsmanagern war es oftmals nicht möglich, die genauen Faktoren zu benennen, die das betreute Vermögen bestimmten.

Dies hat sich, Computer sei's Dank, nunmehr geändert. Auch größte Datenmengen lassen sich schnell daraufhin abklopfen, ob und falls wenn, welche Faktoren es sind, die die mittelmäßigen Strategien von den wirklichen Gewinnern unterscheiden.

Der Einsatz moderner EDV ermöglicht es auch, unterschiedliche theoretische Faktoren miteinander zu verknüpfen und diese Kombination rückwirkend über eine lange Zeitspanne zu testen, um so zu Aussagen über die potentiellen zukünftigen Erfolgsaussichten derart aufgebauter Strategien zu gelangen.

Disziplin ist der Schlüssel

Benützt man ein Auswahlverfahren, das sich wie oben auf den Faktor Marktkapitalisierung beschränkt, liegt es nahe, daß sich dieses Portfolio sehr ähnlich dem Index selbst entwickelt. Ändert man jedoch die das Portfolio bestimmenden Faktoren derart, daß sie signifikant z.B. vom S&P Index abweichen, beispielsweise indem man Werte auswählt, deren Preis-Umsatz-Verhältnis kleiner 1 ist oder deren Dividendenrendite oberhalb eines bestimmten Schwellenwertes liegt, steht zu erwarten, daß sich das Depot deutlich anders entwickeln wird als der Index. S&P Indexfonds z.B. (wie es sie auch für den DAX oder andere Indizes gibt, Anm. es Übersetzers) stellen praktisch nichts anderes dar als strukturierte Portfolios, die diszipliniert auf den Faktor „hohe Marktkapitalisierung" setzen. Es gibt jedoch zahlreiche andere Faktoren, die bessere Resultate erbringen.

Unter strukturiertem Investieren versteht man eine Kombination von aktivem und passivem Portfoliomanagement, das die Kauf- und Verkaufsentscheidungen automatisiert. Erreicht ein bestimmter Aktienwert den Zielwert des definierten Kriteriums, wird er ins Depot genommen und vice versa. Der Auswahlprozeß unterliegt somit keinen persönlichen oder emotionalen Kriterien. Diszipliniertes Einbauen aktiver Strategien ist der Schlüssel zu guter Wertentwicklung. Für gewöhnlich weichen Portfoliomanager jedoch von dieser Stringenz ab; ihr Mangel an Disziplin ist dafür verantwortlich, daß es ihnen nicht gelingt, selbst einfachste Strategien zu schlagen, die allerdings niemals von ihrer Methodik abweichen.

Man stelle sich vor, was der Gesamtmarkt heute für ein Bild abgäbe, wenn die Verantwortlichen bei Dow Jones in den 50er Jahren den Dow Jones Industrial Average dahingehend umstrukturiert hätten, daß sie Aktien mit vernünftigen Bewertungen zugrunde gelegt hätten, als sich auf das Kriterium schierer Größe zu beschränken. Wenn sie so die Anzahl der teilnehmenden Aktien auf 50 erhöht hätten und jedes Jahr die Aktien mit dem niedrigsten Preis-Umsatz-Verhältnis gekauft hätten, stünde der abgebildete Markt heute um den Faktor 4 höher!

Konstanz gewinnt

In einer Studie zu meinem Buch *Invest like the Best* zeigte sich deutlich: Alle erfolgreiche Fondsmanagern besitzen die Tugend der Konstanz im Handeln.

Und mein Ergebnis steht hier keineswegs alleine. In den 70er Jahren führte der Telekommunikationsgigant AT&T eine Untersuchung bezüglich der Manager seiner Pensionsfonds durch, die folgendes ergab: Eine Grundvoraussetzung für erfolgreiches Investieren ist ein klar definierter sowie nachvollziehbarer Entscheidungsprozeß kombiniert mit einer klar ausformulierten Investmentphilosophie, die konstant durchgehalten wird.

John Neff vom Windsor Fonds und Peter Lynch vom Magellan Fonds wurden deshalb zu Legenden, weil ihre Anlageerfolge das Ergebnis einer strikten und disziplinierten Umsetzung ihrer jeweiligen Investmentstrategien waren.

Ein strukturiertes Portfolio in Aktion

Nur ein sehr kleiner Teil der Fonds beziehungsweise ihrer Manager bleiben ihrer Investmentphilosophie über einen langen Zeitraum treu. Eine der Ausnahmen ist hier der Lexington Corporate Leaders Trust, was insofern bemerkenswert ist, als es sich hier um ein strukturiertes Portfolio mit aktiven Ansätzen handelt. Im Gründungsjahr 1935 wurde der Fonds so strukturiert, daß er sich aus 30 Aktiengesellschaften zusammensetzte, die die jeweiligen Branchenführer waren. Dabei wurde eine Gewichtung nach Aktienzahl unabhängig von deren Preis zugrunde gelegt, es wurde also von jeder Gattung die gleiche Anzahl aufgenommen. Seit 1935 fielen sieben Firmen heraus, zwei kamen neu hinzu, so daß der Fonds aktuell aus 25 Werten besteht. Trotz des unkomplizierten Aufbaus dieses auf lediglich ein Auswahlkriterium begrenzten Ansatzes schlägt dieser den Markt. Ein am 01.01.1976 investierter Betrag von 10 000. US$ wuchs zum 31.12.1996 auf 197 563 US$ an, was einer durchschnittlichen Gesamtrendite p.A. von 15,27 % entspricht. Er schlug damit den S&P 500 Index, der es auf eine Vergleichsrendite von 14,91 % brachte, sowie 90 % aller traditionell gemanagten Fonds. Diese Resultate sind um so erstaunlicher, als die Anlagegrundsätze des Lexington Fonds keine permanente Aktualisierung des Portfolios vorsehen, die es zuließe, jeweils aktuelle Branchenprimi neu aufzunehmen. Man stelle sich nur vor, wie sich das Depot entwickelt hätte, wenn man z.B. die heutigen Marktführer ihrer Branche wie Microsoft oder Intel aufgenommen hätte. Tatsächlich generiert nämlich ein ebenfalls strukturierter Ansatz wie der vorher erwähnte Dow-Jones-Ansatz, der ein jährliches Anpassen der enthaltenen Werte durchführt, deutlich bessere Ergebnisse. In diesem Falle hätten sich wiederum 10 000 US$, am 01.01.1976 angelegt, zu einem Betrag von 328 964 US$ entwickelt (bis zum 31.12.1976), was einer vergleichbaren Gesamtrendite von 18,10 % entspräche.

Der überwältigende Einfluß unserer Natur

Etwas zu wissen und danach zu handeln sind zwei Paar Stiefel. Wie schon Goethe sagte: „Im Reich der Ideen gründet alles auf Begeisterung, in der Wirklichkeit hängt jedoch alles von der Beständigkeit ab." Auch wenn wir uns durchaus im klaren darüber sind, werden wir für gewöhnlich von unserer Natur dominiert, die es unserer klaren Ratio nicht ermöglicht, unsere starke Emotionalität zu überwinden.

Als Michael Gorbatschow einmal gefragt wurde, wann er jemals gegen seine rationelle Erkenntnis gehandelt habe, antwortete er: „Ihre Frage hat nur wissenschaftlichen Charakter, sie ist viel zu abstrakt. Die Menschheit verfügt jedoch nicht über den Luxus, im Abstrakten zu leben. Die Menschheit lebt in der realen, gefühlsbetonten, faßbaren Welt der Realität."

In genau dieser realen Welt liegen auch die Probleme für die Anlegerschaft oder auch andere Unternehmer oder Geschäftsleute.

Lassen Sie uns im folgenden einen Blick darauf werfen, warum sich das so und nicht anders verhält.

2 Die unzuverlässigen Experten: Hürden auf dem Weg zum Anlageerfolg

Woran es der Wahrheit gebricht, ist, daß sie größtenteils unbequem und oftmals stumpf ist. Der menschliche Geist sucht nach etwas Anregenderem und Schmeichelhafteren.

H.L. Mencken

Jeden kann die Schuld falscher Entscheidungen treffen, nicht nur die „Weisen" der Wallstreet. Ein Buchhalter muß seine Meinung über die Kreditwürdigkeit einer Firma abgeben, ein Professor muß entscheiden, welche Studenten in ein weiterführendes Programm aufgenommen werden, ein Psychiater muß entscheiden ob die Krankheit eines Patienten psychosomatisch oder physisch bedingt ist. Ein Arzt muß diagnostizieren, ob der Patient Leberkrebs hat oder nicht.

All dies sind Vorgänge, bei denen ein Experte einen gewissen Ausgang vorhersagt. Derartiges vollzieht sich, teils unterschwellig, tagtäglich und ergibt in der Gesamtheit den Stoff, aus dem unser Leben gewoben ist.

Es gibt grundsätzlich zwei Wege, Vorhersagen zu treffen oder zu einer Entscheidung zu gelangen. Der gängigste ist, daß der Entscheider verschiedene mögliche Ergebnisse in Gedanken durchspielt, wobei er sich hauptsächlich auf sein Wissen, seine Erfahrung und seinen gesunden Menschenverstand verläßt. Dieser intuitive Ansatz kommt bei den meisten Fondsmanagern zum Tragen, die den tradierten Ansatz verfolgen. Ein Aktienanalyst etwa wird sich das Zahlenwerk einer Firma ansehen, mit dem Management sowie Kunden und Mitbewerbern des Unternehmens sprechen, um so abschließend eine umfassende Prognose zu stellen. Vorher erwähnter Hochschullehrer mag ebenfalls die Daten in Form von Noten des Aspiranten mit den durchschnittlichen studentischen Leistungen vergleichen und lange Gespräche mit dem Bewerber führen, um zu einem für ihn plausiblen Schluß zu kommen. Diese Art der Urteilsfindung hängt also u.a. von der individuellen, subjektiven Wahrnehmung des Beurteilenden ab.

Die zweite der grundsätzlichen Möglichkeiten zur Entscheidungsfindung kann man als „statistischen" oder „quantitatven" Ansatz bezeichnen. Hierbei werden subjektive Einschätzungen durch denjenigen, der die Entscheidung zu treffen oder die Prognose zu erstellen hat, eliminiert. Vielmehr werden empirisch erhobene Beziehungen zwischen dem zur Verfügung stehenden Datenmaterial und dem angestrebten, definierten Resultat hergestellt, um zu einer Einschätzung zu gelangen. Diese Methode basiert somit ausschließlich auf nachweisbaren, statistisch relevanten Abhängigkeiten, wobei man, um die Aussagekraft zu erhöhen, möglichst große Stichproben heranzieht. Dieses Vorgehen ist analog dem in Kapitel 1 beschriebenen. Als einfaches Beispiel kann der vermeintliche Professor dienen, der sich nunmehr darauf beschränkt, eine statistisch signifikante Beziehung zwischen bisherigen Prüfungsergebnissen (z.B. überdurchschnittliche Leistungen) und den angestrebten Leistungen im Fortgeschrittenenstudium zu ermitteln. Es werden dann ausnahmslos solche Studenten zugelassen, die dieses Kriterium erfüllen.

In den meisten Fällen neigen wir allerdings dazu, intuitive Methoden mit qualitativen Elementen vorzuziehen, und liegen damit in der überwiegenden Anzahl der Fälle falsch.

Die Begrenztheit der menschlichen Urteilsfähigkeit

In seinem revolutionären Buch *The Limits of Scientific Reasoning* stellt David Faust fest, daß „… menschliche Urteilsfähigkeit weitaus begrenzter ist, als wir glauben. Wir haben eine erstaunlich beschränkte Kapazität, komplexe Informationen handzuhaben und zu interpretieren."

In einer breitangelegten Studie in verschiedenen Berufsgruppen, Ärzte, Professoren, Militärs, hat Faust eindrucksvoll gezeigt, daß von Menschen gefällte Urteile regelmäßig auch von einfachen quantitativen Modellen überboten werden. Analog traditionell agierenden Fondsmanagern gelingt es den meisten Angehörigen anderer Berufsgruppen ebenfalls sehr selten, über die Zeit statistisch gesicherte Systeme zu schlagen, die eins zu eins umgesetzt werden.

Der Wissenschaftler Paul Meehl lieferte mit der bereits 1954 erschienenen Studie *Clinical versus statistical Prediction: A theoretical Analysis and Review of the Literature* die erste umfangreiche Studie, die Prognosen traditionell intuitiver Art mit Vorhersagen auf Basis quantitativer Statistik vergleicht. In der Studie überprüfte er die Resultate beider Vorgehensweisen zur Entscheidungsfindung anhand von Beispielen aus den Bereichen „Resultate akademischen Arbeitens", „Erfolgsquote bei Elektroschocktherapie" und „Wiederholungsquote bei Verbrechen". Auch er fand bestätigt, daß selbst einfache quantitative Methoden, stringent angewandt, dem gewöhnlichen Prozeß menschlicher Entscheidungsfindung überlegen sind. Beispielsweise führte die Prognose für akademische Erfolge zu dem Ergebnis, daß ein Auswahlverfahren mit den Kriterien „Abiturnote des Aspiranten" und „Punktzahl beim Eingangstest" zu deutlich besseren Resultaten führt als die traditionelle Einschätzung durch Mitarbeiter mehrerer getesteter Universitäten.

Weitere Hinweise lassen sich Robin Dawes' Buch *House of Cards: Psychology and Psychotherapy built on Myth* entnehmen. Dawes bezieht sich hierbei seinerseits auf Jack Sawyer, einen Forscher auf diesem Gebiet, der eine Zusammenfassung von 45 Studien zum Thema Entscheidungsfindung erstellte. Er fand heraus, daß in keinem Falle die oftmals bevorzugte intuitive Methode überlegen war. Noch deutlicher wird die Überlegenheit quantitativen Vorgehens an einigen von Sawyer dargestellten Fällen, in denen die intuitiv entscheidenden Personen sogar mehr Informationen erhielten als die dagegen getesteten quantitativen Systeme. Auch in diesen Fällen gelang es den „normalen Entscheidern" nicht, die statistischen Ansätze zu übertreffen.

Noch einen Schritt weiter ging der Psychologe L.R. Goldberg. Er konstruierte ein einfaches Modell, das auf den Ergebnissen des sogenannten „Minnesota Multiphasic Personality Inventory" (MMPI) beruht, einem Persönlichkeitstest, der dazu dient, zu entscheiden, ob ein Patient unter einer Neurose oder Psychose leidet. Sein Test ergab, daß die vom Modell erreichte Trefferquote von 70 % von keinem Experten erreicht wurde; der beste brachte es auf 67 % richtige Einstufungen. Der Überlegung entspringend, daß Menschen nach entsprechendem Training bessere Resultate erzielen können, legte Goldberg den Entscheidern jeweils 300 weitere Fälle vor, wobei er ihnen ein unverzügliches Feedback gab, ob ihre Einschätzung korrekt war. Auch nach diesem Zusatztraining erreichte keiner der Psychprofis die Erfolgsquote des Systems.

Wo liegt das Problem?

Das Problem scheint nicht die mangelnde Einsicht in die Unzulänglichkeiten menschlicher Etscheidungsfindung zu sein. Eine von Pathologen durchgeführte Untersuchung zur Abschätzung der verbleibenden Lebenszeit von Patienten nach der erstmaligen Diagnose des Hodgkinssyndroms (einer Form von Krebs) ergab, daß wiederum der Spezialist von statistisch arbeitenden Systemen deutlich deklassiert wurde.

Erstaunlich, daß das System seinen Erfolg mit Faktoren erzielte, die laut Aussage der Experten ihrerseits prognostizierende Elemente beinhalteten und ursprünglich von eben jenen Experten zur Verfügung gestellt worden waren. Es liegt also nahe, daß sie, hier Pathologen, nicht in der Lage waren, ihre eigentlich guten Gedanken und korrekt erhobenen Werte nutzbringend einzusetzen und in Erfolge umzumünzen. Es zeigt sich also, daß das Problem in der Person der Beurteilenden zu suchen ist und nicht in den zur Verfügung stehenden Daten.

Warum Modelle Menschen überlegen sind

In einem bekannten Cartoon sagt die amerikanische Comicfigur Pogo: „Wir haben den Feind getroffen, der wir selbst sind." Das beschreibt das Dilemma unserer Entscheidungen recht gut. Modelle übertreffen auf traditionellem Wege von Menschen erstellte Prognosen, und zwar deshalb, weil sie zu jeder Zeit verläßlich und ohne zu zaudern die gleichen Kriterien in der gleichen Weise anwenden. In nahezu allen Fällen ist es die absolute Verläßlichkeit in der Umsetzung des Modells, die die bessere Performance bedingt. Modelle weichen niemals von ihren definierten Standards ab, sind immer konsequent. Sie unterliegen keinen Gefühlsschwankungen, haben keinen Ehekrach oder einen Kater vom Vorabend und sind nie gelangweilt. Sie lassen sich nicht durch eine spannende Geschichte oder atemberaubende mögliche Wachstumsraten einer Aktie zum Kauf verleiten, wenn die statistischen Daten dagegensprechen. Sie nehmen nie etwas persönlich, sie haben kein Eigenleben und müssen sich daher auch nie etwas beweisen. Wären sie Menschen, wären sie superlangweilig und wahrscheinlich der Tod jeder Party. Menschen aus Fleisch und Blut sind da ganz anders, viel interessanter. Es ist natürlicher, emotional zu reagieren und Probleme persönlich zu nehmen, als ohne jegliche Passion statistisches Material zu beurteilen.

Wir sind tatsächlich eine einzige Ansammlung von Inkonsequenzen. Auch wenn uns das sympathisch und interessant macht, so ist dies genau der Grund, der verhindert, daß wir unser Geld erfolgreich investieren. Nichtsdestotrotz wenden auch professionelle Fondsmanager, genauso wie die erwähnten Doktoren, Universitätsprofessoren oder Buchhalter, den eher intuitiven Ansatz an.

Sie alle gehen den gleichen Weg indem sie Zahlen (z.B. von Firmen) analysieren, mit dem Management sprechen, Studenten befragen, (vorwiegend qualitative) Informationen von Kunden oder der Konkurrenz zu erhalten versuchen und dergleichen mehr. Jeder für sich genommen glaubt, mehr Erkenntnis zu haben als die anderen, gewiefter zu sein und intelligent genug, um die Gewinner herauszupicken. Und doch werden regelmäßig und gnadenlos 80% von ihnen durch den Index überrundet.

Einfache Zusammenhänge langweilen

Die Mehrzahl aller Anleger und die meisten Anwender traditioneller Entscheidungsverfahren werden von ihrer menschlichen Natur überwältigt. Sie benutzen ein und dieselbe Information inkonsequent, was durchaus dazu führen kann, daß in einem Falle eine Aktie X ins Depot wandert, im anderen Fall bei gleicher Datenlage jedoch außen vor bleibt. Menschliches Entscheiden ist systematisch fehlerhaftet, zumal wir aus dem Bauch heraus reagieren und farbenprächtige, individuelle Geschichten auf jeden Fall einfachen, langweiligen statistischen Verhältniszahlen vorziehen. Dabei sind es oft gerade die simplen Relationen zwischen Datenlage und Ereignis (z.B. überdurchschnittliche Rendite), die am meisten Licht ins Dunkel bringen. Sie bewirken oftmals nichts anderes, als daß der Durchschnitt geschlagen wird. Wenn, um ein einfaches Beispiel zu nennen, in einer Stadt mit 100 000 Einwohnern 70 000 Anwälte und 30 000 Buchhändler leben, beträgt Anteil der Anwälte 70%. Übertragen auf den Aktienmarkt können mit derartigen Prozentanteilen natürlich nur Aussagen darüber gemacht werden, wie sich eine bestimmte Gesamtgruppe von Aktien (z.B. alle Aktien mit hoher Dividendenrendite) entwickeln wird und was diese Variable im allgemeinen für die Zukunft erwarten läßt. Sie lassen keinerlei Rückschlüsse darauf zu, wie sich ein bestimmter Einzelwert dieser Gattung verhalten wird. Nahezu jede statistisch untermauerte Prognose bedient sich derartiger Verhältniszahlen. Einige Beispiele: 75% aller Abiturienten mit einem Notendurchschnitt besser als 3,5 werden auch auf der Universität gute Resultate

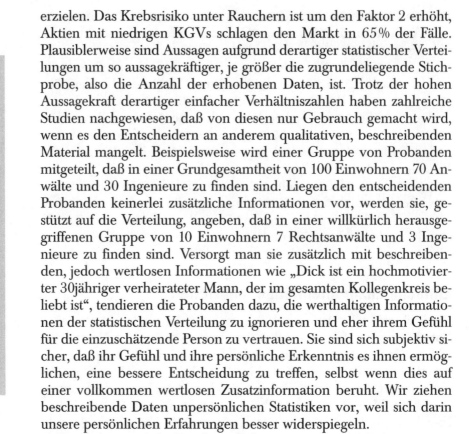

erzielen. Das Krebsrisiko unter Rauchern ist um den Faktor 2 erhöht, Aktien mit niedrigen KGVs schlagen den Markt in 65 % der Fälle. Plausiblerweise sind Aussagen aufgrund derartiger statistischer Verteilungen um so aussagekräftiger, je größer die zugrundeliegende Stichprobe, also die Anzahl der erhobenen Daten, ist. Trotz der hohen Aussagekraft derartiger einfacher Verhältniszahlen haben zahlreiche Studien nachgewiesen, daß von diesen nur Gebrauch gemacht wird, wenn es den Entscheidern an anderem qualitativen, beschreibenden Material mangelt. Beispielsweise wird einer Gruppe von Probanden mitgeteilt, daß in einer Grundgesamtheit von 100 Einwohnern 70 Anwälte und 30 Ingenieure zu finden sind. Liegen den entscheidenden Probanden keinerlei zusätzliche Informationen vor, werden sie, gestützt auf die Verteilung, angeben, daß in einer willkürlich herausgegriffenen Gruppe von 10 Einwohnern 7 Rechtsanwälte und 3 Ingenieure zu finden sind. Versorgt man sie zusätzlich mit beschreibenden, jedoch wertlosen Informationen wie „Dick ist ein hochmotivierter 30jähriger verheirateter Mann, der im gesamten Kollegenkreis beliebt ist", tendieren die Probanden dazu, die werthaltigen Informationen der statistischen Verteilung zu ignorieren und eher ihrem Gefühl für die einzuschätzende Person zu vertrauen. Sie sind sich subjektiv sicher, daß ihr Gefühl und ihre persönliche Erkenntnis es ihnen ermöglichen, eine bessere Entscheidung zu treffen, selbst wenn dies auf einer vollkommen wertlosen Zusatzinformation beruht. Wir ziehen beschreibende Daten unpersönlichen Statistiken vor, weil sich darin unsere persönlichen Erfahrungen besser widerspiegeln.

Deutlicher wird das Ergebnis noch, wenn qualitative Informationen hinzukommen, die gewissen Denkschemen, also Stereotypen, entsprechen, etwa: „Dick ist 30 Jahre alt, verheiratet, zeigt kein Interesse an Politik oder gesellschaftlichen Themen und liebt es, viel Zeit in seine zahlreichen Hobbys wie Schreinern und Mathetüfteleien zu investieren." Dann ignorieren die Entscheider die objektive Verteilung fast gänzlich und gehen in diesem Falle jede Wette ein, daß Dick Ingenieur ist, obwohl er mit 70prozentiger Wahrscheinlichkeit Anwalt ist.

Natürlich ist es schwer, den Menschen deshalb Vorwürfe zu machen. Statistische Verhältniszahlen sind nun mal langweilig, während Erfahrungen lebendig und spannend sind. Es kauft schlicht und einfach nur jemand eine Aktie mit einem KGV von 100, wenn eine blumige Geschichte dahintersteckt. Man zerbricht sich in dem Moment nicht den Kopf darüber, daß Aktien mit hohen Kurs-Gewinn-Verhältnissen über die letzten 45 Jahre den Markt nur in 35 % der Fälle schlagen konnten; die Geschichte ist so spannend, daß man über derartig langweilige Statistik nonchalant hinwegsieht.

Individuum versus Gruppe

Die menschliche Natur macht es so gut wie unmöglich, solche Informationen zu einem konkreten Einzelfall zugunsten von solchen Fakten, die bei einer riesigen, doch anonymen Anzahl von Fällen ermittelt wurden, beiseite zu schieben. Wir sind an genau dieser Aktie von genau dieser Firma interessiert und nicht an der diffusen Gesamtgruppe dieser Aktiengattung oder Branche. Große Stichproben in Form von vielen statistisch relevanten Aktien bedeuten uns gar nichts, wie Stalin in dem etwas zynisch anmutenden Satz „Ein Toter ist eine Tragödie, eine Million Tote sind Statistik" bemerkte.

Wenn wir unser Geld anlegen, bauen wir das Depot zu oft Einzelaktie um Einzelaktie auf, ohne eine Gesamtstrategie zu verfolgen. Ist die Story zu einem einzelnen Titel überzeugend genug, sind wir nur allzugern bereit, das Negative zu ignorieren, das die Statistik über diese gesamte Aktienkategorie ergeben hat.

Stellen Sie sich nur vor, Versicherungsgesellschaften würden ihr Versichertenportfolio ebenfalls auf Einzelfallentscheidungen aufbauen. Ein Versicherungsvertreter besucht Sie zu Hause, spricht mit Ihnen und Ihrer Frau, vielleicht auch mit Ihren Kindern, und gibt auf dieser Basis abschließend eine Einschätzung ab. Das äußerst wahrscheinliche Resultat wäre, daß zahlreiche potentielle Versicherungsnehmer, die ein tatsächlich niedriges Risikoprofil aufweisen, nicht aufgenommen würden und dadurch Abermillionen an Prämieneinnahmen verloren wären. Umgekehrt genauso: Würden viele Personen in die Gemeinschaft aufgenommen werden, weil der Vertreter ein gutes Gefühl dabei hatte, obwohl sie aufgrund ihrer persönlichen Risikostruktur eigentlich abgewiesen werden müßten, müßte die Versicherungsgesellschaft vermeidbare Auszahlungen in Millionenhöhe leisten.

Die Dominanz persönlicher Erfahrung

Wie erwähnt, verlassen wir uns bei unseren Entscheidungen lieber auf persönliche Erfahrung als auf objektivierbare, unpersönliche statistische Größen. Ein wunderbares Beispiel ist hier die amerikanische Präsidentenwahl von 1972. Die Journalisten, die die Kampagne des damaligen Bewerbers George McGovern begleiteten, waren einhellig der Meinung, daß bei der Wahl, sollte McGovern verlieren, der Abstand zum Gegenkandidaten höchstens 10% betragen würde, obwohl sämtliche Meinungsumfragen einen Rückstand von mindestens 20% ermittelt hatten. Zusätzlich weiß man, daß bei keiner der großen Umfragen in diesem Zusammenhang in den letzten 24 Jahren ein größerer Schätzfehler als 3 % aufgetreten ist. Auch in diesem Falle negierten diese ansonsten analytisch geschulten kühlen Köpfe die Statistik und ließen sich von vermeintlicher persönlicher Erfahrung und ihrem Gefühl leiten. Dieses Verhalten wurde mitbestimmt durch die Mengen begeisterter Anhänger von McGovern, die offenbar ihren Enthusiasmus weitergeben konnten.

Diese Art zu denken, zu fühlen und letztendlich zu entscheiden ist auch bei Finanzanalysten zu beobachten, die gerade von einer brillanten Firmenpräsentation kommen und ein Gespräch mit dem charismatischen Firmengründer hatten. Auch sie neigen dann dazu, das vorliegende, möglicherweise negative statistische Zahlenmaterial unterzubewerten.

In sozialwissenschaftlicher Terminologie spricht man davon, daß der Analyst das Anschauliche zu Lasten der grauen Statistik überbewertet.

Einfach versus komplex

Auch neigen wir dazu, komplizierten ausgetüftelten Gedanken und Überlegungen den Vorzug gegenüber dem Einfachen und Bescheidenen zu geben. Wir unterstellen gerade im Falle des Investmentmanagements, daß es unerläßlich sei, extrem komplexe Gedankengänge zu entwickeln, eine unendliche Zahl von Variablen einzubauen und dann hierauf basierend zu handeln.

Professor Alex Bavelas hat zur Untermauerung dieser These eine faszinierende Testanordnung entwickelt, die mit zwei Probanden, Mr. Smith und Mr. Jones (im Vorgriff können wir uns auch zwei Gruppen vorstellen), arbeitet, die jeweils vor einem Bildschirm sitzen. Die beiden können sich hierbei weder sehen noch miteinander kommunizieren. Beiden wird sodann mitgeteilt, daß das Ziel des Tests sei, die Fähigkeit zu entwickeln, gesunde und kranke Zellen unterscheiden zu können. Sie sollen dabei diese Fähigkeit auf dem Weg von „Trial and Error" (Versuch und Irrtum) erlangen. Die Versuchsanordnung ist so aufgebaut, daß die Kandidaten jeweils zwei Knöpfe mit „gesund" und „krank" und daneben zwei Signallampen mit der Aussage „falsch" oder „richtig" vor sich haben. Jedesmal wenn ein Dia gezeigt wird, sollen sie einen der beiden Knöpfe drücken, um anhand der dann aufleuchtenden Signallampe unverzüglich zu erkennen, ob sie recht hatten oder eine falsche Entscheidung getroffen haben.

Jetzt kommt der springende Punkt. Mr. Smith erhält eine korrekte Rückmeldung, d.h., wenn er eine richtige Antwort gegeben hat, leuchtet die entsprechende Lampe auf und vice versa. Dies führt dazu, daß er bereits nach kurzer Zeit in der Lage ist, 80 % richtige Antworten zu geben.

Die Situation von Mr. Jones ist komplett anders. Die Rückmeldungen auf seine Antworten sind nicht korrekt, vielmehr sind die ausgegebenen Lichtsignale von den Antworten des Mr. Smith abhängig und haben überhaupt nichts mit den Antworten von Jones zu tun. Diese Tatsache ist Mr. Jones natürlich nicht bekannt, er geht davon aus, daß sein Feedback einer Ordnung gehorchend zu seinen Antworten paßt. Er versucht nun natürlich, diese Ordnung herauszufinden, obwohl sie gar nicht existiert.

Im Anschluß an den praktischen Teil des Tests werden die beiden gebeten, darüber zu diskutieren, welche Regeln sie zur Unterscheidung kranker und gesunder Zellen herausgefunden haben. Mr. Smith, der ja ein wahrheitsgemäßes Feedback erhalten hat, konnte einfache, konkrete, auf den Punkt gebrachte Regeln benennen. Jones hingegen stellte überflüssige Regeln auf, die zudem raffiniert, komplex und aufs Feinste ausformuliert waren. Schließlich war er ja gezwungen, seine Schlüsse auf widersprüchlichen, sinnlosen Gedanken und Annahmen aufzubauen.

Das wirklich Verblüffende daran ist, daß Mr. Smith in dieser Diskussion keineswegs empfindet, daß die Erklärungen von Jones absurd, dümmlich oder unnötig verkompliziert wären. Statt dessen ist er angetan von der gedanklichen Brillanz von Jones' Methoden und fühlt sich selbst eher angreifbar und unterlegen aufgrund der Bodenständigkeit und Einfachheit seiner eigenen Regeln. Je komplizierter und facettenreicher die Ausführungen des Mr. Jones sind, desto leichter überzeugen sie sein Gegenüber.

Vor dem nächsten Testdurchgang danach befragt, wer sich wohl jetzt besser schlagen würde, antworteten alle Vertreter der Jones-Gruppe und die meisten der Smith-Gruppe, daß Jones' Methode die besseren Resultate brächte und deshalb im nächsten Durchgang eingesetzt wird. Realität ist jedoch, daß sich Jones keinen Deut besser schlägt, allerdings Mr. Smith deutlich schlechter abschneidet als zuvor, da er einen Teil seiner Antworten nun auf paradoxen Regeln aufbaut.

Eine einfache Lösung

Der Franziskanermönch William von Ockham, der im 14. Jahrhundert in Ockham/Surrey, England, seiner Wissenschaft frönte, stellte mit seinen „Prinzipien der Sparsamkeit", heutzutage etwas flapsig als Ockhamscher Rasierer bekannt, Richtlinien für das wissenschaftliche Arbeiten der folgenden Jahrhunderte auf. Seine Lehrsätze, wie „Was mit weniger Annahmen erreicht werden kann, wird mit mehreren vergeblich versucht werden" oder „Man soll die Zahl der Annahmen nicht ohne Not vervielfachen", lassen sich auf die Aussage verdichten, daß man die Dinge einfach halten soll, darf und muß. Er zeigt auf, daß die einfachste Theorie oftmals zugleich die beste ist. Dies gilt im besonderen für jegliche investive Tätigkeit. Wie angemerkt läuft eben deshalb erfolgreiches Investieren dem menschlichen Wesen oftmals entgegen. Wir verkomplizieren Einfaches, laufen in der Masse mit, verlieben uns in spannende Geschichten über Aktien, lassen unsere Gefühle unsere Entscheidung diktieren, kaufen und verkaufen auf Tips und betreiben Investmentmanagement als Aneinanderreihung von Einzelentscheidungen für Einzelaktien ohne Konstanz und Strategie. Auch sehen wir bei unseren Entscheidungen viel zu oft nur punktuell die Gegenwart, wobei wir gerade Geschehenes am stärksten gewichten.

Natürlich ist es extrem schwierig, Entscheidungen nicht derart, sondern frei von Emotionen zu treffen oder dies zumindest zu versuchen. Erinnern Sie sich nur einmal daran, als Sie das letzte Mal so richtig danebengegriffen haben. Die Zeit vergeht, und Sie denken sich: „Was habe ich mir dabei nur gedacht! Es war doch sonnenklar, daß ich danebenlag. Warum nur ist mir das damals nicht aufgefallen?" Der Fehler wird für Sie erst im Rückblick, nunmehr losgelöst von Gefühlen und Emotionen, erkennbar. Zum Zeitpunkt, als der Fehler passiert ist, hatten Sie natürlich mit den damals aktuellen Einflüssen zu kämpfen. Die Gefühle setzen sich eben häufig durch, wie schon John Junor meinte: „Ein Gramm Gefühl wiegt schwerer als eine Tonne Fakten."

Dies ist durchaus kein Phänomen, das sich auf den Klein- oder Privatanleger beschränkt. Die Geldgeber großer Pensionsfonds z.B. haben Zugang zum feinsten Researchmaterial und können die besten Fachleute rekrutieren, und doch sind sie permanent anfällig dafür, genau vor dem Beginnn einer Baisse massiv in Aktien umzuschichten oder eigentlich gute Fondsmanager genau am unteren Scheitelpunkt ihrer Leistungsfähigkeit zu entlassen. Natürlich rühmen sich institutionelle Anleger, kühle, emotionslose und somit professionelle Anlageentscheidungen zu treffen, was natürlich nicht stimmt.

Die Autoren von *Fortune* und *Folly* stellen diesbezüglich fest: Obwohl sich auf den Schreibtischen der Institutionellen detailliertes Qualitätsresearch stapelt, neigen diese Firmen dazu, hochbezahlte Fondsmanager aus dem Bauch heraus oder aufgrund persönlicher Beziehungen einzukaufen.

Der einzige Weg zu wirklichem Anlageerfolg ist, langfristig erhobene Ergebnisse zu studieren und eine Strategie oder eine Kombination von Strategien zu finden, die erfolgreich und sinnvoll sind. Dazu gehört auch, das Risiko, das man eingehen möchte, zu definieren, wie eingangs erwähnt, gemessen als Standardabweichung der Erträge, und dann der Philosophie treu zu bleiben.

Erfolgreiche Investoren ziehen wertvolle Informationen aus Entwicklungen der Vergangenheit, sie lernen ihre Lektion daraus. Sie stellen bei den aktuell zu treffenden Entscheidungen die Verbindung zwischen dem Gestern und Heute her; das Gestern, das Heute und das Morgen machen zu gleichen Teilen ihre Gegenwart aus.

Die potentiell besten und schlechtesten Jahre einer Strategie zu betrachten ist ein einfacher, aber wertvoller Blick.

Die relevanten Parameter einer Portfoliostrategie zu kennen ist ein erheblicher Wettbewerbsvorteil. Der maximal zu erwartende Verlust einer Strategie beträgt 35%. Wenn Sie 15% hinten liegen, können Sie, anstatt in Panik zu verfallen, ruhig bleiben und sich darüber freuen, daß die Dinge nicht so negativ sind, wie sie sein könnten.

Das Wissen um diese Tatsachen ermöglicht Ihnen einen unverstellten Blick auf das zu Erwartende und dämpft somit Ihre Emotionalität. Sie können durch das Einordnen des Aktuellen in den historischen Kontext das, was Sie anhand von Fakten wissen, in Ihre Gefühlswelt einfließen lassen. Dies ist faktisch der einzige Weg zum Investmenterfolg.

Das Datenmaterial in diesem Buch versorgt Sie mit der nötigen historischen Perspektive. Es zeigt Ihnen u.a., daß Höhen und Tiefen inhärenter Bestandteil jeglicher Aktivität am Kapitalmarkt und somit zu erwarten und nicht zu befürchten sind. Die Fakten dieses Buches zeigen Ihnen genau auf, was Sie von welcher Aktiengattung zu erwarten haben. Werfen Sie Ihre einmal rational getroffenen Entscheidungen nicht wieder um, verzichten Sie nicht darauf, eine bestimmte Aktie, die Ihr System für kaufenswert hält, in Ihr Depot zu nehmen, weil Sie sie „nicht mögen". Versuchen Sie nicht, schlauer zu sein als die Realität. Sie werden anhand der 45 statistisch aufgearbeiteten Jahre viele Strategien kennenlernen, die periodenweise schlechter abschnitten als ein Vergleichsindex, und viele, die sich deutlich besser entwickelten. Erkennen und verstehen Sie den Langfristaspekt, und machen Sie ihn für sich nutzbar. Befolgen Sie all dies, sind Ihre Chancen, erfolgreich zu investieren, sehr groß. Sollten Sie dies vernachlässigen, wird Sie keine noch so große Portion Fachwissen davor bewahren, zu den 80 % derer zu gehören, die schlechter abschneiden und sich dann fragen: „Was ist bloß schiefgegangen?"

3 Die Regeln des Spiels

Es ist schon erstaunlich, wie wenig systematisch aufgearbeitetes Wissen die Wall Street über historische Entwicklungen von Wertpapieren, besonders in bezug auf einzelne Kennzahlen, zu bieten hat. Natürlich haben wir Charts, die die langfristige Entwicklung einzelner Aktien oder Aktiengruppen darstellen. Die erfaßten Entwicklungen sind jedoch mit Ausnahme der Zusammenfassung z.B. zu Branchen kaum sinnvoll klassifiziert. Wo bleibt das stetig wachsende Gerüst an Wissen, das von Analysten der vergangenen Perioden über die heute Lebenden an zukünftige Researcher weitergegeben wird? Vergleichen wir z.B. die Annalen der medizinischen Forschung mit denen des Finanzwesens, beschämt uns die kärgliche Menge vorhandenen Materials. Es fehlt uns an katalogisierter, klassifizierter Erfahrung, die uns lehren könnte, ob die vorliegenden Erfahrungen wertvoll oder irrelevant sind. Wir Analysten sollten die kommenden Jahre nützen, um von den älteren wissenschaftlichen Disziplinen zu lernen, Daten genau zu evaluieren und zu sammeln. Und dann müssen wir nach Wegen suchen, diese Analysemethoden auf die Besonderheiten unserers Bereichs anzuwenden.

Ben Graham
Vorreiter der Wertpapieranalyse, 1946

Der Fortschritt seit dem Jahr dieses Statements, 1946, ist eher bescheiden. Zwar gab es Studien, die herausfanden, daß sich Aktien geringer Marktkapitalisierung besser entwickeln als große Aktien, daß Aktien mit niedrigeren KGVs erfolgreicher sind, als wenn diese Variable höhere Werte annimmt, daß Werte mit hoher Dividendenrendite gute Resultate erbringen usw. Doch die Kürze der Zeitspanne, die die jeweiligen Studien umfaßten, lassen die wissenschaftliche Wertpapieranalyse immer noch recht alt aussehen. Viele Tests weisen große Schwächen auf, speziell die etwas älteren Analysen mußten nochmal kräftig modifiziert werden, um handfestere, aussagefähigere Resultate zu liefern. Selbst wenn mittlerweile anzunehmen ist, daß die meisten Tests so konzipiert sind, daß sie sinnvolle Ergebnisse liefern könnten, ist die untersuchte Zeitspanne oftmals viel zu kurz, um im statistischen Sinne aussagekräftig zu sein; viele Erhebungen erstrecken sich über einen Zeitraum von lediglich drei bis fünf Jahren; offenbar scheinen viele der Beteiligten zu glauben, daß diese Periode lang genug wäre, um z.B. die Fähigkeiten eines Fondsmanagers hinreichend beurteilen zu können. Aber: Gemäß Alexander Popes Grundsatz ist es manchmal gefährlicher, „ein bißchen etwas" gelernt zu haben als überhaupt nichts. Ähnlich gefährlich ist es für Anleger, ihre Entscheidungen auf zu kurze Vergleichsperioden zu stützen, da diese im Extremfall irreführende Information bieten.

Ein anerkannter Fondsmanager benannte die Zeitspanne, die nötig ist, um sinnvolle Aussagen über die Erfolgschancen einer Strategie machen zu können (so daß man in statistischer Terminologie sagen kann, daß die Aussagen zu 95 % relevant sind) mit mindestens 25 Jahren.

Kurzfriststudien sind wertlos

Schauen wir uns die boomenden 60er Jahre an. Die aggressiven, wachstumsorientierten Geldmanager dieser Tage handelten Aktien so schnell hin und her, daß einem schwindelig werden konnte. Performance war „The Name of the Game", und indem man Aktien mit überdurchschnittlichem Gewinnwachstum erwarb, erreichte man dieses Ziel.

Man sieht hier deutlich, wie einen eine Fünfjahresperiode fehlleiten kann. Wenn man zwischen dem 31.12.1963 und dem 31.12.1968 10 000 US$ in einem Depot investiert hätte, das diejenigen 50 Aktien (aus der Compustat Datenbank) enthielt, die die besten jährlichen prozentualen Steigerungsraten beim Gewinn pro Aktie aufwiesen, hätten sie sich zu knapp 35 000 US$ entwickelt. Dies entspräche einer gesamten Rendite von über 28 % p.a., was mehr als das Doppelte der S&P 500 Performance von 10,16 % p.a. gewesen wäre (die gleichen 10 000 US$ hätten sich zu etwas mehr als 16 000 US$ entwickelt).

Schade nur, daß sich diese Strategie in den folgenden fünf Jahren nicht so gut gehalten hat: Das Depot verlor zwischen 1968 und 1973 über die Hälfte seines Werts, während der S&P 500 Index im gleichen Zeitraum 2 % zulegen konnte.

Diesmal ist alles anders

Viele Leute wollen einfach glauben, daß die Gegenwart völlig anders ist als die Vergangenheit. Die Computer regieren die Märkte, der Markt wird von großen Orders bestimmt, der einzelne Privatinvestor ist gänzlich von der Bildfläche verschwunden, weil dessen Geld jetzt von großen Fonds verwaltet wird, deren Manager die Fäden ziehen. Nicht wenige denken, daß diese Giganten der Kapitalmärkte ihre Entscheidungen vollkommen anders treffen würden und es daher für die Zukunft überflüssig wäre, sich zu vergegenwärtigen, wie sich eine Strategie in den 50er oder 60er Jahren entwickelt hätte. Allerdings hat sich nicht wirklich viel geändert, seit der brillante Denker Sir Isaac Newton beim sogenannten „South Sea Bubble" (ein historischer Börsencrash, ausgelöst durch die South Sea Trading Company, Anm. des Übersetzers) ein Vermögen verlor.

Newton kokettierte, daß er zwar „die Bewegung von Himmelskörpern berechnen könne, aber nicht die Verrücktheit des Menschen".

Hier liegt der Schlüssel, warum Investitionsentscheidungen auf langfristige Erhebungen zurückgreifen müssen: Der Preis einer Aktie wird wie ehedem von Menschen bestimmt. Und solange Menschen ihre Urteilsfähigkeit von Gier, Angst, Hoffnung und Ignoranz vernebeln lassen, werden sie weiterhin falsche Preise für Aktien bezahlen und die wirklichen Chancen denen überlassen, die konsequent einfache, über die Zeit bestätigte Strategien umsetzen. Newton ist hier ein Paradebeispiel dafür, sich von einer augenblicklichen Euphorie anstecken zu lassen und auf Basis einer farbenprächtigen Geschichte anstatt der objektiven Sachlage zu investieren.

Die Namen der Spieler ändern sich, die Branchen wechseln, Handelsstile kommen in Mode und verschwinden wieder. Was jedoch immer gleich bleibt, sind die allem zugrundeliegenden Eigenschaften, die ein gutes von einem schlechten Investment unterscheiden. Die lange Sicht auf die Anlageergebnisse ist essentiell, da nur die gesamte Bandbreite des Zeitablaufs diese grundsätzlichen Zusammenhänge freilegt, die bei kurzfristiger Betrachtung verborgen bleiben. Ein langer Zeitraum ermöglicht es erst, zu erkennen, wie der Markt auf eine Vielzahl unterschiedlichster Ereignisse reagiert – Ereignisse wie Kriege, Inflation, Crashszenarien, Stagflation, Rezession oder Erfindungen. Geschichte wiederholt sich niemals genau gleich, die gleiche Art von Geschehnissen tritt jedoch unabhängig vom Zeitpunkt immer wieder auf.

Der Beweis am Einzelfall genügt nicht

Die ganze Heerschar von Ratgebern in Sachen Geld bombardiert uns aus allen Richtungen mit gutgemeinten Empfehlungen, die aber meist nicht wertvoller sind als eine unterhaltsame Geschichte. Viele Anlageberater oder andere Mitspieler im Wettstreit um Kundengelder greifen exemplarisch ein paar Aktien heraus, um zu demonstrieren, wie wunderbar diese sich entwickelt haben und daß sie auch weiterhin gedeihen werden. Sie vergessen dabei nur zu leicht oder sind sich darüber nicht im klaren, daß es im gleichen Zeitraum eine stattliche Anzahl anderer Aktien gegeben hat, die über die gleichen Charakteristiken verfügten, sich aber lausig entwickelt haben.

Wir müssen unser Augenmerk darauf legen, was Gesamtstrategien für Resultate erwirtschaften – und nicht, wie sich Einzelaktien im Einzelfall darstellen. Nur allzuoft liegt eine stattliche Kluft zwischen dem, von dem wir denken, daß es funktioniert, und dem, was wirklich aufgeht. Das Ziel des vorliegenden Buches ist, ein methodisch sauberes, wissenschaftlicheres Vorgehen beim Aufbau eines Portfolios und bei Entscheidungen am Kapitalmarkt zu etablieren. Es wurde großer Wert darauf gelegt, sich an wissenschaftliche Grundsätze, Regeln und Grundvoraussetzungen zu halten, die es erst ermöglichen, eine Methodik zu entwickeln, die diesen Namen auch verdient.

Im folgenden stelle ich Ihnen einige dieser Grundsätze vor.

Explizität der Methode. Alle Modelle müssen deutliche und klar definierte Regeln benützen. Es darf in der Ausformulierung der Regeln keine Zweideutigkeiten geben. Es darf kein subjektiver Interpretationsspielraum verbleiben.

Veröffentlichung der Regeln. Die Regeln müssen eindeutig und öffentlich sein, so daß jeder mit entsprechend Zeit, Geld, Datenmaterial, Ausrüstung und der entsprechenden Neigung die Ergebnisse nachvollziehen kann. Die Regeln müssen schlüssig sein und dürfen nicht aus dem Datenmaterial selbst heraus entwickelt worden sein.

Verläßlichkeit der Methode. Wenn von unterschiedlichen Personen die gleichen Daten mit den gleichen Regeln verarbeitet werden, müssen sie zu den gleichen Ergebnissen gelangen. Daneben müssen die Ergebnisse über den Faktor Zeit konsistent sein.

Objektivierbarkeit der Regeln. Ich habe versucht, beim Aufstellen des Regelwerkes intuitiv logisch und derart vorzugehen, daß das Resultat Sinn macht; alle Regeln sind objektiv nachvollziehbar. Sie sind unabhängig vom sozialen Status des Betrachters, von seiner finanziellen Situation, seinem kulturellen Hintergrund, sie erfordern keine weitergehenden Erkenntnisse oder Informationen und sind nicht interpretationsbedürftig.

Verläßliches Datenmaterial. Es gibt zahlreiche potentielle Probleme bei Ex-post-Testverfahren, und der Qualität des Datenmaterials gilt hier besondere Aufmerksamkeit. Bei riesigen Datenbeständen läßt es sich nicht ganz ausschließen, daß sich Fehler einschleichen. Eine Überprüfung der eingesetzten Standard & Poors Compustat Datenbank ergab jedoch, daß diese bemerkenswert fehlerarm ist, was nicht bedeutet, daß damit alle Probleme vom Tisch wären. Zweifelsohne wird auch diese Datensammlung Aktien beinhalten, bei denen ein Aktiensplit nicht berücksichtigt wurde, ein falscher Buchwert über die Jahre unentdeckt blieb oder ein Zahlendreher eine 31 zur 13 machte und dergleichen mehr. Solche Fehlerquellen sind bei jeglichem Test gegenwärtig, so daß man dies bei Strategien, die nur geringfügig von ihrer Meßlatte abweichen, berücksichtigen sollte.

Potentielle Fallen

Die im folgenden dargestellten Problempotentiale haben sicherlich viele der Studien zu den beliebtesten Investmentansätzen, die die Wall Street hervorgebracht hat, ernsthaft in ihrer Qualität beeinträchtigt.

Datenmaterial ohne Aussagekraft. Es dauert ziemlich genau 40 Minuten, mit einem Eilzug von Greenwich, Connecticut, zur Grand Central Station mitten in Manhattan zu gelangen. In dieser Zeit könnte man sich im Abteil umsehen und würde bei den Mitreisenden auf allerlei statistisch verwertbare Merkmale treffen. Vielleicht ist da ein vergleichsweise hoher Anteil an Blondinen, oder 75 % haben blaue Augen, oder die Mehrheit hat im Mai Geburtstag. Es ist ja nun naheliegend, daß diese Zahlenverhältnisse Zufallscharakter haben und schon für die Abteile vor oder hinter Ihnen keine Gültigkeit mehr besitzen. Wenn man sich also die Mühe machen würde, diese Daten zu sammeln und auszuwerten, wäre dies vergeblich, da die erarbeiteten statistischen Zusammenhänge tatsächlich ausschließlich für genau diese Gruppe gelten und sich nicht auf andere Datenbestände übertragen lassen. Wenn man Daten nur lange und intensiv genug verformt und bearbeitet, lassen sie sich vielleicht vordergründig passend machen. Wenn es aber gar keine sinnvolle theoretische oder auf Menschenverstand basierende Untermauerung dieser Zusammenhänge gibt, ist es sehr wahrscheinlich, daß es sich um ein Zufallsgeschehen ohne zugrundeliegende Ordnung handelt. Hüten Sie sich also vor Strategien der Diktion, daß eine „gewisse Aktie nur am Mittwoch gekauft werden und genau für 16,5 Monate gehalten werden soll".

Das Problem der zu kurzen Zeitspanne. Fast jeder Investmentansatz schafft es, ausgewählte 5 oder 10 Jahre gut dazustehen. Es gibt unzählige Strategien, die in einem bestimmten Zeitfenster hervorragende Resultate generieren, dafür aber in der Langfristbetrachtung schrecklich versagen. Selbst die lächerlichsten von ihnen können im richtigen Jahr gut abschneiden. So schlug zum Beispiel theoretisch eine Strategie, die sich darauf kapriziert, nur Aktien zu erwerben, die mit einem Vokal – A, E, I, O, U – sowie mit einem Y beginnen, den S&P Index im Jahr 1996 um mehr als 11 %, was allerdings kaum belegt, daß Aktienauswahl nach Anfangsbuchstaben sinnvoll wäre. Es bedeutet nichts anderes, als daß der Zufall zu diesem Ergebnis geführt hat. Plausiblerweise gilt: Je länger in die Vergangenheit hinein sich eine Strategie als erfolgreich erwiesen hat, desto wahrscheinlicher wird sie auch in Zukunft reüssieren.

Die statistische Absicherung wird immer größer sein, wenn man die Aussagen aus einer möglichst großen Stichprobe ableiten kann.

Kleinstaktien werden zugelassen. Viele Studien werden dadurch abgewertet, daß sie theoretisch Werte in ein Depot aufnehmen, die so klein (Marktkapitalisierung) sind, daß realiter kein Stück davon zu bekommen ist. Wir sehen uns Aktien mit einer Marktkapitalisierung von unter 25 Mio. US$ an. Hätte man unsere mittlerweile gut bekannten 10 000 US$ über die 45 Jahre unserer Untersuchung in den Werten der Compustat Datenbasis gehalten, die eine derart geringe Marktkapitalisierung aufweisen, wären daraus satte 806 Mio. US$ geworden. Schade nur, daß niemand diese Aktien zu den veröffentlichten Preisen käuflich erwerben kann. Sie weisen nämlich so gut wie keine Handelsliquidität auf, so daß eine einzige große Order die Preise in den Himmel katapultieren würde. O'Shaughnessy Capital Management gab zu diesem Thema bei Lehman Brothers eine Untersuchung in Auftrag, um detailliert herauszufinden, wie sich die Liquiditätssituation der in Compustat enthaltenen Aktien, deren Kapitalisierung kleiner 25 Mio. US$ ist, im ersten Quartal 1997 tatsächlich darstellte. Lehman fand erwartungsgemäß heraus, daß in den allermeisten Emissionen so gut wie kein Handel zustande kam, und wenn, lag die Geld-Brief-Spanne (Bid-Offer-Spread) nicht selten bei 100 %. Dazu kommt, daß die anteilsmäßigen Kaufspesen bei diesen sogenannten Micro-Caps immens

sind. In den meisten wissenschaftlichen Studien werden kleine Akti-
en (sog. Small Caps) folgendermaßen definiert: das Fünftel der Akti-
en an der New Yorker Börse, die zusammengenommen über die ge-
ringste Marktkapitalisierung verfügen. Auch wenn diese Definition
dann viele Aktien beinhaltet, die einen deutlich höheren aggregier-
ten Marktwert haben als 25 Mio. US$, sind viele davon praktisch
nicht handelbar. Vielmehr ist es so, daß zum 30.09.1997 der Mittelwert für die Marktkapitalisierung der von den, von Morningstar
analysierten, Small Cap Fonds gehaltenen Aktien bei 860 Mio. US$
lag. Nur bei sieben Fonds lag der Median der Marktkapitalisierung
unter 100 Mio. US$; davon wiederum verwalten nur zwei Fonds
mehr als 100 Mio. US$. Während zwar viele dieser Small Cap
Fonds die rein theoretischen wissenschaftlichen Studien dazu nützen, für ihr Produkt und mithin für Ihren Ansatz zu werben, können
sie es sich in der Praxis kaum leisten, derartige Aktien zu handeln.

Ich zeige Ihnen nun noch genauer, wie die Performance von Depots von den unterschiedlichen Niveaus der Marktkapitalisierung
abhängt. Dazu gehen wir in das Jahr 1967 zurück. Hätte man damals
die 50 Aktien gekauft, die im letzten Jahr die besten Zuwächse beim
Gewinn pro Aktie zeitigten, hätten die Ergebnisse in Relation zur
Marktkapitalisierung folgendermaßen ausgesehen:

- Marktkapitalisierung größer als 1 Mio. US$ (also so gut wie alle
  Aktien): + 121,30 %
- Marktkapitalisierung größer als der Median (Mittelwert) der gesamten Aktien der Datenbank (also deren obere Hälfte): +
  83,90 %
- Marktkapitalisierung größer als der Durchschnittswert der gesamten Aktien der Datenbank (also in etwa die 16 % der größten Werte): + 29,60 %

Das Problem der untergegangenen Aktien. In vielen Studien
sind die Ergebnisse deshalb positiv verzerrt, weil sie Aktien, die von
der Bildfläche verschwinden, nicht entsprechend berücksichtigen.
So fallen nicht wenige Aktien aus den Daten heraus, weil sie Kon-
kurs anmelden oder übernommen werden o.ä. Man darf allerdings
erwähnen, daß die meisten der neueren Analysen dieses Phänomen
adäquat würdigen.

Verzerrung durch Zeitinkongruenz. Viele Analysen unterstellen das Vorliegen von z.B. Fundamentaldaten zur Aktie zum
falschen Zeitpunkt. Beispielsweise wird regelmäßig angenommen,
daß die jährlichen Gewinnveröffentlichungen im Januar erfolgen
und damit bekannt sind; in der Realität kommen diese aber viel-

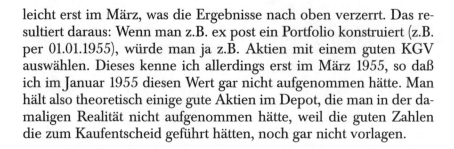

leicht erst im März, was die Ergebnisse nach oben verzerrt. Das resultiert daraus: Wenn man z.B. ex post ein Portfolio konstruiert (z.B. per 01.01.1955), würde man ja z.B. Aktien mit einem guten KGV auswählen. Dieses kenne ich allerdings erst im März 1955, so daß ich im Januar 1955 diesen Wert gar nicht aufgenommen hätte. Man hält also theoretisch einige gute Aktien im Depot, die man in der damaligen Realität nicht aufgenommen hätte, weil die guten Zahlen die zum Kaufentscheid geführt hätten, noch gar nicht vorlagen.

Das Spiel beginnt

Ich habe versucht, die oben aufgelisteten Probleme dadurch zu umgehen, indem ich folgende Modifikationen bzw. folgende abweichende Methodik eingeführt habe.

Datenmenge. Die Gesamtheit der unserer Analyse zugrundeliegenden Daten, also die gesamte Menge des zur Verfügung stehenden Datenmaterials, ist wie erwähnt die „Standard & Poors Compustat Active and Research Database" von 1951 bis einschließlich 1996. Meines Wissens ist dies die bei weitem größte Menge an Daten, die jemals für eine Studie bezüglich Investmentstrategien herangezogen wurde. Man kann die Wichtigkeit dieses Punktes gar nicht genug betonen. Nochmals: Je länger die untersuchte Periode ist, desto objektiver, aussagefähiger und gesicherter sind die Ergebnisse. So kam jede der Studien, die sich von den frühen 70er Jahren bis zu den frühen 80ern erstrecken, zu dem Schluß, daß Substanzwerte der Weisheit letzter Schluß seien. Sämtliche Studien in den 60er Jahren belegten aber das Gegenteil: Es sind die Wachstumswerte, die den ultimativen Kick fürs Depot bedeuten. Auch Geldanlagen unterliegen wechselnden Modeerscheinungen, so daß die lange Periode hier Ausgleich verschafft und mehr Licht ins Dunkel der wirklich gültigen statistischen Relationen bringt. Aus Sicht des Statistikers resultieren aus den kleinsten Datenerhebungen die unbrauchbarsten Ergebnisse, während mit der Größe der Stichprobe stets auch die Relevanz der Schlußfolgerungen wächst. Einige der Manager von Pensionsfonds bedienen sich einer Unterdisziplin der Statistik, der sogenannten „Reliability Mathematics" (mathematischer Ansatz zur Bestimmung der statistischen Sicherheit bzw. Eintrittswahrscheinlichkeit von Aussagen oder Ergebnissen, Anm. des Übersetzers), um aus Renditen der Vergangenheit auf zukünftige Entwicklungen schließen zu können. Ihre einstimmige Aussage diesbezüglich ist: Um überhaupt mit einer sinnvollen Vorhersage beginnen zu können, müssen Werte von mindestens 14 Perioden (Jahren) vorliegen.

Um das Problem mit den untergegangenen Aktien zu eliminieren, berücksichtigt die Compustat Datenbasis sämtliche Aktien, die ursprünglich aufgenommen wurden, auch wenn einige davon durch Zusammenschlüsse, Übernahmen, Firmenkonkurs oder aus anderen Gründen nicht mehr existieren. Das Testdesign für die meisten Tests entwickelten wir erst zwischen 1993 und 1995, so daß in der gesamten Periode von 1950 bis 1993 (jeweils Ende des Jahres) keine Brüche auftreten.

Das Problem der Marktkapitalisierung. Außer wenn es explizit darum geht, Aussagen über gering kapitalisierte Aktien zu treffen, teste ich immer Aktien aus zwei getrennten Gruppen.

Die eine Gruppe beinhaltet ausschließlich Werte, deren Marktkapitalisierung 150 Mio. US$ überschreitet (und zwar inflationsbereinigt), im Buch werden diese Aktien durchgängig als „All Stocks" bzw. „Alle Aktien" bezeichnet. Tatsächlich fallen ja nur außerordentlich wenige Aktien unter diesen Schwellenwert. Da aufgrund der Inflation heute 150 Mio. US$ einsichtigerweise viel weniger wert sind als 1950, muß dieser Wert rückblickend angepaßt werden, weil eine Aktie, die heute mit einer Kapitalisierung von 150 Mio. US$ als klein gilt, im Jahre 1950 als gar nicht so klein gegolten hätte.

Tabelle 3.1 veranschaulicht genau, wie die entsprechende Größe rückberechnet wurde. Die Zahlen sind so zu verstehen, daß ein Unternehmen, das z.B. zwischen 1950 und 1954 einen Börsenwert von 26 829 122,26 US$ gehabt hätte, relativ als genauso groß eingestuft wird wie ein heutiges mit 150 Mio.US$.

Die zweite Gruppe besteht dann aus großen bekannten Aktien, deren Marktkapitalisierung über dem Durchscnitt der Datenbank liegt (das sind in etwa die oberen 16 % der Aktien). Diese werden im Buch durchgängig „Large Stocks" oder „Große Aktien" genannt. Tabelle 3.2 stellt die Anzahl der Aktien dar, deren Marktkapitalisierung über dem Durchschnitt liegt. Ich habe im Regelfall sämtliche Aktien außen vor gelassen, deren akkumulierter Marktwert ein inflationsjustiertes Minimum von 150 Mio. US$ unterschritt. Alleine 1996 wurden aus diesem Grunde 4400 Werte nicht berücksichtigt. Zum Vergleich: Im gleichen Jahr hatten lediglich 1202 Aktiengesellschaften eine Marktkapitalisierung über dem Datenbankdurchschnitt.

Die 150 Mio. US$ sind nicht willkürlich, sondern nach zahlreichen Gesprächen mit Händlern verschiedenster Banken und Brokerhäuser zustande gekommen. Ihre dezidierte Meinung dazu war,

Tab. 3.1 Die Tabelle listet um die Inflation bereinigt auf, welche Marktkapitalisierung Unternehmen in der Vergangenheit hätten haben müssen,
um im jeweiligen Jahr als genauso groß zu gelten wie ein heutiges Unternehmen mit einem Börsenwert von 150 Mio. US$.

Year ending	Inflation-adjustment factor	150 Mio. $ Value of $ 150 million	Average from previous five years
31. Dez. 52	5,60	26 763 261,88 $	
31. Dez. 53	5,57	26 924 919,17 $	
31. Dez. 54	5,60	26 799 185,73 $	26 829 122,26 $
31. Dez. 55	5,58	26 888 995,33 $	
31. Dez. 56	5,42	27 661 357,92 $	
31. Dez. 57	5,26	28 505 568,20 $	
31. Dez. 58	5,17	29 008 501,98 $	
31. Dez. 59	5,10	29 439 588,07 $	28 300 802,30 $
31. Dez. 60	5,02	29 870 674,17 $	
31. Dez. 61	4,99	30 068 255,30 $	
31. Dez. 62	4,93	30 445 455,63 $	
31. Dez. 63	4,85	30 948 389,41 $	
31. Dez. 64	4,79	31 307 627,83 $	30 528 080,47 $
31. Dez. 65	4,70	31 918 333,13 $	
31. Dez. 66	4,55	32 978 086,46 $	
31. Dez. 67	4,41	33 983 954,02 $	
31. Dez. 68	4,22	35 582 564,96 $	
31. Dez. 69	3,97	37 775 957,37 $	34 443 779,19 $
31. Dez. 70	3,77	39 839 540,17 $	
31. Dez. 71	3,64	41 168 722,31 $	
31. Dez. 72	3,52	42 587 714,05 $	
31. Dez. 73	3,24	46 323 793,56 $	
31. Dez. 74	2,89	51 981 798,59 $	44 380 313,73 $
31. Dez. 75	2,70	55 628 068,49 $	
31. Dez. 76	2,57	58 304 394,68 $	
31. Dez. 77	2,41	62 256 017,24 $	
31. Dez. 78	2,21	67 860 136,51 $	
31. Dez. 79	1,95	76 894 982,64 $	64 188 719,91 $
31. Dez. 80	1,74	86 432 762,54 $	
31. Dez. 81	1,59	94 156 388,46 $	
31. Dez. 82	1,53	97 802 658,36 $	
31. Dez. 83	1,48	101 520 775,95 $	
31. Dez. 84	1,42	105 526 284,28 $	
31. Dez. 85	1,37	109 513 830,68 $	
31. Dez. 86	1,35	110 753 203,21 $	
31. Dez. 87	1,30	115 638 845,65 $	
31. Dez. 88	1,24	120 740 031,13 $	
31. Dez. 89	1,19	126 344 150,40 $	116 598 012,21 $
31. Dez. 90	1,12	134 067 776,31 $	
31. Dez. 91	1,09	138 181 056,16 $	
31. Dez. 92	1,05	142 186 564,48 $	
31. Dez. 93	1,03	146 084 301,28 $	
31. Dez. 94	1,00	150 000 000,00 $	150 000 000,00 $
31. Dez. 95	1,00	150 000 000,00 $	
31. Dez. 96*	1,00	150 000 000,00 $	

* Inflation adjustment will move up in 1998.

Tab. 3.2: Der prozentuale Anteil der „Großen Aktien" an dem gesamten in der Compustat Datenbasis enthaltenen Aktienbestand.

Year ending	Number of stocks with market capitalization above database mean	Number of stocks in database	Percent
31. Dez. 52	110	560	20%
31. Dez. 53	137	581	24%
31. Dez. 54	153	629	24%
31. Dez. 55	147	657	22%
31. Dez. 56	136	682	20%
31. Dez. 57	141	692	20%
31. Dez. 58	148	797	19%
31. Dez. 59	160	860	19%
31. Dez. 60	177	1447	12%
31. Dez. 61	220	1622	14%
31. Dez. 62	300	1792	17%
31. Dez. 63	272	1986	14%
31. Dez. 64	342	2136	16%
31. Dez. 65	377	2351	16%
31. Dez. 66	402	2487	16%
31. Dez. 67	430	2698	16%
31. Dez. 68	479	2969	16%
31. Dez. 69	525	3132	17%
31. Dez. 70	539	3155	17%
31. Dez. 71	541	3414	16%
31. Dez. 72	580	3684	16%
31. Dez. 73	589	3639	16%
31. Dez. 74	584	3644	16%
31. Dez. 75	544	3695	15%
31. Dez. 76	599	3832	16%
31. Dez. 77	635	3852	16%
31. Dez. 78	667	3980	17%
31. Dez. 79	670	4262	16%
31. Dez. 80	739	4478	17%
31. Dez. 81	712	4917	14%
31. Dez. 82	814	5030	16%
31. Dez. 83	830	5531	15%
31. Dez. 84	868	5476	16%
31. Dez. 85	833	5537	15%
31. Dez. 86	860	5992	14%
31. Dez. 87	842	6130	14%
31. Dez. 88	830	6009	14%
31. Dez. 89	842	5877	14%
31. Dez. 90	833	5457	15%
31. Dez. 91	806	5891	14%
31. Dez. 92	845	6554	13%
31. Dez. 93	947	7312	13%
31. Dez. 94	1008	7919	13%
31. Dez. 95	1158	8718	13%
31. Dez. 96	1214	9326	13%
Average	540	3566	16%

daß dieser Wert das Minimum darstellt, wenn man 100 Mio. US$ anlegen und diese auf 50 Werte verteilen möchte; das war 1995, als die erste Auflage dieses Buches erschien. Dieser Schwellenwert verhindert, daß Kleinstaktien, die von institutionellen Anlegern nicht ohne massive Liquiditätsprobleme erworben werden können, das Bild verzerren.

Um das Problem mit der Zeitinkongruenz abzufedern, benütze ich ausschließlich bereits öffentlich zugängliches Datenmaterial auf jährlicher Basis. Für die Periode von 1951 bis 1994 unterstelle ich ein durchschnittliches zeitverzögertes Eintreffen der Veröffentlichungen um 11 Monate, um sicherzustellen, daß beim Aufbau der theoretischen Portfolios wirklich nur Daten herangezogen werden, die zum Entscheidungszeitpunkt auch tatsächlich vorlagen. Dies garantiert, daß die Strategien auch in die Praxis hätten umgesetzt werden können. 11 Monate, das scheint eine relativ große Verzögerung (time lag) zu sein, sie hat sich jedoch als der Wert herausgestellt, der der Realität am nächsten kommt. Ab 1994 wurden ohnehin nur noch Real-Time-Portfolios aufgesetzt, die eine zeitliche Adjustierung obsolet machen. Für diese und folgende Auflagen dieses Buches wird jeweils der 31. Dezember des Jahres als Stichtag für die Erstellung der Depots definiert.

Potentielle Verwerfungen sind auch in der sich ständig ändernden Zusammensetzung der Datenbank zu suchen. Wie die Abbildung 3.1 zeigt, wurde die Datenbasis ständig erweitert. Viele kleinere Aktien kamen hinzu, wobei jeweils bis zu fünf Jahren rückwirkend deren Daten eingepflegt werden. Da diese Firmen in der Regel deshalb aufgenommen werden, weil sie erfolgreich sind, kann hier die Zeitinkongruenz zum echten Problem werden. Obwohl *What Works on Wall Street* nicht völlig vor derartigen Verwerfungen gefeit ist, wird dieses Problem hier dadurch in engen Grenzen gehalten, daß die kleinsten Aktien sowieso eliminiert werden (alleine 1996 waren dies wie erwähnt 4400).

Jährliche Neugewichtung mit risikoadjustierten Daten. Ich konstruiere neue und gewichte bestehende Portfolios auf einer jährlichen Basis. Die Aktien werden gleich gewichtet, und zwar ohne explizite Berücksichtigung ihres Betas (siehe unten), der Branche oder anderer Variablen. Dabei sind auch ausländische Aktien aus Compustat zulässig. Aufgrund gewisser Grenzen des Datenmaterials war ich gezwungen, die Dividendenerträge mit den etwaigen Kursgewinnen additiv zu verknüpfen, um zum Gesamtergebnis für das betreffende Jahr zu gelangen. Dies führt zu einer leichten Unterschätzung des Gesamtergebnisses, da der Dividenden-Wiederanla-

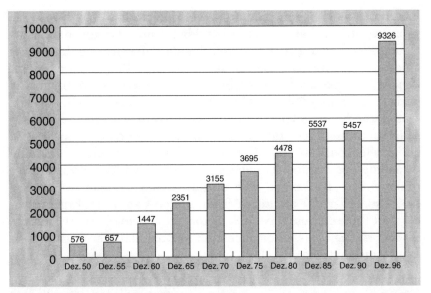

Abb. 3.1: Die ständig zunehmende Anzahl der von Standard & Poors Compustat ausgewerteten Aktienwerte.

geeffekt nicht entsprechend eingeht. Auch in diesem Fall wirkt sich positiv aus, daß ab 1994 nur mehr Real-Time-Portfolios Verwendung finden, deren Gesamtrendite dann die angenommene vollständige Wiederanlage der Dividenden widerspiegelt. Die Annahme, daß unterjährig keine Umschichtungen stattfinden, verzerrt meine Ergebnisse ebenfalls geringfügig, da hier umschlagsärmere Strategien bevorzugt werden, was aber dadurch wieder abgemildert wird, daß viele Strategien mit hoher Umschlagshäufigkeit der Papiere durch die hohen Transaktionskosten auf lange Sicht ohnehin die Tendenz zur Mittelmäßigkeit aufweisen.

Die jährlichen Auszahlungen wurden ebenfalls einer Prüfung unterzogen, wobei dann Aktien mit Extremwerten oder Daten, die bei Würdigung von Zusatzinformationen nicht plausibel erschienen, herausgefiltert wurden.

Zusätzlich werden die Absolutwerte der Ergebnisse ihren entsprechenden risikoadjustierten Werten gegenübergestellt. Das bedeutet, daß hier die Volatilität des Portfolios, gemessen als Standardabweichung der Erträge, in der Gesamtbetrachtung gewürdigt wird. Im allgemeinen bevorzugt jeder Anleger ein Depot, das eine Gesamtrendite von 15 % bei einer Standardabweichung von 20 % erwirtschaftet, gegenüber einem Depot, das 16 % Rendite erwarten läßt, dabei jedoch eine Standardabweichung von 30% aufweist. Ein Prozent zusätzlicher Ertrag entschädigt kaum für die nervlichen Strapazen einer um 10% höheren Standardabweichung. In meinen Analysen kommt auch das geläufige „Sharpe-Ratio" zum Einsatz, das die zusätzlichen Chancen in Relation zum Risiko mißt; höhere Werte deuten hier auf ein günstigeres Chance-Risiko-Verhältnis hin. Der mathematische Weg, zum Sharpe-Ratio zu gelangen, ist einfach: Man subtrahiert vom durchschnittlichen Ertrag einer Strategie den risikofreien Zinssatz und dividiert das Ganze durch die Standardabweichung der Erträge. Es handelt sich bei dieser Verhältniszahl um ein wichtiges Risikomaß. Die in Tabelle 3.3 unterstellte Strategie hatte beispielsweise ursprünglich ein höheres absolutes Ergebnis als der S&P Index, wies jedoch ein niedrigeres risikoadjustiertes Ergebnis auf, da die Überperformance mit deutlich höherer Volatilität erkauft werden mußte.

Tab. 3.3: Hier wird deutlich, daß die gleiche Strategie, die ohne Betrachtung des Risikos besser abschnitt als der Index, bei realistischer, risikoadjustierter Beurteilung schlechter abschneiden kann. Sehen Sie sich dazu die Zahlen für den „Risk-adjusted Return", also eben den risikoadjustierten Ertrag, im unteren Teil der Darstellung an. Mit „T-Bills" ist hier der risikofreie Zins in Form von kurzen US-Staatsanleihen gemeint.

Year ending	S&P 500	Strategy	T-bills	S&P 500 T-bills	Strategy T-bills
31. Dez. 86	18,47%	27,00%	5,98%	12,49%	21,02%
31. Dez. 87	5,23%	10,50%	5,78%	−0,55%	4,73%
31. Dez. 88	16,81%	7,00%	6,67%	10,14%	0,33%
31. Dez. 89	31,49%	36,50%	8,11%	23,38%	28,39%
31. Dez. 90	−3,17%	−10,90%	7,49%	−10,66%	−18,36%
31. Dez. 91	30,55%	63,90%	5,38%	25,18%	58,53%
31. Dez. 92	7,67%	0,70%	3,43%	4,24%	−2,73%
31. Dez. 93	9,99%	44,10%	3,00%	6,99%	41,10%
31. Dez. 94	1,31%	−4,20%	4,25%	−2,94%	−8,45%
31. Dez. 95	37,43%	25,00%	5,49%	31,94%	19,51%
31. Dez. 96	23,07%	18,60%	5,21%	17,86%	13,39%
Average	16,26%	19,84%	5,53%	10,73%	14,31%
Standard deviation	12,69%	21,38%	1,50%	12,43%	21,55%

Risk-adjusted return for the S&P 500 equals 10,73% divided by 12,69%, or 84,55.
Risk-adjusted return for the strategy equals 14,31% divided by 21,38%, or 66,93.

Minimal- und Maximalwerte der erwarteten Erträge. Zusätzlich gebe ich bei allen vorgestellten Investmentansätzen die höchsten und niedrigsten prognostizierten Werte für den Ertrag an sowie die tatsächlichen Minimal- und Maximalwerte für die letzten 45 Jahre. Diese Information ist sehr wichtig, da sie Ihnen einen Blick auf den maximal möglichen Verlust gewährt und Sie somit entscheiden können, ob Sie bereit und in der Lage sind, dieses Risiko zu tragen.

50-Aktien-Portfolios. Außer in Kapitel 4, in dem der Zusammenhang Ergebnis – Marktkapitalisierung thematisiert wird, enthalten die Portfolios jeweils 50 Aktien. Ein Blick auf die Depots privater und professioneller Geldmanager zeigt, daß 50 Werte allgemein als Minimumanzahl angesehen wird. Viele der geläufigen Indizes umfassen eine größere Anzahl an Aktien (z.B. der S&P 500), doch stützen sich zahlreiche andere (Dow Jones Industrial Average, Barron's Stock Average) auf eben 50 oder weniger Werte.

Im nächsten Schritt untersuchte ich den Nutzen der Diversifikation. Die Wissenschaftler Gerald Newbould und Percy Poon, beides Professoren für Finanzwissenschaft an der Universität von Nevada, untersuchten detailliert den Effekt der Aktienanzahl auf den Gesamtertrag eines Depots. Das Resultat war, daß eine Anzahl von 8 bis 20 enthaltener Aktien, eine oftmals vernommene Empfehlung, keineswegs genug ist, um ein Wertpapierdepot ausreichend zu streuen. Vielmehr kommen sie zu dem Ergebnis, daß es erforderlich ist, mindestens 25 Anteile verschiedener Firmen zu halten, um die gemeinhin ermittelten Risiko-Ertrag-Relationen darstellen zu können. Sollte Ihr Portfolio auch Small Caps enthalten, ist eine Anzahl von 50 oder mehr sinnvoll.

In der vorliegenden Ausgabe des Buches stellen wir auch Betrachtungen bezüglich der Ergebnisse verschiedener Strategien an, die darauf basieren, die Grundgesamtheit in Zehnprozent-Einheiten aufzuspalten (Deciles, genauer siehe unten).

Disziplin. Im Kern untersuche ich die Resultate von Investmentdisziplin und nicht von Handelsstrategien. Meine Ergebnisse weisen, anders als die Theorie vermuten läßt, darauf hin, daß der amerikanische Aktienmarkt nicht perfekt effizient ist. Investoren können also den Markt schlagen, wenn sie an überlegenen Strategien über lange Zeiträume festhalten. Einfache, diszipliniert umgesetzte Strategien, wie z.B. der Erwerb der 10 Dow Jones Werte mit der besten Dividendenrendite, haben über die letzten 69 Jahre funktioniert, weil sie unabhängig von Stimmungsschwankungen sind und den Anleger dazu zwingen, fundamental eigentlich starke Aktien auch gerade dann zu kaufen, wenn diese Firmen unter Druck stehen. Niemand möchte eine Union Carbide nach der Giftkatastrophe von Bhopal oder eine Exxon nach der Havarie ihres Tankers Valdez kaufen, und dennoch sind das die exakt besten Einstiegszeitpunkte.

Kosten. Transaktionskosten können hier nicht sinnvoll Berücksichtigung finden. Jeder Leser sieht sich anderen Gebührenstruktren gegenüber. Einleuchtenderweise zahlen große Instituionelle, die Multimillionendollargeschäfte abwickeln, gänzlich andere Gebühren als ein Kleinanleger mit ungeraden Stückzahlen (Odd Lots). So kann jede Investorengruppe ihre persönliche Kostensituation mit den vorliegenden Rohdaten kombinieren.

Es darf nicht außer acht gelassen werden, daß seit der letzten Ausgabe des Buches der massive Markteintritt von Online-Brokern oder Direktbanken die durchschnittlichen Transaktionskosten für Privatanleger verringert hat. In den USA z.B. kosten viele Kleinorders nur noch pauschal 12 US$, was die Umsetzung von Strategien mit höherer Transaktionshäufigkeit realisierbar macht.

Lassen Sie uns nun zu den eigentlichen Analysen kommen. Wir beginnen mit einem Überblick über Anlageergebnisse in Abhängigkeit von der Marktkapitalisierung, um uns dann der Analyse der Wertentwicklungen mit Ein- oder Mehrfaktorenmodellen zuzuwenden.

4 Bewertung von Aktien nach Markt-kapitalisierung: Size Matters

Ordnung und Vereinfachung sind die ersten Schritte, eine Sache zu beherr-schen.

Thomas Mann

Als ersten Schritt sehen wir uns die Erträge der beiden vorher be-schriebenen Aktiengruppen („Große Aktien" und „Alle Aktien") an, deren Unterscheidungskriterium die Marktkapitalisierung war, um einen Ausgangspunkt für den Vergleich aller folgender Strategien zu haben. „Alle Aktien" sind hier wieder jene, deren Marktkapitalisie-rung inflationsbereinigt 150 Mio. US$ übersteigt; „Große Aktien" sind wiederum die, deren Börsenwert über dem Durchschnittswert der Gesamtheit der betrachteten Aktien liegt. In beiden Fällen star-ten wir am 31.12.1951 und legen ein Investment von 10000. US$ zu-grunde, wobei wir das Portfolio jährlich revidieren und gegebenen-falls umstrukturieren. Wie bei all unseren Betrachtungen erwerben wir die gleiche Stückzahl jeder Aktie, gehen von Divdendenwieder-anlage aus und vermeiden es, Werte als bekannt anzunehmen, die zum Zeitpunkt des Portfolioaufbaus oder der Umstrukturierung noch nicht vorlagen. Abbildung 4.1 zeigt die Resultate.

Wie ich im ersten Kapitel erwähnt hatte, gibt es so gut wie keinen Unterschied zwischen den so bezeichneten „Großen Aktien" und dem Standard & Poors Index. Wir erinnern uns: Ein ursprüngliches Investment von 10000 US$ am 31.12.1951 war im Falle des S&P 500 am 31.12.1996 genau 1738417 US$ wert, wohingegen man bei einer Anlage in „Große Aktien" über 1590667 US$ verfügt hätte. Das Resultat kann nicht verwundern, da ja das Investieren in den Index nichts anderes als eine Wette auf die Wertentwicklung großer markt-breiter Blue Chips ist. Tabelle 4.1 zeigt Ihnen die jährliche Rendite für beide Alternativen.

Eine Investition in die Gruppe „Aller Aktien", die auch kleinere Werte beinhaltet, entwickelte sich deutlich besser: Das Standard-ursprungsinvestment von 10000 US$ wuchs auf 2677557 US$ an, was allerdings unter teilweise erhöhter Volatilität vonstatten ging.

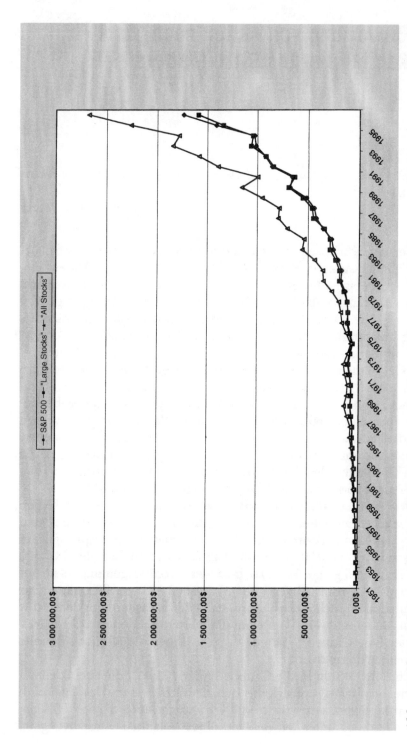

Abb. 4.1: Hier wird die erwirtschaftete Gesamtrendite nach Aktiengruppe dargestellt. Beginn ist der 31.12.1951, es werden ursprünglich 10000 US$ angelegt.

Tab. 4.1: Die Tabelle zeigt Ihnen, wie sich die jährlichen Renditen (in Prozent) eines Investments in die Gruppe „Große Aktien" im Vergleich zur Gruppe „Alle Aktien" sowie zum Index darstellten (Zeitraum 31.12.1951 bis Jahresultimo 1996).

Year ending	S&P 500	Capitalization > mean Large Stocks	Capitalization > deflated 150 Mio. $ relative performance
31. Dez. 52	18,37 %	9,30 %	7,90 %
31. Dez. 53	−0,99 %	2,30 %	2,90 %
31. Dez. 54	52,62 %	44,90 %	47,00 %
31. Dez. 55	31,56 %	21,20 %	20,70 %
31. Dez. 56	5,56 %	9,60 %	17,00 %
31. Dez. 57	−10,78 %	−6,90 %	−7,10 %
31. Dez. 58	43,36 %	42,10 %	55,00 %
31. Dez. 59	11,96 %	9,90 %	23,00 %
31. Dez. 60	0,47 %	4,80 %	6,10 %
31. Dez. 61	26,89 %	27,50 %	31,20 %
31. Dez. 62	−8,73 %	−8,90 %	−12,00 %
31. Dez. 63	22,80 %	19,50 %	18,00 %
31. Dez. 64	16,48 %	15,30 %	16,30 %
31. Dez. 65	12,45 %	16,20 %	22,60 %
31. Dez. 66	−10,06 %	−4,90 %	−5,20 %
31. Dez. 67	23,98 %	21,30 %	41,10 %
31. Dez. 68	11,06 %	16,80 %	27,40 %
31. Dez. 69	−8,50 %	−9,90 %	−18,50 %
31. Dez. 70	4,01 %	−0,20 %	−5,80 %
31. Dez. 71	14,31 %	17,30 %	21,30 %
31. Dez. 72	18,98 %	14,90 %	11,00 %
31. Dez. 73	−14,66 %	−18,90 %	−27,20 %
31. Dez. 74	−26,47 %	−26,70 %	−27,90 %
31. Dez. 75	37,20 %	43,10 %	55,90 %
31. Dez. 76	23,84 %	28,00 %	35,60 %
31. Dez. 77	−7,18 %	−2,50 %	6,90 %
31. Dez. 78	5,56 %	8,10 %	12,20 %
31. Dez. 79	18,44 %	27,30 %	34,30 %
31. Dez. 80	32,42 %	30,80 %	31,50 %
31. Dez. 81	−4,91 %	0,60 %	1,70 %
31. Dez. 82	21,41 %	19,90 %	22,50 %
31. Dez. 83	22,51 %	23,80 %	28,10 %
31. Dez. 84	6,27 %	−0,40 %	−3,40 %
31. Dez. 85	32,16 %	19,50 %	30,80 %
31. Dez. 86	18,47 %	32,20 %	13,10 %
31. Dez. 87	5,23 %	3,30 %	−1,30 %
31. Dez. 88	16,81 %	19,00 %	21,20 %
31. Dez. 89	31,49 %	26,00 %	21,40 %
31. Dez. 90	−3,17 %	−8,70 %	−13,80 %
31. Dez. 91	30,55 %	33,00 %	39,80 %
31. Dez. 92	7,67 %	8,70 %	13,80 %
31. Dez. 93	9,99 %	16,30 %	16,60 %
31. Dez. 94	1,31 %	−1,90 %	−3,40 %
31. Dez. 95	37,43 %	28,50 %	27,00 %
31. Dez. 96	22,20 %	18,70 %	18,30 %
Arithmetic average	13,39 %	13,11 %	14,97 %
Standard deviation	16,65 %	16,01 %	19,51 %

Tabelle 4.2 stellt dar, um wie viele Prozentpunkte sich die beiden unterschiedlichen Aktiengruppen in jedem Jahr entwickelt haben. Interessant ist auch, daß es Jahre gab, in denen die „Großen Aktien" die eindeutigen Gewinner waren, während in anderen Jahren das Gegenteil der Fall war. Die jährliche Wertentwicklung der „Großen Aktien" war in der Periode vom 31.12.1975 zum 31.12.1983 nennenswert schlechter als die „Aller Aktien", um aber dann ab dem 31.12.1984 bis zum 31.12.1990 wieder um einiges besser abzuschneiden. Es muß auch deutlich werden, daß die Standardabweichung der Erträge der „Alle Aktien"-Gruppe höher war.

Wenn man sich die Renditen der beiden Gruppen für rollierende Fünf- und Zehnjahresperioden ansieht, um eine unserer ersten sehr plastischen Verhältniszahlen zu entwickeln, wird man feststellen, daß „Alle Aktien" die „Großen Aktien" in 30 von 41 Fünfjahresperioden schlugen, das sind 73 % aller Fälle. Auch wenn der Horizont auf 10 Jahre ausgedehnt wird, sehen hier „Alle Aktien" besser aus: In 27 von 36 Perioden, also in 75 % der Fälle, schnitten sie besser ab.

Man kann aus dem sich bietenden Bild deutlich erkennen, daß es mehr Sinn macht, im größeren Teich „Aller Aktien" zu fischen, als sich darauf zu beschränken, große, bekannte Blue Chips zu kaufen. Tabelle 4.3 gibt zusätzliche zusammengefaßte Ergebnisse wieder, Tabelle 4.4 zeigt die Resultate nach Dekaden.

Um wieviel sind kleine Aktien wirklich besser?

Die meisten akademischen Studien in Zusammenhang mit Marktkapitalisierung teilen die Gesamtheit aller Aktien in Zehnprozentgruppen auf (vorher erwähnte engl. „Deciles") und untersuchen die Entwicklung dieser Gruppen über die Zeit. Sie kommen einmütig zu dem Schluß, daß sich die kleinen Aktien (genauer die der unteren vier Zehntel) deutlich besser entwickeln als große Werte. Auch wir sind bei Miniaktien auf atemberaubende Wertentwicklungen gestoßen.

Das eklatante Problem hatten wir schon angesprochen: Die meisten dieser Micro Caps, die für die tolle Performance verantwortlich zeichnen, lassen sich nicht kaufen, weil keine Stücke umgehen. Tabelle 4.5 illustriert dieses Problem.

Am 31.12.1996 fanden sich in der Compustat Datei 7260 Aktien, bei denen die Jahresendkurse und die Anzahl der ausstehenden Aktien ermittelt werden konnten. Bildet man wiederum Zehntel, bestünde jede der Gruppen aus 726 Aktien. Wie Tabelle 4.5 ein-

Tab. 4.2: Hier wird deutlich, wie sich in jedem Jahr die relative Wertentwicklung der beiden Gruppen „Große Aktien" versus „Alle Aktien" darstellte (rechte Spalte).

Year ending	Large Stocks cap > mean	All Stocks cap > deflated 150 Mio. $	All Stocks relative performance
31. Dez. 52	9,30 %	7,90 %	−1,40 %
31. Dez. 53	2,30 %	2,90 %	0,60 %
31. Dez. 54	44,90 %	47,00 %	2,10 %
31. Dez. 55	21,20 %	20,70 %	−0,50 %
31. Dez. 56	9,60 %	17,00 %	7,40 %
31. Dez. 57	−6,90 %	−7,10 %	−0,20 %
31. Dez. 58	42,10 %	55,00 %	12,90 %
31. Dez. 59	9,90 %	23,00 %	13,10 %
31. Dez. 60	4,80 %	6,10 %	1,30 %
31. Dez. 61	27,50 %	31,20 %	3,70 %
31. Dez. 62	−8,90 %	−12,00 %	−3,10 %
31. Dez. 63	19,50 %	18,00 %	−1,50 %
31. Dez. 64	15,30 %	16,30 %	1,00 %
31. Dez. 65	16,20 %	22,60 %	6,40 %
31. Dez. 66	−4,90 %	−5,20 %	−0,30 %
31. Dez. 67	21,30 %	41,10 %	19,80 %
31. Dez. 68	16,80 %	27,40 %	10,60 %
31. Dez. 69	−9,90 %	−18,50 %	−8,60 %
31. Dez. 70	−0,20 %	−5,80 %	−5,60 %
31. Dez. 71	17,30 %	21,30 %	4,00 %
31. Dez. 72	14,90 %	11,00 %	−3,90 %
31. Dez. 73	−18,90 %	−27,20 %	−8,30 %
31. Dez. 74	−26,70 %	−27,90 %	−1,20 %
31. Dez. 75	43,10 %	55,90 %	12,80 %
31. Dez. 76	28,00 %	35,60 %	7,60 %
31. Dez. 77	−2,50 %	6,90 %	9,40 %
31. Dez. 78	8,10 %	12,20 %	4,10 %
31. Dez. 79	27,30 %	34,30 %	7,00 %
31. Dez. 80	30,80 %	31,50 %	0,70 %
31. Dez. 81	0,60 %	1,70 %	1,10 %
31. Dez. 82	19,90 %	22,50 %	2,60 %
31. Dez. 83	23,80 %	28,10 %	4,30 %
31. Dez. 84	−0,40 %	−3,40 %	−3,00 %
31. Dez. 85	19,50 %	30,80 %	11,30 %
31. Dez. 86	32,20 %	13,10 %	−19,10 %
31. Dez. 87	3,30 %	−1,30 %	−4,60 %
31. Dez. 88	19,00 %	21,20 %	2,20 %
31. Dez. 89	26,00 %	21,40 %	−4,60 %
31. Dez. 90	−8,70 %	−13,80 %	−5,10 %
31. Dez. 91	33,00 %	39,80 %	6,80 %
31. Dez. 92	8,70 %	13,80 %	5,10 %
31. Dez. 93	16,30 %	16,60 %	0,30 %
31. Dez. 94	−1,90 %	−3,40 %	−1,50 %
31. Dez. 95	28,50 %	27,00 %	−1,50 %
31. Dez. 96	18,70 %	18,30 %	−0,40 %
Arithmetic average	13,11 %	14,97 %	1,99 %
Standard deviation	16,01 %	19,51 %	3,50 %

Tab. 4.3: Die Tabelle stellt weitere summierte Ergebnisse der Untersuchung von Jahresultimo 1951 bis 1996 dar, wobei unter „Arithmetic Average" das arithmetische Mittel und unter „Standard Deviation of Return" die Standardabweichung der Erträge zu verstehen ist. Des weiteren werden das Sharpe-Ratio sowie zusammengefaßte Renditen für unterschiedliche Zeitfenster angegeben. Im unteren Teil sehen Sie die Minimal- und Maximalwerte, die sich tatsächlich ergeben haben und die aus damaliger Sicht im Sinne einer Ex-ante-Betrachtung zu erwarten waren (expected return).

	S&P 500	Large Stocks Capitalization > mean	All Stocks Capitalization > deflated 150 Mio. $
Arithmetic average	13,39%	13,11%	14,97%
Standard deviation of return	16,65%	16,01%	19,51%
Sharpe risk-adjusted ratio	48,00	48,00	49,00
3-yr compounded	19,38%	14,38%	13,22%
5-yr compounded	15,04%	13,60%	14,00%
10-yr compounded	15,20%	13,53%	12,92%
15-yr compounded	16,47%	15,16%	14,44%
20-yr compounded	14,51%	14,37%	14,97%
25-yr compounded	12,51%	12,34%	12,74%
30-yr compounded	11,82%	11,67%	12,43%
35-yr compounded	10,93%	10,96%	11,64%
40-yr compounded	11,16%	11,36%	12,62%
Compound annual return	12,15%	11,92%	13,23%
10000 $ becomes:	1726128,00 $	1590667,00 $	2677557,00 $
Maximum return	52,62%	44,90%	55,90%
Minimum return	−26,47%	−26,70%	−27,90%
Maximum expected return*	46,69%	45,12%	53,98%
Minimum expected return**	−19,92%	−18,91%	−24,04%

* Maximum expected return is average return plus 2 times the standard deviation.
** Minimum expected return is average return minus 2 times the standard deviation.

Tab. 4.4: Die Renditen der drei Alternativen von Ende 1951 bis Ende 1996 pro Dekade.

Universe	1950er*	1960er	1970er	1980er	1990er**
S&P 500	17,33%	7,81%	5,86%	17,55%	14,41%
Large Stocks	15,33%	8,99%	6,99%	16,89%	12,61%
All Stocks	19,22%	11,09%	8,53%	15,85%	12,78%

* Returns for 1952–1959.
** Returns for 1990–1996.

drucksvoll zeigt, übersteigt die Marktkapitalisierung der unteren fünf Zehntel nicht die kritische, handelbare Größe von 150 Mio. US$, wogegen den anderen Untersuchungen zufolge gerade die vier unteren Zehntel die gute Performance brächten! Die größte Marktkapitalisierung unter den vier renditestärksten Zehnteln liegt bei 57 Mio. US$, was für eine praxistaugliche Handelbarkeit weitaus zu klein ist. Das bringt die Manager von Small Cap Fonds in gewisse Schwierigkeiten, da sie ihr Produkt einerseits mit den wunderbaren theoretischen Wertentwicklungen ihrer Aktiengattung bewerben, diese andererseits in der Praxis aber nicht kaufen können.

Tab. 4.5: Die Tabelle teilt die Gesamtheit aller Aktien in Zehnprozentgruppen (engl.: Deciles) auf und gibt deren durchschnittliche Marktkapitalisierung an. Man sieht, daß bis zum sechsten Zehntel keines die kritische Handelsgröße von 150 Mio. US$ erreicht.

Decile	Largest market capitalization of top stock
1	5 Mio. $
2	15 Mio. $
3	31 Mio. $
4	57 Mio. $
5	94 Mio. $
6	162 Mio. $
7	296 Mio. $
8	585 Mio. $
9	1,7 Mrd. $
10	163 Mrd. $

Eine Überprüfung der von Morningstar katalogisierten und ausgewerteten Fonds belegt dies eindrucksvoll. Die mittlere Marktkapitalisierung der 514 Publikumsfonds in der Kategorie Small Cap Fonds lag bei 860 Mio. US$! In der Tabelle läge dieser Wert zwischen dem achten und dem neunten Zehntel, was kaum als klein gelten kann. Nur sieben der untersuchten Fonds hatten mittlere Marktkapitalisierungen von unter 100 Mio. US$, von denen wiederum nur zwei mehr als 100 Mio. US$ verwalteten.

Überprüfung der Aktien nach Größe

Um zu eindeutigeren und sinnvolleren Aussagen zu gelangen, macht es mehr Sinn, Aktien nicht in vielleicht wissenschaftlich gebräuchliche Zehnprozentgruppen einzuteilen, sondern die Performance von Dividendenwerten, die nach ihrer absoluten Größe zusammengefaßt sind, zu untersuchen.

Dies entspricht auch eher der Art und Weise, wie eine Aktie von Fondsmanagern oder anderen Marktteilnehmern beurteilt wird. Diese überlegen sich kaum, ob die betreffende Aktie im sechsten Zehntel zu finden ist, sondern vielmehr, ob es sich um einen Mid Cap Wert (in der Abgrenzung zu Micro oder Small Caps oder Blue Chips, Anm. des Übersetzers) handelt.

Deshalb unterteile ich die untersuchten Titel nach inflationsbereinigter, absoluter Marktkapitalisierung wie folgt:

- Marktkapitalisierung unter 25 Mio. US$
- Marktkapitalisierung zwischen 25 Mio. US$ und 100 Mio. US$
- Marktkapitalisierung zwischen 100 Mio. US$ und 250 Mio. US$
- Marktkapitalisierung zwischen 250 Mio. US$ und 500 Mio. US$
- Marktkapitalisierung zwischen 500 Mio. US$ und 1 Mrd. US$
- Marktkapitalisierung über 1 Mrd. US$

Dabei betrachtete ich zusätzlich zwei weitere genau abgegrenzte Gruppen von Aktien: nämlich niedrig kapitalisierte Aktien oder Aktien, die zwar eine Marktkapitalisierung von mehr als 150 Mio. US$ (inflationsbereinigt) aufweisen, aber kleiner sind als die durchschnittliche Marktkapitalisierung (auf die gesamte Datenbasis bezogen), sowie Branchenführer. Branchenführer (engl.: Market Leaders) sind nichts anderes als „Große Aktien", die gedopt sind. Sie gehören zur Gruppe der „Großen Aktien", weisen aber neben schierer Größe noch weitere Kriterien auf. Um als Market Leader zu gelten, muß ein Unternehmen eine Marktkapitalisierung über dem Durchschnitt, eine überdurchschnittliche Anzahl von ausgegebenen und umlaufenden Aktien, einen überdurchschnittlichen Cashflow und schließlich einen Umsatz, der um 50% größer ist als der Datenbankdurchschnitt, vorweisen können. Legt man diese engen Kriterien an, verbleiben aus den gesamten Aktienwerten nur noch 6%, die das Attribut „Market Leader" verdienen.

Die Ergebnisse, die in den Abbildungen 4.2 und 4.3 dargestellt werden, sind in der Tat verblüffend. Der allergrößte Teil der herausragenden Wertentwicklung der Gruppe der Small Caps rührt von der überragenden, jedoch kaum zu realisierenden Performance der

Werte mit einer Kapitalisierung von unter 25 Mio. US$ her. Ein Anfangsinvestment am 31.12.1951 hätte sich zu atemberaubenden 806 Mio. US$ entwickelt, was einer Jahresrendite von zusammengenommen 28 % über die vergangenen 45 Jahre entspricht. Die Ergebnisse dieser Micro Caps deklassieren die zweitplazierte Gruppe (25 Mio. US$ bis 100 Mio. US$ an Marktkapitalisierung) bei weitem.

Auch bei Berücksichtigung des nennenswert höheren Risikos, das mit der Anlage in derart kleine Werte einhergeht – sie weisen eine jährliche Standardabweichung von 47,53 % auf –, gelingt es diesen Werten, den Spitzenplatz einzunehmen, wie Abbildung 4.4 verdeutlicht.

Wie gesagt haben diese wunderbaren Renditen der Micro Caps leider nur theoretischen Wert; man könnte sie in der Praxis nur darstellen, indem man ein paar wenige Mio. Dollar auf 2000 verschiedene Aktienwerte aufteilt, was aber für so gut wie keinen Investor in Frage kommt. Für einen Fonds sind die Werte ohnedies zu klein, und für einen privaten Anleger sind sie in ihrer Vielzahl kaum handzuhaben. Ich nehme hier Bezug auf die von uns bei Lehman Brothers in Auftrag gegebene Studie, die diesen Sachverhalt bestätigt. Von einer Liste mit 1990 Aktien mit einer Marktkapitalisierung von unter 25 Mio. US$ war so gut wie keine in der Praxis sinnvoll handelbar. In den meisten Gattungen fand gar kein Handel statt, in anderen lag die Geld-Brief-Spanne bei 100 %!

Kleine Aktien sind Gewinner, allerdings nicht sehr deutlich

In Abbildung 4.5 sehen wir nun die Wertentwicklung nach Marktkapitalisierung; allerdings wurden die Micro Caps (unter 25 Mio. US$ Börsenwert) herausgerechnet.

Diese Ergebnisse zeigen, daß für den Anleger, der dem mit der Anlage verbundenen Risiko neutral gegenübersteht, eine Anlage in die kleineren Aktien der Compustat Basis (ab 25 Mio. US$) am sinnvollsten ist. Wie wir später noch sehen werden, gilt diese Aussage in vollem Umfang allerdings nur für Anleger, die „Marktkapitalisierung" als einziges Auswahlkriterium benutzen.

Diese Analysen untermauern zwar die wissenschaftlichen Studien, daß kleinere Aktien größere schlagen, zeigen aber gleichzeitig, daß der Abstand bei weitem nicht so groß ist, wenn man die kleinsten nicht handelbaren Werte herausnimmt. Wirklich interesssant ist

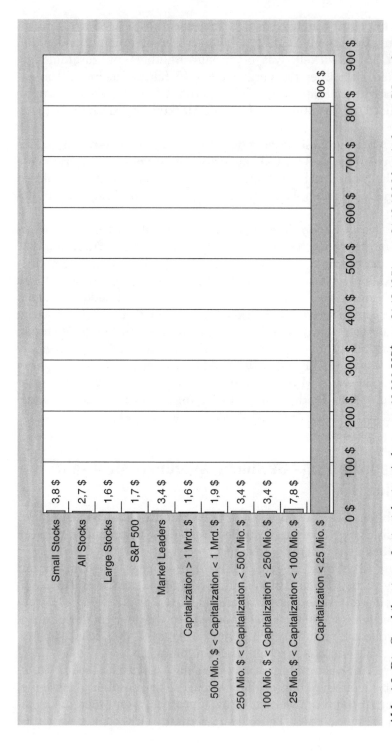

Abb. 4.2: Die Graphik zeigt auf, wie sich eine Anlage von 10000 US$ am 31.12.1951 zum 31.12.1996 bei Anlage in Werte der verschiedenen Größenklassen entwickelt hätte. Dabei wurde eine jährliche Revision der im Depot enthaltenen Aktien durchgeführt, um tatsächlich immer nur Werte der definierten Größenklasse zu betrachten.

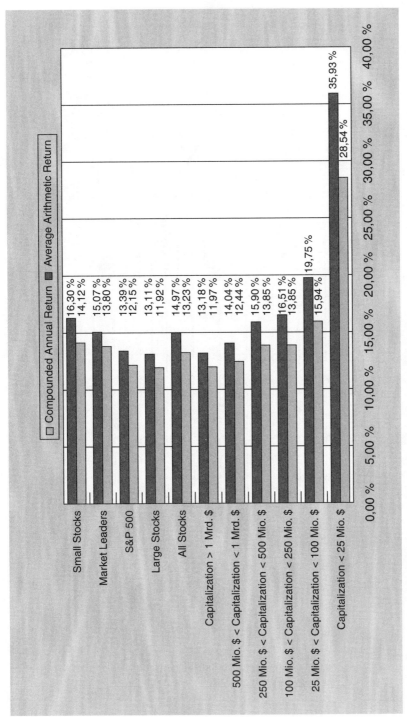

Abb. 4.3: Die prozentualen Renditen von Aktienwerten nach Größenklassen.

71

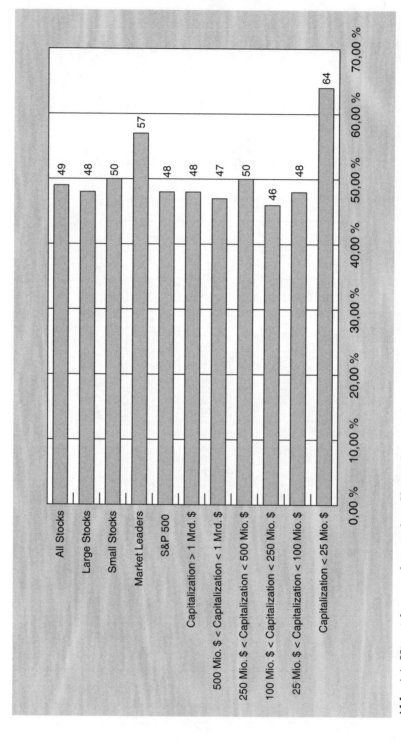

Abb. 4.4: Hier sieht man die mit dem Sharpe-Ratio risikogewichteten Erträge von Aktien nach Größenklassen im Zeitraum von 1951 bis 1996. Höhere Werte in diesem Index entsprechen besseren Resultaten.

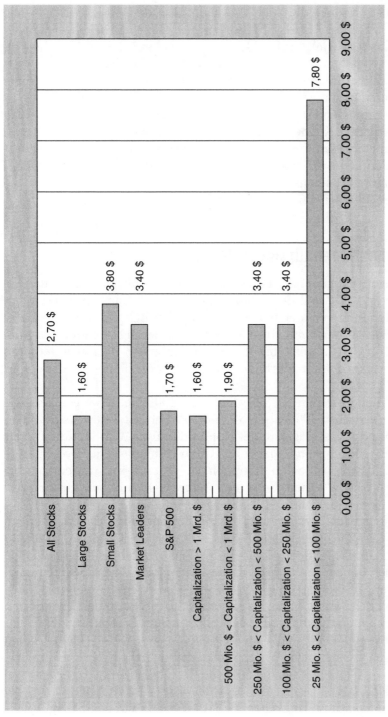

Abb. 4.5: Gibt in Mio. US$ an, wieviel eine Anfangsinvestition von 10000 US$ vom 31.12.1951 am 31.12.1996 wert wäre. In dieser Betrachtung wurden die kleinsten Aktien (Micro Caps, Marktkapitalisierung kleiner 25 Mio. US$) herausgerechnet.

die Performance der sog. Mid Caps, also der Werte zwischen 500 Mio. US$ und 1 Mrd. US$ Börsenwert. Diese entwickeln sich nahezu identisch wie „Große Aktien", jedoch beträchtlich schlechter als „Alle Aktien", „Kleine Aktien" und Market Leaders. Dies widerlegt die weitverbreitete Ansicht, daß Mid Caps Investoren das größte Potential bieten würden.

Abschließend stellen wir einen Vergleich der Marktführer mit der Gruppe der „Kleinen Aktien" an, der eindrucksvoll belegt, daß man in puncto Gesamtrendite mit Market Leaders ähnlich gute Resultate erzielen kann wie mit „Kleinen Aktien", jedoch auf einem weitaus geringeren Risikoniveau.

Die Tabellen 4.6 bis 4.9 fassen die Ergebnisse zusammen.

Implikationen für den Anleger

Anleger sollten auf der Hut sein vor Anlagestrategien für kleine Aktienwerte, die, weil sie ausschließlich in Small Caps investieren, hohe Renditen versprechen. Wie die Zahlen belegen, sind die kleinsten dieser Werte mit einer Marktkapitalisierung von unter 25 Mio. US$ für den Löwenanteil dieser auf den ersten Blick wunderbaren Performance verantwortlich. Nur: Man kann sie eben nicht erwerben.

Aktien zwischen 25 Mio. US$ und 100 Mio. US$, genauso wie Werte zwischen 100 Mio. US$ und 250 Mio. US$ (jeweils Marktkapitalisierung), schlagen in der Rohrendite zwar „Große Aktien", verlieren jedoch, wenn man das Risiko miteinbezieht. Das Sharpe-Ratio für diese beiden Gruppen ist 48 und 46, während es bei „Allen Aktien" einen (besseren) Wert von 49 und bei „Großen Aktien" von 48 annimmt.

Die große Überraschung ist die Gruppe der „Market Leader". Diese großen, bekannten Aktien schlugen die Gruppen „Alle Aktien", „Große Aktien", den S&P 500 Index und brachten es auf eine ähnlich hohe Rendite wie „Kleine Aktien" bei einem deutlich niedrigeren Risikograd. Sie hatten von den Werten, die man auch tatsächlich kaufen kann, das höchste Sharpe-Ratio und generierten in den unterschiedlichsten Marktphasen gute Ergebnisse.

Anleger, die in Small Cap Fonds investieren, weil sie kleine Aktien „mögen", sollten sich im klaren sein, daß sie sich an der Wertentwicklung der Größenklasse von 500 Mio. US$ bis 1 Mrd. US$ orientieren müssen, da wie gezeigt der Mittelwert der Marktkapitalisierung bei den untersuchten Fonds per 30.09.1997 bei 860 Mio. US$ lag.

Tab. 4.6: Die Tabelle listet die jährliche prozentuale Wertentwicklung von Aktien nach (inflationsbereinigten) Größenklassen auf; auch hier wurde eine jährliche Neustrukturierung der Depots unterstellt, um diese aktuell zu halten.

Year ending	Capitalization < 25 Mio. $	25 Mio. $ < capitalization < 100 Mio. $	100 Mio. $ < capitalization < 250 Mio. $
31. Dez. 52	8,60%	11,57%	10,85%
31. Dez. 53	9,87%	4,68%	2,47%
31. Dez. 54	53,02%	59,24%	50,51%
31. Dez. 55	40,76%	28,97%	31,83%
31. Dez. 56	10,77%	15,16%	13,07%
31. Dez. 57	−7,99%	−5,87%	−9,77%
31. Dez. 58	97,70%	68,67%	62,06%
31. Dez. 59	92,79%	41,76%	32,04%
31. Dez. 60	17,66%	4,42%	9,18%
31. Dez. 61	67,15%	46,47%	43,31%
31. Dez. 62	−16,91%	−18,32%	−14,91%
31. Dez. 63	20,07%	16,48%	20,44%
31. Dez. 64	34,99%	21,53%	17,83%
31. Dez. 65	95,47%	42,74%	31,88%
31. Dez. 66	5,48%	−3,05%	−7,40%
31. Dez. 67	190,94%	113,42%	71,22%
31. Dez. 68	119,29%	69,24%	39,31%
31. Dez. 69	−33,08%	−31,48%	−28,48%
31. Dez. 70	−20,88%	−18,24%	−15,37%
31. Dez. 71	39,17%	32,19%	23,25%
31. Dez. 72	17,67%	5,94%	6,44%
31. Dez. 73	−33,22%	−37,00%	−35,80%
31. Dez. 74	−18,34%	−23,72%	−26,32%
31. Dez. 75	87,18%	60,72%	49,12%
31. Dez. 76	53,44%	49,43%	47,11%
31. Dez. 77	38,29%	24,83%	18,55%
31. Dez. 78	41,32%	24,05%	15,95%
31. Dez. 79	47,03%	44,48%	45,14%
31. Dez. 80	51,64%	36,97%	37,15%
31. Dez. 81	3,95%	0,58%	1,26%
31. Dez. 82	35,29%	24,88%	26,41%
31. Dez. 83	63,43%	34,67%	32,55%
31. Dez. 84	−9,57%	−16,59%	−9,86%
31. Dez. 85	18,92%	26,62%	30,03%
31. Dez. 86	8,51%	1,52%	6,13%
31. Dez. 87	−5,41%	−14,42%	−8,30%
31. Dez. 88	20,36%	18,09%	20,89%
31. Dez. 89	13,13%	9,50%	13,91%
31. Dez. 90	−21,18%	−27,18%	−18,81%
31. Dez. 91	167,60%	49,55%	42,18%
31. Dez. 92	57,83%	22,32%	15,27%
31. Dez. 93	64,30%	26,77%	16,97%
31. Dez. 94	−0,49%	−4,85%	−5,28%
31. Dez. 95	33,64%	34,66%	30,30%
31. Dez. 96	57,28%	17,30%	18,85%
Arithmetic average	35,93%	19,75%	16,51%
Standard deviation	48,51%	30,71%	24,65%

Tab. 4.7: Die Tabelle (Fortsetzung von Tabelle 4.6) listet die jährliche prozentuale Wertentwicklung von Aktien nach (inflationsbereinigten) Größenklassen auf; auch hier wurde eine jährliche Neustrukturierung der Depots unterstellt, um diese aktuell zu halten.

Year ending	250 Mio. $ < capitalization < 500 Mio. $	500 Mio. $ < capitalization < 1 Mrd. $	Capitalization < 1 Mrd. $
31. Dez. 52	6,06 %	6,80 %	9,91 %
31. Dez. 53	2,71 %	6,29 %	1,03 %
31. Dez. 54	53,91 %	39,69 %	47,91 %
31. Dez. 55	19,98 %	15,22 %	20,72 %
31. Dez. 56	10,93 %	3,85 %	10,91 %
31. Dez. 57	−7,75 %	−5,15 %	−5,34 %
31. Dez. 58	54,94 %	49,91 %	43,28 %
31. Dez. 59	20,04 %	17,22 %	11,68 %
31. Dez. 60	4,46 %	9,99 %	5,75 %
31. Dez. 61	31,50 %	33,92 %	29,81 %
31. Dez. 62	6,10 %	−13,70 %	−11,25 %
31. Dez. 63	23,73 %	17,73 %	18,14 %
31. Dez. 64	15,26 %	15,25 %	15,18 %
31. Dez. 65	27,64 %	19,03 %	15,76 %
31. Dez. 66	−6,87 %	−6,67 %	−5,55 %
31. Dez. 67	44,75 %	37,66 %	20,68 %
31. Dez. 68	33,11 %	29,07 %	17,88 %
31. Dez. 69	−22,80 %	−15,15 %	−11,43 %
31. Dez. 70	−7,45 %	−3,56 %	0,13 %
31. Dez. 71	23,10 %	24,64 %	17,50 %
31. Dez. 72	10,71 %	10,79 %	15,27 %
31. Dez. 73	−31,99 %	−26,55 %	−19,68 %
31. Dez. 74	−29,36 %	−29,75 %	−26,46 %
31. Dez. 75	56,53 %	48,16 %	37,07 %
31. Dez. 76	42,92 %	40,19 %	27,23 %
31. Dez. 77	12,46 %	5,46 %	−3,51 %
31. Dez. 78	16,61 %	9,98 %	7,88 %
31. Dez. 79	42,22 %	32,63 %	26,74 %
31. Dez. 80	32,49 %	28,54 %	30,95 %
31. Dez. 81	2,99 %	3,71 %	−0,10 %
31. Dez. 82	23,10 %	23,84 %	18,73 %
31. Dez. 83	29,18 %	28,35 %	23,33 %
31. Dez. 84	−2,64 %	−1,63 %	−0,39 %
31. Dez. 85	29,46 %	30,17 %	33,35 %
31. Dez. 86	7,76 %	13,09 %	20,74 %
31. Dez. 87	−5,05 %	−2,19 %	4,53 %
31. Dez. 88	24,98 %	19,02 %	18,90 %
31. Dez. 89	17,60 %	20,74 %	27,61 %
31. Dez. 90	−17,63 %	−15,40 %	−8,50 %
31. Dez. 91	45,64 %	40,02 %	33,26 %
31. Dez. 92	16,32 %	16,15 %	8,74 %
31. Dez. 93	18,20 %	16,67 %	16,56 %
31. Dez. 94	−4,85 %	−2,47 %	−1,28 %
31. Dez. 95	27,82 %	23,50 %	30,71 %
31. Dez. 96	16,71 %	16,81 %	18,75 %
Arithmetic average	15,90 %	14,04 %	13,18 %
Standard deviation	21,13 %	18,55 %	16,21 %

Tab. 4.8: Die summierte Entwicklung der Erträge nach Marktkapitalisierung, wobei hier noch das arithmetische Mittel (Arithmetic Average), die Standardabweichung der Erträge (Standard Deviation of Return), das Sharpe-Ratio sowie Renditen nach weiteren Laufzeitgruppen hinzukommen. Auch die maximal bzw. minimal zu erwartenden sowie die tatsächlich eingetretenen Werte für die Performance (Maximum Return, Maximum Expected Return) werden angegeben.

	Capitalization < 25 Mio. $	25 Mio. $ < capitalization < 100 Mio. $	100 Mio. $ < capitalization < 250 Mio. $
Arithmetic average	35,93 %	19,25 %	16,51 %
Standard deviation of return	47,53 %	30,11 %	24,19 %
Sharpe risk-adjusted ratio	64,00	48,00	46,00
3-yr compounded	27,89 %	14,55 %	13,62 %
5-yr compounded	40,24 %	18,44 %	14,61 %
10-yr compounded	30,76 %	10,88 %	11,17 %
15-yr compounded	27,38 %	11,42 %	12,70 %
20-yr compounded	29,30 %	14,73 %	15,10 %
25-yr compounded	25,87 %	12,52 %	12,35 %
30-yr compounded	27,55 %	14,01 %	12,33 %
35-yr compounded	26,84 %	13,40 %	11,71 %
40-yr compounded	29,21 %	15,14 %	13,26 %
Compound annual return	28,54 %	15,94 %	13,85 %
10 000 $ becomes:	806 444 130,00 $	7 767 454,00 $	3 432 526,00 $
Maximum return	190,94 %	113,42 %	71,22 %
Minimum return	−33,22 %	−37,00 %	−35,90 %
Maximum expected return*	130,99 %	79,97 %	64,80 %
Minimum expected return**	−59,13 %	−40,47 %	−31,87 %

* Maximum expected return is average return plus 2 times the standard deviation.
** Minimum expected return is average return minus 2 times the standard deviation.

Wir werden später noch sehen, daß sich Anleger, die den S&P Index schlagen wollen und dabei bereit sind, ein höheres Risiko zu tragen, auf alle vernünftig kapitalisierten Aktien (Marktkapitalisierungen über 150 Mio. US$) konzentrieren sollten, anstatt sich nur auf kleine oder riesige Werte zu stützen. Die Gruppe der Aktien mit Börsenwerten über 150 Mio. US$ (also „Alle Aktien") enthielt per 31.12.1996 2908 Werte, die vom Topwert General Electric bis zu einer ABT Building Products am unteren Ende reichten. Ihre durchschnittliche Marktkapitalisierung lag bei 2,6 Mrd. US$ und war damit beachtlich unter der der „Großen Aktien" mit durchschnittlichen 6,7 Mrd. US$ angesiedelt. (Siehe Tabellen 4.10 bis 4.15.)

Tab. 4.9: Ist die Fortsetzung von Tabelle 4.8. Sie gibt die summierte Entwicklung der Erträge nach Marktkapitalisierung an, wobei hier noch das arithmetische Mittel (Arithmetic Average), die Standardabweichung der Erträge (Standard Deviation of Return), das Sharpe-Ratio sowie Renditen nach weiteren Laufzeitgruppen hinzukommen. Auch die maximal bzw. minimal zu erwartenden sowie die tatsächlich eingetretenen Werte für die Performance (Maximum Return, Maximum Expected Return) werden angegeben.

	250 Mio. $ capitalization < 500 Mio. $	500 Mio. $ < capitalization < 1 Mrd. $	Capitalization > 1 Mrd. $
Arithmetic average	15,90 %	14,04 %	13,18 %
Standard deviation of return	21,13 %	18,55 %	16,21 %
Sharpe risk-adjusted ratio	50,00	47,00	48,00
3-yr compounded	12,38 %	12,05 %	15,29 %
5-yr compounded	14,31 %	13,78 %	14,20 %
10-yr compounded	12,57 %	12,24 %	14,15 %
15-yr compounded	13,91 %	14,18 %	15,62 %
20-yr compounded	15,54 %	14,49 %	14,58 %
25-yr compounded	13,03 %	12,20 %	12,28 %
30-yr compounded	12,71 %	12,27 %	11,58 %
35-yr compounded	12,67 %	11,26 %	10,73 %
40-yr compounded	13,41 %	12,28 %	11,34 %
Compound annual return	13,85 %	12,44 %	11,97 %
10 000 $ becomes:	3 425 430 $	1 953 056 $	1 618 012 $
Maximum return	56,53 %	49,91 %	47,91 %
Minimum return	−31,99 %	−29,46 %	−26,46 %
Maximum expected return*	58,16 %	51,14 %	45,60 %
Minimum expected return**	−26,36 %	−23,06 %	−19,24 %

* Maximum expected return is average return plus 2 times the standard deviation.
** Minimum expected return is average return minus 2 times the standard deviation.

Tab. 4.10: Die Tabelle gibt an, in wie vielen Fällen zwischen 1951 und 1996 „Alle Aktien" die „Großen Aktien" schlagen, wobei differenziert wird nach Einzeljahren (45) sowie rollierenden Fünfjahresperioden (41) und rollierenden Zehnjahresperioden (36).

Item	All Stocks beat Large Stocks	Percent
Single-year return	26 out of 45	58 %
Rolling 5-year compound return	30 out of 41	73 %
Rolling 10-year compound return	27 out of 36	75 %

Tab. 4.11: Stellt die jährliche Performance der „Großen Aktien" den „Marktführern" oder „Branchenführern" gegenüber. In der rechten Spalte werden durch Subtraktion der Einzelergebnisse direkt die relativen Werte angegeben.

Year ending	Large Stocks	Market Leaders	Market Leaders relative performance
31. Dez. 52	9,30%	15,30%	6,00%
31. Dez. 53	2,30%	0,80%	−1,50%
31. Dez. 54	44,90%	50,60%	5,70%
31. Dez. 55	21,20%	27,00%	5,80%
31. Dez. 56	9,60%	14,40%	4,80%
31. Dez. 57	−6,90%	−10,10%	−3,20%
31. Dez. 58	42,10%	36,10%	−6,00%
31. Dez. 59	9,90%	12,20%	2,30%
31. Dez. 60	4,80%	−0,90%	-5,70%
31. Dez. 61	27,50%	23,00%	−4,50%
31. Dez. 62	−8,90%	−9,50%	−0,60%
31. Dez. 63	19,50%	21,80%	2,30%
31. Dez. 64	15,30%	18,90%	3,60%
31. Dez. 65	16,20%	19,50%	3,30%
31. Dez. 66	−4,90%	−5,10%	−0,20%
31. Dez. 67	21,30%	27,90%	6,60%
31. Dez. 68	16,80%	18,70%	1,90%
31. Dez. 69	−9,90%	−9,90%	0,00%
31. Dez. 70	−0,20%	1,80%	2,00%
31. Dez. 71	17,30%	18,40%	1,10%
31. Dez. 72	14,90%	18,30%	3,40%
31. Dez. 73	−18,90%	−11,60%	7,30%
31. Dez. 74	−26,70%	−21,40%	5,30%
31. Dez. 75	43,10%	66,00%	22,90%
31. Dez. 76	28,00%	28,00%	0,00%
31. Dez. 77	−2,50%	−5,00%	−2,50%
31. Dez. 78	8,10%	10,40%	2,30%
31. Dez. 79	27,30%	24,80%	−2,50%
31. Dez. 80	30,80%	30,20%	−0,60%
31. Dez. 81	0,60%	1,20%	0,60%
31. Dez. 82	19,90%	24,70%	4,80%
31. Dez. 83	23,80%	29,00%	5,20%
31. Dez. 84	−0,40%	2,60%	3,00%
31. Dez. 85	19,50%	33,70%	14,20%
31. Dez. 86	32,20%	22,90%	−9,30%
31. Dez. 87	3,30%	8,90%	5,60%
31. Dez. 88	19,00%	21,20%	2,20%
31. Dez. 89	26,00%	25,50%	−0,50%
31. Dez. 90	−8,70%	−7,40%	1,30%
31. Dez. 91	33,00%	29,60%	−3,40%
31. Dez. 92	8,70%	7,30%	−1,40%
31. Dez. 93	16,30%	14,80%	−1,50%
31. Dez. 94	−1,90%	2,70%	4,60%
31. Dez. 95	28,50%	28,70%	0,20%
31. Dez. 96	18,70%	22,00%	3,30%
Arithmetic average	13,11%	15,07%	1,97%
Standard deviation	16,01%	17,02%	1,02%

Tab. 4.12: Die Anlageergebnisse der verschiedenen Größenklassen nach Dekaden.

Universe	1950er*	1960er	1970er	1980er	1990er**
S&P 500	17,33%	7,81%	5,86%	17,55%	14,41%
Large Stocks	15,33%	8,99%	6,99%	16,89%	12,61%
Market Leader	16,91%	9,50%	10,67%	19,46%	13,21%
All Stocks	19,22%	11,09%	8,53%	15,85%	12,78%
Small Stocks	20,04%	12,37%	9,69%	15,00%	15,26%

* Returns for 1952–1959.
** Returns for 1990–1996.

Tab. 4.13: Die Tabelle gibt die summierte Entwicklung der Erträge für „Große Aktien" versus „Marktführer" an, wobei hier noch das arithmetische Mittel (Arithmetic Average), die Standardabweichung der Erträge (Standard Deviation of Return), das Sharpe-Ratio sowie Renditen nach weiteren Laufzeitgruppen hinzukommen. Auch die maximal bzw. minimal zu erwartenden sowie die tatsächlich eingetretenen Werte für die Performance (Maximum Return, Maximum Expected Return) werden angegeben.

	Large Stocks	Market Leaders
Arithmetic average	13,11%	15,07%
Standard deviation of return	16,01%	17,02%
Sharpe risk-adjusted ratio	48,00	57,00
3-yr compounded	14,38%	17,27%
5-yr compounded	13,60%	14,71%
10-yr compounded	13,53%	14,72%
15-yr compounded	15,16%	17,12%
20-yr compounded	14,37%	15,70%
25-yr compounded	12,34%	14,91%
30-yr compounded	11,67%	14,16%
35-yr compounded	10,96%	13,30%
40-yr compounded	11,36%	12,99%
Compound annual return	11,92%	13,80%
10000 $ becomes:	1590667 $	3363529 $
Maximum return	44,90%	66,00%
Minimum return	−26,70%	−21,40%
Maximum expected return*	45,12%	49,11%
Minimum expected return**	−18,91%	−18,98%

* Maximum expected return is average return plus 2 times the standard deviation.
** Minimum expected return is average return minus 2 times the standard deviation.

Tab. 4.14: Stellt die jährliche Performance der Gruppe „Alle Aktien" den „Kleinen Aktien" gegenüber. In der rechten Spalte werden durch Subtraktion der Einzelergebnisse direkt die relativen Werte angegeben.

Year ending	All Stocks	Small Stocks	Small Stocks relative performance
31. Dez. 52	7,90 %	7,00 %	−0,90 %
31. Dez. 53	2,90 %	3,90 %	1,00 %
31. Dez. 54	47,00 %	47,60 %	0,60 %
31. Dez. 55	20,70 %	20,00 %	−0,70 %
31. Dez. 56	17,00 %	20,60 %	3,60 %
31. Dez. 57	−7,10 %	−6,60 %	0,50 %
31. Dez. 58	55,00 %	61,00 %	6,00 %
31. Dez. 59	23,00 %	20,77 %	−2,23 %
31. Dez. 60	6,10 %	7,30 %	1,20 %
31. Dez. 61	31,20 %	32,60 %	1,40 %
31. Dez. 62	−12,00 %	−13,79 %	−1,79 %
31. Dez. 63	18,00 %	19,20 %	1,20 %
31. Dez. 64	16,30 %	16,90 %	0,60 %
31. Dez. 65	22,60 %	26,60 %	4,00 %
31. Dez. 66	−5,20 %	−5,20 %	−0,40 %
31. Dez. 67	41,10 %	51,80 %	10,70 %
31. Dez. 68	27,40 %	32,20 %	4,80 %
31. Dez. 69	−18,50 %	−27,70 %	−3,20 %
31. Dez. 70	−5,80 %	−8,50 %	−2,70 %
31. Dez. 71	21,30 %	23,50 %	2,20 %
31. Dez. 72	11,00 %	9,60 %	−1,40 %
31. Dez. 73	−27,20 %	−31,20 %	−4,00 %
31. Dez. 74	−27,90 %	−28,50 %	−0,60 %
31. Dez. 75	55,90 %	61,00 %	5,10 %
31. Dez. 76	33,60 %	42,00 %	6,40 %
31. Dez. 77	6,90 %	13,20 %	6,30 %
31. Dez. 78	12,20 %	15,00 %	2,80 %
31. Dez. 79	34,30 %	39,10 %	4,80 %
31. Dez. 80	31,50 %	32,10 %	0,60 %
31. Dez. 81	1,70 %	2,50 %	0,80 %
31. Dez. 82	22,50 %	24,60 %	2,10 %
31. Dez. 83	28,10 %	31,40 %	3,30 %
31. Dez. 84	−3,40 %	−5,40 %	−2,00 %
31. Dez. 85	30,80 %	29,60 %	−1,20 %
31. Dez. 86	13,10 %	7,80 %	−5,30 %
31. Dez. 87	−1,30 %	−4,90 %	−3,60 %
31. Dez. 88	21,20 %	22,90 %	1,70 %
31. Dez. 89	21,40 %	18,10 %	−3,30 %
31. Dez. 90	−13,80 %	−17,60 %	−3,80 %
31. Dez. 91	39,80 %	44,70 %	4,90 %
31. Dez. 92	13,80 %	16,50 %	2,70 %
31. Dez. 93	16,60 %	17,40 %	0,80 %
31. Dez. 94	−3,40 %	−4,20 %	−0,80 %
31. Dez. 95	27,00 %	27,40 %	0,40 %
31. Dez. 96	18,30 %	35,80 %	17,50 %
Arithmetic average	14,97 %	16,30 %	0,98 %
Standard deviation	19,51 %	21,91 %	2,40 %

Tab. 4.15: Die Tabelle gibt die summierte Entwicklung der Erträge für „Alle Aktien" versus „Kleine Aktien" an, wobei hier noch das arithmetische Mittel (Arithmetic Average), die Standardabweichung der Erträge (Standard Deviation of Return), das Sharpe-Ratio sowie Renditen nach weiteren Laufzeitgruppen hinzukommen. Auch die maximal bzw. minimal zu erwartenden sowie die tatsächlich eingetretenen Werte für die Performance (Maximum Return, Maximum Expected Return) werden angegeben.

	All Stocks	Small Stocks
Arithmetic average	14,97 %	15,91 %
Standard deviation of return	19,51 %	21,71 %
Sharpe risk-adjusted ratio	49,00	49,00
3-yr compounded	13,22 %	12,96 %
5-yr compounded	14,00 %	14,54 %
10-yr compounded	12,92 %	12,49 %
15-yr compounded	14,44 %	13,87 %
20-yr compounded	14,97 %	15,29 %
25-yr compounded	12,74 %	13,00 %
30-yr compounded	12,43 %	12,86 %
35-yr compounded	11,64 %	12,08 %
40-yr compounded	12,62 %	13,15 %
Compound annual return	13,23 %	13,77 %
10 000 $ becomes:	2 677 557 $	3 319 218 $
Maximum return	55,90 %	61,00 %
Minimum return	−27,90 %	−31,20 %
Maximum expected return*	53,98 %	59,33 %
Minimum expected return**	−24,04 %	−27,51 %

* Maximum expected return is average return plus 2 times the standard deviation.
** Minimum expected return is average return minus 2 times the standard deviation.

Unsere beiden Referenzgruppen

In sämtlichen Folgekapiteln ziehen wir als Referenzgruppen bzw. als Meßlatte (engl.: Benchmarks) die Gruppe „Alle Aktien" (engl.: All Stocks) mit einer Marktkapitalisierung über inflationsadjustierten 150 Mio. US$ sowie die Gruppe der „Großen Aktien", die eine Marktkapitalisierung über dem Datenbankdurchschnitt aufweisen (i.d.R. die 16 % der größten Aktien) (engl.: Large Stocks).

Jede dieser Gruppen stellt einen hervorragenden Indikator für die generelle mögliche Wertentwicklung in diesen Größenklassen dar.

5 Kurs-Gewinn-Verhältnisse: Was Gewinner und Verlierer unterscheidet

Wenn es ums Geldverdienen geht, hat jeder die gleiche Religion.

Voltaire

Für viele an der Wall Street sind Aktien mit niedrigen Kurs-Gewinn-Verhältnissen (KGVs, engl.: Price-Earnings-Ratio, PER) die allein-seligmachende Wahrheit. Das aktuelle KGV erhält man, indem man den Aktienkurs durch den Gewinn pro Aktie dividiert. Je höher der Wert des PER ist, desto mehr muß der Anleger für den Gewinn des Unternehmens zahlen, und desto höher sind die implizierten Erwartungen über das zukünftige Gewinnwachstum. Das KGV ist das geläufigste aller Maßzahlen zur Bestimmung, ob eine Aktie relativ zu anderen Aktien teuer oder billig ist.

Investoren, die Aktien mit niedrigem KGV-Werten kaufen, gehen davon aus, ein Schnäppchen zu machen. Sie glauben generell, daß Anleger bei hohem KGV unrealistische Erwartungen in bezug auf das zu erwartende Gewinnwachstum der Aktie haben. Investoren mit einer Vorliebe für niedrige KGVs sind überzeugt, daß diese hochfliegenden Hoffnungen oftmals genauso zerschmettert werden wie der betreffende Aktienkurs. Im Umkehrschluß erscheint ihnen logisch, daß die Kurse von niedrig bewerteten Aktien einen übertriebenen Abschlag aufweisen und sich der Aktienkurs, wenn sich die Gewinne erholen, steigen wird.

Die Ergebnisse

Vergegenwärtigen wir uns, daß wir zwei getrennte Gruppen betrachten: die mit hohen bzw. niedrigen Kurs-Gewinn-Verhältnissen, die aus der Gesamtheit „Aller Aktien" gezogen sind, und die mit hohen bzw. niedrigen KGVs aus der Gruppe der „Großen Aktien". Auch werden wir an unseren beiden Referenzgruppen „Große Aktien" und „Alle Aktien" bezüglich des KGV wieder Untersuchungen anhand von Zehnprozentgruppen anstellen.

Zuerst wenden wir uns Aktien mit niedrigen Kurs-Gewinn-Verhältnissen zu. Wir beginnen mit 10 000 am 31.12.1951 investierten US$, mit denen wir die 50 Aktien mit den höchsten Gewinn-Kurs-Verhältnissen aus „Allen Aktien" sowie aus „Großen Aktien" kaufen. Wir müssen hier mit dem reziproken Wert des Kurs-Gewinn-Verhältnisses arbeiten, da innerhalb der Compustat Datenbank aus internen mathematischen Gründen dieser Wert Verwendung findet. Aktien mit hohen Gewinn-Kurs-Verhältnissen sind also billig bewertet. Wir passen das Portfolio auf jährlicher Basis an, um immer die 50 Aktien mit den aktuell niedrigsten KGVs zu halten.

Wie in allen anderen Tests werden die Aktien nach Anzahl gleichgewichtet, und die Gewinnveröffentlichungen werden als um 11 Monate zeitverzögert angenommen, um sicherzustellen, daß nur realistisch vorliegende Werte verarbeitet werden.

Abbildung 5.1 zeigt die Wertentwicklung der 10 000 US$ zum 31.12.1996, und die Tabellen 5.1 bis 5.6 fassen die Ergebnisse zusammen, die mit Investments in Niedrig-KGV-Aktien zu erzielen sind.

Die untersuchten 45 Jahre ergaben, daß ein niedriges KGV für kleine Aktiengesellschaften nicht annähernd so wichtig ist wie für große Unternehmen. Die 50 Aktien mit den niedrigsten KGVs aus der Gruppe „Alle Aktien" machten aus 10 000 US$ 2 125 935 US$, und diese Anlage rentierte somit zusammengenommen mit jährlich 12,65 %. Während das zwar besser war als die Resultate der ungefilterten Gesamtgruppe der „Großen Aktien", gelang es dieser Strategie nicht, die Gesamtheit „Alle Aktien" mit 13,23 % p.a. zu schlagen. Auch wenn man die Rendite einschließlich Risikokomponente betrachtet, entwickelte sich dieser Ansatz schlechter als „Alle Aktien": Das Sharpe-Ratio für die 50 Aktien mit niedrigen KGVs aus dieser Gruppe war 40, das der Gesamtgruppe lag bei 49. Sieht man sich die Zahlenverhältnisse in Tabelle 5.5 an, kommt man zu dem Schluß, daß die wenigen Fälle, in denen diese Strategie vorne lag, nur vom Glück bestimmt waren.

Große Aktien sind hier anders

Ganz anders verhält es sich in diesem Kontext mit den „Großen Aktien". Hier wuchs ein Ursprungsinvestment zum gleichen Zeitpunkt auf die stattliche Summe von 3 787 460 US$ an, das ist mehr als das Doppelte der gesamten Gruppe „Großer Aktien" von 1 590 667 US$. Die zusammengefaßte Rendite der 50 Aktien mit niedrigem KGV lag hier bei 14,10 %, also um 2,18 % über der Rendite der „Großen Aktien" (11,92 %). Zusätzlich legte die Untergruppe großer, niedrig bewerteter Aktien mit einem Sharpe-Ration von 50 gegenüber 48 der Gesamtgruppe auch bei Einbeziehung des Risikos ein sportliches Resultat vor. Auch die Anzahl gewonnener Perioden in Tabelle 5.6 hat hier keinen Zufallscharakter mehr. Im Falle der rollierenden Zehnjahresperioden lagen die 50 Aktien mit dem niedrigsten KGV in 86 % der Fälle vorne.

Sowohl im Falle „Große Aktien" als auch „Alle Aktien" hatte die Strategie mit niedrigen Kurs-Gewinn-Verhältnissen jeweils eine höhere Standardabweichung der Erträge vorzuweisen, wobei ausschließlich die Erträge „Großer Aktien" mit niedrigsten KGVs für das höhere Risiko entschädigten. Der Unterschied zwischen großen und kleinen Aktiengesellschaften ist verblüffend, aber einleuchtend. Kleine Werte können auf ihrem Weg zu einer großen Gesellschaft eine Reihe spektakulärer Gewinnanstiege aufweisen. Es macht aus Anlegersicht Sinn, sie dafür mit höheren KGVs zu belohnen. Es ist doch so, daß Sie einerseits zögern, kleine Werte mit hohen KGVs zu kaufen, andererseits sollen sie aber auch wieder nicht zu niedrig sein, zumal Investoren kleinen Firmen mit niedrigen KGVs keine besonders guten Gewinnzuwächse zutrauen. Je größer eine Firma wird, um so schwieriger wird es, atemberaubendes Gewinnwachstum zu produzieren, und analog sollten die Erwartungen der Anleger sinken. Andererseits belegt die Anlegerschaft große Firmen regelmäßig mit niedrigen KGV-Werten, was möglicherweise daher rührt, daß deren Kurse in realistischerer Relation zum in Aussicht gestellten Gewinnwachstum stehen.

Wir werden noch sehen, daß eine günstige Bewertung in puncto Kurs-Gewinn-Verhältnis noch wichtiger wird, wenn man Multifaktorenmodelle zur Aktienauswahl einsetzt; ihre Wichtigkeit bei großen Gesellschaften ist allerdings bereits jetzt anhand der Daten offensichtlich.

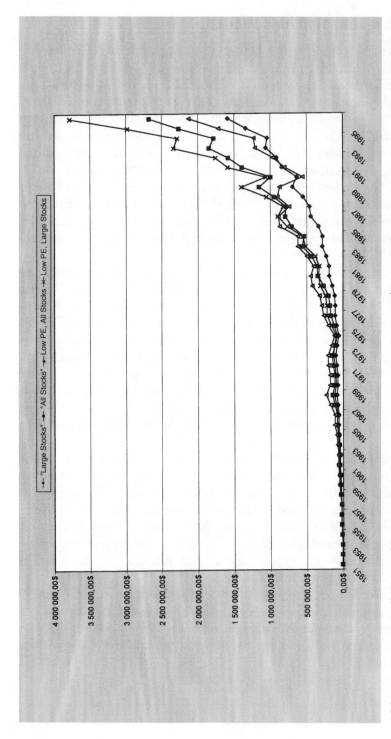

Abb. 5.1: Die nominelle Entwicklung eines Anfangsinvestments von 10000 US$ für den Zeitraum von 1951 bis 1996 (jeweils Ende) im Falle von „Alle Aktien" versus „Große Aktien", wobei das Unterscheidungskriterium ein niedriges Kurs-Gewinn-Verhältnis (Low PE, siehe Text) ist.

Tab. 5.1: Hier wird die prozentuale jährliche Performance „Aller Aktien" mit der von 50 Aktienwerten mit den besten (i.e. niedrigsten) Kurs-Gewinn-Verhältnissen (gezogen aus der Gruppe „Aller Aktien") verglichen. In der rechten Spalte wird wiederum die relative Wertentwicklung beider Gruppen durch Subtraktion ermittelt.

Year ending	All Stocks	Universe = All Stocks Top 50, EPS/price	Top 50 EPS/price relative performance
31. Dez. 52	7,90 %	11,10 %	3,20 %
31. Dez. 53	2,90 %	−5,60 %	−8,50 %
31. Dez. 54	47,00 %	69,20 %	22,20 %
31. Dez. 55	20,70 %	29,50 %	8,80 %
31. Dez. 56	17,00 %	18,90 %	1,90 %
31. Dez. 57	−7,10 %	−16,80 %	−9,70 %
31. Dez. 58	55,00 %	75,30 %	20,30 %
31. Dez. 59	23,00 %	21,90 %	−1,30 %
31. Dez. 60	6,10 %	6,70 %	0,60 %
31. Dez. 61	31,20 %	28,90 %	−2,30 %
31. Dez. 62	−12,00 %	−5,30 %	6,70 %
31. Dez. 63	18,00 %	19,90 %	1,90 %
31. Dez. 64	16,30 %	14,00 %	−2,30 %
31. Dez. 65	22,60 %	34,90 %	12,30 %
31. Dez. 66	−5,20 %	−4,10 %	1,10 %
31. Dez. 67	41,10 %	52,80 %	11,70 %
31. Dez. 68	27,40 %	36,30 %	8,90 %
31. Dez. 69	−18,50 %	−23,00 %	−4,50 %
31. Dez. 70	−5,80 %	−1,80 %	4,00 %
31. Dez. 71	21,30 %	14,10 %	−7,20 %
31. Dez. 72	11,00 %	2,50 %	−8,50 %
31. Dez. 73	−27,20 %	−25,50 %	1,70 %
31. Dez. 74	−27,90 %	−25,10 %	2,80 %
31. Dez. 75	55,90 %	71,60 %	15,70 %
31. Dez. 76	35,60 %	34,60 %	−1,00 %
31. Dez. 77	6,90 %	9,40 %	2,50 %
31. Dez. 78	12,20 %	10,10 %	−2,10 %
31. Dez. 79	34,30 %	31,50 %	−2,80 %
31. Dez. 80	31,50 %	5,30 %	−26,20 %
31. Dez. 81	1,70 %	−8,70 %	−10,40 %
31. Dez. 82	22,50 %	22,10 %	−0,40 %
31. Dez. 83	28,10 %	25,00 %	−3,10 %
31. Dez. 84	−3,40 %	−0,10 %	3,30 %
31. Dez. 85	30,80 %	41,10 %	10,30 %
31. Dez. 86	13,10 %	2,00 %	−11,10 %
31. Dez. 87	−1,30 %	−16,70 %	−15,40 %
31. Dez. 88	21,20 %	21,80 %	0,60 %
31. Dez. 89	21,40 %	−3,20 %	−24,60 %
31. Dez. 90	−13,80 %	−36,30 %	−22,50 %
31. Dez. 91	39,80 %	44,60 %	4,80 %
31. Dez. 92	13,80 %	20,40 %	6,60 %
31. Dez. 93	16,60 %	25,10 %	8,50 %
31. Dez. 94	−3,40 %	1,80 %	5,20 %
31. Dez. 95	27,00 %	39,50 %	12,50 %
31. Dez. 96	18,30 %	23,80 %	5,50 %
Arithmetic average	14,97 %	15,41 %	0,44 %
Standard deviation	19,51 %	25,14 %	5,63 %

Tab. 5.2: Analog Tabelle 5.1 wird hier die prozentuale jährliche Performance „Großer Aktien" mit der von 50 Aktienwerten mit den besten (i.e. niedrigsten) Kurs-Gewinn-Verhältnissen (gezogen aus der Gruppe der „Großen Aktien") verglichen. In der rechten Spalte wird wiederum die relative Wertentwicklung beider Gruppen durch Subtraktion ermittelt.

Year ending	Large Stocks	Universe = Large Stocks Top 50, EPS/price	Top 50 EPS/price relative performance
31. Dez. 52	9,30%	14,60%	5,30%
31. Dez. 53	2,30%	−5,10%	−7,40%
31. Dez. 54	44,90%	64,10%	19,20%
31. Dez. 55	21,20%	23,20%	2,00%
31. Dez. 56	9,60%	11,10%	1,50%
31. Dez. 57	−6,90%	−13,80%	−6,90%
31. Dez. 58	42,10%	48,70%	6,60%
31. Dez. 59	9,90%	5,60%	−4,30%
31. Dez. 60	4,80%	5,30%	0,50%
31. Dez. 61	27,50%	28,10%	0,60%
31. Dez. 62	−8,90%	−2,90%	6,00%
31. Dez. 63	19,50%	19,50%	0,00%
31. Dez. 64	15,30%	20,50%	5,20%
31. Dez. 65	16,20%	23,60%	7,40%
31. Dez. 66	−4,90%	−6,60%	−1,70%
31. Dez. 67	21,30%	25,90%	4,60%
31. Dez. 68	16,80%	30,30%	13,50%
31. Dez. 69	−9,90%	−19,50%	−9,60%
31. Dez. 70	−0,20%	3,70%	3,90%
31. Dez. 71	17,30%	10,30%	−7,00%
31. Dez. 72	14,90%	19,40%	4,50%
31. Dez. 73	−18,90%	−11,10%	7,80%
31. Dez. 74	−26,70%	−22,20%	4,50%
31. Dez. 75	43,10%	72,90%	29,80%
31. Dez. 76	28,00%	39,80%	11,80%
31. Dez. 77	−2,50%	1,50%	4,00%
31. Dez. 78	8,10%	8,60%	0,50%
31. Dez. 79	27,30%	30,70%	3,40%
31. Dez. 80	30,80%	7,90%	−22,90%
31. Dez. 81	0,60%	−4,00%	−4,60%
31. Dez. 82	19,90%	17,60%	−2,30%
31. Dez. 83	23,80%	35,50%	11,70%
31. Dez. 84	−0,40%	6,90%	7,30%
31. Dez. 85	19,50%	38,70%	19,20%
31. Dez. 86	32,20%	17,20%	−15,00%
31. Dez. 87	3,30%	−8,30%	−11,60%
31. Dez. 88	19,00%	28,10%	9,10%
31. Dez. 89	26,00%	33,10%	7,10%
31. Dez. 90	−8,70%	−24,40%	−15,70%
31. Dez. 91	33,00%	49,90%	16,90%
31. Dez. 92	8,70%	10,60%	1,90%
31. Dez. 93	16,30%	32,90%	16,60%
31. Dez. 94	−1,90%	−2,10%	−0,20%
31. Dez. 95	28,50%	30,40%	1,90%
31. Dez. 96	18,70%	27,00%	8,30%
Arithmetic average	13,11%	16,07%	2,96%
Standard deviation	16,01%	21,39%	5,38%

Tab. 5.3: Die Tabelle vergleicht die summierte Entwicklung der Erträge für „Alle Aktien" mit der Entwicklung der 50 Aktien aus dieser Gruppe mit den günstigsten KGVs, wobei hier noch das arithmetische Mittel (Arithmetic Average), die Standardabweichung der Erträge (Standard Deviation of Return), das Sharpe-Ratio sowie Renditen nach weiteren Laufzeitgruppen hinzukommen. Auch die maximal bzw. minimal zu erwartenden sowie die tatsächlich eingetretenen Werte für die Performance (Maximum Return, Maximum Expected Return) werden angegeben. Zeithorizont ist wiederum der 31.12.1951 bis 31.12.1996.

	All Stocks	Universe = All Stocks top 50 earnings/price (low PE)
Arithmetic average	14,97 %	15,41 %
Standard deviation of return	19,51 %	25,14 %
Sharpe risk-adjusted ratio	49,00	40,00
3-yr compounded	13,22 %	20,69 %
5-yr compounded	14,00 %	21,50 %
10-yr compounded	12,92 %	9,13 %
15-yr compounded	14,44 %	11,70 %
20-yr compounded	14,97 %	10,96 %
25-yr compounded	12,74 %	9,89 %
30-yr compounded	12,43 %	10,31 %
35-yr compounded	11,64 %	10,39 %
40-yr compounded	12,62 %	11,50 %
Compound annual return	13,23 %	12,65 %
10 000 $ becomes:	2 677 556,77 $	2 125 934,84 $
Maximum return	55,90 %	75,30 %
Minimum return	−27,90 %	−36,30 %
Maximum expected return*	53,98 %	65,69 %
Minimum expected return**	−24,04 %	−34,87 %

* Maximum expected return is average return plus 2 times the standard deviation.
** Minimum expected return is average return minus 2 times the standard deviation.

Tab. 5.4: Die Tabelle vergleicht die summierte Entwicklung der Erträge für „Große Aktien" mit der Entwicklung der 50 Aktien aus dieser Gruppe mit den günstigsten KGVs, wobei hier noch das arithmetische Mittel (Arithmetic Average), die Standardabweichung der Erträge (Standard Deviation of Return), das Sharpe-Ratio sowie Renditen nach weiteren Laufzeitgruppen hinzukommen. Auch die maximal bzw. minimal zu erwartenden sowie die tatsächlich eingetretenen Werte für die Performance (Maximum Return, Maximum Expected Return) werden angegeben. Zeithorizont ist wiederum der 31.12.1951 bis 31.12.1996.

	Large Stocks	Universe = Large Stocks top 50 earnings/price (low PE)
Arithmetic average	13,11%	16,07%
Standard deviation of return	16,01%	21,39%
Sharpe risk-adjusted ratio	48,00	50,00
3-yr compounded	14,38%	17,48%
5-yr compounded	13,60%	18,97%
10-yr compounded	13,53%	15,49%
15-yr compounded	15,16%	17,81%
20-yr compounded	14,37%	15,37%
25-yr compounded	12,34%	15,26%
30-yr compounded	11,67%	14,12%
35-yr compounded	10,96%	13,53%
40-yr compounded	11,36%	13,44%
Compound annual return	11,92%	14,10%
10000 $ becomes:	1590667,04 $	3787460,34 $
Maximum return	44,90%	72,90%
Minimum return	−26,70%	−24,40%
Maximum expected return*	45,12%	58,85%
Minimum expected return**	−18,91%	−26,71%

* Maximum expected return is average return plus 2 times the standard deviation.
** Minimum expected return is average return minus 2 times the standard deviation.

Tab. 5.5: Die Tabelle zeigt, in wie vielen Fällen zwischen 1951 und 1996 die 50 Aktien mit den niedrigsten KGVs aus der Gruppe „Alle Aktien" diese schlagen, wobei differenziert wird nach Einzeljahren (45) sowie rollierenden Fünfjahresperioden (41) und rollierenden Zehnjahresperioden (36).

Item	50 low PE beat All Stocks	Percent
Single-year return	26 out of 45	58%
Rolling 5-year compound return	22 out of 41	54%
Rolling 10-year compound return	18 out of 36	50%

Tab. 5.6: Die Tabelle zeigt, in wie vielen Fällen zwischen 1951 und 1996 die 50 Aktien mit den niedrigsten KGVs aus der Gruppe der „Großen Aktien" diese schlagen, wobei differenziert wird nach Einzeljahren (45) sowie rollierenden Fünfjahresperioden (41) und rollierenden Zehnjahresperioden (36).

Item	50 low PE beat Large Stocks	Percent
Single-year return	32 out of 45	71 %
Rolling 5-year compound return	30 out of 41	73 %
Rolling 10-year compound return	31 out of 36	86 %

Hohe KGVs sind gefährlich

Aktien mit hoher Bewertung zu erwerben ist unabhängig von ihrer Marktkapitalisierung ein gefährliches Unterfangen. Man sollte sich auf keinen Fall durch die Momentaufnahme einer aktuellen sensationellen Wachstumsgeschichte dazu hinreißen lassen, astronomische Preise für ein Papier zu zahlen. Doch genau dies tun viele Anleger, was sich daran ablesen läßt, daß die Polaroid Aktie im Jahre 1961 mit einem KGV von 164 und die Firma Best Buy's 1997 mit einem KGV von 712 bewertet wurde. Die Abbildung 5.2 sowie die Tabellen 5.7 bis 5.12 zeigen den Schaden, der entstehen kann.

Wir beginnen mit der Gruppe „Alle Aktien". Hier entwickelten sich 10 000 US$, die 1951 in die 50 Aktien mit dem höchsten KGV (aus dieser Gruppe) investiert wurden, ebenfalls bei jährlicher Anpassung, zu 558 065 US$ (zum 31.12.1996). Dies ist 2 119 492 US$ weniger, als wenn man undifferenziert in „Alle Aktien" investiert hätte! Die jährliche Gesamtrendite bei diesem Ansatz lag mit 9,35 % deutlich hinter der „Alle Aktien"-Rendite von 13,23 %. Wenn wir das Risiko einfließen lassen, verdüstert sich das Bild weiter. Das Sharpe-Ratio der hochbewerteten Titel von 27 war nur annähernd halb so hoch wie das der „Alle Aktien"-Grundgesamtheit. Die hochbewerteten Aktien schlugen ihre Obergruppe in nur 11 % aller getesteten rollierenden Zehnjahresperioden.

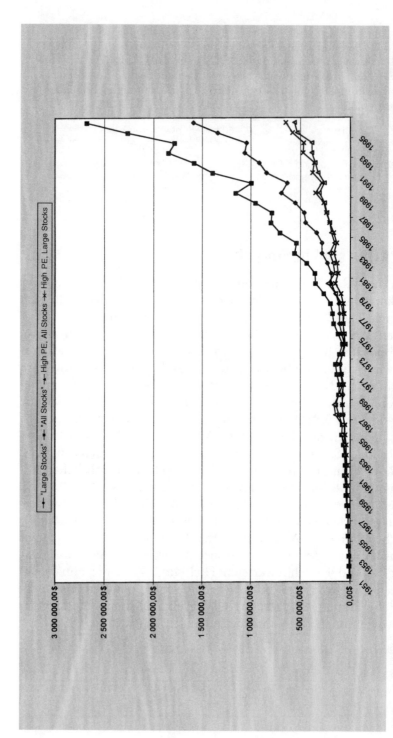

Abb. 5.2: Die Graphik zeigt die negativen Auswirkungen hoher Kurs-Gewinn-Verhältnisse auf die hier nominelle Wertentwicklung am Beispiel „Alle Aktien" und „Große Aktien", bei denen jeweils die Aktien mit hohen KGVs gesondert abgetragen werden (Definition hohes KGV: siehe Text).

Tab. 5.7: Hier wird die prozentuale jährliche Performance „Aller Aktien" mit der von 50 Aktienwerten mit den schlechtesten (i.e. höchsten) Kurs-Gewinn-Verhältnissen (gezogen aus der Gruppe „Alle Aktien") verglichen. In der rechten Spalte wird wiederum die relative Wertentwicklung beider Gruppen durch Subtraktion ermittelt.

Year ending	All Stocks	Universe = All Stocks top 50 high PE	Top 50 PE relative performance
31. Dez. 52	7,90%	0,30%	−7,60%
31. Dez. 53	2,90%	5,60%	2,70%
31. Dez. 54	47,00%	43,10%	−3,90%
31. Dez. 55	20,70%	24,30%	3,60%
31. Dez. 56	17,00%	10,10%	−6,90%
31. Dez. 57	−7,10%	−2,00%	5,10%
31. Dez. 58	55,00%	57,50%	2,50%
31. Dez. 59	23,00%	27,90%	4,90%
31. Dez. 60	6,10%	4,00%	−2,10%
31. Dez. 61	31,20%	15,30%	−15,90%
31. Dez. 62	−12,00%	−27,10%	−15,10%
31. Dez. 63	18,00%	53,20%	35,20%
31. Dez. 64	16,30%	6,80%	−9,50%
31. Dez. 65	22,60%	42,00%	19,40%
31. Dez. 66	−5,20%	−4,60%	0,60%
31. Dez. 67	41,10%	84,80%	43,70%
31. Dez. 68	27,40%	9,90%	−17,50%
31. Dez. 69	−18,50%	−28,10%	−9,60%
31. Dez. 70	−5,80%	−33,20%	−27,40%
31. Dez. 71	21,30%	23,50%	2,20%
31. Dez. 72	11,00%	9,80%	−1,20%
31. Dez. 73	−27,20%	−27,50%	−0,30%
31. Dez. 74	−27,90%	−36,10%	−8,20%
31. Dez. 75	55,90%	22,20%	−33,70%
31. Dez. 76	35,60%	21,10%	−14,50%
31. Dez. 77	6,90%	0,06%	−6,84%
31. Dez. 78	12,20%	24,30%	12,10%
31. Dez. 79	34,30%	61,90%	27,60%
31. Dez. 80	31,50%	53,90%	22,40%
31. Dez. 81	1,70%	−30,30%	−32,00%
31. Dez. 82	22,50%	9,70%	−12,80%
31. Dez. 83	28,10%	20,60%	−7,50%
31. Dez. 84	−3,40%	−23,60%	−20,20%
31. Dez. 85	30,80%	20,80%	−10,00%
31. Dez. 86	13,10%	8,80%	−4,30%
31. Dez. 87	−1,30%	13,60%	14,90%
31. Dez. 88	21,20%	9,80%	−11,40%
31. Dez. 89	21,40%	21,40%	0,00%
31. Dez. 90	−13,80%	−16,80%	−3,00%
31. Dez. 91	39,80%	24,70%	−15,10%
31. Dez. 92	13,80%	9,00%	−4,80%
31. Dez. 93	16,60%	9,70%	−6,90%
31. Dez. 94	−3,40%	−0,50%	2,90%
31. Dez. 95	27,00%	37,60%	10,60%
31. Dez. 96	18,30%	5,10%	−13,20%
Arithmetic average	14,97%	12,50%	−2,52%
Standard deviation	19,51%	26,33%	6,82%

Tab. 5.8: Analog Tabelle 5.7 wird hier die prozentuale jährliche Performance „Großer Aktien" mit der von 50 Aktienwerten mit den schlechtesten (i.e. höchsten) Kurs-Gewinn-Verhältnissen (gezogen aus der Gruppe der „Großen Aktien") verglichen. In der rechten Spalte wird wiederum die relative Wertentwicklung beider Gruppen durch Subtraktion ermittelt.

Year ending	Large Stocks	Universe = Large Stocks top 50 high PE	Top 50 PE relative performance
31. Dez. 52	9,30 %	3,50 %	−5,80 %
31. Dez. 53	2,30 %	5,40 %	3,10 %
31. Dez. 54	44,90 %	38,00 %	−6,90 %
31. Dez. 55	21,20 %	23,60 %	2,40 %
31. Dez. 56	9,60 %	8,40 %	−1,20 %
31. Dez. 57	−6,90 %	−7,30 %	−0,40 %
31. Dez. 58	42,10 %	37,70 %	−4,40 %
31. Dez. 59	9,90 %	16,90 %	7,00 %
31. Dez. 60	4,80 %	−4,30 %	−9,10 %
31. Dez. 61	27,50 %	20,70 %	−6,80 %
31. Dez. 62	−8,90 %	−15,30 %	−6,40 %
31. Dez. 63	19,50 %	25,80 %	6,30 %
31. Dez. 64	15,30 %	7,80 %	−7,50 %
31. Dez. 65	16,20 %	27,00 %	10,80 %
31. Dez. 66	−4,90 %	3,00 %	7,90 %
31. Dez. 67	21,30 %	41,60 %	20,30 %
31. Dez. 68	16,80 %	4,20 %	−12,60 %
31. Dez. 69	−9,90 %	10,30 %	20,20 %
31. Dez. 70	−0,20 %	−22,20 %	−22,00 %
31. Dez. 71	17,30 %	33,40 %	16,10 %
31. Dez. 72	14,90 %	21,70 %	6,80 %
31. Dez. 73	−18,90 %	−25,30 %	−6,40 %
31. Dez. 74	−26,70 %	−33,40 %	−6,70 %
31. Dez. 75	43,10 %	19,20 %	−23,90 %
31. Dez. 76	28,00 %	9,90 %	−18,10 %
31. Dez. 77	−2,50 %	−12,70 %	−10,20 %
31. Dez. 78	8,10 %	13,60 %	5,50 %
31. Dez. 79	27,30 %	34,40 %	7,10 %
31. Dez. 80	30,80 %	60,90 %	30,10 %
31. Dez. 81	0,60 %	−20,00 %	−20,60 %
31. Dez. 82	19,90 %	9,90 %	−10,00 %
31. Dez. 83	23,80 %	24,90 %	1,10 %
31. Dez. 84	−0,40 %	−17,70 %	−17,30 %
31. Dez. 85	19,50 %	22,10 %	2,60 %
31. Dez. 86	32,20 %	25,40 %	−6,80 %
31. Dez. 87	3,30 %	15,80 %	12,50 %
31. Dez. 88	19,00 %	11,20 %	−7,80 %
31. Dez. 89	26,00 %	30,60 %	4,60 %
31. Dez. 90	−8,70 %	−18,00 %	−9,30 %
31. Dez. 91	33,00 %	32,60 %	−0,40 %
31. Dez. 92	8,70 %	−4,50 %	−13,20 %
31. Dez. 93	16,30 %	30,60 %	14,30 %
31. Dez. 94	−1,90 %	−1,40 %	0,50 %
31. Dez. 95	28,50 %	23,80 %	−4,70 %
31. Dez. 96	18,70 %	11,90 %	−6,80 %
Arithmetic average	13,11 %	11,64 %	−1,47 %
Standard deviation	16,01 %	20,14 %	4,13 %

Tab. 5.9: Die Tabelle vergleicht die summierte Entwicklung der Erträge für „Alle Aktien" mit der Entwicklung der 50 Aktien aus dieser Gruppe mit den ungünstigsten KGVs, wobei hier noch das arithmetische Mittel (Arithmetic Average), die Standardabweichung der Erträge (Standard Deviation of Return), das Sharpe-Ratio sowie Renditen nach weiteren Laufzeitgruppen hinzukommen. Auch die maximal bzw. minimal zu erwartenden sowie die tatsächlich eingetretenen Werte für die Performance (Maximum Return, Maximum Expected Return) werden angegeben. Zeithorizont ist wiederum der 31.12.1951 bis 31.12.1996.

	All Stocks	Universe = All Stocks top 50 price/earnings (high PE)
Arithmetic average	14,97 %	12,50 %
Standard deviation of return	19,51 %	26,33 %
Sharpe risk-adjusted ratio	49,00	27,00
3-yr compounded	13,22 %	12,90 %
5-yr compounded	14,00 %	11,46 %
10-yr compounded	12,92 %	10,46 %
15-yr compounded	14,44 %	8,90 %
20-yr compounded	14,97 %	10,79 %
25-yr compounded	12,74 %	7,31 %
30-yr compounded	12,43 %	6,72 %
35-yr compounded	11,64 %	7,19 %
40-yr compounded	12,62 %	8,58 %
Compound annual return	13,23 %	9,35 %
10 000 $ becomes:	2 677 556,77 $	558 065,32 $
Maximum return	55,90 %	84,80 %
Minimum return	−27,90 %	−36,10 %
Maximum expected return*	53,98 %	65,15 %
Minimum expected return**	−24,04 %	−40,15 %

* Maximum expected return is average return plus 2 times the standard deviation.
** Minimum expected return is average return minus 2 times the standard deviation.

Große Aktien schlagen sich hier nicht besser

Der Schaden durch hohe KGV-Bewertungen kommt in der Gruppe der „Großen Aktien" in gleichem Maße zum Tragen. Hier wuchsen zeitgleich in die 50 laut KGV teuersten Aktien investierte 10 000 US$ auf eine Summe von 646 963 (Ende 1996) an, was weniger als die Hälfte eines Investments in „Große Aktien" insgesamt ausmacht. Die Gesamtrendite dieser Anlagekategorie, gleichgültig welches Zeitfenster man betrachtet, bleibt mit einem um 31,17 Punkte niedrigeren Sharpe-Ratio weit hinter der risikoadjustierten Rendite der Referenzgruppe „Große Aktien" zurück.

Bei einer Quote von 22 % der Fälle, in denen die hochbewerteten Aktien die Gesamtgruppe schlagen konnten, kommt zum angerichteten Schaden schon etwas Unverschämtheit hinzu.

Tab. 5.10: Die Tabelle vergleicht die summierte Entwicklung der Erträge für „Große Aktien" mit der Entwicklung der 50 Aktien aus dieser Gruppe mit den ungünstigsten KGVs, wobei hier noch das arithmetische Mittel (Arithmetic Average), die Standardabweichung der Erträge (Standard Deviation of Return), das Sharpe-Ratio sowie Renditen nach weiteren Laufzeitgruppen hinzukommen. Auch die maximal bzw. minimal zu erwartenden sowie die tatsächlich eingetretenen Werte für die Performance (Maximum Return, Maximum Expected Return) werden angegeben. Zeithorizont ist wiederum der 31.12.1951 bis 31.12.1996.

	Large Stocks	Universe = Large Stocks top 50 price/earnings (high PE)
Arithmetic average	13,11 %	11,64 %
Standard deviation of return	16,01 %	20,14 %
Sharpe risk-adjusted ratio	48,00	31,00
3-yr compounded	14,38 %	10,95 %
5-yr compounded	13,60 %	11,24 %
10-yr compounded	13,53 %	12,03 %
15-yr compounded	15,16 %	11,88 %
20-yr compounded	14,37 %	11,76 %
25-yr compounded	12,34 %	8,30 %
30-yr compounded	11,67 %	8,75 %
35-yr compounded	10,96 %	8,71 %
40-yr compounded	11,36 %	9,06 %
Compound annual return	11,92 %	9,71 %
10 000 $ becomes:	1 590 667,04 $	646 962,87 $
Maximum return	44,90 %	60,90 %
Minimum return	−26,70 %	−33,40 %
Maximum expected return*	45,12 %	51,91 %
Minimum expected return**	−18,91 %	−28,64 %

* Maximum expected return is average return plus 2 times the standard deviation.

** Minimum expected return is average return minus 2 times the standard deviation.

Unterteilung in Zehnprozentgruppen (Deciles)

Unterteilt man die Gesamtheiten „Alle Aktien" und „Große Aktien" in die vorher beschriebenen, akademisch gebräuchlichen Zehnprozentgruppen, zeichnet sich besonders bei „Allen Aktien" ein anderes Bild ab. Hier schlugen die vier unteren Zehntel der nach KGV sortierten Gesamtgruppe alle die Referenz, während Zehntel Nummer 5 bis Nummer 10 (Nummer 10 sind die 10 % der Aktien aus „Alle Aktien", die das höchste KGV haben) alle schlechter abschnitten. Es mag sein, daß die 50 Aktien mit den niedrigsten KGVs aus der Gruppe „Alle Aktien", wie wir vorher sahen, deshalb schlechter abschnitten als die gesamte Gruppe, weil die niedrigbewerteten Aktien dieser umfangreichen Gruppe ernsthaftere Probleme haben als andere Aktien mit niedrigen KGVs. Es hat sich tatsächlich herauskristallisiert, daß die Anleger besser gefahren wären, in das zweite Zehntel gemäß KGV zu investieren als in das erste Zehntel der am niedrigsten bewerteten Dividendenwerte.

Tab. 5.11: Die Tabelle gibt an, in wie vielen Fällen zwischen 1951 und 1996 die 50 Aktien mit den höchsten KGVs aus der Gruppe „Alle Aktien" diese schlagen, wobei differenziert wird nach Einzeljahren (45) sowie rollierenden Fünfjahresperioden (41) und rollierenden Zehnjahresperioden (36).

Item	50 high PE beat All Stocks	Percent
Single-year return	16 out of 45	36 %
Rolling 5-year compound return	11 out of 41	27 %
Rolling 10-year compound return	4 out of 36	11 %

Tab. 5.12: Die Tabelle zeigt, in wie vielen Fällen zwischen 1951 und 1996 die 50 Aktien mit den höchsten KGVs aus der Gruppe „Große Aktien" diese schlagen, wobei differenziert wird nach Einzeljahren (45) sowie rollierenden Fünfjahresperioden (41) und rollierenden Zehnjahresperioden (36).

Item	50 high PE beat Large Stocks	Percent
Single-year return	19 out of 45	42 %
Rolling 5-year compound return	11 out of 41	27 %
Rolling 10-year compound return	8 out of 36	22 %

Implikationen

Die Abbildungen 5.3 und 5.4 sowie die Tabelle 5.13 fassen zusammen, was Sie erwartet, wenn Sie die 50 Aktien mit den jeweils niedrigsten oder höchsten KGVs kaufen. Die Abbildungen 5.5 und 5.6 sowie die Tabellen 5.14 und 5.15 geben einen Überblick bei Aufteilung nach Zehnteln. Die Ergebnisse sind ausgesprochen deutlich. Sowohl „Alle Aktien" als auch „Große Aktien" mit hohen KGVs erbringen deutlich schlechtere Resultate als der Markt. Dies gilt für die 50 Aktien mit den höchsten KGV-Werten sowie für die nach Zehnteln (KGV) sortierten Aktien. Die 50 Aktien aus der Gruppe der „Großen Aktien" sind deutlich besser als ihre Obergruppe, und die unteren drei Zehntel (niedrige KGVs) überholen den Gesamtmarkt ebenfalls eindrucksvoll. Die Ergebnisse der Zehnereinteilung für die Gruppe „Alle Aktien" zeigen, daß Investoren, die sich in diesem Feld tummeln, besser lägen, wenn sie die 50 Aktien mit den allerniedrigsten KGVs meiden würden und statt dessen lieber aus der größeren Gruppe der vier unteren Zehntel (niedriges KGV) auswählten. In beiden Referenzgruppen stellten sich Aktien mit niedrigen KGVs viel besser dar als solche mit hohen KGV-Bewertungen, was sowohl für den Extremfall der nur 50 ausgewählten Aktien als auch in der Betrachtung nach Zehnteln gilt.

Darüber hinaus sind die Unterschiede beim Risiko eher gering: Bei der Analyse „Aller Aktien" betrug die Standardabweichung der 50 Aktien mit der niedrigsten Bewertung 25,14 % gegenüber einem Wert von 26,33 % bei den 50 Titeln mit den höchsten Kurs-Gewinn-Verhältnissen. In der Gruppe der „Großen Aktien" wies die Strategie mit niedrigen KGVs eine Standardabweichung von 21,39 % auf, wohingegen die Erträge bei dem Ansatz mit hohen KGVs eine Standardabweichung von 20,14 % hatten.

Ben Graham und David Dodd hatten in ihrem 1940 erschienenen Buch *Security Analysis: Principles and Technique* völlig recht, als sie konstatierten, daß „Leute, die gewohnheitsmäßig Aktien mit einer Bewertung von mehr als dem Zwanzigfachen ihres Jahresgewinns kaufen, auf lange Sicht eine Menge Geld verlieren".

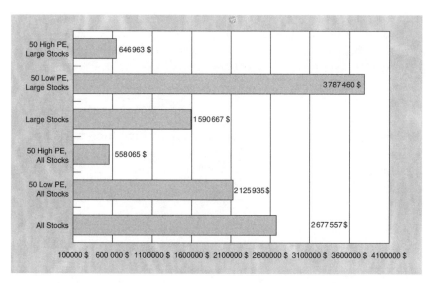

Abb. 5.3: Die Graphik zeigt, wie sich eine 10 000-US$-Investition am 31.12.1951 zum 31.12.1996 hin entwickelt hätte, wenn man in den Gruppen „Große Aktien" und „Alle Aktien" nach niedrigem KGV (low PE) sowie hohem KGV (high PE) differenziert hätte.

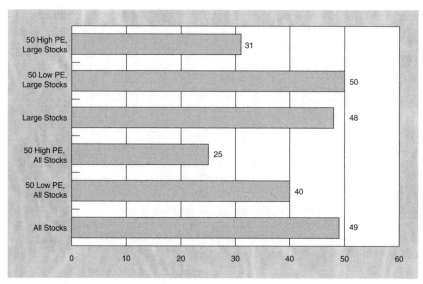

Abb. 5.4: Die Graphik zeigt die risikoadjustierte Wertentwicklung der Aktiengruppen aus Abbildung 5.3 anhand des Sharpe-Ratio. Der Zeithorizont ist wiederum Ende 1951 bis Ende 1996; höhere Werte beim Sharpe-Ratio sind wie erwähnt besser.

Tab. 5.13: Die Tabelle listet die zusammengefaßten prozentualen Ergebnisse nach Dekaden auf, wobei wieder nach hohem KGV (high PE) und niedrigem KGV (low PE) unterschieden wird.

Portfolio	1950er*	1960er	1970er	1980er	1990er**
Large Stocks	15,33%	8,99%	6,99%	16,89%	12,61%
50 high PE from Large Stocks	14,77%	10,94%	0,93%	14,11%	9,21%
50 low PE from Large Stocks	16,12%	11,14%	12,64%	16,19%	15,25%
All Stocks	19,22%	11,09%	8,53%	15,85%	12,78%
50 high PE from All Stocks	19,27%	10,96%	2,26%	7,99%	8,63%
50 low PE from All Stocks	21,84%	13,96%	8,89%	7,56%	13,58%

* Returns for 1952–1959.
** Returns for 1990–1996.

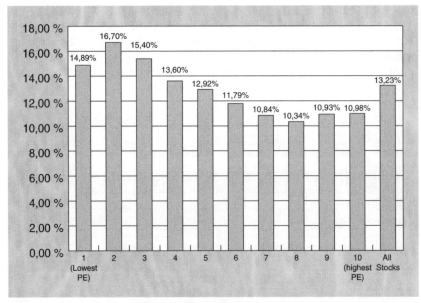

Abb. 5.5: Die Graphik kommt wieder auf die vorher erwähnten Zehnprozentgruppen (Deciles) zurück. Sie stellt nach Kurs-Gewinn-Verhältnis aufsteigend die zusammengefaßten Renditen zwischen 1951 und 1996 dar, wobei hier „Alle Aktien" die Grundgesamtheit darstellen.

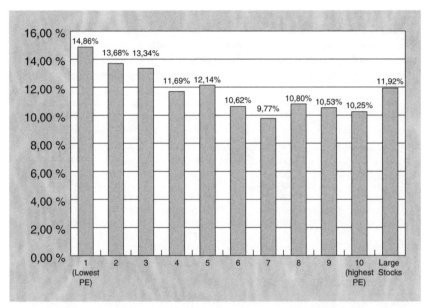

Abb. 5.6: Die Graphik bezieht sich ebenfalls auf die vorher erwähnten Zehn-prozentgruppen (Deciles). Sie stellt nach Kurs-Gewinn-Verhältnis aufsteigend die zusammengefaßten Renditen zwischen 1951 und 1996 dar, wobei hier „Große Aktien" die Grundgesamtheit darstellen.

Tab. 5.14: Die Tabelle zeigt ebenfalls nach aufsteigenden KGVs der je-weiligen Zehnprozentgruppen aus der Gesamtheit „Aller Aktien" die no-minelle Entwicklung von 10 000 US$, die durchschnittliche jährliche Rendite (Average Return), die kumulierte Rendite (Compound Return) sowie die Standardabweichung (Zeitraum 1951 bis 1996).

Decile	10 000 $ grows to	Average return	Compound return	Standard deviation
1 (lowest PE)	5 159 955 $	17,33 %	14,89 %	23,66 %
2	10 427 991 $	18,78 %	16,70 %	22,03 %
3	6 307 424 $	17,13 %	15,40 %	19,97 %
4	3 102 398 $	15,35 %	13,60 %	20,17 %
5	2 365 448 $	14,50 %	12,92 %	18,48 %
6	1 504 992 $	13,39 %	11,79 %	18,44 %
7	1 026 280 $	12,44 %	10,84 %	18,02 %
8	838 031 $	12,03 %	10,34 %	18,84 %
9	1 065 155 $	12,93 %	10,93 %	20,39 %
10 (highest PE)	1 087 361 $	13,78 %	10,98 %	24,65 %
All Stocks	2 677 557 $	14,97 %	13,23 %	19,51 %

Tab. 5.15: Die Tabelle zeigt ebenfalls nach aufsteigenden KGVs der jeweiligen Zehnprozentgruppen aus der Gesamtheit „Großer Aktien" die Entwicklung von 10 000 US$, die durchschnittliche Rendite, die zusammengefaßte Rendite sowie die Standardabweichung (Zeitraum 1951 bis 1996).

Decile	10 000 $ grows to	Average return	Compound return	Standard deviation
1 (lowest PE)	5 092 753 $	16,87 %	14,86 %	21,89 %
2	3 204 878 $	15,40 %	13,68 %	19,86 %
3	2 796 638 $	14,78 %	13,34 %	18,36 %
4	1 446 427 $	12,93 %	11,69 %	16,67 %
5	1 735 401 $	13,42 %	12,14 %	16,75 %
6	940 571 $	11,73 %	10,62 %	15,35 %
7	662 102 $	10,98 %	9,77 %	15,96 %
8	1 009 014 $	12,07 %	10,80 %	16,26 %
9	906 383 $	12,08 %	10,53 %	17,78 %
10 (highest PE)	807 266 $	12,34 %	10,25 %	21,02 %
Large Stocks	1 590 667$	13,11 %	11,92 %	16,01 %

6 Preis-Buchwert-Verhältnisse: Ein besserer Wertmaßstab

Verstehen kann man das Leben nur im Rückblick, leben aber muß man es in der Zukunft.

Soren Kierkegaard

In diesem Kapitel werden wir uns mit Preis-Buchwert-Relationen befassen. Viele Anleger sind überzeugt, daß dieses Ratio aussagekräftiger ist, wenn man auf der Suche nach unterbewerteten Aktien ist. Ihr Argument ist, daß sich der veröffentlichte Jahresgewinn durch den Bilanzbuchhalter der Firma leichter manipulieren ließe. In diesem Zusammenhang macht folgender Witz die Runde: Eine Firma möchte einen neuen Finanzchef einstellen. Sie richtet an jeden Bewerber nur die eine Frage: „Was ist 2 plus 2?", worauf alle bis auf denjenigen, der den Job bekommt, natürlich „4" antworten. Dieser entgegnete nämlich: „Ja was hatten Sie sich denn vorgestellt?"

Das Kurs-Buchwert-Verhältnis ergibt sich, wenn man den Kurs der Aktie durch den Buchwert pro Aktie dividiert. Wir hier benützen den potentiellen aktuellen Liquidationserlös als eine gute Näherung für den Buchwert (jeweils pro Aktie). Der Grundgedanke von Anlegern, die sich für Aktien mit niedrigen Kurs-Buchwert-Verhältnissen (KBV) entscheiden, ist, daß sie damit einen Preis nahe am Liquidationswert berappen und somit auf lange Sicht dafür belohnt werden, keine überhöhten Preise für die Vermögensgegenstände der Gesellschaft zu zahlen. Wie gewohnt werden wir uns hohe und niedrige KBVs an den beiden Referenzgruppen „Alle Aktien" und „Große Aktien" ansehen. Der Starttermin ist der 31.12.1951; zu diesem Zeitpunkt werden die 50 Aktien aus der Zusammenfassung „Aller Aktien" erworben, die das höchste Buchwert-Kurs-Verhältnis aufweisen (wir verwenden hier analog dem KGV den Reziprokwert, da dieser in der Compustat Datenbasis benützt wird).

Auch hier werden wir wieder „Alle Aktien" und „Große Aktien" nach Zehnteln unterteilt betrachten.

Die Ergebnisse

Auf lange Sicht belohnt der Markt Investments in Aktien mit günstigen Kurs-Buchwert-Relationen und bestraft Aktien mit hohen KBVs. Eine Anlage von 10000 US$ am 31.12.1951 in die 50 Werte mit den niedrigsten KBVs aus der „Alle Aktien"-Gruppe entwickelten sich zu 5490122 US$ am Ende 1996, was gleichbedeutend ist mit einer kumulierten Rendite von 15,05%. Dieses Ergebnis ist eindeutig besser als die 2677557 US$, die mit „Allen Aktien" zu erzielen waren. Allerdings war das mit dieser Anlage verbundene Risiko relativ hoch: Die Standardabweichung dieser 50 Aktien lag bei 25,45%, also deutlich über den 19,51% der Gruppe „Alle Aktien". Verdichtet auf das Sharpe-Ratio konnten die höheren Erträge der 50 Aktien mit den niedrigen KBVs die höhere Standardabweichung ausgleichen, so daß beide Strategien einen Wert von 49 aufwiesen.

Große Aktien sind weniger volatil

Bei Berücksichtigung des Risikos schlugen sich die 50 Aktien mit niedriger, also günstiger KBV-Bewertung aus der Gruppe „Große Aktien" um einiges besser. 10000 US$, die über den gleichen Zeitraum investiert wurden, entwickelten sich zu 5025656 US$ (kumulierte Rendite 14,82%), was allerdings bei der deutlich niedrigeren Standardabweichung von 19,96% zu erzielen war. Dies ist zwar höher als die 16,01% der Stammgruppe „Große Aktien", aber viel niedriger als die Volatilität der 50 niedrig bewerteten Aktien aus der Gruppe „Alle Aktien". Das Sharpe-Ratio von 56 ist bei Berücksichtigung von nur einer Variablen ein starker Auftritt.

Die in den Tabellen 6.5 und 6.6 aufgelisteten prozentualen Verteilungen geben ein gemischtes Bild ab. Während die 50er Gruppe aus „Alle Aktien" ihre Stammgruppe auf jährlicher Basis in 60% der Fälle und bei den rollierenden Zehnjahresperioden in 69% der Fälle schlug, gelang es ihr bei den rollierenden Fünfjahresperioden in nur 51%, besser abzuschneiden. Diese Ergebnisse legen den Schluß nahe, daß diese Aktiengruppe auf dem Weg ins Ziel ziemlich ausgeprägte Höhen und Tiefen durchlaufen mußte. Diese Vermutung wird bestätigt, wenn man die jährlichen Entwicklungen in Tabelle 6.1 betrachtet. Dort findet man vier Jahre, in denen die Gruppe der Titel mit niedrigem KBV 20% besser abschnitt, aber auch die vier Jahre zwischen 1976 und 1980, in denen die Gruppe „Alle Aktien" viel besser stand. Eine vernichtende Entwicklung nahmen die niedrig bewerteten Aktien zwischen 1988 und 1990. Man sollte solche

Phasen immer im Hinterkopf behalten und daran denken, daß man seiner Strategie über einen längeren Zeitraum treu bleiben muß.

Bei großen Aktien sind die prozentualen Verhältnisse eindeutiger

In Tabelle 6.6 erkennt man überaus deutlich: Wenn man sich in der Welt der „Großen Aktien" bewegt, lassen sich in bezug auf die prozentual gewonnenen Perioden der 50 Aktien mit niedrigen KBVs viel eindeutigere Aussagen treffen. Hier schlägt die Strategie die Gesamtgruppe in mindestens 62 % der Fälle, wobei die höchste Wahrscheinlichkeit, die „Großen Aktien" zu schlagen, bei der rollierenden Zehnjahresperiode am höchsten ist. Abbildung 6.1 und die Tabellen 6.2 bis 6.6 fassen die Ergebnisse zusammen.

Aktien mit hohem Kurs-Buchwert-Verhältnis entwickeln sich lausig

Wie die Dividendentitel mit hohen Kurs-Gewinn-Verhältnissen sind auch Werte mit hohen Kurs-Buchwert-Verhältnissen generell schlechte Investments. Abbildung 6.2 sowie die Tabellen 6.7 bis 6.12 geben hier einen Überblick. Aus 10 000 US$, die über die Referenzperiode in diejenigen 50 Aktien investiert worden wären, die unter „Allen Aktien" die höchsten Kurs-Buchwert-Verhältnisse aufwiesen, wären spärliche 380 440 geworden. Das sind gut 2 Mio. US$ weniger als ein undifferenziertes Investment in die Gesamtheit der Aktien mit einem Börsenwert über 150 Mio. US$ und einige Millionen Dollar weniger als eine Anlage in die 50 Aktien mit den niedrigsten Kurs-Buchwert-Kennziffern. Die Standardabweichung von 28,43 % läßt hier auf rauhe See beim Erreichen der kümmerlichen Rendite schließen. Man erkennt dies auch, wenn man die Werte für die jährlichen Renditen betrachtet. Von 1973 bis 1976 sowie von 1981 bis 1985 entwickelten sich die hochbewerteten Aktien um 20 % schlechter als „Alle Aktien". Die Periode von 1981 bis 1984 verdient hier besondere Beachtung. In 1981 erzielte man mit „Allen Aktien" eine Wertsteigerung von 1,7 %, wohingegen die hochbewerteten Titel mehr als 31 % abgaben. Ein noch düstereres Bild zeichnete sich 1984 ab, als hohe Kurs-Buchwert-Verhältnisse einen Verlust von 40 % zur Folge hatten, wohingegen „Alle Aktien" zumindest 3,4 % zulegen konnten.

Auch bei den „Großen Aktien" zeigten sich die 50 Aktien höchster Buchwertrelation als Verlierer: Ein 10 000-US$-Investment von Ende 1951 bis Ende 1996 rentierte kumuliert mit 10,50%, was zu einem Endbetrag von 893 583 US$ gereichte; ziemlich genau die Hälfte der Gesamtgruppe. Die Standardabweichung von 22,84% war zwar etwas niedriger, aber das Sharpe-Ratio von 33 ist durchaus vernichtend. Die Abbildungen 6.3 und 6.4 bündeln die Ergebnisse.

Die Prozentzahlen der Gewinner und Verlierer aus Tabelle 6.12 geben ein etwas ungewöhnliches Bild ab. Während die Langfristzahlen überwältigend negativ ausfallen, gelang es den 50 hochbewerteten Aktien (höchste KBVs) aus „Große Aktien" bei den rollierenden Fünfjahresperioden in 54% der Fälle zu reüssieren. Wie man Tabelle 6.13 entnehmen kann, gelang es diesen sogar, in den Dekaden 1950 und 1960 ihre Benchmark zu schlagen. Im Gegensatz hierzu gelang es den vorher untersuchten 50 Aktien mit hohen Kurs-Gewinn-Verhältnissen (ebenfalls aus „Große Aktien") in keiner der Dekaden von 1950 bis 1990, ihre Referenz hinter sich zu lassen. Wie Tabelle 6.14 zeigt, fährt man besser damit, sich die Ergebnisse aller rollierenden Zehnjahresperioden anzusehen.

Tab. 6.1: Die Tabelle stellt die jährliche Wertentwicklung der Gruppe „Alle Aktien" der Wertentwicklung der 50 Aktien mit hohen (guten) Buchwert-Kurs-Relationen, also niedrigen KBVs (aus dieser Gruppe), gegenüber. In der rechten Spalte liest man die relative Performance direkt ab, unten sind zusätzlich der arithmetische Durchschnitt der Verzinsung sowie die Standardabweichung (Standard Deviation) angegeben.

Year ending	All Stocks	Universe = All Stocks top 50 book/price	Top 50 book/price relative performance
31. Dez. 52	7,90%	5,40%	−2,50%
31. Dez. 53	2,90%	−2,60%	−5,50%
31. Dez. 54	47,00%	62,20%	15,20%
31. Dez. 55	20,70%	19,30%	−1,40%
31. Dez. 56	17,00%	8,20%	−8,80%
31. Dez. 57	−7,10%	−14,50%	−7,40%
31. Dez. 58	55,00%	77,49%	22,49%
31. Dez. 59	23,00%	22,10%	−0,90%
31. Dez. 60	6,10%	−8,50%	−14,60%
31. Dez. 61	31,20%	32,60%	1,40%
31. Dez. 62	−12,00%	−4,10%	7,90%
31. Dez. 63	18,00%	23,50%	5,50%
31. Dez. 64	16,30%	16,80%	0,50%
31. Dez. 65	22,60%	39,20%	16,60%
31. Dez. 66	−5,20%	−12,80%	−7,60%
31. Dez. 67	41,10%	43,60%	2,50%
31. Dez. 68	27,40%	37,40%	10,00%
31. Dez. 69	−18,50%	−26,20%	−7,70%
31. Dez. 70	−5,80%	0,07%	5,87%
31. Dez. 71	21,30%	23,30%	2,00%
31. Dez. 72	11,00%	13,80%	2,80%
31. Dez. 73	−27,20%	−10,30%	16,90%
31. Dez. 74	−27,90%	−8,50%	19,40%
31. Dez. 75	55,90%	69,80%	13,90%
31. Dez. 76	35,60%	62,40%	26,80%
31. Dez. 77	6,90%	6,30%	−0,60%
31. Dez. 78	12,20%	10,10%	−2,10%
31. Dez. 79	34,30%	29,90%	−4,40%
31. Dez. 80	31,50%	13,50%	−18,00%
31. Dez. 81	1,70%	2,70%	1,00%
31. Dez. 82	22,50%	36,70%	14,20%
31. Dez. 83	28,10%	41,90%	13,80%
31. Dez. 84	−3,40%	−19,40%	−16,00%
31. Dez. 85	30,80%	33,60%	2,80%
31. Dez. 86	13,10%	−5,80%	−18,90%
31. Dez. 87	−1,30%	9,70%	11,00%
31. Dez. 88	21,20%	34,40%	13,20%
31. Dez. 89	21,40%	1,70%	−19,70%
31. Dez. 90	−13,80%	−34,50%	−20,70%
31. Dez. 91	39,80%	48,20%	8,40%
31. Dez. 92	13,80%	40,40%	26,60%
31. Dez. 93	16,60%	36,70%	20,10%
31. Dez. 94	−3,40%	−1,80%	1,60%
31. Dez. 95	27,00%	35,40%	8,40%
31. Dez. 96	18,30%	12,90%	−5,40%
Arithmetic average	14,97%	17,83%	2,86%
Standard deviation	19,51%	25,45%	5,95%

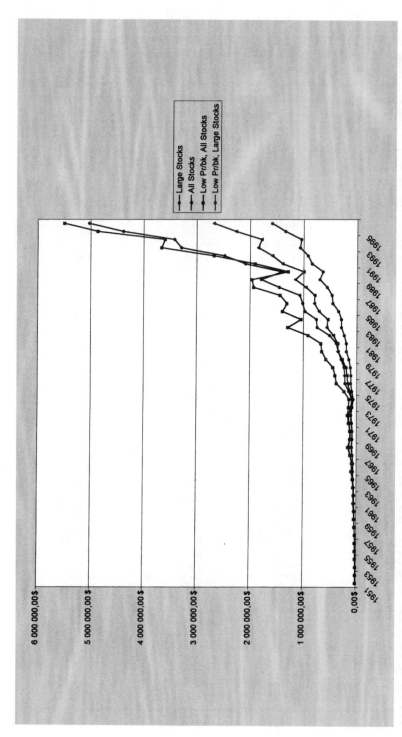

Abb. 6.1: Die Graphik trägt die nominale Wertentwicklung der 50 niedrigsten KBV-Werte aus „Alle Aktien" und „Große Aktien" sowie die der beiden Gruppen selbst ab.

Tab. 6.2: Die Tabelle listet die jährliche Performance „Großer Aktien" im Vergleich zu 50 Titeln aus dieser Gruppe mit niedrigen Kurs-Buchwert-Verhältnissen („Top 50 Book/Price") auf.

Year ending	Large Stocks	Universe = Large Stocks top 50 book/price	Top 50 book/price relative performance
31. Dez. 52	9,30 %	11,90 %	2,60 %
31. Dez. 53	2,30 %	1,40 %	−0,90 %
31. Dez. 54	44,90 %	59,60 %	14,70 %
31. Dez. 55	21,20 %	17,20 %	−4,00 %
31. Dez. 56	9,60 %	10,90 %	1,30 %
31. Dez. 57	−6,90 %	−10,70 %	−3,80 %
31. Dez. 58	42,10 %	41,70 %	−0,40 %
31. Dez. 59	9,90 %	5,70 %	−4,20 %
31. Dez. 60	4,80 %	−1,10 %	−5,90 %
31. Dez. 61	27,50 %	28,20 %	0,70 %
31. Dez. 62	−8,90 %	−3,20 %	5,70 %
31. Dez. 63	19,50 %	24,60 %	5,10 %
31. Dez. 64	15,30 %	19,30 %	4,00 %
31. Dez. 65	16,20 %	17,90 %	1,70 %
31. Dez. 66	−4,90 %	−10,10 %	−5,20 %
31. Dez. 67	21,30 %	22,50 %	1,20 %
31. Dez. 68	16,80 %	30,80 %	14,00 %
31. Dez. 69	−9,90 %	−19,50 %	−9,60 %
31. Dez. 70	−0,20 %	1,80 %	2,00 %
31. Dez. 71	17,30 %	19,00 %	1,70 %
31. Dez. 72	14,90 %	12,00 %	−2,90 %
31. Dez. 73	−18,90 %	−2,90 %	16,00 %
31. Dez. 74	−26,70 %	−16,90 %	9,80 %
31. Dez. 75	43,10 %	66,60 %	23,50 %
31. Dez. 76	28,00 %	50,10 %	22,10 %
31. Dez. 77	−2,50 %	2,50 %	5,00 %
31. Dez. 78	8,10 %	5,50 %	−2,60 %
31. Dez. 79	27,30 %	24,70 %	−2,60 %
31. Dez. 80	30,80 %	18,50 %	−12,30 %
31. Dez. 81	0,60 %	10,20 %	9,60 %
31. Dez. 82	19,90 %	33,00 %	13,10 %
31. Dez. 83	23,80 %	46,60 %	22,80 %
31. Dez. 84	−0,40 %	1,80 %	2,20 %
31. Dez. 85	19,50 %	29,10 %	9,60 %
31. Dez. 86	32,20 %	4,40 %	−27,80 %
31. Dez. 87	3,30 %	5,50 %	2,20 %
31. Dez. 88	19,00 %	36,30 %	17,30 %
31. Dez. 89	26,00 %	23,20 %	−2,80 %
31. Dez. 90	−8,70 %	−21,90 %	−13,20 %
31. Dez. 91	33,00 %	49,00 %	16,00 %
31. Dez. 92	8,70 %	18,80 %	10,10 %
31. Dez. 93	16,30 %	32,50 %	16,20 %
31. Dez. 94	−1,90 %	4,00 %	5,90 %
31. Dez. 95	28,50 %	28,20 %	−0,30 %
31. Dez. 96	18,70 %	14,70 %	−4,00 %
Arithmetic average	13,11 %	16,52 %	3,41 %
Standard deviation	16,01 %	19,96 %	3,96 %

Tab. 6.3: Die Tabelle zeigt die summierte Entwicklung der Erträge für „Alle Aktien" und die Entwicklung der 50 Aktien aus dieser Gruppe mit den günstigsten KBVs, wobei hier noch das arithmetische Mittel (Arithmetic Average), die Standardabweichung der Erträge (Standard Deviation of Return), das Sharpe-Ratio sowie Renditen nach weiteren Laufzeitgruppen hinzukommen. Auch die maximal bzw. minimal zu erwartenden sowie die tatsächlich eingetretenen Werte für die Performance (Maximum Return, Maximum Expected Return) werden angegeben. Zeithorizont ist wiederum der 31.12.1951 bis 31.12.1996.

	All Stocks	Universe = All Stocks top 50 book/price (low price/book)
Arithmetic average	14,97%	17,83%
Standard deviation of return	19,51%	25,45%
Sharpe risk-adjusted ratio	49,00	49,00
3-yr compounded	13,22%	14,50%
5-yr compounded	14,00%	23,57%
10-yr compounded	12,92%	15,41%
15-yr compounded	14,44%	15,11%
20-yr compounded	14,97%	14,35%
25-yr compounded	12,74%	15,62%
30-yr compounded	12,43%	15,08%
35-yr compounded	11,64%	14,48%
40-yr compounded	12,62%	14,86%
Compound annual return	13,23%	15,05%
10000 $ becomes:	2677556,77 $	5490121,79 $
Maximum return	55,90%	77,49%
Minimum return	−27,90%	−34,50%
Maximum expected return*	53,98%	68,74%
Minimum expected return**	−24,04%	−33,08%

* Maximum expected return is average return plus 2 times the standard deviation.

** Minimum expected return is average return minus 2 times the standard deviation.

Tab. 6.4: Die Tabelle stellt die summierte Entwicklung der Erträge für „Große Aktien" der Entwicklung der 50 Aktien aus dieser Gruppe mit den günstigsten KBVs gegenüber, wobei hier ebenfalls das arithmetische Mittel (Arithmetic Average), die Standardabweichung der Erträge (Standard Deviation of Return), das Sharpe-Ratio sowie Renditen nach weiteren Laufzeitgruppen hinzukommen. Auch die maximal bzw. minimal zu erwartenden sowie die tatsächlich eingetretenen Werte für die Performance (Maximum Return, Maximum Expected Return) werden angegeben. Zeithorizont ist wiederum der 31.12.1951 bis 31.12.1996.

	Large Stocks	Universe = Large Stocks top 50 book/price (low price/book)
Arithmetic average	13,11%	16,52%
Standard deviation of return	16,01%	19,96%
Sharpe risk-adjusted ratio	48,00	56,00
3-yr compounded	14,38%	15,21%
5-yr compounded	13,60%	19,21%
10-yr compounded	13,53%	17,37%
15-yr compounded	15,16%	18,82%
20-yr compounded	14,37%	17,07%
25-yr compounded	12,34%	17,20%
30-yr compounded	11,67%	15,85%
35-yr compounded	10,96%	14,82%
40-yr compounded	11,36%	14,35%
Compound annual return	11,92%	14,82%
10 000 $ becomes:	1 590 667,04 $	5 025 655,77 $
Maximum return	44,90%	66,60%
Minimum return	−26,70%	−21,90%
Maximum expected return*	45,12%	56,44%
Minimum expected return**	−18,91%	−23,40%

* Maximum expected return is average return plus 2 times the standard deviation.
** Minimum expected return is average return minus 2 times the standard deviation.

Tab. 6.5: Die Tabelle zeigt, an in wie vielen Fällen zwischen 1951 und 1996 die 50 Aktien mit den niedrigsten KBVs aus der Gruppe „Alle Aktien" diese schlagen, wobei differenziert wird nach Einzeljahren (45) sowie rollierenden Fünfjahresperioden (41) und rollierenden Zehnjahresperioden (36).

Item	50 low price-to-book beat All Stocks	Percent
Single-year return	27 out of 45	60%
Rolling 5-year compound return	21 out of 41	51%
Rolling 10-year compound return	25 out of 36	69%

Tab. 6.6: Die Tabelle zeigt, in wie vielen Fällen zwischen 1951 und 1996 die 50 Aktien mit den niedrigsten KBVs aus der Gruppe „Große Aktien" diese schlagen, wobei differenziert wird nach Einzeljahren (45) sowie rollierenden Fünfjahresperioden (41) und rollierenden Zehnjahresperioden (36).

Item	50 low price-to-book beat Large Stocks	Percent
Single-year return	28 out of 45	62%
Rolling 5-year compound return	32 out of 41	78%
Rolling 10-year compound return	32 out of 36	89%

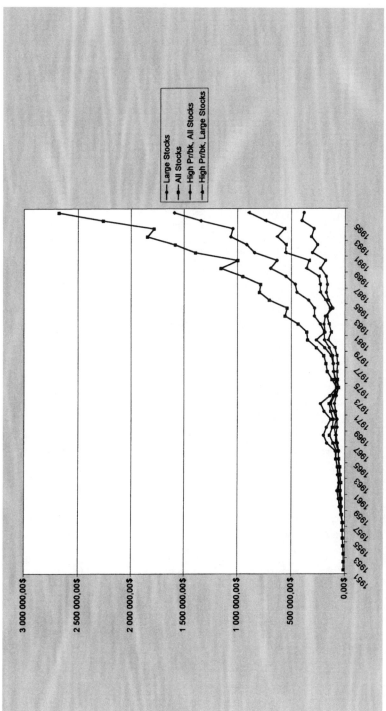

Abb. 6.2: Die Graphik trägt die nominale Wertentwicklung der 50 höchsten KBV-Werte aus „Alle Aktien" und „Große Aktien" sowie die der beiden Gruppen selbst ab.

Tab. 6.7: Hier wird die prozentuale jährliche Performance „Aller Aktien" mit der von 50 Aktienwerten mit den schlechtesten (i.e. höchsten) Kurs-Buchwert-Verhältnissen (gezogen aus der Gruppe „Aller Aktien") verglichen. In der rechten Spalte wird wiederum die relative Wertentwicklung beider Gruppen durch Subtraktion ermittelt.

Year ending	All Stocks	Universe = All Stocks top 50 price/book	Top 50 price/book relative performance
31. Dez. 52	7,90 %	3,90 %	−4,00 %
31. Dez. 53	2,90 %	3,40 %	0,50 %
31. Dez. 54	47,00 %	49,60 %	2,60 %
31. Dez. 55	20,70 %	19,00 %	−1,70 %
31. Dez. 56	17,00 %	21,50 %	4,50 %
31. Dez. 57	−7,10 %	−5,40 %	1,70 %
31. Dez. 58	55,00 %	61,80 %	6,80 %
31. Dez. 59	23,00 %	40,90 %	17,90 %
31. Dez. 60	6,10 %	19,20 %	13,10 %
31. Dez. 61	31,20 %	23,00 %	−8,20 %
31. Dez. 62	−12,00 %	−23,30 %	−11,30 %
31. Dez. 63	18,00 %	21,82 %	3,82 %
31. Dez. 64	16,30 %	3,20 %	−13,10 %
31. Dez. 65	22,60 %	20,20 %	−2,40 %
31. Dez. 66	−5,20 %	5,90 %	11,10 %
31. Dez. 67	41,10 %	87,60 %	46,50 %
31. Dez. 68	27,40 %	18,00 %	−9,40 %
31. Dez. 69	−18,50 %	−13,80 %	4,70 %
31. Dez. 70	−5,80 %	−22,20 %	−16,40 %
31. Dez. 71	21,30 %	45,10 %	23,80 %
31. Dez. 72	11,00 %	17,60 %	6,60 %
31. Dez. 73	−27,20 %	−38,10 %	−10,90 %
31. Dez. 74	−27,90 %	−44,80 %	−16,90 %
31. Dez. 75	55,90 %	21,90 %	−34,00 %
31. Dez. 76	35,60 %	7,30 %	−28,30 %
31. Dez. 77	6,90 %	7,90 %	1,00 %
31. Dez. 78	12,20 %	16,30 %	4,10 %
31. Dez. 79	34,30 %	45,70 %	11,40 %
31. Dez. 80	31,50 %	43,00 %	11,50 %
31. Dez. 81	1,70 %	−31,20 %	−32,90 %
31. Dez. 82	22,50 %	5,90 %	−16,60 %
31. Dez. 83	28,10 %	−6,30 %	−34,40 %
31. Dez. 84	−3,40 %	−38,60 %	−35,20 %
31. Dez. 85	30,80 %	34,60 %	3,80 %
31. Dez. 86	13,10 %	15,40 %	2,23 %
31. Dez. 87	−1,30 %	−7,10 %	−5,80 %
31. Dez. 88	21,20 %	7,60 %	−13,60 %
31. Dez. 89	21,40 %	30,60 %	9,20 %
31. Dez. 90	−13,80 %	−20,90 %	−7,10 %
31. Dez. 91	39,80 %	68,30 %	28,50 %
31. Dez. 92	13,80 %	−15,80 %	−29,60 %
31. Dez. 93	16,60 %	22,80 %	5,90 %
31. Dez. 94	−3,40 %	−8,10 %	−4,70 %

Tab. 6.8: Hier wird die prozentuale jährliche Performance „Großer Aktien" mit der von 50 Aktienwerten mit den schlechtesten (i.e. höchsten) Kurs-Buchwert-Verhältnissen (gezogen aus der Gruppe „Große Aktien") verglichen. In der rechten Spalte wird wiederum die relative Wertentwicklung beider Gruppen durch Subtraktion ermittelt.

Year ending	Large Stocks	Universe = LargeStocks top 50 price/book	Top 50 price/book relative performance
31. Dez. 52	9,30%	6,00%	–3,30%
31. Dez. 53	2,30%	0,60%	–1,70%
31. Dez. 54	44,90%	43,50%	–1,40%
31. Dez. 55	21,20%	31,90%	10,70%
31. Dez. 56	9,60%	9,50%	–0,10%
31. Dez. 57	–6,90%	–11,00%	–4,10%
31. Dez. 58	42,10%	44,60%	2,50%
31. Dez. 59	9,90%	19,70%	9,80%
31. Dez. 60	4,80%	2,80%	–2,00%
31. Dez. 61	27,50%	24,20%	–3,30%
31. Dez. 62	–8,90%	–17,20%	–8,30%
31. Dez. 63	19,50%	21,80%	2,30%
31. Dez. 64	15,30%	8,40%	–6,90%
31. Dez. 65	16,20%	20,00%	3,80%
31. Dez. 66	–4,90%	8,40%	13,30%
31. Dez. 67	21,30%	40,20%	18,90%
31. Dez. 68	16,80%	2,30%	–14,50%
31. Dez. 69	–9,90%	12,00%	21,90%
31. Dez. 70	–0,20%	–19,90%	–19,70%
31. Dez. 71	17,30%	34,60%	17,30%
31. Dez. 72	14,90%	26,10%	11,20%
31. Dez. 73	–18,90%	–28,80%	–9,90%
31. Dez. 74	–26,70%	–38,70%	–12,00%
31. Dez. 75	43,10%	18,60%	–24,50%
31. Dez. 76	28,00%	9,20%	–18,80%
31. Dez. 77	–2,50%	–10,40%	–7,90%
31. Dez. 78	8,10%	10,40%	2,30%
31. Dez. 79	27,30%	23,90%	–3,40%
31. Dez. 80	30,80%	67,80%	37,00%
31. Dez. 81	0,60%	–18,80%	–19,40%
31. Dez. 82	19,90%	15,80%	–4,10%
31. Dez. 83	23,80%	13,80%	–10,00%
31. Dez. 84	–0,40%	–18,40%	–18,00%
31. Dez. 85	19,50%	29,80%	10,30%
31. Dez. 86	32,20%	28,40%	–3,80%
31. Dez. 87	3,30%	1,00%	–2,30%
31. Dez. 88	19,00%	4,80%	–14,20%
31. Dez. 89	26,00%	48,50%	22,50%
31. Dez. 90	–8,70%	–7,00%	1,70%
31. Dez. 91	33,00%	65,60%	32,60%
31. Dez. 92	8,70%	–0,90%	–9,60%
31. Dez. 93	16,30%	15,20%	–1,10%
31. Dez. 94	–1,90%	–10,80%	–8,90%
31. Dez. 95	28,50%	31,50%	3,00%
31. Dez. 96	18,70%	20,70%	2,00%
Arithmetic average	13,11%	12,88%	–0,22%
Standard deviation	16,01%	22,84%	6,84%

Tab. 6.9: Die Tabelle vergleicht die summierte Entwicklung der Erträge für „Alle Aktien" mit der Entwicklung der 50 Aktien aus dieser Gruppe mit den ungünstigsten KBVs, wobei hier noch das arithmetische Mittel (Arithmetic Average), die Standardabweichung der Erträge (Standard Deviation of Return), das Sharpe-Ratio sowie Renditen nach weiteren Laufzeitgruppen hinzukommen. Auch die maximal bzw. minimal zu erwartenden sowie die tatsächlich eingetretenen Werte für die Performance (Maximum Return, Maximum Expected Return) werden angegeben. Zeithorizont ist wiederum der 31.12.1951 bis 31.12.1996.

	All Stocks	Universe = All Stocks top 50 price/book
Arithmetic average	14,97 %	12,18 %
Standard deviation of return	19,51 %	28,43 %
Sharpe risk-adjusted ratio	49,00	24,00
3-yr compounded	13,22 %	6,88 %
5-yr compounded	14,00 %	4,72 %
10-yr compounded	12,92 %	8,15 %
15-yr compounded	14,44 %	4,97 %
20-yr compounded	14,97 %	6,80 %
25-yr compounded	12,74 %	2,72 %
30-yr compounded	12,43 %	4,92 %
35-yr compounded	11,64 %	4,81 %
40-yr compounded	12,62 %	7,24 %
Compound annual return	13,23 %	8,42 %

Tab. 6.10: Die Tabelle vergleicht die summierte Entwicklung der Erträge für „Große Aktien" mit der Entwicklung der 50 Aktien aus dieser Gruppe mit den ungünstigsten KBVs, wobei hier wiederum das arithmetische Mittel (Arithmetic Average), die Standardabweichung der Erträge (Standard Deviation of Return), das Sharpe-Ratio sowie Renditen nach weiteren Laufzeitgruppen hinzukommen. Auch die maximal bzw. minimal zu erwartenden sowie die tatsächlich eingetretenen Werte für die Performance (Maximum Return, Maximum Expected Return) werden angegeben. Zeithorizont ist wiederum der 31.12.1951 bis 31.12.1996.

	Large Stocks	Universe = Large Stocks top 50 price/earnings (high PE)
Arithmetic average	13,11%	12,88%
Standard deviation of return	16,01%	22,84%
Sharpe risk-adjusted ratio	48,00	33,00
3-yr compounded	14,38%	12,29%
5-yr compounded	13,60%	10,08%
10-yr compounded	13,53%	14,62%
15-yr compounded	15,16%	13,87%
20-yr compounded	14,37%	13,09%
25-yr compounded	12,34%	8,86%
30-yr compounded	11,67%	9,31%
35-yr compounded	10,96%	9,02%
40-yr compounded	11,36%	9,69%
Compound annual return	11,92%	10,50%
10000 $ becomes:	1590667,04 $	893582,92 $
Maximum return	44,90%	67,80%
Minimum return	−26,70%	−38,70%
Maximum expected return*	45,12%	58,57%
Minimum expected return**	−18,91%	−32,80%

* Maximum expected return is average return plus 2 times the standard deviation.
** Minimum expected return is average return minus 2 times the standard deviation.

Tab. 6.11: Die Tabelle zeigt, in wie vielen Fällen zwischen 1951 und 1996 die 50 Aktien mit den höchsten KBVs aus der Gruppe „Alle Aktien" diese schlagen, wobei differenziert wird nach Einzeljahren (45) sowie rollierenden Fünfjahresperioden (41) und rollierenden Zehnjahresperioden (36).

Item	50 high price-to-book beat All Stocks	Percent
Single-year return	23 out of 45	51%
Rolling 5-year compound return	14 out of 41	34%
Rolling 10-year compound return	12 out of 36	33%

Tab. 6.12: Die Tabelle zeigt, in wie vielen Fällen zwischen 1951 und 1996 die 50 Aktien mit den höchsten KBVs aus der Gruppe „Große Aktien" diese schlagen, wobei differenziert wird nach Einzeljahren (45) sowie rollierenden Fünfjahresperioden (41) und rollierenden Zehnjahresperioden (36).

Item	50 high price-to-book beat Large Stocks	Percent
Single-year return	18 out of 45	40 %
Rolling 5-year compound return	22 out of 41	54 %
Rolling 10-year compound return	15 out of 36	42 %

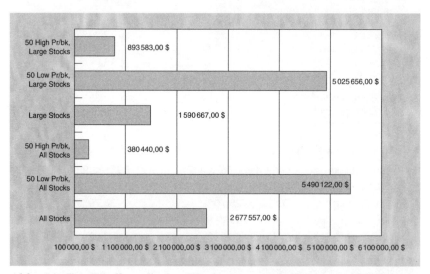

Abb. 6.3: Die Tabelle stellt den Werdegang von 10 000 am 31.12.1951 investierten US$ im Falle von „Allen Aktien", „Großen Aktien" sowie jeweils deren Untergruppen, 50 Aktien mit den höchsten (50 High Pr/bk) bzw. niedrigsten (Low Pr/bk) KBVs, dar.

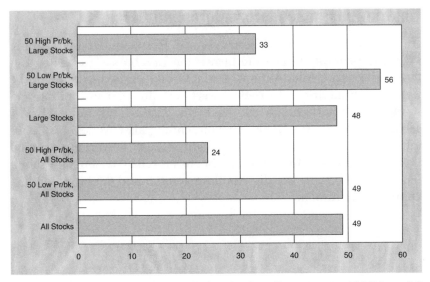

Abb. 6.4: Die Graphik bedient sich der gleichen Gruppen wie Abbildung 6.3 und stellt über das Sharpe-Ratio den risikoadjustierten Anlageerfolg dar (höhere Werte sind besser).

Tab. 6.13: Die Tabelle gibt die kumulierten jährlichen Renditen der sechs in Abbildung 6.3 und 6.4 definierten Gruppen nach Dekaden an.

Portfolio	1950er*	1960er	1970er	1980er	1990er**
Large Stocks	15,33%	8,99%	6,99%	16,89%	12,61%
50 high price-to-book from Large Stocks	16,55%	11,30%	–0,60%	14,40%	13,92%
50 low price-to-book from Large Stocks	15,41%	9,57%	13,95%	19,99%	15,85%
All Stocks	19,22%	11,09%	8,53%	15,85%	12,78%
50 high price-to-book from All Stocks	22,32%	13,13%	0,82%	1,97%	7,66%
50 low price-to-book from All Stocks	21,84%	13,96%	8,89%	7,56%	15,83%

* Returns for 1952–1959.
** Returns for 1990–1996.

Unterteilung in Zehnprozentgruppen (Deciles)

Im vorliegenden Kontext bestätigen die Resultate der Betrachtung von Zehnprozentgruppen die bisherigen Ergebnisse. In beiden Referenzgruppen „Alle Aktien" und „Große Aktien" konnten die Zehntel mit niedrigen Kurs-Buchwert-Verhältnissen sowohl ihre gesamte Benchmarkgruppe wie auch die Zehntel mit hohen KBVs schlagen. So schnitt z.B. bei der Betrachtung aller Aktien das Zehntel mit den Aktien niedrigster (i.e. günstigster) Bewertung achtmal besser ab als das Zehntel mit den höchsten KBV-Werten. Die Tabellen 6.15 und 6.16 so wie die Abbildungen 6.5 und 6.6 fassen die Ergebnisse zusammen.

Tab. 6.14: Die Tabelle stellt die kumulierten Gesamtrenditen rollierender Zehnjahresperioden im Falle der Referenzgruppe „Alle Aktien" sowie der 50 Papiere hieraus mit den höchsten KBVs dar.

For the 10 years ending	All Stocks	Universe = All Stocks top 50 price/book	Top 50 price-book relative performance
31. Dez. 61	18,97 %	22,07 %	3,10 %
31. Dez. 62	16,57 %	18,42 %	1,85 %
31. Dez. 63	18,18 %	20,38 %	2,20 %
31. Dez. 64	15,44 %	15,99 %	0,55 %
31. Dez. 65	15,63 %	16,11 %	0,48 %
31. Dez. 66	13,22 %	14,52 %	1,31 %
31. Dez. 67	18,05 %	22,64 %	4,59 %
31. Dez. 68	15,76 %	18,83 %	3,07 %
31. Dez. 69	11,09 %	13,13 %	2,04 %
31. Dez. 70	9,78 %	8,41 %	−1,37 %
31. Dez. 71	8,92 %	10,21 %	1,29 %
31. Dez. 72	11,48 %	15,02 %	3,55 %
31. Dez. 73	6,22 %	7,49 %	1,27 %
31. Dez. 74	1,26 %	0,97 %	−0,29 %
31. Dez. 75	3,72 %	1,12 %	−2,61 %
31. Dez. 76	7,50 %	1,25 %	−6,26 %
31. Dez. 77	4,56 %	−4,20 %	−8,76 %
31. Dez. 78	3,24 %	−4,34 %	−7,58 %
31. Dez. 79	8,53 %	0,82 %	−7,71 %
31. Dez. 80	12,21 %	7,14 %	−5,07 %
31. Dez. 81	10,25 %	−0,56 %	−10,81 %
31. Dez. 82	11,34 %	−1,60 %	−12,94 %
31. Dez. 83	17,82 %	2,57 %	−15,25 %
31. Dez. 84	21,31 %	3,67 %	−17,65 %
31. Dez. 85	19,20 %	4,70 %	−14,50 %
31. Dez. 86	17,06 %	5,46 %	−11,59 %
31. Dez. 87	16,13 %	3,90 %	−12,23 %
31. Dez. 88	17,03 %	3,09 %	−13,93 %
31. Dez. 89	15,85 %	1,97 %	−13,88 %
31. Dez. 90	11,06 %	−3,89 %	−14,95 %
31. Dez. 91	14,65 %	5,10 %	−9,55 %
31. Dez. 92	13,81 %	2,72 %	−11,09 %
31. Dez. 93	12,74 %	5,51 %	−7,24 %
31. Dez. 94	12,74 %	9,85 %	−2,89 %
31. Dez. 95	12,41 %	10,28 %	−2,13 %
31. Dez. 96	12,92 %	8,15 %	−4,77 %
Arithmetic average	12,69 %	7,41 %	−5,27 %

Tab. 6.15: Die Tabelle zeigt nach aufsteigenden KBVs der jeweiligen Zehnprozentgruppen aus der Gesamtheit „Aller Aktien" die nominelle Entwicklung von 10 000 US$, die durchschnittliche jährliche Rendite (Average Return), die kumulierte Rendite (Compound Return) sowie die Standardabweichung (Zeitraum 1951 bis 1996).

Decile	10 000 $ grows to	Average return	Compound return	Standard deviation
1 (lowest price/book)	8 670 540 $	18,86 %	16,22 %	25,06 %
2	6 625 560 $	17,47 %	15,53 %	21,21 %
3	5 591 529 $	16,86 %	15,09 %	19,98 %
4	4 210 648 $	16,29 %	14,37 %	20,87 %
5	2 234 283 $	14,75 %	12,77 %	20,64 %
6	1 481 636 $	13,71 %	11,75 %	20,45 %
7	1 512 844 $	13,61 %	11,80 %	19,46 %
8	1 810 470 $	14,72 %	12,25 %	23,34 %
9	2 076 414 $	15,09 %	12,59 %	23,42 %
10 (highest price/book)	1 002 074 $	13,91 %	10,78 %	26,61 %
All Stocks	2 677 557 $	14,97 %	13,23 %	19,51 %

Tab. 6.16: Die Tabelle zeigt nach aufsteigenden KBVs der jeweiligen Zehnprozentgruppen aus der Gesamtheit „Großer Aktien" die nominelle Entwicklung von 10 000 US$, die durchschnittliche jährliche Rendite (Average Return), die kumulierte Rendite (Compound Return) sowie die Standardabweichung (Zeitraum 1951 bis 1996).

Decile	10 000 $ grows to	Average return	Compound return	Standard deviation
1 (lowest price/book)	6 475 018 $	17,15 %	15,47 %	20,01 %
2	2 451 539 $	14,50 %	13,01 %	18,38 %
3	1 995 238 $	13,79 %	12,49 %	17,03 %
4	1 434 077 $	12,92 %	11,67 %	16,60 %
5	1 455 251 $	12,98 %	11,70 %	16,85 %
6	1 065 948 $	12,39 %	10,93 %	17,46 %
7	877 525 $	11,88 %	10,45 %	17,30 %
8	1 299 473 $	12,88 %	11,42 %	17,58 %
9	1 182 866 $	12,99 %	11,19 %	19,49 %
10 (highest price/book)	1 127 200 $	13,42 %	11,07 %	22,54 %
Large Stocks	1 590 667 $	13,11 %	11,92 %	16,01 %

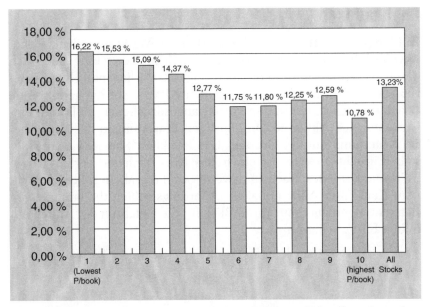

Abb. 6.5: Die kumulierte Rendite nach Kurs-Buchwert-Zehnteln aufgespalten aus der „Alle Aktien"-Gruppe von Ende 1951 bis Ende 1996.

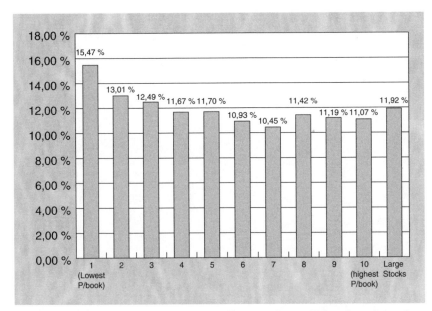

Abb. 6.6: Die kumulierte Rendite nach Kurs-Buchwert-Zehnteln aufgespalten aus der „Große Aktien"-Gruppe von Ende 1951 bis Ende 1996.

Implikationen

Auf lange Sicht ist es ganz klar so, daß der Markt hohe Kurs-Buchwert-Verhältnisse bestraft und eine niedrige Bewertung bezüglich dieses Kriteriums honoriert. Doch zeigt das vorliegende Datenmaterial auch, warum viele Anleger hohen KBVs nicht die gebührende Beachtung schenken; in den vorher angesprochenen 20 Jahren entwickelten sich Aktien mit ungünstigen Bewertungen bezüglich dieses Kriteriums (aus der Gruppe „Große Aktien") besser als ihr Maßstab. Einsichtigerweise ist ein hohes Kurs-Buchwert-Verhältnis ein Merkmal fast jedes Wachstumswertes, und das allein sollte Sie nicht vom Kauf einer Aktie abhalten. Allerdings sollten die langfristigen Betrachtungen durchaus Ihren Blick für die Gefahren der Aktien mit hohen KBVs schärfen.

7 Kurs-Cashflow-Verhältnisse: Bestimmung des Wertes von Aktien anhand der Zahlungsströme

Eine Illusion zu verlieren macht einen weiser, als eine Wahrheit zu finden.

Ludwig Borne

Das Kurs-Cashflow-Verhältnis (engl.: Price-to-Cashflow-Ratio, PCR) ist ein weiterer Gradmesser dafür, ob eine Aktie teuer oder billig ist. Der Cashflow errechnet sich, indem man zu den Einkünften (bereinigt um außerordentliche Kosten und Erlöse) die Abschreibungen und Amortisation hinzuaddiert. Das PCR pro Aktie ergibt sich dann, indem man den Aktienpreis durch den kompletten Cashflow pro Aktie dividiert.

Da der Cashflow durch die Bilanzabteilungen der Unternehmen schwieriger zu manipulieren ist als der ausgewiesene Gewinn, bevorzugen viele der wertorientierten Anleger Kurs-Cashflow-Ratios, um günstige Aktien zu lokalisieren. Wir nehmen hier Aktien von Versorgungsunternehmen heraus, da diese bezüglich der Cashflow-Struktur eine Eigendynamik aufweisen, was das Bild verfälschen würde. Wie gewohnt werden wir unsere Betrachtungen an den beiden Referenzen „Alle Aktien" und „Große Aktien" anstellen und dabei wieder nach den jeweils 50 Aktien mit den höchsten bzw. niedrigsten KCVs differenzieren. Wir beginnen wieder am 31.12.1951 und investieren 10 000 US$ in die 50 Aktienwerte mit dem höchsten Cashflow-Kurs-Verhältnis (auch hier kommt aus den geschilderten Gründen der reziproke Wert zum Einsatz); ein hohes Cashflow-Kurs-Verhältnis ist also positiv zu beurteilen. Analog den vorangegangenen Kapiteln werden wir die beiden Aktiengruppen auch wieder in Zehnprozentgruppen aufteilen, um zusätzliche Informationen zu erhalten.

Das Portfolio wird jährlich aktualisiert, alle Aktien sind zahlenmäßig gleichgewichtet, und alle Variablen außer dem Aktienkurs werden als 11 Monate zeitverzögert angenommen (siehe Eingangskapitel).

Die Ergebnisse

Wie bei den anderen Kennzahlen zur Wertermittlung auch belohnt die Anlegerschaft hier Aktienwerte mit niedrigen Kurs-Cashflow-Verhältnissen und sanktioniert hohe Werte. Abbildung 7.1 gibt einen Überblick über die Ergebnisse. Wir sehen uns im ersten Gang die Aktien mit niedrigen KCVs an. Legte man zum Startzeitpunkt 10 000 US$ in die 50 Aktien aus „Alle Aktien" an, die die niedrigsten KCVs der Gruppe darboten, wurden daraus ansehnliche 4 483 126 US$, was einer kumulierten Rendite von 14,53 % p.a. entspricht und deutlich besser ist als die 2 677 557 US$ aus einer Anlage in „Alle Aktien" gesamt. Das korrespondierende Risiko nahm gemessen als Standardabweichung der Erträge einen Wert von 25,71 % an und überstieg also den Wert für „Alle Aktien" von 19,51 % eklatant. Tatsächlich lag dann das Sharpe-Ratio der Aktien mit niedrigen KCVs aufgrund der hohen Volatilität der Erträge unter dem der Obergruppe „Alle Aktien", was ein Hinweis darauf ist, daß hier das eingegangene Risiko nicht entsprechend belohnt wird. Die Tabellen 7.1 bis 7.5 fassen die Ergebnisse zusammen.

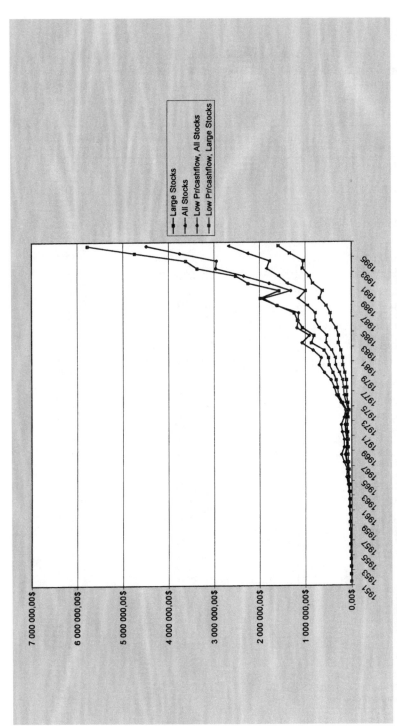

Abb. 7.1: Die Graphik trägt die nominale Wertentwicklung der 50 niedrigsten KCV-Werte aus „Alle Aktien" und „Große Aktien" sowie die der beiden Gruppen selbst ab.

Tab. 7.1: Die Tabelle stellt die jährliche Wertentwicklung der Gruppe „Alle Aktien" der Wertentwicklung der 50 Aktien mit hohen (guten) Cashflow-Kurs-Relationen, also niedrigen KCVs (aus dieser Gruppe), gegenüber. In der rechten Spalte liest man die relative Performance direkt ab, unten ist zusätzlich der arithmetische Durchschnitt der Verzinsung sowie die Standardabweichung (Standard Deviation) angegeben.

Year ending	All Stocks	Universe = All Stocks top 50 cashflow/price	Top 50 cashflow/price relative performance
31. Dez. 52	7,90%	8,80%	0,90%
31. Dez. 53	2,90%	−3,50%	−6,40%
31. Dez. 54	47,00%	72,40%	25,40%
31. Dez. 55	20,70%	26,70%	6,00%
31. Dez. 56	17,00%	7,88%	−9,12%
31. Dez. 57	−7,10%	−17,50%	−10,40%
31. Dez. 58	55,00%	70,40%	15,40%
31. Dez. 59	23,00%	13,40%	−9,60%
31. Dez. 60	6,10%	−8,60%	−14,70%
31. Dez. 61	31,20%	32,20%	1,00%
31. Dez. 62	−12,00%	0,90%	12,90%
31. Dez. 63	18,00%	31,30%	13,30%
31. Dez. 64	16,30%	26,00%	9,70%
31. Dez. 65	22,60%	40,60%	18,00%
31. Dez. 66	−5,20%	−8,80%	−3,60%
31. Dez. 67	41,10%	60,70%	19,60%
31. Dez. 68	27,40%	36,50%	9,10%
31. Dez. 69	−18,50%	−26,10%	−7,60%
31. Dez. 70	−5,80%	−2,10%	3,70%
31. Dez. 71	21,30%	28,30%	7,00%
31. Dez. 72	11,00%	9,10%	−1,90%
31. Dez. 73	−27,20%	−27,70%	−0,50%
31. Dez. 74	−27,90%	−20,40%	7,50%
31. Dez. 75	55,90%	77,70%	21,80%
31. Dez. 76	35,60%	41,00%	5,40%
31. Dez. 77	6,90%	15,10%	8,20%
31. Dez. 78	12,20%	18,70%	6,50%
31. Dez. 79	34,30%	32,20%	−2,10%
31. Dez. 80	31,50%	18,90%	−12,60%
31. Dez. 81	1,70%	−6,40%	−8,10%
31. Dez. 82	22,50%	26,60%	4,10%
31. Dez. 83	28,10%	28,70%	0,60%
31. Dez. 84	−3,40%	−14,70%	−11,30%
31. Dez. 85	30,80%	29,40%	−1,40%
31. Dez. 86	13,10%	−2,60%	−15,70%
31. Dez. 87	−1,30%	−0,60%	0,70%
31. Dez. 88	21,20%	42,30%	21,10%
31. Dez. 89	21,40%	18,10%	−3,30%
31. Dez. 90	−13,80%	−31,60%	−17,80%
31. Dez. 91	39,80%	36,30%	−3,50%
31. Dez. 92	13,80%	31,20%	17,40%
31. Dez. 93	16,60%	26,00%	9,40%
31. Dez. 94	−3,40%	−0,50%	2,90%
31. Dez. 95	27,00%	27,40%	0,40%
31. Dez. 96	18,30%	19,40%	1,10%
Arithmetic average	14,97%	17,40%	2,43%
Standard deviation	19,51%	25,71%	6,20%

Tab. 7.2: Die Tabelle stellt die jährliche Wertentwicklung der Gruppe „Große Aktien" der Wertentwicklung der 50 Aktien mit hohen (guten) Cashflow-Kurs-Relationen, also niedrigen KCVs (aus dieser Gruppe), gegenüber. In der rechten Spalte liest man die relative Performance direkt ab, unten sind zusätzlich der arithmetische Durchschnitt der Verzinsung sowie die Standardabweichung (Standard Deviation) angegeben.

Year ending	Large Stocks	Universe = Large Stocks top 50 cashflow/price	Top 50 cashflow/price relative performance
31. Dez. 52	9,30%	14,10%	4,80%
31. Dez. 53	2,30%	−0,09%	−2,39%
31. Dez. 54	44,90%	64,60%	19,70%
31. Dez. 55	21,20%	27,20%	6,00%
31. Dez. 56	9,60%	16,50%	6,90%
31. Dez. 57	−6,90%	−16,30%	−9,40%
31. Dez. 58	42,10%	46,20%	4,10%
31. Dez. 59	9,90%	5,20%	−4,70%
31. Dez. 60	4,80%	−2,10%	−6,90%
31. Dez. 61	27,50%	22,20%	−5,30%
31. Dez. 62	−8,90%	0,01%	8,91%
31. Dez. 63	19,50%	22,50%	3,00%
31. Dez. 64	15,30%	22,90%	7,60%
31. Dez. 65	16,20%	27,70%	11,50%
31. Dez. 66	−4,90%	−7,30%	−2,40%
31. Dez. 67	21,30%	25,70%	4,40%
31. Dez. 68	16,80%	29,90%	13,10%
31. Dez. 69	−9,90%	−23,00%	−13,10%
31. Dez. 70	−0,20%	−0,30%	−0,10%
31. Dez. 71	17,30%	18,20%	0,90%
31. Dez. 72	14,90%	20,80%	5,90%
31. Dez. 73	−18,90%	−5,60%	13,30%
31. Dez. 74	−26,70%	−12,40%	14,30%
31. Dez. 75	43,10%	75,70%	32,60%
31. Dez. 76	28,00%	44,30%	16,30%
31. Dez. 77	−2,50%	5,00%	7,50%
31. Dez. 78	8,10%	10,90%	2,80%
31. Dez. 79	27,30%	20,50%	−6,80%
31. Dez. 80	30,80%	20,80%	−10,00%
31. Dez. 81	0,60%	2,60%	2,00%
31. Dez. 82	19,90%	19,40%	−0,50%
31. Dez. 83	23,80%	45,80%	22,00%
31. Dez. 84	−0,40%	−6,20%	−5,80%
31. Dez. 85	19,50%	30,00%	10,50%
31. Dez. 86	32,20%	10,00%	−22,20%
31. Dez. 87	3,30%	6,70%	3,40%
31. Dez. 88	19,00%	29,70%	10,70%
31. Dez. 89	26,00%	23,20%	−2,80%
31. Dez. 90	−8,70%	−21,00%	−12,30%
31. Dez. 91	33,00%	43,80%	10,80%
31. Dez. 92	8,70%	12,20%	3,50%
31. Dez. 93	16,30%	33,40%	17,10%
31. Dez. 94	−1,90%	7,30%	9,20%
31. Dez. 95	28,50%	30,90%	2,40%
31. Dez. 96	18,70%	21,90%	3,20%
Arithmetic average	13,11%	16,97%	3,86%
Standard deviation	16,01%	20,56%	4,55%

Tab. 7.3: Die Tabelle vergleicht die summierte Entwicklung der Erträge für „Alle Aktien" mit der Entwicklung der 50 Aktien aus dieser Gruppe mit den günstigsten KCVs, wobei hier noch das arithmetische Mittel (Arithmetic Average), die Standardabweichung der Erträge (Standard Deviation of Return), das Sharpe-Ratio sowie Renditen nach weiteren Laufzeitgruppen hinzukommen. Auch die maximal bzw. minimal zu erwartenden sowie die tatsächlich eingetretenen Werte für die Performance (Maximum Return, Maximum Expected Return) werden angegeben. Zeithorizont ist wiederum der 31.12.1951 bis 31.12.1996.

	All Stocks	Universe = All Stocks top 50 cashflow/price (low price/cashflow)
Arithmetic average	14,97 %	17,40 %
Standard deviation of return	19,51 %	25,71 %
Sharpe risk-adjusted ratio	49,00	47,00
3-yr compounded	13,22 %	14,82 %
5-yr compounded	14,00 %	20,13 %
10-yr compounded	12,92 %	14,57 %
15-yr compounded	14,44 %	13,66 %
20-yr compounded	14,97 %	13,99 %
25-yr compounded	12,74 %	13,07 %
30-yr compounded	12,43 %	13,44 %
35-yr compounded	11,64 %	13,86 %
40-yr compounded	12,62 %	13,88 %
Compound annual return	13,23 %	14,53 %
10 000 $ becomes:	2 677 556,77 $	4 483 125,62 $
Maximum return	55,90 %	77,70 %
Minimum return	−27,90 %	−31,60 %
Maximum expected return*	53,98 %	68,82 %
Minimum expected return**	−24,04 %	−34,02 %

* Maximum expected return is average return plus 2 times the standard deviation.
** Minimum expected return is average return minus 2 times the standard deviation.

130

Tab. 7.4: Die Tabelle vergleicht die summierte Entwicklung der Erträge für „Große Aktien" mit der Entwicklung der 50 Aktien aus dieser Gruppe mit den günstigsten KCVs, wobei hier noch das arithmetische Mittel (Arithmetic Average), die Standardabweichung der Erträge (Standard Deviation of Return), das Sharpe-Ratio sowie Renditen nach weiteren Laufzeitgruppen hinzukommen. Auch die maximal bzw. minimal zu erwartenden sowie die tatsächlich eingetretenen Werte für die Performance (Maximum Return, Maximum Expected Return) werden angegeben. Zeithorizont ist wiederum der 31.12.1951 bis 31.12.1996.

	Large Stocks	Universe = Large Stocks top 50 cashflow/price (low price/cashflow)
Arithmetic average	13,11 %	16,97 %
Standard deviation of return	16,01 %	20,56 %
Sharpe risk-adjusted ratio	48,00	56,00
3-yr compounded	14,38 %	19,63 %
5-yr compounded	13,60 %	20,71 %
10-yr compounded	13,53 %	17,38 %
15-yr compounded	15,16 %	17,74 %
20-yr compounded	14,37 %	16,20 %
25-yr compounded	12,34 %	17,04 %
30-yr compounded	11,67 %	15,51 %
35-yr compounded	10,96 %	15,04 %
40-yr compounded	11,36 %	14,27 %
Compound annual return	11,92 %	15,18 %
10000 $ becomes:	1 590 667,04 $	5 773 333,43 $
Maximum return	44,90 %	75,70 %
Minimum return	−26,70 %	−23,00 %
Maximum expected return*	45,12 %	58,09 %
Minimum expected return**	−18,91 %	−24,15 %

* Maximum expected return is average return plus 2 times the standard deviation.
** Minimum expected return is average return minus 2 times the standard deviation.

Große Aktien sind weniger volatil

Sehr ähnlich den bisher analysierten Kennzahlen, die auf den substanz- oder wertorientierten Ansatz abzielen, liefern auch niedrige Kurs-Cashflow-Ratios aus der Gruppe „Großer Aktien" sowohl bei der absoluten Rendite als auch bei Einbezug des Faktors Risiko bessere Ergebnisse. Die original eingesetzten 10 000 US$ (wiederum 1951 bis 1996) wuchsen auf 5 773 333 US$ an, erbrachten also eine zusammengefaßte Rendite von 15,18 % p.a. Dieser Betrag ist mehr als dreimal so hoch wie ein Investment in die Gesamtgruppe „Große Aktien". Die ermittelte Standardabweichung ergab 20,56 %, was mehr ist als der Wert für „Große Aktien" (16,01 %), aber nennenswert weniger als der Wert für Aktien mit niedrigen KCVs aus der „Alle Aktien"-Gruppe. Das Sharpe-Ratio dieser Strategie war 56. Betrachtet man Tabelle 7.2, wird man sehen, daß Aktien mit niedrigen KCVs aus „Große Aktien" fünf Jahre hervorbrachten, in denen sie mindestens 15 % besser abschnitten, demgegenüber aber nur eines, in dem sie mehr als 15 % schlechter rentierten. Tabelle 7.6. faßt die prozentualen Verhältnisse im Bereich „Große Aktien" zusammen. Die anteilsmäßig mit höherer Rendite abgeschlossenen Jahre sind bei den Aktien mit niedrigen KCVs bei sämtlichen untersuchten Perioden hoch. Über alle rollierenden Zehnjahresperioden schlugen die Aktien mit niedrigem Kurs-Cashflow-Verhältnis ihre Stammgruppe in 92 % der Fälle.

Tab. 7.5: Die Tabelle zeigt, in wie vielen Fällen zwischen 1951 und 1996 die 50 Aktien mit den niedrigsten KCVs aus der Gruppe „Alle Aktien" diese schlagen, wobei differenziert wird nach Einzeljahren (45) sowie rollierenden Fünfjahresperioden (41) und rollierenden Zehnjahresperioden (36).

Item	50 low price-to-cashflow beat All Stocks	Percent
Single-year return	27 out of 45	60 %
Rolling 5-year compound return	23 out of 41	56 %
Rolling 10-year compound return	23 out of 36	64 %

Tab. 7.6: Die Tabelle zeigt, in wie vielen Fällen zwischen 1951 und 1996 die 50 Aktien mit den niedrigsten KCVs aus der Gruppe „Große Aktien" diese schlagen, wobei differenziert wird nach Einzeljahren (45) sowie rollierenden Fünfjahresperioden (41) und rollierenden Zehnjahresperioden (36).

Item	50 low price-to-cashflow beat Large Stocks	Percent
Single-year return	30 out of 45	67 %
Rolling 5-year compound return	28 out of 41	68 %
Rolling 10-year compound return	33 out of 36	92 %

Hohe Kurs-Cashflow-Verhältnisse sind gefährlich

Für gewöhnlich sind Aktien mit hohen Bewertungen beim KCV, nicht anders als bei den bislang untersuchten Kennzahlen, eher schlechte Investments. Abbildung 7.2 und die Tabellen 7.7 bis 7.10 geben hier Einblick.

Die 50 Aktien mit den höchsten KCVs aus „Alle Aktien" wiesen im Betrachtungszeitraum acht Jahre auf, in denen sie 15 % oder mehr unter ihrer Referenzgruppe rentierten, denen jedoch nur vier Jahre mit einer entsprechenden Überperformance entgegenstanden. Einige der Perioden geben ein katastrophales Bild ab. Zum Beispiel die Fünfjahresperiode vom 31.12.1972 bis Ende 1977: 10 000 US$, angelegt in die Gesamtgruppe „Alle Aktien", entwickelten sich zu 13 167 US$; hätte man die gleiche Anlage in die 50 Aktien mit dem höchsten KCV getätigt, blieben nur noch bedauernswerte 5 249 US$ übrig, also ein Verlust von fast 50 %.

Das gleiche gilt in der langfristigen Betrachtung. Investierte man am 31.12.1951 10 000 US$ unter den gleichen Prämissen in die entsprechenden 50 Aktien, hätten sich bis Ende 1996 lediglich 334 876 US$ ergeben. Dieses unbefriedigende Ergebnis wäre schon durch ein undifferenziertes Investment in die Gesamtgruppe „Alle Aktien" leicht ausgehebelt worden. Das Sharpe-Ratio liegt bei peinlichen 23.

Auch große Aktien sind hiervon betroffen

„Große Aktien" mit hohen KCVs entwickelten sich kaum besser. Zum Vergleich: 10 000 US$ vermehrten sich von Ende 1951 bis Ende 1996 zu 718 758 US$, was weniger als die Hälfte einer Anlage in „Große Aktien" insgesamt darstellt. Das Sharpe-Ratio lag bei mageren 31.

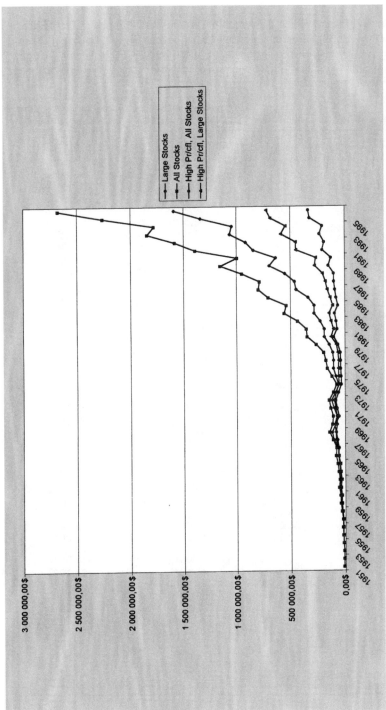

Abb. 72: Die Graphik trägt die nominale Wertentwicklung der 50 höchsten KCV-Werte aus „Alle Aktien" und „Große Aktien" sowie die der beiden Gruppen selbst ab.

135

Tab. 7.7: Hier wird die prozentuale jährliche Performance „Aller Aktien" mit der von 50 Aktienwerten mit den schlechtesten (i.e. höchsten) Kurs-Cashflow-Verhältnissen (gezogen aus der Gruppe „Alle Aktien") verglichen. In der rechten Spalte wird wiederum die relative Wertentwicklung beider Gruppen durch Subtraktion ermittelt.

Year ending	All Stocks	Universe = All Stocks top 50 price/cashflow	Top 50 price/cashflow relative performance
31. Dez. 52	7,90 %	1,80 %	−6,10 %
31. Dez. 53	2,90 %	4,70 %	1,80 %
31. Dez. 54	47,00 %	39,80 %	−7,20 %
31. Dez. 55	20,70 %	26,30 %	5,60 %
31. Dez. 56	17,00 %	5,00 %	−12,00 %
31. Dez. 57	−7,10 %	−2,10 %	5,00 %
31. Dez. 58	55,00 %	59,70 %	4,70 %
31. Dez. 59	23,00 %	32,80 %	9,80 %
31. Dez. 60	6,10 %	11,60 %	5,50 %
31. Dez. 61	31,20 %	14,50 %	−16,70 %
31. Dez. 62	−12,00 %	−25,80 %	−13,80 %
31. Dez. 63	18,00 %	21,09 %	3,09 %
31. Dez. 64	16,30 %	5,10 %	−11,20 %
31. Dez. 65	22,60 %	28,20 %	5,60 %
31. Dez. 66	−5,20 %	−1,30 %	3,90 %
31. Dez. 67	41,10 %	67,20 %	26,10 %
31. Dez. 68	27,40 %	14,30 %	−13,10 %
31. Dez. 69	−18,50 %	−25,90 %	−7,40 %
31. Dez. 70	−5,80 %	−37,90 %	−32,10 %
31. Dez. 71	21,30 %	34,90 %	13,60 %
31. Dez. 72	11,00 %	17,10 %	6,10 %
31. Dez. 73	−27,20 %	−32,50 %	−5,30 %
31. Dez. 74	−27,90 %	−41,80 %	−13,90 %
31. Dez. 75	55,90 %	7,73 %	−48,17 %
31. Dez. 76	35,60 %	7,10 %	−28,50 %
31. Dez. 77	6,90 %	−1,10 %	−8,00 %
31. Dez. 78	12,20 %	13,00 %	0,80 %
31. Dez. 79	34,30 %	48,00 %	13,70 %
31. Dez. 80	31,50 %	60,30 %	28,80 %
31. Dez. 81	1,70 %	−30,70 %	−32,40 %
31. Dez. 82	22,50 %	12,50 %	−10,00 %
31. Dez. 83	28,10 %	16,10 %	−12,00 %
31. Dez. 84	−3,40 %	−31,40 %	−28,00 %
31. Dez. 85	30,80 %	24,00 %	−6,30 %
31. Dez. 86	13,10 %	13,90 %	0,80 %
31. Dez. 87	−1,30 %	9,10 %	10,40 %
31. Dez. 88	21,20 %	3,40 %	−17,80 %
31. Dez. 89	21,40 %	46,10 %	24,70 %
31. Dez. 90	−13,80 %	−15,70 %	−1,90 %
31. Dez. 91	39,80 %	63,30 %	23,50 %
31. Dez. 92	13,80 %	−8,10 %	−21,90 %
31. Dez. 93	16,60 %	21,10 %	4,50 %
31. Dez. 94	−3,40 %	−10,70 %	−7,30 %
31. Dez. 95	27,00 %	55,70 %	28,70 %
31. Dez. 96	18,30 %	4,00 %	−14,30 %
Arithmetic average	14,97 %	11,65 %	−3,80 %
Standard deviation	19,51 %	27,42 %	7,91 %

Tab. 7.8: Hier wird die prozentuale jährliche Performance „Großer Aktien" mit der von 50 Aktienwerten mit den schlechtesten (i.e. höchsten) Kurs-Cashflow-Verhältnissen (gezogen aus der Gruppe „Große Aktien") verglichen. In der rechten Spalte wird wiederum die relative Wertentwicklung beider Gruppen durch Subtraktion ermittelt.

Year ending	Large Stocks	Universe = Large Stocks top 50 price/cashflow	Top 50 price/cashflow relative performance
31. Dez. 52	9,30 %	4,60 %	−4,70 %
31. Dez. 53	2,30 %	0,09 %	−2,21 %
31. Dez. 54	44,90 %	40,40 %	−4,50 %
31. Dez. 55	21,20 %	23,50 %	2,30 %
31. Dez. 56	9,60 %	6,70 %	−2,90 %
31. Dez. 57	−6,90 %	−6,20 %	0,70 %
31. Dez. 58	42,10 %	39,60 %	−2,50 %
31. Dez. 59	9,90 %	18,40 %	8,50 %
31. Dez. 60	4,80 %	4,00 %	−0,80 %
31. Dez. 61	27,50 %	25,20 %	−2,30 %
31. Dez. 62	−8,90 %	−16,10 %	−7,20 %
31. Dez. 63	19,50 %	26,70 %	7,20 %
31. Dez. 64	15,30 %	8,10 %	−7,20 %
31. Dez. 65	16,20 %	32,80 %	16,60 %
31. Dez. 66	−4,90 %	3,10 %	8,00 %
31. Dez. 67	21,30 %	38,80 %	17,50 %
31. Dez. 68	16,80 %	0,70 %	−16,10 %
31. Dez. 69	−9,90 %	11,90 %	21,80 %
31. Dez. 70	−0,20 %	−21,10 %	−20,90 %
31. Dez. 71	17,30 %	34,40 %	17,10 %
31. Dez. 72	14,90 %	23,80 %	8,90 %
31. Dez. 73	−18,90 %	−31,20 %	−12,30 %
31. Dez. 74	−26,70 %	−36,80 %	−10,10 %
31. Dez. 75	43,10 %	9,59 %	−33,51 %
31. Dez. 76	28,00 %	3,00 %	−25,00 %
31. Dez. 77	−2,50 %	−7,70 %	−5,20 %
31. Dez. 78	8,10 %	12,80 %	4,70 %
31. Dez. 79	27,30 %	23,70 %	−3,60 %
31. Dez. 80	30,80 %	60,50 %	29,70 %
31. Dez. 81	0,60 %	−18,50 %	−19,10 %
31. Dez. 82	19,90 %	22,80 %	2,90 %
31. Dez. 83	23,80 %	13,50 %	−10,30 %
31. Dez. 84	−0,40 %	−23,70 %	−23,30 %
31. Dez. 85	19,50 %	21,60 %	2,10 %
31. Dez. 86	32,20 %	20,40 %	−11,80 %
31. Dez. 87	3,30 %	10,20 %	6,90 %
31. Dez. 88	19,00 %	14,40 %	−4,60 %
31. Dez. 89	26,00 %	35,60 %	9,60 %
31. Dez. 90	−8,70 %	−4,30 %	4,40 %
31. Dez. 91	33,00 %	68,00 %	35,00 %
31. Dez. 92	8,70 %	0,80 %	−7,90 %
31. Dez. 93	16,30 %	29,60 %	13,30 %
31. Dez. 94	−1,90 %	−7,10 %	−5,20 %
31. Dez. 95	28,50 %	25,60 %	−2,90 %
31. Dez. 96	18,70 %	5,50 %	−13,20 %
Arithmetic average	13,11 %	12,17 %	−0,94 %
Standard deviation	16,01 %	21,78 %	5,77 %

Tab. 7.9: Die Tabelle vergleicht die summierte Entwicklung der Erträge für „Alle Aktien" mit der Entwicklung der 50 Aktien aus dieser Gruppe mit den ungünstigsten KCVs, wobei hier noch das arithmetische Mittel (Arithmetic Average), die Standardabweichung der Erträge (Standard Deviation of Return), das Sharpe-Ratio sowie Renditen nach weiteren Laufzeitgruppen hinzukommen. Auch die maximal bzw. minimal zu erwartenden sowie die tatsächlich eingetretenen Werte für die Performance (Maximum Return, Maximum Expected Return) werden angegeben. Zeithorizont ist wiederum der 31.12.1951 bis 31.12.1996.

	All Stocks	Universe = All Stocks top 50 price/cashflow
Arithmetic average	14,97 %	11,65 %
Standard deviation of return	19,51 %	27,42 %
Sharpe risk-adjusted ratio	49,00	23,00
3-yr compounded	13,22 %	13,08 %
5-yr compounded	14,00 %	9,98 %
10-yr compounded	12,92 %	13,83 %
15-yr compounded	14,44 %	10,74 %
20-yr compounded	14,97 %	11,29 %
25-yr compounded	12,74 %	6,21 %
30-yr compounded	12,43 %	5,75 %
35-yr compounded	11,64 %	5,44 %
40-yr compounded	12,62 %	7,33 %
Compound annual return	13,23 %	8,12 %
10 000 $ becomes:	2 677 556,77 $	334 875,65 $
Maximum return	55,90 %	67,20 %
Minimum return	−27,90 %	−41,80 %
Maximum expected return*	53,98 %	66,49 %
Minimum expected return**	−24,04 %	−43,18 %

* Maximum expected return is average return plus 2 times the standard deviation.
** Minimum expected return is average return minus 2 times the standard deviation.

Macht man sich mit den Daten aus Tabelle 7.10 vertraut, kann man ersehen, wie wichtig es ist, langfristige Ergebnisse zu prüfen um den Wert einer Anlagestrategie zu beurteilen. Würde man nur die Ergebnisse der 10 Jahre von Jahresultimo 1986 bis Ende 1996 kennen, würde man gefährlich fehlgeleitet. Die 50 Aktien mit den höchsten KCVs aus „Große Aktien" übertrumpften ihre Obergruppe in diesem Zeitraum um etwas weniger als 3 %, rentierten also kumuliert mit 16,02 %. Führt man sich jedoch die Zahlenverhältnisse aus den Tabellen 7.11 und 7.12 vor Augen, wird man erkennen müssen, daß diese 10 Jahre vollkommen atypisch waren. Die 50 hochbewerteten Titel der Gruppe „Alle Aktien" konnten nur drei Zehnjahresperioden vorweisen, in denen sie „Alle Aktien" schlagen konnten! Tabelle 7.13 und 7.14 dokumentieren den Kummer. Die 50 hoch bewerteten Aktien aus der Gruppe „Großer Aktien" schnitten zwar nicht ganz so schlecht ab, aber ihre Versagensquote lag immerhin bei 61 %.

Tab. 7.10: Die Tabelle vergleicht die summierte Entwicklung der Erträge für „Große Aktien" mit der Entwicklung der 50 Aktien aus dieser Gruppe mit den ungünstigsten KBVs, wobei hier noch das arithmetische Mittel (Arithmetic Average), die Standardabweichung der Erträge (Standard Deviation of Return), das Sharpe-Ratio sowie Renditen nach weiterer Laufzeitgruppen hinzukommen. Auch die maximal bzw. minimal zu erwartenden sowie die tatsächlich eingetretenen Werte für die Performance (Maximum Return, Maximum Expected Return) werden angegeben. Zeithorizont ist wiederum der 31.12.1951 bis 31.12.1996.

	Large Stocks	Universe = Large Stocks top 50 price/cashflow
Arithmetic average	13,11 %	12,17 %
Standard deviation of return	16,01 %	21,78 %
Sharpe risk-adjusted ratio	48,00	31,00
3-yr compounded	14,38 %	7,17 %
5-yr compounded	13,60 %	9,97 %
10-yr compounded	13,53 %	16,02 %
15-yr compounded	15,16 %	13,72 %
20-yr compounded	14,37 %	13,03 %
25-yr compounded	12,34 %	8,12 %
30-yr compounded	11,67 %	8,54 %
35-yr compounded	10,96 %	8,67 %
40-yr compounded	11,36 %	9,46 %
Compound annual return	11,92 %	9,97 %
10 000 $ becomes:	1 590 667,04 $	718 578,43 $
Maximum return	44,90 %	68,00 %
Minimum return	−26,70 %	−36,80 %
Maximum expected return*	45,12 %	55,73 %
Minimum expected return**	−18,91 %	−31,39 %

* Maximum expected return is average return plus 2 times the standard deviation.
** Minimum expected return is average return minus 2 times the standard deviation.

Tab. 7.11: Die Tabelle zeigt, in wie vielen Fällen zwischen 1951 und 1996 die 50 Aktien mit den höchsten KCVs aus der Gruppe „Alle Aktien" diese schlagen, wobei differenziert wird nach Einzeljahren (45) sowie rollierenden Fünfjahresperioden (41) und rollierenden Zehnjahresperioden (36).

Item	50 high price-to-cashflow beat All Stocks	Percent
Single-year return	21 out of 45	47%
Rolling 5-year compound return	11 out of 41	27%
Rolling 10-year compound return	3 out of 36	8%

Tab. 7.12: Die Tabelle zeigt, in wie vielen Fällen zwischen 1951 und 1996 die 50 Aktien mit den höchsten KCVs aus der Gruppe „Große Aktien" diese schlagen, wobei differenziert wird nach Einzeljahren (45) sowie rollierenden Fünfjahresperioden (41) und rollierenden Zehnjahresperioden (36).

Item	50 high price-to-cashflow beat Large Stocks	Percent
Single-year return	19 out of 45	42%
Rolling 5-year compound return	21 out of 41	51%
Rolling 10-year compound return	14 out of 36	39%

Unterteilung in Zehnprozentgruppen (Deciles)

Die Untersuchung des Kurs-Cashflow-Verhältnisses anhand von Zehnprozentgruppen zeigt das gleiche Verhaltensmuster wie bei den anderen Indikatoren. Die Aktien aus den unteren („besseren") Zehnteln generieren regelmäßig bessere Resultate als die oberen (höher bewerteten) Zehntel. Auf dem Weg vom untersten Zehntel zum obersten explodiert das Risiko, und die Erträge gehen spiegelbildlich zurück.

Die 10% der Aktien mit der niedrigsten KCV-Bewertung (aus „Alle Aktien") machten aus 10000 US$, (von 1951 bis 1996) stattliche 7142991 US$, wohingegen eine Entscheidung für das obere Zehntel mit einem Endbetrag von nur 480155 bestraft worden wäre. Noch dazu war eine Investition in das obere Zehntel mit höherem Risiko verbunden.

Das unterste Zehntel aus der Sphäre der „Großen Aktien" brachte es auf einen noch größeren Endbetrag. Hier konnte man Ende 1996 über 8546977 US$ verfügen und wäre damit um ca. 8 Mio. US$ reicher gewesen als nach einer Anlage in „Große Aktien". Tabelle 7.15 und 7.16 sowie die Abbildungen 7.5 und 7.6 verdeutlichen die Resultate.

Tab. 7.13: Die Tabelle gibt die kumulierten jährlichen Renditen der sechs in Abbildung 7.3 und 7.4 definierten Gruppen nach Dekaden an.

Portfolio	1950er*	1960er	1970er	1980er	1990er**
Large Stocks	15,33%	8,99%	6,99%	16,89%	12,61%
50 high price-to-cashflow from Large Stocks	14,85%	12,35%	−1,85%	13,29%	14,53%
50 low price-to-cashflow from Large Stocks	17,28%	10,36%	15,40%	17,31%	16,49%
All Stocks	19,22%	11,09%	8,53%	15,85%	12,78%
50 high price-to-cashflow from All Stocks	19,30%	8,02%	−3,03%	8,77%	12,03%
50 low price-to-cashflow from All Stocks	18,71%	15,41%	13,57%	12,53%	12,86%

* Returns for 1952–1959.
** Returns for 1990–1996.

Tab. 7.14: Die Tabelle stellt die kumulierten Gesamtrenditen rollierender Zehnjahresperioden im Falle der Referenzgruppe „Alle Aktien" sowie der 50 Papiere hieraus mit den höchsten KBVs dar.

For the 10 years ending	All Stocks	Universe = All Stocks top 50 price/cashflow	Top 50 price/cashflow relative performance
31. Dez. 61	18,97%	18,02%	−0,95%
31. Dez. 62	16,57%	14,35%	−2,23%
31. Dez. 63	18,18%	16,02%	−2,16%
31. Dez. 64	15,44%	12,76%	−2,69%
31. Dez. 65	15,63%	12,93%	−2,70%
31. Dez. 66	13,22%	12,23%	−0,99%
31. Dez. 67	18,05%	18,40%	0,35%
31. Dez. 68	15,76%	14,51%	−1,25%
31. Dez. 69	11,09%	8,02%	−3,07%
31. Dez. 70	9,78%	1,87%	−7,91%
31. Dez. 71	8,92%	3,55%	−5,37%
31. Dez. 72	11,48%	8,38%	−3,09%
31. Dez. 73	6,22%	2,23%	−3,99%
31. Dez. 74	1,26%	−3,64%	−4,90%
31. Dez. 75	3,72%	−5,30%	−9,02%
31. Dez. 76	7,50%	−4,52%	−12,02%
31. Dez. 77	4,56%	−9,40%	−13,97%
31. Dez. 78	3,24%	−9,51%	−12,75%
31. Dez. 79	8,53%	−3,03%	−11,55%
31. Dez. 80	12,21%	6,62%	−5,59%
31. Dez. 81	10,25%	−0,25%	−10,50%
31. Dez. 82	11,34%	−0,65%	−11,99%
31. Dez. 83	17,82%	4,89%	−12,93%
31. Dez. 84	21,31%	6,63%	−14,69%
31. Dez. 85	19,20%	8,14%	−11,07%
31. Dez. 86	17,06%	8,80%	−8,25%
31. Dez. 87	16,13%	9,88%	−6,25%
31. Dez. 88	17,03%	8,91%	−8,12%
31. Dez. 89	15,85%	8,77%	−7,09%
31. Dez. 90	11,06%	2,00%	−9,07%
31. Dez. 91	14,65%	11,12%	−3,53%
31. Dez. 92	13,81%	8,90%	−4,91%
31. Dez. 93	12,74%	9,36%	−3,39%
31. Dez. 94	12,74%	12,28%	−0,46%
31. Dez. 95	12,41%	14,87%	2,45%
31. Dez. 96	12,92%	13,83%	0,91%
Arithmetic average	12,69%	6,72%	−5,96%

Tab. 7.15: Die Tabelle zeigt nach aufsteigenden KCVs der jeweiligen Zehnprozentgruppen aus der Gesamtheit „Aller Aktien" die nominelle Entwicklung von 10 000 US$, die durchschnittliche jährliche Rendite (Average Return), die kumulierte Rendite (Compound Return) sowie die Standardabweichung (Zeitraum 1951 bis 1996).

Decile	10 000 $ grows to	Average return	Compound return	Standard deviation
1 (lowest price/ cashflow)	7 142 991 $	18,08 %	15,72 %	23,51 %
2	7 857 275 $	17,79 %	15,79 %	20,77 %
3	3 925 764 $	15,91 %	14,19 %	19,66 %
4	1 521 773 $	13,06 %	11,81 %	16,64 %
5	1 817 115 $	13,74 %	12,26 %	17,87 %
6	2 306 919 $	14,44 %	12,85 %	18,33 %
7	1 139 450 $	12,33 %	11,10 %	16,17 %
8	624 573 $	11,66 %	9,62 %	20,45 %
9	929 454 $	12,60 %	10,60 %	20,36 %
10 (highest price/ cashflow)	480 155 $	12,08 %	8,98 %	25,95 %
All Stocks	2 677 557 $	14,97 %	13,23 %	19,51 %

Tab. 7.16: Die Tabelle zeigt nach aufsteigenden KCVs der jeweiligen Zehnprozentgruppen aus der Gesamtheit „Großer Aktien" die nominelle Entwicklung von 10 000 US$, die durchschnittliche jährliche Rendite (Average Return), die kumulierte Rendite (Compound Return) sowie die Standardabweichung (Zeitraum 1951 bis 1996).

Decile	10 000 $ grows to	Average return	Compound return	Standard deviation
1 (lowest price/ cashflow)	8 546 977 $	18,00 %	16,16 %	21,03 %
2	3 388 215 $	15,25 %	13,82 %	17,99 %
3	1 924 875 $	13,59 %	12,40 %	16,22 %
4	1 628 285 $	13,24 %	11,98 %	16,75 %
5	1 662 363 $	13,09 %	12,03 %	15,25 %
6	822 499 $	11,50 %	10,30 %	16,00 %
7	1 137 045 $	12,32 %	11,09 %	16,19 %
8	873 890 $	11,87 %	10,44 %	17,31 %
9	659 556 $	11,27 %	9,76 %	17,72 %
10 (highest price/ cashflow)	941 401 $	12,90 %	10,63 %	21,87 %
Large Stocks	1 590 667 $	13,11 %	11,92 %	16,01 %

Implikationen

Wie die Abbildungen 7.3 und 7.4 aufzeigen, ist das Schicksal eindeutig den Aktien mit niedrigen KCVs gewogen. Sowohl die Analyse nach Zehnergruppen als auch die Analyse der 50 extremsten Aktienwerte untermauern dies. Falls es nicht andere Kriterien gibt, die zwingend nahelegen, eine Aktie mit hohem Kurs-Cashflow-Verhältnis zu kaufen (diese Aktie wurde z.B. von einem erfolgreichen Wachstumsmodell ausgesucht, um die speziellen Risiken von Aktien hoher Cashflows zu absorbieren o.ä.), sollten Sie die Finger davon lassen.

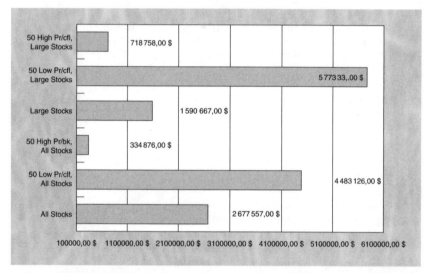

Abb. 7.3: Die Graphik stellt den Werdegang von 10 000 am 31.12.1951 investierten US$ im Falle von „Allen Aktien", „Großen Aktien" sowie jeweils deren Untergruppen, 50 Aktien mit den höchsten (50 High Pr/Cfl) bzw. niedrigsten (Low Pr/Cfl) KCVs, dar.

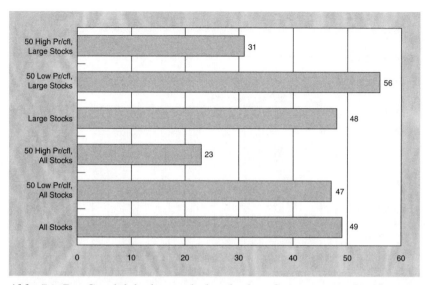

Abb. 7.4: Die Graphik bedient sich der gleichen Gruppen wie Abbildung 7.3 und stellt über das Sharpe-Ratio den risikoadjustierten Anlageerfolg dar (höhere Werte sind besser).

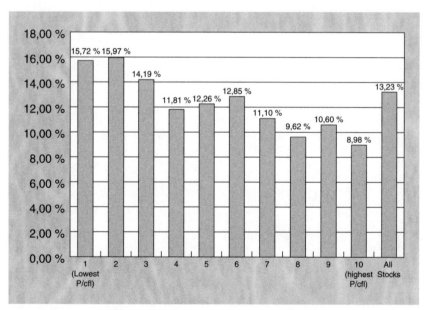

Abb. 7.5: Die kumulierte Rendite nach Kurs-Cashflow-Zehnteln aufgespalten aus der „Alle Aktien"-Gruppe von Ende 1951 bis Ende 1996.

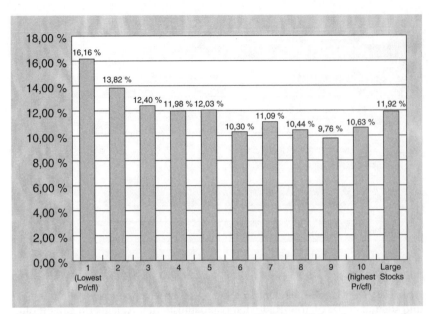

Abb. 7.6: Die kumulierte Rendite nach Kurs-Cashflow-Zehnteln aufgespalten aus der „Große Aktien"-Gruppe von Ende 1951 bis Ende 1996.

8 Kurs-Umsatz-Verhältnisse: Der König der wertorientierten Kennzahlen

Für mich lag die größte Schönheit schon immer in der größten Klarheit.

Gotthold Lessing

Die letzte Einzelkennziffer, die wir betrachten wollen, ist zugleich auch die beste. Das Kurs-Umsatz-Verhältnis (engl.: Price-to-Sales-Ratio, PSR) ist dem Kurs-Gewinn-Verhältnis (KGV, engl.: PER) eng benachbart, aber setzt den Aktienkurs in Relation zu den jährlichen Umsätzen (pro Aktie) statt zum Gewinn.

Genauso wie Investoren, die Aktien mit niedrigen KGVs auswählen, sind auch die Käufer niedriger KUVs auf der Suche nach substantiell unterbewerteten Aktien. Ken Fisher schreibt in seinem 1984 erschienenen Buch *Super Stocks*, daß das Kurs-Umsatz-Verhältnis ein nahezu perfekter Indikator für die Popularität einer Aktie ist und daß, sollte die Kennzahl bereits einen hohen Wert aufweisen, nur noch Hoffnung und Täuschung einen weiteren Kursanstieg bewirken könnten.

Wie uns bereits vertraut werden wir jeweils diejenigen 50 Aktien bewerten, die bezüglich des KUV die höchsten respektive die niedrigsten Werte zeigen; dies vollführen wir abermals bei beiden Referenzgruppen „Alle Aktien" und „Große Aktien". Zusätzliche Information beziehen wir auch hier durch die Analyse der Zehnprozentgruppen. Das methodische Vorgehen entspricht dem der vorangegangenen Kapitel (jährlich aktualisierte Portfolios, Annahme der zeitverzögerten Datenveröffentlichung, Aktiengewichtung …).

Wir starten am 31.12.1951 und bestücken unser Depot mit den 50 Titeln aus der Gruppe „Alle Aktien", die die niedrigsten Werte beim KUV mitbringen. Auch hier liegen die Werte der Compustat Datenbasis als reziproke Werte vor, also als Umsatz-Preis-Verhältnis, was damit korrespondiert, daß hohe Werte positiv sind. Wir bezeichnen diese Aktien trotzdem im Kapitel durchgehend als Werte mit hohen bzw. niedrigen Kurs-Umsatz-Verhältnissen, da dies geläufiger ist.

147

Die Ergebnisse

Eine Anlage in die mittlerweile sattsam bekannten 10 000 US$ in die 50 Dividendenwerte mit den niedrigsten KUVs aus „Alle Aktien" entwickelte sich im Betrachtungszeitraum zu 8 252 734 US$ und erwirtschaftete so eine kumulierte Rendite p.a. von 16,09 %. Dies läßt die 2 677 557 US$ einer undifferenzierten Anlage in „Alle Aktien" zwergenhaft erscheinen und schlägt auch sämtliche (guten) 50-Aktien-Gruppen aus den Vorkapiteln. Die Strategie geht auch bei längerem Zeithorizont auf. Mit Ausnahme des Zeitfensters von 1989 bis 1991 zeigen die jährlichen Ergebnisse dieses Ansatzes aus Tabelle 8.1, daß eine Anlage in „Alle Aktien" konstant übertroffen wurde. Auch unter Berücksichtigung der Risikokomponente erledigten diese Aktien gute Arbeit, was sich in einem Sharpe-Ratio von 53 niederschlägt. Die Tabellen 8.2 bis 8.4 fassen die Erhebungen zusammen, und Tabelle 8.5 stellt die prozentualen Gewinnchancen dieser Strategie dar.

Tab. 8.1: Die Tabelle stellt die jährliche Wertentwicklung der Gruppe „Alle Aktien" der Wertentwicklung der 50 Aktien mit hohen (guten) Umsatz-Kurs-Relationen, also niedrigen KUVs (aus dieser Gruppe), gegenüber. In der rechten Spalte liest man die relative Performance direkt ab, unten sind zusätzlich der arithmetische Durchschnitt der Verzinsung sowie die Standardabweichung (Standard Deviation) angegeben.

Year ending	All Stocks	Universe = AllStocks top 50 sales/price	Top 50 sales/price relative performance
31. Dez. 52	7,90 %	13,40 %	5,50 %
31. Dez. 53	2,90 %	5,90 %	3,00 %
31. Dez. 54	47,00 %	59,40 %	12,40 %
31. Dez. 55	20,70 %	19,80 %	−0,90 %
31. Dez. 56	17,00 %	4,60 %	−12,40 %
31. Dez. 57	−7,10 %	−1,90 %	5,20 %
31. Dez. 58	55,00 %	73,90 %	18,90 %
31. Dez. 59	23,00 %	11,20 %	−11,80 %
31. Dez. 60	6,10 %	4,00 %	−2,10 %
31. Dez. 61	31,20 %	31,70 %	0,50 %
31. Dez. 62	−12,00 %	−12,10 %	−0,10 %
31. Dez. 63	18,00 %	14,40 %	−3,60 %
31. Dez. 64	16,30 %	27,40 %	11,10 %
31. Dez. 65	22,60 %	34,70 %	12,10 %
31. Dez. 66	−5,20 %	−17,60 %	−12,40 %
31. Dez. 67	41,10 %	48,30 %	7,20 %
31. Dez. 68	27,40 %	39,90 %	12,50 %
31. Dez. 69	−18,50 %	−28,80 %	−10,30 %
31. Dez. 70	−5,80 %	−4,50 %	1,30 %
31. Dez. 71	21,30 %	29,50 %	8,20 %
31. Dez. 72	11,00 %	−1,80 %	−12,80 %
31. Dez. 73	−27,20 %	−22,30 %	4,90 %
31. Dez. 74	−27,90 %	−12,60 %	15,30 %
31. Dez. 75	55,90 %	76,90 %	21,00 %
31. Dez. 76	35,60 %	48,40 %	12,80 %
31. Dez. 77	6,90 %	3,50 %	−3,40 %
31. Dez. 78	12,20 %	16,90 %	4,70 %
31. Dez. 79	34,30 %	51,80 %	17,50 %
31. Dez. 80	31,50 %	13,70 %	−17,80 %
31. Dez. 81	1,70 %	3,10 %	1,40 %
31. Dez. 82	22,50 %	63,30 %	40,80 %
31. Dez. 83	28,10 %	37,70 %	9,60 %
31. Dez. 84	−3,40 %	−2,60 %	0,80 %
31. Dez. 85	30,80 %	46,70 %	15,90 %
31. Dez. 86	13,10 %	9,30 %	−3,80 %
31. Dez. 87	−1,30 %	2,20 %	3,50 %
31. Dez. 88	21,20 %	42,90 %	21,70 %
31. Dez. 89	21,40 %	6,70 %	−14,70 %
31. Dez. 90	−13,80 %	−27,50 %	−13,70 %
31. Dez. 91	39,80 %	37,10 %	−2,70 %
31. Dez. 92	13,80 %	32,60 %	18,80 %
31. Dez. 93	16,60 %	24,80 %	8,20 %
31. Dez. 94	−3,40 %	8,00 %	11,40 %
31. Dez. 95	27,00 %	29,40 %	2,40 %
31. Dez. 96	18,30 %	7,50 %	−10,80 %
Arithmetic average	14,97 %	18,86 %	3,90 %
Standard deviation	19,51 %	25,60 %	6,10 %

8

Tab. 8.2: Die Tabelle stellt die jährliche Wertentwicklung der Gruppe „Große Aktien" der Wertentwicklung der 50 Aktien mit hohen (guten) Umsatz-Kurs-Relationen, also niedrigen KUVs (aus dieser Gruppe), gegenüber. In der rechten Spalte liest man die relative Performance direkt ab, unten sind zusätzlich der arithmetische Durchschnitt der Verzinsung sowie die Standardabweichung (Standard Deviation) angegeben.

Year ending	Large Stocks	Universe = Large Stocks top 50 sales/price	Top 50 sales/price relative performance
31. Dez. 52	9,30 %	14,30 %	5,00 %
31. Dez. 53	2,30 %	2,00 %	−0,30 %
31. Dez. 54	44,90 %	51,90 %	7,00 %
31. Dez. 55	21,20 %	21,90 %	0,70 %
31. Dez. 56	9,60 %	10,00 %	0,40 %
31. Dez. 57	−6,90 %	−12,40 %	−5,50 %
31. Dez. 58	42,10 %	47,80 %	5,70 %
31. Dez. 59	9,90 %	9,50 %	−0,40 %
31. Dez. 60	4,80 %	−1,80 %	−6,60 %
31. Dez. 61	27,50 %	29,30 %	1,80 %
31. Dez. 62	−8,90 %	−7,40 %	11,50 %
31. Dez. 63	19,50 %	21,00 %	1,50 %
31. Dez. 64	15,30 %	22,00 %	6,70 %
31. Dez. 65	16,20 %	27,00 %	10,80 %
31. Dez. 66	−4,90 %	−10,30 %	−5,40 %
31. Dez. 67	21,30 %	33,00 %	11,70 %
31. Dez. 68	16,80 %	23,30 %	6,50 %
31. Dez. 69	−9,90 %	−23,70 %	−13,80 %
31. Dez. 70	−0,20 %	−3,00 %	−2,80 %
31. Dez. 71	17,30 %	20,60 %	3,30 %
31. Dez. 72	14,90 %	11,40 %	−3,50 %
31. Dez. 73	−18,90 %	−25,40 %	−6,50 %
31. Dez. 74	−26,70 %	−14,20 %	12,50 %
31. Dez. 75	43,10 %	64,50 %	21,40 %
31. Dez. 76	28,00 %	47,30 %	19,30 %
31. Dez. 77	−2,50 %	0,80 %	3,30 %
31. Dez. 78	8,10 %	13,60 %	5,50 %
31. Dez. 79	27,30 %	21,60 %	−5,70 %
31. Dez. 80	30,80 %	15,10 %	−15,70 %
31. Dez. 81	0,60 %	9,40 %	8,80 %
31. Dez. 82	19,90 %	34,30 %	14,40 %
31. Dez. 83	23,80 %	36,40 %	12,60 %
31. Dez. 84	−0,40 %	3,20 %	3,60 %
31. Dez. 85	19,50 %	40,90 %	21,40 %
31. Dez. 86	32,20 %	11,10 %	−21,10 %
31. Dez. 87	3,30 %	3,70 %	0,40 %
31. Dez. 88	19,00 %	39,10 %	20,10 %
31. Dez. 89	26,00 %	16,10 %	−9,90 %
31. Dez. 90	−8,70 %	−22,60 %	−13,90 %
31. Dez. 91	33,00 %	41,80 %	8,80 %
31. Dez. 92	8,70 %	22,30 %	13,60 %
31. Dez. 93	16,30 %	29,60 %	13,30 %
31. Dez. 94	−1,90 %	0,02 %	1,92 %
31. Dez. 95	28,50 %	21,80 %	−6,70 %
31. Dez. 96	18,70 %	24,30 %	5,60 %
Arithmetic average	13,11 %	16,02 %	2,92 %
Standard deviation	16,01 %	20,50 %	4,49 %

Tab. 8.3: Die Tabelle vergleicht die summierte Entwicklung der Erträge für „Alle Aktien" mit der Entwicklung der 50 Aktien aus dieser Gruppe mit den günstigsten KUVs, wobei hier noch das arithmetische Mittel (Arithmetic Average), die Standardabweichung der Erträge (Standard Deviation of Return), das Sharpe-Ratio sowie Renditen nach weiteren Laufzeitgruppen hinzukommen. Auch die maximal bzw. minimal zu erwartenden sowie die tatsächlich eingetretenen Werte für die Performance (Maximum Return, Maximum Expected Return) werden angegeben. Zeithorizont ist wiederum der 31.12.1951 bis 31.12.1996.

	All Stocks	Universe = All Stocks top 50 sales/price (low price-to-sales)
Arithmetic average	14,97%	18,86%
Standard deviation of return	19,51%	25,60%
Sharpe risk-adjusted ratio	49,00	53,00
3-yr compounded	13,22%	14,53%
5-yr compounded	14,00%	19,98%
10-yr compounded	12,92%	14,43%
15-yr compounded	14,44%	18,96%
20-yr compounded	14,97%	18,36%
25-yr compounded	12,74%	17,03%
30-yr compounded	12,43%	16,31%
35-yr compounded	11,64%	14,98%
40-yr compounded	12,62%	15,72%
Compound annual return	13,23%	16,09%
10000 $ becomes:	2677556,77 $	8252734,31 $
Maximum return	55,90%	76,90%
Minimum return	−27,90%	−28,80%
Maximum expected return*	53,98%	70,07%
Minimum expected return**	−24,04%	−32,34%

* Maximum expected return is average return plus 2 times the standard deviation.
** Minimum expected return is average return minus 2 times the standard deviation.

Tab. 8.4: Die Tabelle vergleicht die summierte Entwicklung der Erträge für „Große Aktien" mit der Entwicklung der 50 Aktien aus dieser Gruppe mit den günstigsten KUVs, wobei hier noch das arithmetische Mittel (Arithmetic Average), die Standardabweichung der Erträge (Standard Deviation of Return), das Sharpe-Ratio sowie Renditen nach weiteren Laufzeitgruppen hinzukommen. Auch die maximal bzw. minimal zu erwartenden sowie die tatsächlich eingetretenen Werte für die Performance (Maximum Return, Maximum Expected Return) werden angegeben. Zeithorizont ist wiederum der 31.12.1951 bis 31.12.1996.

	Large Stocks	Universe = Large Stocks top 50 sales/price (low price-to-sales)
Arithmetic average	13,11%	16,02%
Standard deviation of return	16,01%	20,50%
Sharpe risk-adjusted ratio	48,00	52,00
3-yr compounded	14,38%	14,83%
5-yr compounded	13,60%	19,14%
10-yr compounded	13,53%	16,00%
15-yr compounded	15,16%	18,68%
20-yr compounded	14,37%	16,95%
25-yr compounded	12,34%	15,85%
30-yr compounded	11,67%	14,49%
35-yr compounded	10,96%	13,72%
40-yr compounded	11,36%	13,57%
Compound annual return	11,92%	14,15%
10000 $ becomes:	1590667,04 $	3853417,66 $
Maximum return	44,90%	64,50%
Minimum return	−26,70%	−25,40%
Maximum expected return*	45,12%	57,02%
Minimum expected return**	−18,91%	−24,97%

* Maximum expected return is average return plus 2 times the standard deviation.
** Minimum expected return is average return minus 2 times the standard deviation.

Tab. 8.5: Die Tabelle zeigt, in wie vielen Fällen zwischen 1951 und 1996 die 50 Aktien mit den niedrigsten KUVs aus der Gruppe „Alle Aktien" diese schlagen, wobei differenziert wird nach Einzeljahren (45) sowie rollierenden Fünfjahresperioden (41) und rollierenden Zehnjahresperioden (36).

Item	50 low price-to-sales beat All Stocks	Percent
Single-year return	29 out of 45	64%
Rolling 5-year compound return	28 out of 41	68%
Rolling 10-year compound return	33 out of 36	92%

Große Aktien mit niedrigen KUVs schlagen sich gut

Auch bei Betrachtungen in der Sphäre hochkapitalisierter Aktien schlägt die Auswahl der 50 Werte mit niedrigen KUVs ihre Obergruppe. Der Unterschied ist hier allerdings nicht so groß wie bei den kleineren Titeln aus „Alle Aktien". Im Zeitraum Jahresende 1951 bis 31.12.1996 eingesetzte 10000 US$ ergaben hier einen Endbetrag von 3853418 US$ (eine kumulierte Rendite von 14,15 %), was auch noch deutlich besser ist als die Ergebnisse der Stammgruppe „Große Aktien", die es auf 1590667 US$ brachten. Das Sharpe-Ratio der Strategie „Niedrige KUVs aus großen Aktien" lag bei 52.

Ein Blick auf die revolvierenden Fünf- und Zehnjahresperioden zeigt für beide 50er Gruppen mit niedrigen KUVs herausragende Ergebnisse, die besten aller bislang getesteten wert- bzw. substanzorientierten Kennzahlen. Über alle Zehnjahresperioden hinweg schlug die Strategie sowohl in der Welt der kleineren als auch der größeren Aktien ihre Referenz in 90 % der Fälle; eine derartig ausgeprägte Stetigkeit der Erträge hat durchaus Seltenheitswert. Die Zehnjahresperioden sind in Tabelle 8.13 und 8.14 detailliert dargestellt, und Tabelle 8.15 listet die Ergebnisse nach Dekaden auf.

Aktien mit hohen KUVs sind Gift für Ihr Depot

Die Anlage in die 50 Aktien (aus „Alle Aktien") mit den höchsten (i.e. schlechtesten) KUVs generierte die bis dato schlechtesten Ergebnisse. So hätten sich in den betrachteten 45 Jahren 10 000 US$ zu kümmerlichen 91 520 US$ gehangelt, was sogar von erzkonservativen US-T-Bills (kurzlaufende, festverzinsliche US-Staatstitel, Anm. des Übersetzers) übertroffen wurde! Das korrespondierende Sharpe-Ratio von 12 markiert das triste untere Ende; es bereitet fast Schmerzen, die Resultate aufzuzeichnen.

„Alle Aktien" schlugen die Kategorie der 50 Werte mit den höchsten KUVs in 67 % der Fälle. Die Periode vom 31.12.1980 bis zum 31.12.1984 ist besonders grauenhaft: 10 000 US$, die in die Gesamtgruppe investiert worden wären, wuchsen um über 50 % auf 15 416 US$ an, während ein analoges Investment in die 50 überbewerteten Aktien aus dieser Grundgesamtheit dem Anleger einen Verlust von 70 % bescherten und ihn mit einem Endbetrag von 3 079 US$ im Regen stehen ließen.

Tab. 8.6: Die Tabelle zeigt, in wie vielen Fällen zwischen 1951 und 1996 die 50 Aktien mit den niedrigsten KUVs aus der Gruppe „Große Aktien" diese schlagen, wobei differenziert wird nach Einzeljahren (45) sowie rollierenden Fünfjahresperioden (41) und rollierenden Zehnjahresperioden (36).

Item	50 low price-to-sales beat Large Stocks	Percent
Single-year return	30 out of 45	67 %
Rolling 5-year compound return	29 out of 41	71 %
Rolling 10-year compound return	33 out of 36	92 %

Tab. 8.7: Hier wird die prozentuale jährliche Performance „Aller Aktien" mit der von 50 Aktienwerten mit den schlechtesten (i.e. höchsten) Kurs-Umsatz-Verhältnissen (gezogen aus der Gruppe „Aller Aktien") verglichen. In der rechten Spalte wird wiederum die relative Wertentwicklung beider Gruppen durch Subtraktion ermittelt.

Year ending	All Stocks	Universe = All Stocks top 50 price/sales	Top 50 price/sales relative performance
31. Dez. 52	7,90%	5,30%	−2,60%
31. Dez. 53	2,90%	1,30%	−1,60%
31. Dez. 54	47,00%	33,60%	−13,40%
31. Dez. 55	20,70%	14,10%	−6,60%
31. Dez. 56	17,00%	10,00%	−7,00%
31. Dez. 57	−7,10%	−1,00%	6,10%
31. Dez. 58	55,00%	53,80%	−1,20%
31. Dez. 59	23,00%	12,00%	−11,00%
31. Dez. 60	6,10%	11,50%	5,40%
31. Dez. 61	31,20%	23,10%	−8,10%
31. Dez. 62	−12,00%	−12,70%	−0,70%
31. Dez. 63	18,00%	20,90%	2,90%
31. Dez. 64	16,30%	8,80%	−7,50%
31. Dez. 65	22,60%	18,80%	−3,80%
31. Dez. 66	−5,20%	1,90%	7,10%
31. Dez. 67	41,10%	69,10%	28,00%
31. Dez. 68	27,40%	26,90%	−0,50%
31. Dez. 69	−18,50%	−24,20%	−5,70%
31. Dez. 70	−5,80%	−25,30%	−19,50%
31. Dez. 71	21,30%	29,10%	7,80%
31. Dez. 72	11,00%	24,60%	13,60%
31. Dez. 73	−27,20%	−13,30%	13,90%
31. Dez. 74	−27,90%	−38,70%	−10,80%
31. Dez. 75	55,90%	7,90%	−48,00%
31. Dez. 76	35,60%	30,90%	−4,70%
31. Dez. 77	6,90%	8,90%	2,00%
31. Dez. 78	12,20%	6,40%	−5,80%
31. Dez. 79	34,30%	68,50%	34,20%
31. Dez. 80	31,50%	43,90%	12,40%
31. Dez. 81	1,70%	−47,60%	−49,30%
31. Dez. 82	22,50%	−11,30%	−33,80%
31. Dez. 83	28,10%	1,90%	−26,20%
31. Dez. 84	−3,40%	−35,00%	−31,60%
31. Dez. 85	30,80%	22,20%	−8,60%
31. Dez. 86	13,10%	16,00%	2,90%
31. Dez. 87	−1,30%	−7,90%	−6,60%
31. Dez. 88	21,20%	1,70%	−19,50%
31. Dez. 89	21,40%	38,60%	17,20%
31. Dez. 90	−13,80%	−18,00%	−4,20%
31. Dez. 91	39,80%	47,50%	7,70%
31. Dez. 92	13,80%	−25,20%	−39,00%
31. Dez. 93	16,60%	−13,10%	−29,70%
31. Dez. 94	−3,40%	−32,10%	−28,70%
31. Dez. 95	27,00%	46,00%	19,00%
31. Dez. 96	18,30%	−13,60%	−31,90%
Arithmetic average	14,97%	8,58%	−6,38%
Standard deviation	19,51%	27,13%	7,63%

Tab. 8.8: Die Tabelle stellt die jährliche Wertentwicklung der Gruppe „Große Aktien" der Wertentwicklung der 50 Aktien mit hohen (schlechten) Kurs-Umsatz-Relationen, also hohen KUVs (aus dieser Gruppe), gegenüber. In der rechten Spalte liest man die relative Performance direkt ab, unten sind zusätzlich der arithmetische Durchschnitt der Verzinsung sowie die Standardabweichung (Standard Deviation) angegeben.

Year ending	Large Stocks	Universe = Large Stocks Top 50 price/sales	Top 50 price/sales relative performance
31. Dez. 52	9,30%	4,80%	−4,50%
31. Dez. 53	2,30%	1,30%	−1,00%
31. Dez. 54	44,90%	32,00%	−12,90%
31. Dez. 55	21,20%	17,20%	−4,00%
31. Dez. 56	9,60%	8,10%	−1,50%
31. Dez. 57	−6,90%	−3,50%	3,40%
31. Dez. 58	42,10%	40,60%	−1,50%
31. Dez. 59	9,90%	12,00%	2,10%
31. Dez. 60	4,80%	9,80%	5,00%
31. Dez. 61	27,50%	23,90%	−3,60%
31. Dez. 62	−8,90%	−8,30%	0,60%
31. Dez. 63	19,50%	20,20%	0,70%
31. Dez. 64	15,30%	14,20%	−1,10%
31. Dez. 65	16,20%	17,70%	1,50%
31. Dez. 66	−4,90%	1,90%	6,80%
31. Dez. 67	21,30%	23,20%	1,90%
31. Dez. 68	16,80%	7,90%	−8,90%
31. Dez. 69	−9,90%	11,00%	20,90%
31. Dez. 70	−0,20%	−17,80%	−17,60%
31. Dez. 71	17,30%	25,60%	8,30%
31. Dez. 72	14,90%	24,30%	9,40%
31. Dez. 73	−18,90%	−20,80%	−1,90%
31. Dez. 74	−26,70%	−36,80%	−10,10%
31. Dez. 75	43,10%	14,50%	−28,60%
31. Dez. 76	28,00%	13,50%	−14,50%
31. Dez. 77	−2,50%	−2,90%	−0,40%
31. Dez. 78	8,10%	15,00%	6,90%
31. Dez. 79	27,30%	47,40%	20,10%
31. Dez. 80	30,80%	67,52%	36,72%
31. Dez. 81	0,60%	−20,60%	−21,20%
31. Dez. 82	19,90%	−3,90%	−23,80%
31. Dez. 83	23,80%	11,80%	−12,00%
31. Dez. 84	−0,40%	−23,90%	−23,50%
31. Dez. 85	19,50%	23,70%	4,20%
31. Dez. 86	32,20%	19,50%	−12,70%
31. Dez. 87	3,30%	10,10%	6,80%
31. Dez. 88	19,00%	3,00%	−16,00%
31. Dez. 89	26,00%	36,43%	10,43%
31. Dez. 90	−8,70%	−6,30%	2,40%
31. Dez. 91	33,00%	53,70%	20,70%
31. Dez. 92	8,70%	−9,40%	−18,10%
31. Dez. 93	16,30%	26,70%	10,40%
31. Dez. 94	−1,90%	−9,90%	−8,00%
31. Dez. 95	28,50%	35,30%	6,80%
31. Dez. 96	18,70%	13,20%	−5,50%
Arithmetic average	13,11%	11,62%	−1,49%
Standard deviation	16,01%	20,59%	4,58%

Tab. 8.9: Die Tabelle vergleicht die summierte Entwicklung der Erträge für „Alle Aktien" mit der Entwicklung der 50 Aktien aus dieser Gruppe mit den ungünstigsten KUVs, wobei hier noch das arithmetische Mittel (Arithmetic Average), die Standardabweichung der Erträge (Standard Deviation of Return), das Sharpe-Ratio sowie Renditen nach weiteren Laufzeitgruppen hinzukommen. Auch die maximal bzw. minimal zu erwartenden sowie die tatsächlich eingetretenen Werte für die Performance (Maximum Return, Maximum Expected Return) werden angegeben. Zeithorizont ist wiederum der 31.12.1951 bis 31.12.1996.

	All Stocks	Universe = All Stocks top 50 price/sales
Arithmetic average	14,97%	8,58%
Standard deviation of return	19,51%	27,13%
Sharpe risk-adjusted ratio	49,00	12,00
3-yr compounded	13,22%	−5,03%
5-yr compounded	14,00%	−11,05%
10-yr compounded	12,92%	−1,34%
15-yr compounded	14,44%	−2,09%
20-yr compounded	14,97%	0,35%
25-yr compounded	12,74%	0,01%
30-yr compounded	12,43%	1,52%
35-yr compounded	11,64%	2,26%
40-yr compounded	12,62%	4,17%
Compound annual return	13,23%	5,04%
10000 $ becomes:	2677556,77 $	91519,66 $
Maximum return	55,90%	69,10%
Minimum return	−27,90%	−47,60%
Maximum expected return*	53,98%	62,85%
Minimum expected return**	−24,04%	−45,69%

* Maximum expected return is average return plus 2 times the standard deviation.
** Minimum expected return is average return minus 2 times the standard deviation.

Tab. 8.10: Die Tabelle vergleicht die summierte Entwicklung der Erträge für „Große Aktien" mit der Entwicklung der 50 Aktien aus dieser Gruppe mit den ungünstigsten KUVs, wobei hier noch das arithmetische Mittel (Arithmetic Average), die Standardabweichung der Erträge (Standard Deviation of Return), das Sharpe-Ratio sowie Renditen nach weiteren Laufzeitgruppen hinzukommen. Auch die maximal bzw. minimal zu erwartenden sowie die tatsächlich eingetretenen Werte für die Performance (Maximum Return, Maximum Expected Return) werden angegeben. Zeithorizont ist wiederum der 31.12.1951 bis 31.12.1996.

	Large Stocks	Universe = Large Stocks top 50 price/sales
Arithmetic average	13,11 %	11,62 %
Standard deviation of return	16,01 %	20,59 %
Sharpe risk-adjusted ratio	48,00	30,00
3-yr compounded	14,38 %	11,33 %
5-yr compounded	13,60 %	9,64 %
10-yr compounded	13,53 %	13,44 %
15-yr compounded	15,16 %	10,15 %
20-yr compounded	14,37 %	11,82 %
25-yr compounded	12,34 %	8,42 %
30-yr compounded	11,67 %	8,48 %
35-yr compounded	10,96 %	8,50 %
40-yr compounded	11,36 %	9,37 %
Compound annual return	11,92 %	9,67 %
10 000 $ becomes:	1 590 667,04 $	637 433,71 $
Maximum return	44,90 %	67,52 %
Minimum return	−26,70 %	−36,80 %
Maximum expected return*	45,12 %	52,80 %
Minimum expected return**	−18,91 %	−29,56 %

* Maximum expected return is average return plus 2 times the standard deviation.
** Minimum expected return is average return minus 2 times the standard deviation.

Tab. 8.11: Die Tabelle zeigt, in wie vielen Fällen zwischen 1951 und 1996 die 50 Aktien mit den höchsten KUVs aus der Gruppe „Alle Aktien" diese schlagen, wobei differenziert wird nach Einzeljahren (45) sowie rollierenden Fünfjahresperioden (41) und rollierenden Zehnjahresperioden (36).

Item	50 high price-to-sales beat All Stocks	Percent
Single-year return	15 out of 45	33%
Rolling 5-year compound return	5 out of 41	12%
Rolling 10-year compound return	7 out of 36	19%

Tab. 8.12: Die Tabelle zeigt, in wie vielen Fällen zwischen 1951 und 1996 die 50 Aktien mit den höchsten KUVs aus der Gruppe „Große Aktien" diese schlagen, wobei differenziert wird nach Einzeljahren (45) sowie rollierenden Fünfjahresperioden (41) und rollierenden Zehnjahresperioden (36).

Item	50 high price-to-sales beat Large Stocks	Percent
Single-year return	21 out of 45	47%
Rolling 5-year compound return	18 out of 41	44%
Rolling 10-year compound return	12 out of 36	33%

Tab. 8.13: Die Tabelle stellt die kumulierten Gesamtrenditen rollierender Zehnjahresperioden im Falle der Referenzgruppe „Alle Aktien" sowie der 50 Papiere hieraus mit den niedrigsten KUVs dar.

For the 10 years ending	All Stocks	Universe = All Stocks 50 low PSR stocks	50 low PSR relative performance
31. Dez. 61	18,97%	20,08%	1,10%
31. Dez. 62	16,57%	17,06%	0,49%
31. Dez. 63	18,18%	17,97%	−0,21%
31. Dez. 64	15,44%	15,35%	−0,09%
31. Dez. 65	15,63%	16,71%	1,09%
31. Dez. 66	13,22%	13,96%	0,74%
31. Dez. 67	18,05%	18,77%	0,72%
31. Dez. 68	15,76%	16,21%	0,46%
31. Dez. 69	11,09%	11,15%	0,06%
31. Dez. 70	9,78%	10,20%	0,43%
31. Dez. 71	8,92%	10,02%	1,10%
31. Dez. 72	11,48%	11,24%	−0,23%
31. Dez. 73	6,22%	7,02%	0,80%
31. Dez. 74	1,26%	3,06%	1,80%
31. Dez. 75	3,72%	5,91%	2,19%
31. Dez. 76	7,50%	12,33%	4,82%
31. Dez. 77	4,56%	8,36%	3,80%
31. Dez. 78	3,24%	6,43%	3,19%
31. Dez. 79	8,53%	14,80%	6,27%
31. Dez. 80	12,21%	16,82%	4,61%
31. Dez. 81	10,25%	14,19%	3,94%
31. Dez. 82	11,34%	20,15%	8,80%
31. Dez. 83	17,82%	27,22%	9,41%
31. Dez. 84	21,31%	28,61%	7,30%
31. Dez. 85	19,20%	26,22%	7,02%
31. Dez. 86	17,06%	22,42%	5,36%
31. Dez. 87	16,13%	22,27%	6,14%
31. Dez. 88	17,03%	24,75%	7,72%
31. Dez. 89	15,85%	20,43%	4,57%
31. Dez. 90	11,06%	15,13%	4,07%
31. Dez. 91	14,65%	18,46%	3,80%
31. Dez. 92	13,81%	16,01%	2,20%
31. Dez. 93	12,74%	14,88%	2,13%
31. Dez. 94	12,74%	16,07%	3,33%
31. Dez. 95	12,41%	14,62%	2,21%
31. Dez. 96	12,92%	14,43%	1,52%

Tab. 8.14: Die Tabelle stellt die kumulierten Gesamtrenditen rollierender Zehnjahresperioden im Falle der Referenzgruppe „Große Aktien" sowie der 50 Papiere hieraus mit den niedrigsten KUVs dar.

Year ending	Large Stocks	Universe = Large Stocks 50 low PSR stocks	50 low PSR relative performance
31. Dez. 61	15,38%	15,64%	0,26%
31. Dez. 62	13,30%	13,23%	−0,07%
31. Dez. 63	15,07%	15,18%	0,11%
31. Dez. 64	12,47%	12,68%	0,21%
31. Dez. 65	12,00%	13,14%	1,14%
31. Dez. 66	10,42%	10,86%	0,44%
31. Dez. 67	13,38%	15,58%	2,20%
31. Dez. 68	11,18%	13,51%	2,33%
31. Dez. 69	8,99%	9,48%	0,49%
31. Dez. 70	8,46%	9,35%	0,88%
31. Dez. 71	7,56%	8,59%	1,03%
31. Dez. 72	10,09%	10,61%	0,53%
31. Dez. 73	5,90%	5,39%	−0,51%
31. Dez. 74	1,21%	1,75%	0,53%
31. Dez. 75	3,34%	4,41%	1,07%
31. Dez. 76	6,46%	9,72%	3,26%
31. Dez. 77	4,16%	6,72%	2,56%
31. Dez. 78	3,35%	5,85%	2,50%
31. Dez. 79	6,99%	10,90%	3,91%
31. Dez. 80	9,92%	12,82%	2,89%
31. Dez. 81	8,25%	11,72%	3,47%
31. Dez. 82	8,72%	13,83%	5,12%
31. Dez. 83	13,41%	20,91%	7,50%
31. Dez. 84	16,94%	23,16%	6,23%
31. Dez. 85	14,85%	21,27%	6,42%
31. Dez. 86	15,22%	17,90%	2,68%
31. Dez. 87	15,89%	18,23%	2,35%
31. Dez. 88	17,01%	20,65%	3,65%
31. Dez. 89	16,89%	20,09%	3,21%
31. Dez. 90	12,76%	15,42%	2,66%
31. Dez. 91	15,95%	18,46%	2,50%
31. Dez. 92	14,82%	17,35%	2,53%
31. Dez. 93	14,10%	16,75%	2,65%
31. Dez. 94	13,93%	16,39%	2,46%
31. Dez. 95	14,76%	14,71%	−0,06%
31. Dez. 96	13,53%	16,00%	2,47%

Tab. 8.15: Die Tabelle gibt die kumulierten jährlichen Renditen der sechs bereits definierten Gruppen nach Dekaden an.

Portfolio	1950er*	1960er	1970er	1980er	1990er**
Large Stocks	15,33%	8,99%	6,99%	16,89%	12,61%
50 high price-to-sales from Large Stocks	13,21%	11,73%	3,23%	9,54%	12,50%
50 low price-to-sales from Large Stocks	16,39%	9,48%	10,90%	20,09%	14,84%
All Stocks	19,22%	11,09%	8,53%	15,85%	12,78%
50 high price-to-sales from All Stocks	14,96%	11,99%	5,82%	−2,02%	−5,49%
50 low price-to-sales from All Stocks	20,85%	11,15%	14,80%	20,43%	13,80%

* Returns for 1952–1959.
** Returns for 1990–1996.

Die Erträge fortlaufender Fünfjahresperioden waren in 88% aller Perioden bei einer Anlage in Beteiligungswerte mit hohen KUVs schlechter als die Referenzgruppe „Alle Aktien". Ein ähnlich schlechter Wert ergibt sich bei den revolvierenden Zehnjahresperioden, von denen „Alle Aktien" 83% für sich entscheiden konnten. Hier zeigt sich wieder, wie gefährlich an den Kapitalmärkten Momentaufnahmen sind. Im Jahre 1995 liefen die übereuphorisch bewerteten Aktien, die für gewöhnlich die Gattung „Hoher KUV"-Aktien dominieren, den anderen Aktien mit 46% Zuwachs gegenüber nur 27% bei „Allen Aktien" davon. Stellen Sie sich vor, Sie sollten eine Kaufentscheidung, treffen, nachdem Sie von der wundersamen Entwicklung dieser Aktien innerhalb dieser kurzen Zeit gehört haben. Die Verlockung, zuzugreifen, wäre groß, aber der Blick auf die ganze Wahrheit, also eine adäquate Zeitspanne, legt hier offen, was für eine katastrophale Fehlentscheidung getroffen worden wäre. Bereits 1995 kehrte diese Anlageklasse nämlich zu ihrem grundsätzlichen Performanceverhalten zurück und verlor in einem Haussejahr 13,60%.

Große Aktien präsentieren sich hier geringfügig besser

Das Bild, das sich bei „Großen Aktien" bietet, ist nur geringfügig freudvoller. Die gleichen 10 000 US$ würden sich bei einer Entscheidung für die 50 Aktien mit den höchsten Kurs-Umsatz-Verhältnissen (aus „Große Aktien") über die Jahre mit zusammengenommen 9,67 % verzinsen und zu einem Endbetrag am 31.12.1996 von 637 434 führen, was weniger als die Hälfte eines Investments in „Große Aktien" bedeutet, allerdings merklich besser als der Erwerb der 50 Höchst-KUV-Titel aus „Alle Aktien". Das Sharpe-Ratio von 30 liegt markant unter der 48 der Stammgruppe. Die Auswertung der anteilig gewonnenen Perioden der getesteten Gruppe ist durchweg negativ. Die 50 Aktien wurden von ihrer Referenz in 67 % aller rollierenden Zehnjahresperioden überflügelt. Die Tabellen 8.6 bis 8.12 resümieren das Trauerspiel.

Unterteilung in Zehnprozentgruppen (Deciles)

Die Ergebnisse der Aufteilung in Zehnprozentgruppen ist schier unglaublich. Dazu betrachten wir die Tabelle 8.16 und die Abbildung 8.1. Die Gesamtrenditen marschieren vom besten Zehntel mit 17,63 % schnurstracks talwärts, um im Zehntel der mit dem höchsten KUV behafteten Aktien bei traurigen 5,12 % anzukommen. Vergleicht man das beste mit dem schlechtesten Zehntel, wird das Ausmaß des potentiellen Schadens deutlich: Die 45 Jahre angelegten 10 000 US$ entwickelten sich im Falle des besten Zehntels zu 14,90 Mio. US$, während das schlechteste Zehntel es auf nur 94 437 US$ brachte.

Das Kurs-Umsatz-Verhältnis ist auch der konsistenteste Indikator im Zusammenhang mit Zehnprozentgruppierungen. Mit aufsteigendem KUV wird von einem Zehntel zum nächsten die Rendite durchgängig schlechter und das Risiko höher (hier „Alle Aktien" als Referenz).

Die Ergebnisse bei „Großen Aktien" gehen in die gleiche Richtung, präsentieren sich aber etwas abgemildert. Hier rentierten die unteren sechs (niedrige KBVs) besser als die Referenzgruppe, während die Zehntel 7 bis 10 (hohe KBVs) deutlich schlechter abschnitten. Die Tabelle 8.17 und Abbildung 8.2 fassen die Erkenntnisse für „Große Aktien" zusammen.

Tab. 8.16: Die Tabelle zeigt nach aufsteigenden KUVs der jeweiligen Zehnprozentgruppen aus der Gesamtheit „Aller Aktien" die nominelle Entwicklung von 10 000 US$, die durchschnittliche jährliche Rendite (Average Return), die kumulierte Rendite (Compound Return) sowie die Standardabweichung (Zeitraum 1951 bis 1996).

Decile	10 000 $ grows to	Average return	Compound return	Standard deviation
1 (lowest PSR)	14 910 164 $	19,32 %	17,63 %	19,79 %
2	9 737 147 $	18,16 %	16,52 %	19,36 %
3	9 646 689 $	18,25 %	16,50 %	20,01 %
4	6 924 259 $	17,35 %	15,64 %	19,56 %
5	3 505 492 $	15,81 %	13,91 %	20,40 %
6	2 629 117 $	15,04 %	13,18 %	19,95 %
7	1 406 604 $	13,40 %	11,62 %	19,23 %
8	709 086 $	11,54 %	9,93 %	18,19 %
9	291 074 $	9,70 %	7,78 %	19,81 %
10 (highest PSR)	94 437 $	7,69 %	5,12 %	22,73 %
All Stocks	2 677 557 $	14,97 %	13,23 %	19,51 %

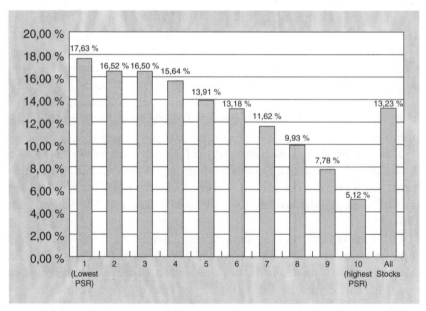

Abb. 8.1: Die kumulierte Rendite nach Kurs-Umsatz-Zehnteln aufgespalten aus der „Alle Aktien"-Gruppe von Ende 1951 bis Ende 1996.

Tab. 8.17: Die Tabelle zeigt nach aufsteigenden KUVs der jeweiligen Zehnprozentgruppen aus der Gesamtheit „Großer Aktien" die nominelle Entwicklung von 10000 US$, die durchschnittliche jährliche Rendite (Average Return), die kumulierte Rendite (Compound Return) sowie die Standardabweichung. (Zeitraum 1951 bis 1996).

Decile	10000 $ grows to	Average return	Compound return	Standard deviation
1 (lowest PSR)	4043295 $	16,06%	14,27 %	20,16 %
2	3603757 $	15,71%	13,98%	20,18%
3	2029206 $	13,89%	12,53%	17,25%
4	1826745 $	13,48%	12,27%	16,28%
5	1881358 $	13,64%	12,34%	16,78%
6	2058352 $	13,75%	12,57%	16,11%
7	866428 $	11,47%	10,42%	14,92%
8	800749 $	11,25%	10,23%	14,55%
9	596203 $	10,70%	9,51%	15,61%
10 (highest PSR)	875010 $	12,31%	10,45%	20,12%
Large Stocks	1590667 $	13,11%	11,92%	16,01%

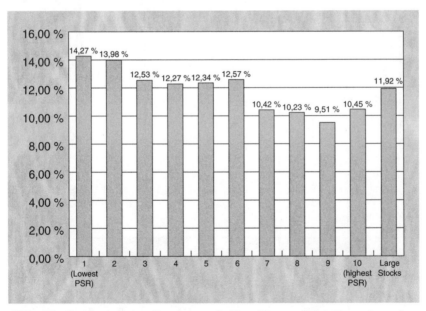

Abb. 8.2: Die kumulierte Rendite nach Kurs-Umsatz-Zehnteln aufgespalten aus der „Große Aktien"-Gruppe von Ende 1951 bis Ende 1996.

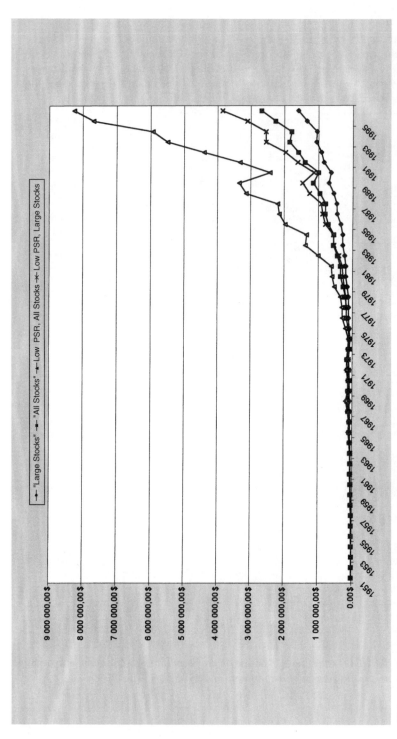

Abb. 8.3: Die Graphik trägt die nominale Wertentwicklung der 50 niedrigsten KUV-Werte aus „Alle Aktien" und „Große Aktien" sowie die der beiden Gruppen selbst ab.

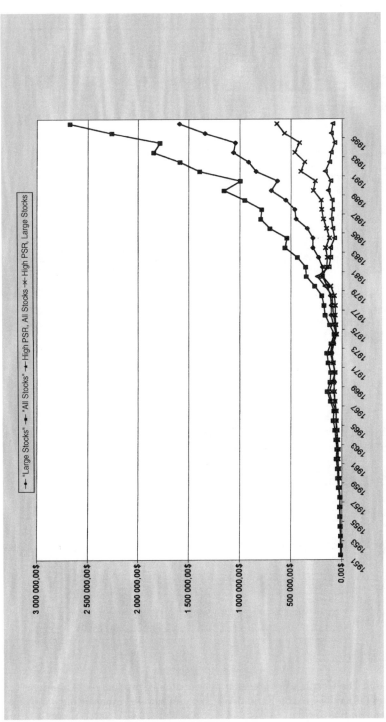

Abb. 8.4: Die Graphik trägt die nominale Wertentwicklung der 50 höchsten KUV-Werte aus „Alle Aktien" und „Große Aktien" sowie die der beiden Gruppen selbst ab.

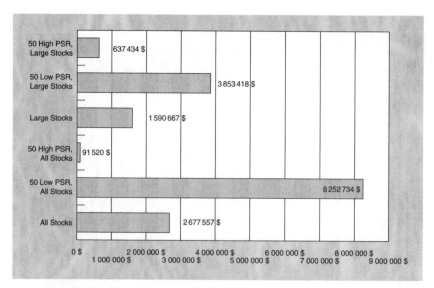

Abb. 8.5: Die Graphik stellt den Werdegang von 10 000 am 31.12.1951 investierten US$ im Falle von „Allen Aktien", „Großen Aktien" sowie jeweils deren Untergruppen, 50 Aktien mit den höchsten (50 High PSR) bzw. niedrigsten (Low PSR) KUVs, dar.

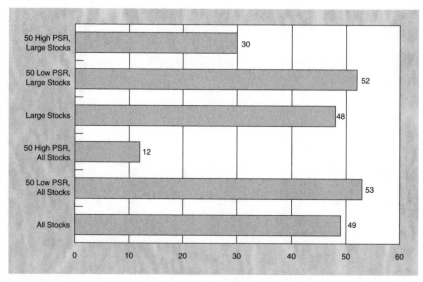

Abb. 8.6: Die Graphik bedient sich der gleichen Gruppen wie Abbildung 8.5 und stellt über das Sharpe-Ratio den risikoadjustierten Anlageerfolg dar (höhere Werte sind besser).

Implikationen

Niedrige Kurs-Umsatz-Relationen schlagen den Markt öfter und konstanter als jeder andere Indikator aus dem Umfeld der wert- bzw. substanzorientierten Kennzahlen, was sowohl in der Zehnprozent-Betrachtung als auch bei den 50 Aktien mit den entsprechenden Extremwerten Gültigkeit hat.

Es gibt keine Dekade, die Dividendenwerte mit günstiger KUV-Bewertung nicht für sich entscheiden konnte (gilt für „Alle Aktien" sowie für „Große Aktien"). Die einzige Marktphase, in der Aktien mit hohen KUVs den Markt übertrafen, waren die 60er Jahre, als renditehungrige Finanzmanager bereit waren, für Aktien mit einer spannenden Geschichte fast jeden Preis zu zahlen. Das Jahr 1967 war das zweitbeste für Aktien mit hohen KUVs aus der Gruppe „Alle Aktien". John Dennis Brawn nannte in seinem Buch *101 Years on Wall Street* 1967 einen guten Jahrgang für Spekulanten. Etwa 45 % aller an der NYSE (New York Stock Exchange, Anm. des Übersetzers) gelisteten Unternehmen konnten um 50 % oder mehr zulegen. Man muß daraus den Schluß ziehen, daß Aktien mit hohen KUVs ausschließlich in überhitzten Spekulationsphasen gut abschneiden, in allen anderen Perioden aber verlieren. Erstaunlicherweise entwickelten sich in diesen euphorischen Phasen Aktien mit niedrigen Kurs-Umsatz-Verhältnissen ebenfalls gut. Diese Ergebnisse lassen sich anhand der Abbildungen 8.3 bis 8.6 ablesen.

Die Analyse anhand von Zehnprozentgruppen bestätigt das gewonnene Bild bei allen wert- und substanzmäßig arbeitenden Kennzahlen; das KUV ist hierbei der beständigste und beste Indikator für zukünftige Entwicklungen.

9 Dividendenrenditen:
Der Kauf von Erträgen

Der Oktober ist ein besonders gefährlicher Monat für die Börse. Die anderen sind Juli, Januar, September, April, November, Mai, März, Juni, Dezember, August und Februar.

Mark Twain

Investoren, die jeden Börsenmonat als besonders gefährlich empfinden, suchen oftmals nach einem Ausgleich, indem sie Aktien mit hohen Dividendenrenditen kaufen. Da Dividendenzahlungen oftmals mehr als die Hälfte des Gesamtertrags einer Aktienanlage ausmachen, halten sie es für klug, Aktien zu erwerben, die hohe Dividenden bringen. Positiv hinzu kommt, daß Firmen bei der Dividendenrendite nicht flunkern können, da sie Dividendenzahlungen unverzüglich entrichten oder nachzahlen müssen. Wenn dies nicht möglich ist, erfährt der Anleger dies unmittelbar.

Die Dividendenrendite erhält man, indem man die prospektierte jährliche Dividende pro Anteil durch den aktuellen Aktienkurs dividiert. Um einen Prozentwert zu erhalten, multipliziert man dieses Ergebnis mit 100. Zahlt ein Unternehmen also 1 US$ pro Aktie mit einem Tageskurs von 10 US$, ergibt sich eine Dividendenrendite von 10 %.

Wir untersuchen den Kauf der 50 höchstrentierlichen Aktien aus den Gruppen „Alle Aktien" und „Große Aktien". Wir schließen hier Versorgeraktien aus, da diese das Bild aufgrund ihrer Besonderheit bei der Dividendenpolitik einseitig verzerren würden.

Die Ergebnisse

Wie die Tabellen 9.1 bis 9.7 nahelegen, hängt die Schlagkraft der Strategie, Werte mit hohen Dividendenrenditen zu kaufen, fast gänzlich von der Größe der betreffenden Gesellschaft ab. Wie die Tabellen 9.1 und 9.3 belegen, gelingt es den 50 Aktien mit den besten (i.e. höchsten) Dividendenrenditen aus der Gruppe „Alle Aktien" nicht, die Gesamtgruppe zu schlagen. In diesem Falle hätten sich 10 000 US\$ von Ende 1951 bis Ende 1996 zu 1 634 900 US\$ aufgebaut und blieben damit mehr als 1 Mio. US\$ hinter der Referenz „Alle Aktien" zurück. Die Strategie fällt auch beim risikoadjustierten Ertrag zurück, da sie mit höherem Risiko verbunden ist. Die in der Tabelle 9.5 aufgeführten anteiligen Perioden bestätigen dieses Bild, die 50 Aktien höchster Dividendenrendite aus „Alle Aktien" konnten ihre Stammgruppe in nur 17 % aller Fälle übertreffen.

Große Aktien sind hier völlig anders

Der Gesamtertrag der 50 (dividenden-) renditestarken Beteiligungswerte aus der Gruppe „Große Aktien" stellt sich völlig anders dar. Hier lieferte die Untergruppe mit hoher Dividendenrendite bei annähernd gleichem Risiko am Ende fast doppelt so viele Dollars ab wie „Große Aktien": Aus den besagten 10 000 US\$ entstanden mit Hilfe der Strategie 2 898 099 US\$. Dies repräsentiert eine kumulierte Rendite von 13,43 %, also um 1,51 % mehr als die Referenzgruppe. Die einhergehende Standardabweichung der Erträge lag bei 17,52 %, also ebenfalls um 1,51 % über der von „Große Aktien". In Kombination mit dem höheren nominellen Ertrag ergibt sich der hohe Wert von 54 beim Sharpe-Ratio. In der Gesamtbetrachtung ist diese Strategie also risikoärmer als ein Pauschalinvestment in „Große Aktien". Der größte Verlust stellte sich 1969 mit 16,50 % ein und blieb damit deutlich hinter dem Verlust der Gruppe „Große Aktien" von 26,70 % in 1974 zurück.

Die Strategie hoher Dividendenrenditen kann auch in puncto Konsistenz ihre Trümpfe bei den großen Aktien besser ausspielen. Die 50 Aktien höchster Dividendenrendite schlugen die Referenzgruppe in 89 von 100 rollierenden Zehnjahresperioden. Diese Zusammenhänge sind den Abbildungen 9.1 bis 9.4 veranschaulicht.

Tab. 9.1: Die Tabelle stellt die jährliche Wertentwicklung der Gruppe „Alle Aktien" der Wertentwicklung der 50 Aktien mit den höchsten Dividendenrenditen (aus dieser Gruppe) gegenüber. In der rechten Spalte liest man die relative Performance direkt ab, unten sind zusätzlich der arithmetische Durchschnitt der Verzinsung sowie die Standardabweichung (Standard Deviation) angegeben.

Year ending	All Stocks	Universe = All Stocks top 50 dividend yield	Top 50 dividend yield relative performance
31. Dez. 52	7,90 %	14,50 %	6,60 %
31. Dez. 53	2,90 %	7,70 %	4,80 %
31. Dez. 54	47,00 %	57,80 %	10,80 %
31. Dez. 55	20,70 %	24,40 %	3,70 %
31. Dez. 56	17,00 %	10,60 %	–6,40 %
31. Dez. 57	–7,10 %	–16,60 %	9,50 %
31. Dez. 58	55,00 %	61,00 %	6,00 %
31. Dez. 59	23,00 %	21,90 %	–1,10 %
31. Dez. 60	6,10 %	–4,40 %	–10,50 %
31. Dez. 61	31,20 %	26,50 %	–4,70 %
31. Dez. 62	–12,00 %	–8,94 %	3,06 %
31. Dez. 63	18,00 %	19,70 %	1,70 %
31. Dez. 64	16,30 %	20,70 %	4,40 %
31. Dez. 65	22,60 %	23,10 %	0,50 %
31. Dez. 66	–5,20 %	–10,60 %	–5,40 %
31. Dez. 67	41,10 %	32,40 %	–8,70 %
31. Dez. 68	27,40 %	43,10 %	15,70 %
31. Dez. 69	–18,50 %	–17,90 %	0,60 %
31. Dez. 70	–5,80 %	3,40 %	9,20 %
31. Dez. 71	21,30 %	10,10 %	–11,20 %
31. Dez. 72	11,00 %	13,10 %	2,10 %
31. Dez. 73	–27,20 %	–18,50 %	8,70 %
31. Dez. 74	–27,90 %	–40,50 %	–12,60 %
31. Dez. 75	55,90 %	51,70 %	–4,20 %
31. Dez. 76	35,60 %	42,60 %	7,00 %
31. Dez. 77	6,90 %	6,80 %	–0,10 %
31. Dez. 78	12,20 %	4,70 %	–7,50 %
31. Dez. 79	34,30 %	24,90 %	–9,40 %
31. Dez. 80	31,50 %	14,00 %	–17,50 %
31. Dez. 81	1,70 %	8,60 %	6,90 %
31. Dez. 82	22,50 %	29,50 %	7,00 %
31. Dez. 83	28,10 %	28,50 %	0,40 %
31. Dez. 84	–3,40 %	5,40 %	8,80 %
31. Dez. 85	30,80 %	19,30 %	–11,50 %
31. Dez. 86	13,10 %	7,00 %	–6,10 %
31. Dez. 87	–1,30 %	–13,80 %	–12,50 %
31. Dez. 88	21,20 %	17,00 %	–4,20 %
31. Dez. 89	21,40 %	3,40 %	–18,00 %
31. Dez. 90	–13,80 %	–15,90 %	–2,10 %
31. Dez. 91	39,80 %	47,50 %	7,70 %
31. Dez. 92	13,80 %	12,90 %	–0,90 %
31. Dez. 93	16,60 %	31,90 %	15,30 %
31. Dez. 94	–3,40 %	–7,50 %	–4,10 %
31. Dez. 95	27,00 %	21,40 %	–5,60 %
31. Dez. 96	18,30 %	21,10 %	2,80 %
Arithmetic average	14,97 %	14,08 %	–0,89 %
Standard deviation	19,51 %	21,27 %	1,76 %

Tab. 9.2: Die Tabelle stellt die jährliche Wertentwicklung der Gruppe „Große Aktien" der Wertentwicklung der 50 Aktien mit den höchsten Dividendenrenditen (aus dieser Gruppe) gegenüber. In der rechten Spalte liest man die relative Performance direkt ab, unten sind zusätzlich der arithmetische Durchschnitt der Verzinsung sowie die Standardabweichung (Standard Deviation) angegeben.

Year ending	Large Stocks	Universe = Large Stocks top 50 dividend yield	Top 50 dividend yield relative performance
31. Dez. 52	9,30 %	12,60 %	3,30 %
31. Dez. 53	2,30 %	−5,30 %	−7,60 %
31. Dez. 54	44,90 %	56,90 %	12,00 %
31. Dez. 55	21,20 %	20,00 %	−1,20 %
31. Dez. 56	9,60 %	11,30 %	1,70 %
31. Dez. 57	−6,90 %	−11,90 %	−5,00 %
31. Dez. 58	42,10 %	44,00 %	1,90 %
31. Dez. 59	9,90 %	9,40 %	−0,50 %
31. Dez. 60	4,80 %	1,70 %	−3,10 %
31. Dez. 61	27,50 %	29,40 %	1,90 %
31. Dez. 62	−8,90 %	−3,70 %	5,20 %
31. Dez. 63	19,50 %	20,60 %	1,10 %
31. Dez. 64	15,30 %	17,70 %	2,40 %
31. Dez. 65	16,20 %	18,80 %	2,60 %
31. Dez. 66	−4,90 %	−11,10 %	−6,20 %
31. Dez. 67	21,30 %	21,30 %	0,00 %
31. Dez. 68	16,80 %	32,60 %	15,80 %
31. Dez. 69	−9,90 %	−16,50 %	−6,60 %
31. Dez. 70	−0,20 %	8,00 %	8,20 %
31. Dez. 71	17,30 %	12,70 %	−4,60 %
31. Dez. 72	14,90 %	12,10 %	−2,80 %
31. Dez. 73	−18,90 %	−10,10 %	8,80 %
31. Dez. 74	−26,70 %	−13,30 %	13,40 %
31. Dez. 75	43,10 %	51,70 %	8,60 %
31. Dez. 76	28,00 %	41,80 %	13,80 %
31. Dez. 77	−2,50 %	4,50 %	7,00 %
31. Dez. 78	8,10 %	2,80 %	−5,30 %
31. Dez. 79	27,30 %	20,20 %	−7,10 %
31. Dez. 80	30,80 %	14,90 %	−15,90 %
31. Dez. 81	0,60 %	12,70 %	12,10 %
31. Dez. 82	19,90 %	26,00 %	6,10 %
31. Dez. 83	23,80 %	33,60 %	9,80 %
31. Dez. 84	−0,40 %	2,10 %	2,50 %
31. Dez. 85	19,50 %	32,80 %	13,30 %
31. Dez. 86	32,20 %	17,80 %	−14,40 %
31. Dez. 87	3,30 %	−3,00 %	−6,30 %
31. Dez. 88	19,00 %	22,40 %	3,40 %
31. Dez. 89	26,00 %	17,80 %	−8,20 %
31. Dez. 90	−8,70 %	−10,80 %	−2,10 %
31. Dez. 91	33,00 %	44,80 %	11,80 %
31. Dez. 92	8,70 %	8,30 %	−0,40 %
31. Dez. 93	16,30 %	26,30 %	10,00 %
31. Dez. 94	−1,90 %	0,09 %	1,99 %
31. Dez. 95	28,50 %	18,60 %	−9,90 %
31. Dez. 96	18,70 %	21,40 %	2,70 %
Arithmetic average	13,11 %	14,76 %	1,65 %
Standard deviation	16,01 %	17,52 %	1,51 %

Tab. 9.3: Die Tabelle vergleicht die summierte Entwicklung der Erträge für „Alle Aktien" mit der Entwicklung der 50 Aktien mit den höchsten Dividendenrenditen aus dieser Gruppe, wobei hier noch das arithmetische Mittel (Arithmetic Average), die Standardabweichung der Erträge (Standard Deviation of Return), das Sharpe-Ratio sowie Renditen nach weiteren Laufzeitgruppen hinzukommen. Auch die maximal bzw. minimal zu erwartenden sowie die tatsächlich eingetretenen Werte für die Performance (Maximum Return, Maximum Expected Return) werden angegeben. Zeithorizont ist wiederum der 31.12.1951 bis 31.12.1996.

	All Stocks	Universe = All Stocks Top 50 dividend yield
Arithmetic average	14,97%	14,08%
Standard deviation of return	19,51%	21,27%
Sharpe risk-adjusted ratio	49,00	41,00
3-yr compounded	13,22%	10,79%
5-yr compounded	14,00%	15,16%
10-yr compounded	12,92%	10,11%
15-yr compounded	14,44%	12,52%
20-yr compounded	14,97%	12,28%
25-yr compounded	12,74%	10,46%
30-yr compounded	12,43%	10,73%
35-yr compounded	11,64%	10,29%
40-yr compounded	12,62%	10,83%
Compound annual return	13,23%	11,99%
10000 $ becomes:	2677556,77 $	1634899,51 $
Maximum return	55,90%	61,00%
Minimum return	−27,90%	−40,50%
Maximum expected return*	53,98%	56,62%
Minimum expected return**	−24,04%	−28,46%

* Maximum expected return is average return plus 2 times the standard deviation.

** Minimum expected return is average return minus 2 times the standard deviation.

Tab. 9.4: Die Tabelle vergleicht die summierte Entwicklung der Erträge für „Große Aktien" mit der Entwicklung der 50 Aktien mit den höchsten Dividendenrenditen aus dieser Gruppe, wobei hier noch das arithmetische Mittel (Arithmetic Average), die Standardabweichung der Erträge (Standard Deviation of Return), das Sharpe-Ratio sowie Renditen nach weiteren Laufzeitgruppen hinzukommen. Auch die maximal bzw. minimal zu erwartenden sowie die tatsächlich eingetretenen Werte für die Performance (Maximum Return, Maximum Expected Return) werden angegeben. Zeithorizont ist wiederum der 31.12.1951 bis 31.12.1996.

	Large Stocks	Universe = Large Stocks Top 50 dividend yield
Arithmetic average	13,11 %	14,76 %
Standard deviation of return	16,01 %	17,52 %
Sharpe risk-adjusted ratio	48,00	54,00
3-yr compounded	14,38 %	12,95 %
5-yr compounded	13,60 %	14,54 %
10-yr compounded	13,53 %	13,54 %
15-yr compounded	15,16 %	16,25 %
20-yr compounded	14,37 %	14,87 %
25-yr compounded	12,34 %	14,59 %
30-yr compounded	11,67 %	13,87 %
35-yr compounded	10,96 %	12,95 %
40-yr compounded	11,36 %	12,93 %
Compound annual return	11,92 %	13,43 %
10 000 $ becomes:	1 590 667,04 $	2 898 099,42 $
Maximum return	44,90 %	56,90 %
Minimum return	−26,70 %	−16,50 %
Maximum expected return*	45,12 %	49,80 %
Minimum expected return**	−18,91 %	−20,28 %

* Maximum expected return is average return plus 2 times the standard deviation.
** Minimum expected return is average return minus 2 times the standard deviation.

Tab. 9.5: Die Tabelle zeigt, in wie vielen Fällen zwischen 1951 und 1996 die 50 Aktien mit den höchsten Dividendenrenditen aus der Gruppe „Alle Aktien" diese schlagen, wobei differenziert wird nach Einzeljahren (45) sowie rollierenden Fünfjahresperioden (41) und rollierenden Zehnjahresperioden (36).

Item	50 highest dividend yield stocks beat All Stocks	Percent
Single-year return	22 out of 45	49%
Rolling 5-year compound return	14 out of 41	34%
Rolling 10-year compound return	6 out of 36	17%

Tab. 9.6: Die Tabelle zeigt, in wie vielen Fällen zwischen 1951 und 1996 die 50 Aktien mit den höchsten Dividendenrenditen aus der Gruppe „Große Aktien" diese schlagen, wobei differenziert wird nach Einzeljahren (45) sowie rollierenden Fünfjahresperioden (41) und rollierenden Zehnjahresperioden (36).

Item	50 highest dividend yield stocks beat Large Stocks	Percent
Single-year return	26 out of 45	58%
Rolling 5-year compound return	29 out of 41	71%
Rolling 10-year compound return	32 out of 36	89%

Tab. 9.7: Die Tabelle gibt die kumulierte Rendite nach Dekaden von „Allen Aktien", „Große Aktien" sowie daraus jeweils der 50 Aktien mit den höchsten Dividendenrenditen an.

Portfolio	1950er*	1960er	1970er	1980er	1990er**
Large Stocks	15,33%	8,99%	6,99%	16,89%	12,61%
50 highest dividend yield from Large Stocks	15,20%	9,82%	11,44%	17,15%	13,65%
All Stocks	19,22%	11,09%	8,53%	15,85%	12,78%
50 highest dividend yield from All Stocks	20,29%	10,54%	6,55%	11,20%	14,06%

* Returns for 1952–1959.
** Returns for 1990–1996.

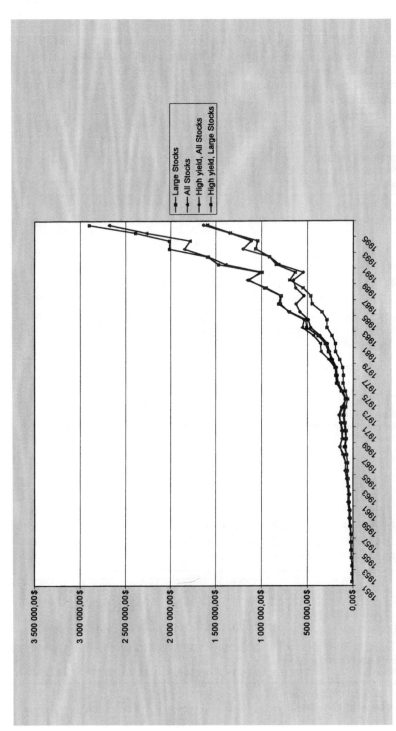

Abb. 9.1: Die Graphik trägt die nominale Wertentwicklung der 50 Werte aus „Alle Aktien" und „Große Aktien" mit den höchsten Dividendenrenditen sowie die der beiden Gruppen selbst ab.

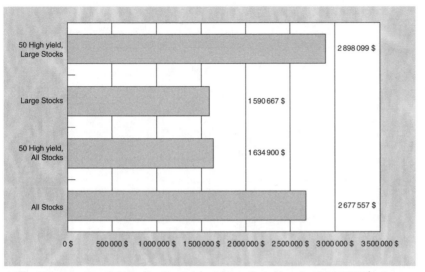

Abb. 9.2: Die Graphik stellt dar, zu welchem Betrag sich 10 000 US$, die am 31.12.1951 angelegt wurden (bis Ende 1996), entwickeln, wenn man wahlweise in „Alle Aktien", „Große Aktien" und daraus jeweils in die 50 Aktien mit den höchsten Dividendenrenditen investiert.

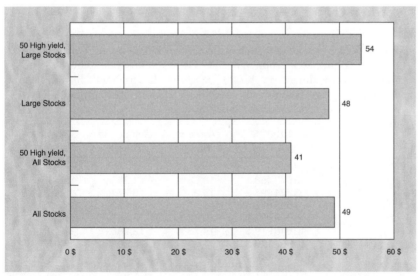

Abb. 9.3: Die Graphik bedient sich der gleichen Gruppen wie Abbildung 9.2 und stellt über das Sharpe-Ratio den risikoadjustierten Anlageerfolg dar (höhere Werte sind besser).

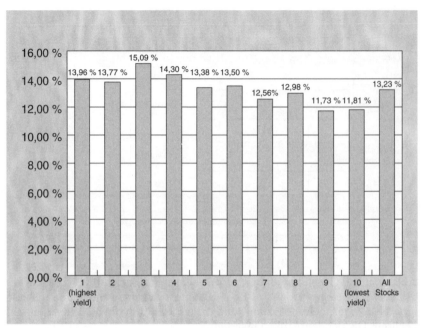

Abb. 9.4: Die kumulierte Rendite, nach Dividendenrendite-Zehnteln aufge-spalten, aus der Gruppe „Alle Aktien" von Ende 1951 bis Ende 1996.

Tab. 9.8: Die Tabelle gibt nach absteigenden Dividendenrenditen der je-weiligen Zehnprozentgruppen aus der Gesamtheit „Aller Aktien" die no-minelle Entwicklung von 10 000 US$, die durchschnittliche jährliche Rendite (Average Return), die kumulierte Rendite (Compound Return) sowie die Standardabweichung an (Zeitraum 1951 bis 1996).

Decile	10 000 $ grows to	Average return	Compound return	Standard deviation
1 (highest dividend yield)	3 573 468 $	15,63 %	13,96 %	19,43 %
2	3 324 096 $	15,25 %	13,77 %	18,48 %
3	5 585 878 $	16,45 %	15,09 %	17,72 %
4	4 090 087 $	15,62 %	14,30 %	17,31 %
5	2 848 919 $	14,73 %	13,38 %	17,19 %
6	2 983 170 $	14,99 %	13,50 %	17,81 %
7	2 049 286 $	14,16 %	12,56 %	18,42 %
8	2 422 707 $	14,73 %	12,98 %	19,39 %
9	1 473 512 $	13,64 %	11,73 %	19,91 %
10 (lowest dividend yield)	1 521 652 $	14,37 %	11,81 %	23,15 %
All Stocks	2 677 557 $	14,97 %	13,23 %	19,51 %

180

Tab. 9.9: Die Tabelle gibt nach absteigenden Dividendenrenditen der jeweiligen Zehnprozentgruppen aus der Gesamtheit „Großer Aktien" die nominelle Entwicklung von 10 000 US$, die durchschnittliche jährliche Rendite (Average Return), die kumulierte Rendite (Compound Return) sowie die Standardabweichung an (Zeitraum 1951 bis 1996).

Decile	10 000 $ grows to	Average return	Compound return	Standard deviation
1 (highest dividend yield)	2 012 446 $	14,14 %	12,51 %	19,82 %
2	2 218 892 $	14,07 %	12,76 %	17,32 %
3	2 896 639 $	14,56 %	13,42 %	16,15 %
4	1 839 799 $	13,30 %	12,29 %	14,87 %
5	1 550 418 $	12,97 %	11,86 %	15,52 %
6	884 614 $	11,73 %	10,47 %	16,28 %
7	1 845 490 $	13,59 %	12,29 %	16,67 %
8	1 754 063 $	13,46 %	12,17 %	16,44 %
9	691 205 $	11,34 %	9,87 %	17,59 %
10 (lowest dividend yield)	1 066 255 $	13,14 %	10,93 %	21,68 %
Large Stocks	1 590 667 $	13,11 %	11,92 %	16,01 %

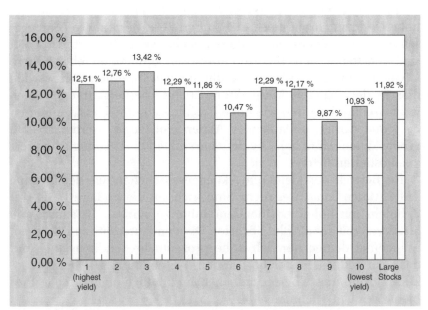

Abb. 9.5: Die kumulierte Rendite, nach Dividendenrendite-Zehnteln aufgespalten, aus der Gruppe „Große Aktien" von Ende 1951 bis Ende 1996.

Unterteilung in Zehnprozentgruppen (Deciles)

Die „Zehntelanalyse" liefert hier ein von den 50-Aktien-Portfolios abweichendes Bild. Man kann feststellen, daß die Top sechs der Zehnprozentgruppen (hohe Dividendenrenditen) in der Sphäre „Alle Aktien" diese Benchmark schlugen, wohingegen Zehntel 7 bis 10 (Aktien mit niedrigeren Dividendenrenditen) schlechter abschnitten.

Dies legt im Vergleich zu den 50-Aktien-Portfolios den Schluß nahe, daß es vielleicht besser ist, aus diesem größeren Pool „Alle Aktien" zu wählen, als sich nur auf diejenigen Werte mit den absolut höchsten Dividendenrenditen zu konzentrieren.

Die Analyse nach Zehnteln im Umfeld „Großer Aktien" bestätigt die Einschätzung, daß es auch hier besser ist, in bezug auf Dividendenrendite das Augenmerk auf große Aktien zu legen. Die Tabellen 9.8 und 9.9 wie die Abbildung 9.5 stellen diesen Aspekt dar.

Implikationen

Die Unterschiede bei den Anlageergebnissen der 50 Aktien mit den höchsten Dividendenrenditen aus der Gesamtheit der Aktien mit einer Marktkapitalisierung von inflationsbereinigt über 150 Mio. US$ sind immens. Eindeutig sollten Anleger, deren einziger Parameter hohe Dividendenrendite ist, sich auf größere, bekanntere Aktiengesellschaften beschränken, da diese üblicherweise länger im Geschäft sind und standfestere Bilanzen ausweisen können, die eher höhere Dividenden und Dividendenkontinuität gewährleisten. Wir werden dies in der späteren Multifaktorenanalyse bestätigt finden. Auch wenn weitere Faktoren wie hohe Cashflows, große Umsätze und eine große Anzahl umlaufender Aktien einbezogen werden, bieten große Aktien mit hohen Dividendenrenditen die bestmöglichen risikoadjustierten Erträge.

Im Bereich der kleineren Aktiengesellschaften aus der Gruppe „Alle Aktien" macht es mehr Sinn, sich auf die breitere Basis von Zehnteln mit hoher Dividendenrendite zu stützen, als stoisch die 50 Aktien mit der absolut höchsten Dividendenrendite zu erwerben. Manchmal deuten nämlich hohe prozentuale Renditen (aufgrund des dazu nötigen, in Relation zu den Ausschüttungen tiefen Aktienkurses, Anm. des Übersetzers) eher auf künftige oder aktuelle Probleme des Unternehmens hin.

10 Die Bedeutung wertorientierter Kennzahlen

Wahre Entdeckungen entstehen dadurch, Dinge zu sehen die jedermann sieht, aber daraus Gedanken zu machen, die vorher niemand gedacht hat.

Albert Szent-Gyorgyi

Die letzten 45 Jahre zeigen eindrucksvoll, daß der Aktienmarkt keineswegs erratisch und ohne Ordnung launig Kurse steigen und wieder fallen läßt, sondern vielmehr mit Regelmäßigkeit bestimmte Aktienklassen belohnt und andere bestraft. In Abbildung 10.1, die die drastische Überperformance von Aktien mit niedrigen Kurs-Buchwert-Verhältnissen, Kurs-Cashflow-Verhältnissen und Kurs-Umsatz-Verhältnissen darstellt, wird sicherlich kein Zufallsgeschehen abgebildet. Die spiegelbildlich negative Entwicklung von Aktien mit entsprechend schlechten Kennziffern bestätigt den Sachverhalt. Auch werden die Erkenntnisse, die aus den Untersuchungen der 50-Aktien-Portfolios gewonnen wurden, regelmäßig durch die Analyse der Zehnprozentgruppen bestätigt. Anleger, die ihr Geld in diejenigen Zehntel mit den besten (niedrigsten) Werten beim KGV, KBV, KCV und KUV steckten, schnitten weit besser ab als der Markt und dramatisch besser als Geldanleger, die auf die oberen Zehntel mit hochbewerteten Aktien setzten. Besonders bei der Kennzahl Kurs-Umsatz-Verhältnis beeindrucken die Erkenntnisse aus der Zehntelanalyse; absolut kontinuierlich steigt von Zehntel zu Zehntel mit dem KUV das Risiko, und der zu erwartende Ertrag sinkt entsprechend.

Bei den Untersuchungen mit 50-Aktien-Portfolios, die niedrige KGVs oder hohe Dividendenrenditen aufwiesen, zeigte sich, daß es ihnen nicht gelang, die „Alle Aktien"-Gruppe zu schlagen, aber die Analyse von Zehnprozentgruppen belegt hier, daß man besser fährt, wenn man aus den besten Zehnteln (bzgl. KGV und Dividendenrendite) auswählt. Selbst bei den 50-Aktien-Depots findet man die Symmetrie wieder; auch hier entwickeln sich Portfolios mit den höchsten (schlechtesten) KGV-Werten wesentlich schlechter als „Alle Aktien" und kraß schlechter als diesbezüglich günstig bewertete Dividendentitel aus „Alle Aktien" (siehe Abbildung 10.2 und 10.3).

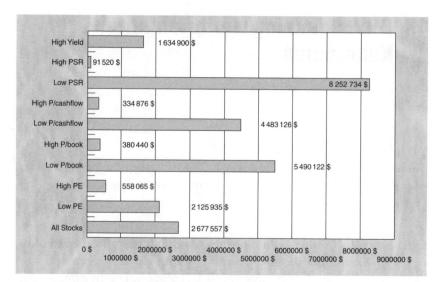

Abb. 10.1: Die Graphik stellt den Werdegang von 10 000 US$ vom 31.12.1951 bis 31.12.1996 unter verschiedenen Strategien im Umfeld der Gruppe „Alle Aktien" dar. Unter „High Yield" sind hier Aktien mit hoher Dividendenrendite zu verstehen, „Low PSR" steht für niedriges Kurs-Umsatz-Verhältnis, und „Low P/book" bedeutet niedriges Preis-Buchwert-Verhältnis.

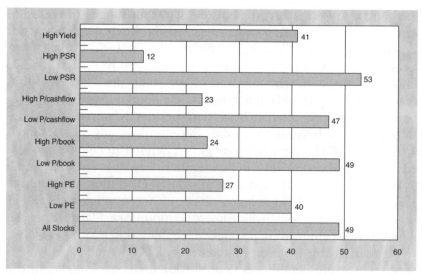

Abb. 10.2: Die Graphik gibt für die in Abbildung 10.1 definierten Gruppen die entsprechenden Sharpe-Ratios an.

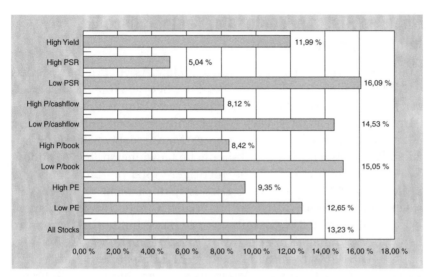

Abb. 10.3: Die Graphik bedient sich der gleichen Gruppen (gleicher Zeitraum) wie die Abbildungen 10.2 und 10.1 und gibt die jeweiligen kumulierten jährlichen Durchschnittsrenditen an.

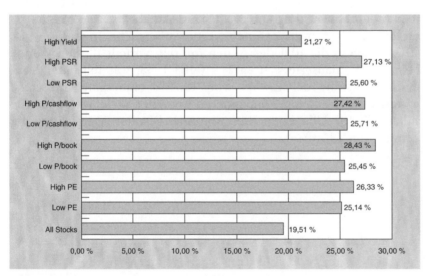

Abb. 10.4: Die Graphik veranschaulicht die mit den vorigen Untergruppen aus „Alle Aktien" einhergehende Standardabweichung, wobei höhere Werte wiederum ein größeres Risiko indizieren.

Höheres Risiko bedeutet nicht automatisch höheren Ertrag

Eine der Grundannahmen des Capital Asset Pricing Models (CAPM, ähnlich der modernen Portfoliotheorie, Anm. des Übersetzers) ist, daß Risikonahme kompensiert wird (durch höhere Erträge, Anm. des Übersetzers). Dies bringt Anleger dazu, höhere Erträge automatisch bei Aktien mit höherer Standardabweichung zu suchen. Es ist tatsächlich so, daß sämtliche Gewinnerstrategien höhere Standardabweichungen (nicht niedrigere Sharpe-Ratios) als die „Alle Aktien"-Gruppe haben. Dies ist jedoch nicht damit zu verwechseln, daß höhere Risiken automatisch mehr Ertrag bedeuten. Wie Abbildung 10.4 wiedergibt, wurde das erhöhte Risiko von hohen KGVs, hohen Kurs-Buchwert-Relationen, hohen KCVs und hohen Kurs-Umsatz-Verhältnissen nicht kompensiert. Tatsächlich war es so, daß jeder dieser Ansätze signifikant hinter der Referenz „Alle Aktien" zurückblieb. Kaufte man die 50 Aktien mit den besten, also niedrigsten Kurs-Umsatz-Ratios, wurden in 45 Jahren aus 10 000 US$ 8 252 734 US$, was mit einer Standardabweichung von 25,60% korrespondierte. Demgegenüber brachten es die 50 Aktien mit den höchsten KUVs auf schlappe 91 520 US$, was isoliert betrachtet schon schlimm genug wäre, aber durch die obendrein höhere Standardabweichung von 27,13% indiskutabel ist. Das gleiche gilt für die Analyse nach Zehnteln: Eine anfängliche Investition von 10 000 US$ in die 10% der Aktien mit den vorteilhaftesten Werten beim KUV mauserte sich zu 14 910 164 US$, was mit einer Standardabweichung der Erträge von 19,79% einherging. Entschied man sich für das Zehntel am anderen Ende der Skala, waren die Resultate: 94 437 US$ Ende 1996 mit einer Standardabweichung der Erträge von 22,73%.

Lohnt sich das Risiko?

Risiko verhält sich wie ein gefährliches Raubtier, das die schwachen Strategien von der Herde trennt. Die 50 Aktien mit den niedrigsten Kurs-Umsatz-Verhältnissen zu kaufen ist die einzige Strategie, die Gesamtheit „Aller Aktien" auf risikoadjustierter Basis zu schlagen.

Die anderen substanz- bzw. wertorientierten Ansätze kommen teilweise nahe an diese heran: Die Aktien mit niedrigen Kurs-Buchwert-Verhältnissen aus „Alle Aktien" bringen es auf das gleiche Sharpe-Ratio von 49 wie „Alle Aktien", und die entsprechenden Titel mit niedrigen Kurs-Cashflow-Werten folgen dicht mit einem Sharpe-Ratio von 47. Generell konnte beobachtet werden, daß die gleichen Strategien auf die besten Zehntel angewandt bessere Resultate mit sich brachten als die 50-Aktien-Depots. So liegen beispielsweise die Sharpe-Ratios der besten Zehntel bezüglich Kurs-Buchwert und Kurs-Cashflow mit 54 jeweils 5 Punkte vor „Alle Aktien".

Strategien, die sich auf hochbewertete Aktien bezüglich KGV, KCV, KUV und KBV stützen, liefern unter Einbeziehung der Risikokomponente indiskutable Ergebnisse ab, was gleichermaßen für die 50-Aktien-Variante wie für die Zehntelbetrachtung gilt. Es ist daher essentiell, die Komponente „Risiko" ins Kalkül zu ziehen, bevor man Strategien anwendet, die signifikant andere Aktien kaufen als den Markt.

Hohes Risiko bedeutet keineswegs immer hohen potentiellen Ertrag. Letztendlich gehen sämtliche Strategien mit überdimensionierten Risiken baden.

Vertrauen Sie auf Konstanz

Keine Strategie kann Ihnen helfen, wenn sie nicht konsequent über die Zeit durchgehalten wird. Auf lange Sicht schlagen alle Strategien des wert- bzw. substanzorientierten Ansatzes die Benchmark „Alle Aktien" in über 50% aller rollierenden Zehnjahresperioden, wobei die Ergebnisse durchaus gemischt sind. Hätten Sie jährlich die 50 Aktien mit den günstigsten Kurs-Buchwert-Relationen gekauft, wären Sie in der Mehrzahl der Fünfjahresperioden hinter der Meßlatte zurückgeblieben. Lediglich die Strategie mit den 50 Anteilsscheinen mit den besten Kurs-Umsatz-Verhältnissen zeigt eine durchgängige Konstanz, auf die man jederzeit setzen kann. Klare Aussage: Alle Strategien mit hochbewerteten, teuren Aktien haben auf lange Sicht katastrophale Erfolgsaussichten, was sich unter anderem in Tabelle 10.1 ablesen läßt.

Tab. 10.1: Die Tabelle gibt ebenfalls unter „Alle Aktien" die kumulierten jährlichen Renditen nach Dekaden an.

Portfolio	1950er*	1960er	1970er	1980er	1990er**
All Stocks	19,22%	11,09%	8,53%	15,85%	12,78%
50 low PE	21,84%	13,96%	8,89%	7,56%	13,58%
50 high PE	19,27%	10,96%	2,26%	7,99%	8,63%
50 low price-to-book ratios	18,86%	11,49%	17,06%	13,15%	15,83%
50 high price-to-book ratios	22,32%	13,13%	0,82%	1,97%	7,66%
50 low price-to-cashflow ratios	18,71%	15,41%	13,57%	12,53%	12,86%
50 high price-to-cashflow ratios	19,30%	8,02%	−3,03%	8,77%	12,03%
50 low price-to-sales ratios	20,85%	11,15%	14,80%	20,43%	13,80%
50 high price-to-sales ratios	14,96%	11,99%	5,82%	−2,02%	−5,49%
50 highest-yielding stocks	20,29%	10,54%	6,55%	11,20%	14,06%

* Returns for 1952–1959.
** Returns for 1990–1996.

Große Aktien sind anders

Wendet man sich den „Großen Aktien" zu, trifft man im wesentlichen auf das gleiche Bild wie bei der Gruppe „Alle Aktien", was auch in den Abbildungen 10.5 bis 10.8 zu erkennen ist. Alle wertbasierten Strategien, die auf günstig bewertete Aktien abzielen, schlagen den Markt, und ihre Pendants mit hohen Bewertungen scheitern regelmäßig. Insgesamt sind die hier zu erzielenden Endbeträge eher bescheiden. Bei „Großen Aktien" ist die beste Vorgehensweise, die 50 Aktien mit den niedrigsten Kurs-Cashflow-Verhältnissen zu kaufen und somit am Ende der 45jährigen Betrachtungsperiode mit 5 773 333 US$ abzuschließen (wie immer bei einem 10 000 US$ Investment Ende 1951). Auch Aktien mit hohen Dividendenrenditen und niedrigen KGVs aus dem Umfeld hochkapitalisierter Aktien schlagen den Markt teilweise deutlich. Abbildung 10.5 zeigt die verschiedenen wertorientierten Anlagealternativen im Zeitablauf.

Die anteilig von wertorientierten Strategien dominierten Perioden sind bei den großen Aktienwerten merklich konstanter als in der Sphäre „Alle Aktien". Die wertmäßigen Ansätze bei „Großen Aktien" schlagen ihre Referenzgruppe in mindestens 86% aller Fälle bei den revolvierenden Zehnjahresperioden. Erwartungsgemäß gelingt es Strategien mit hochbewerteten Aktien in keiner der Zehnjahresperioden, mehr als die Hälfte für sich zu entscheiden; im günstigsten Falle konnte eine Erfolgsquote von 42 % der Fälle erzielt werden (siehe Tabelle 10.2.).

Implikationen

Wertbezogene Strategien funktionieren also. Sie belohnen denjenigen Anleger, der ihnen über einen längeren Zeitraum treu bleibt und mit ihnen durch dick und dünn geht.

Alle Strategien, die wert- oder substanzmäßig günstig bewertete Aktien einsetzen im Umfeld „Großer Aktien", schlagen ihre Referenzgruppe, und zwar in 88 % aller untersuchten Zehnjahresperioden, sie liefern so eine einwandfreie Ertragshistorie ab. Die Analyse nach Unterteilung unserer Gruppen in Zehnprozentabschnitte bestätigt die Ergebnisse bei den 50-Aktien-Portfolios und dehnt im Falle „Alle Aktien" die Aussagen bei wertorientierten Kennziffern auch auf Aktien mit niedrigen KGVs und auf hochrentierliche Aktien aus.

Ansätze, die sich an Aktien mit bereits hohen Bewertungen (hohe KGVs, hohe KBVs) versuchen, schneiden in der langen Periode schlechter ab. Sie vereinigen höheres Risiko mit schlechteren Erträgen, was wiederum unabhängig davon gilt, ob man die Depots mit den jeweils 50 Aktien oder Zehnprozentgruppen betrachtet. Zeitweise haben solche Ansätze einen recht guten Lauf und verleiten Anleger dazu, zuviel Geld für überbewertete Aktien mit glamourösen Geschichten hinauszuwerfen. Im Regelfall werden diese Unterfangen den Investor enttäuschen. Hochbewertete Aktien sollten nur gekauft werden, wenn zwingende strategische Gründe für den Erwerb dieses Papiers sprechen.

Lassen Sie uns im nächsten Teil wachstumsorientierten Kennzahlen zuwenden und versuchen, in diesem Umfeld Strategien herauszufiltern, die nicht Gefahr laufen, so katastrophale Ergebnisse abzuliefern, wie wir sie teilweise gesehen haben.

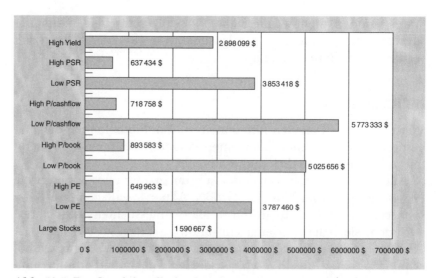

Abb. 10.5: Die Graphik stellt den Werdegang von 10 000 US$ vom 31.12.1951 bis 31.12.1996 unter verschiedenen Strategien im Umfeld der Gruppe „Große Aktien" dar. Unter „High Yield" sind hier Aktien mit hoher Dividendenrendite zu verstehen, „Low PSR" steht für niedriges Kurs-Umsatz-Verhältnis und „Low P/book" bedeutet niedriges Preis-Buchwert-Verhältnis.

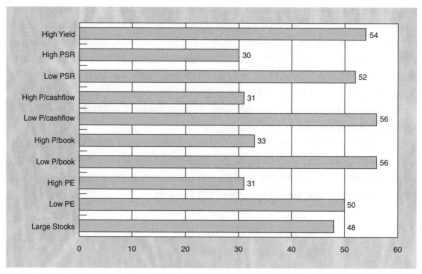

Abb. 10.6: Die Graphik gibt für die in Abbildung 10.5 definierten Gruppen die entsprechenden Sharpe-Ratios an.

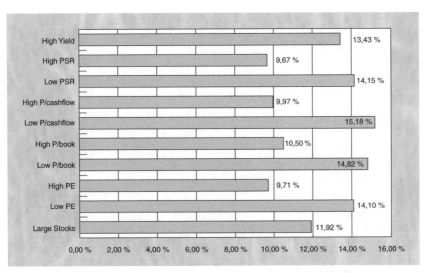

Abb. 10.7: Die Graphik bedient sich der gleichen Gruppen (gleicher Zeitraum) wie Abbildung 10.5 und 10.6 und gibt die jeweiligen kumulierten jährlichen Durchschnittsrenditen an.

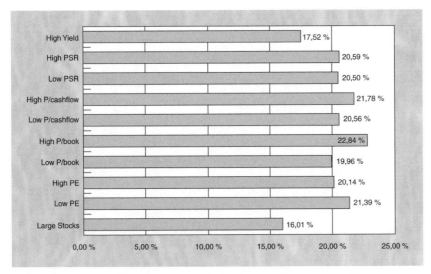

Abb. 10.8: Die Graphik veranschaulicht die mit den vorigen Untergruppen aus „Große Aktien" einhergehende Standardabweichung, wobei höhere Werte wiederum ein größeres Risiko indizieren.

Tab. 10.2: Die Tabelle gibt ebenfalls unter „Große Aktien" die kumulierten jährlichen Renditen nach Dekaden an.

Portfolio	1950er*	1960er	1970er	1980er	1990er**
Large Stocks	15,33%	8,99%	6,99%	16,89%	12,61%
50 low PE	16,12%	11,14%	12,64%	16,19%	15,25%
50 high PE	14,77%	10,94%	0,93%	14,11%	9,21%
50 low price-to-book ratios	15,41%	9,57%	13,95%	19,99%	15,85%
50 high price-to-book ratios	16,55%	11,30%	−0,60%	14,40%	13,92%
50 low price-to-cashflow ratios	17,28%	10,36%	15,40%	17,31%	16,49%
50 high price-to-cashflow ratios	14,85%	12,35%	−1,85%	13,29%	14,53%
50 low price-to-sales ratios	16,39%	9,48%	10,90%	20,09%	14,84%
50 high price-to-sales ratios	13,21%	11,73%	3,23%	9,54%	12,50%
50 highest-yielding stocks	15,20%	9,82%	11,44%	17,15%	13,65%

* Returns for 1952–1959.
** Returns for 1990–1996.

11 Jährliche Gewinnänderungen pro Aktie: Bedeutet hohes Gewinnwachstum automatisch gute Performance?

Es gibt nicht so vieles, von dem die Menschen wissen, daß es schmerzt, als von dem sie es nicht wissen.

Artemus Ward

Wir wenden uns jetzt Faktoren zu, die gemeinhin mit dem wachstumsorientierten Investmentansatz in Zusammenhang gebracht werden. Verallgemeinernd gesprochen, mögen wachstumsorientierte Anleger alles lieber „hoch" und substanz- bzw. wertorientierte Investoren lieber alles „niedrig". Anleger, die auf Wachstum setzen, wollen hohe Wachstumsraten bei Gewinn und Absatz mit der Aussicht auf mehr davon. Sie lassen sich normalerweise nicht davon abschrecken, wenn eine Aktie ein hohes KGV aufweist, da sie davon ausgehen, daß das Wachstum der Firma kurzfristige Überbewertungen überkompensieren kann. Wachstumsinvestoren belohnen Aktien mit schnell ansteigenden Gewinnen oftmals mit hohen Kursen.

Bedauerlicherweise mangelt es der Compustat Datensammlung an Langfristerhebungen zum Gewinnwachstum. Viele Anleger der hier untersuchten Denkrichtung greifen aber bei der Konstruktion ihrer Portfolios hauptsächlich auf Gewinnprognosen zurück, so daß dieser Umstand eine gewisse Beschränkung darstellt. Unbeschadet dieser Tatsache haben einige Studien nachgewiesen, daß viele der Prognosen bemerkenswert unzuverlässig sind. In der Ausgabe von *Forbes* vom 11.10.1993 bezieht sich David Dreman auf eine Untersuchung, die auf einer Stichprobe von 67375 Analysten-Quartalsprognosen für Aktien, die an der New York Stock Exchange (NYSE) und an der American Stock Exchange (AMEX) gelistet sind, basiert (von 1973 bis 1990). Diese ergab, daß der durchschnittliche Prognosefehler der Analysten bei 40 % lag und daß die Schätzungen in zwei Drittel aller Fälle um mehr als 10 % vom tatsächlichen Wert abwichen.

Wir verwenden hier tatsächlich eingetretene Veränderungen der Gewinne und eben nicht Prognosen dieser Variablen.

Analyse jährlicher Gewinnänderungen

Zuerst überprüfen wir die Ergebnisse beim Erwerb von 50 Aktien mit den jeweils besten sowie schlechtesten prozentualen Veränderungen des Gewinns pro Aktie aus den beiden Referenzgruppen „Alle Aktien" und „Große Aktien".

Um Verzerrungen bei Bildung der Rangfolgen zu vermeiden, schließen wir Aktien aus, deren jährlicher Gewinn von positiven Werten ins Negative abdriftete. Aufgrund zeitlicher Verzögerung bei der Datenverfügbarkeit können die hier angestellten Untersuchungen erst am 31.12.1952 beginnen. Denken Sie also besonders beim Vergleich mit anderen Strategien daran, daß 1952 nicht einbezogen ist. Analog den vorangegangenen Kapiteln wenden wir uns auch hier den Zehnteln zu, wobei Zehntel Nr. 1, das beste, die 10 % der Anteilsscheine enthält, die die größten jährlichen Gewinnzuwächse zu verzeichnen hatten; Zehntel Nr. 10 beinhaltet die schlechtesten Werte diese Kategorie.

In gewohnter Systematik beginnen wir mit den 50 Aktien mit den besten Werten für die jährliche Steigerung beim Gewinn pro Aktie aus der Gruppe „Alle Aktien" und investieren am 31.12.1952 10 000 US$. Die Portfolios werden auf Jahresbasis aktualisiert. Die Tabellen 11.1 und 11.2 offenbaren die enttäuschenden Resultate dieser Strategie. Die 50 Aktien mit den besten Gewinnsteigerungsraten auf Jahresbasis aus „Alle Aktien" erwirtschafteten bis Ende 1996 nur 1 292 138 US$ und schlossen somit die Periode mit 1 189 379 US$ weniger ab, als ein Investment in die gesamte Referenzgruppe ergeben hätte. Das Risiko, wiedergegeben in einer Standardabweichung von 27 %, lag um Längen vor den 19,70 % von „Alle Aktien" und deklassiert diese Strategie somit weiter. Es sollte nicht unerwähnt bleiben, daß diese Strategie durchaus einige gute Jahre durchlief: Zwischen 31.12.1962 und 31.12.1967 lag ihre Rendite fast doppelt so hoch wie die von „Alle Aktien" und verwandelte die 10 000 US$ in stattliche 38 546 US$. Auch die Periode von 1976 bis 1980 lieferte wunderbare Ergebnisse, doch fehlt es an der nötigen langfristigen Konstanz dieses Ansatzes. Nach diesen beiden Phasen der Überperformance schnitt man mit diesem Vorgehen nämlich deutlich schlechter ab. Die grundsätzlichen Zahlenverhältnisse gewonnene versus verlorene Perioden in Tabelle 11.3 dokumentieren, daß es der Strategie in keinem Zeithorizont gelang, die Mehrzahl der Perioden für sich zu entscheiden.

Tab. 11.1: Die Tabelle stellt die jährliche Wertentwicklung der Gruppe „Alle Aktien" der Wertentwicklung der 50 Aktien mit den höchsten jährlichen Gewinnzuwächsen (aus dieser Gruppe) gegenüber. In der rechten Spalte liest man die relative Performance direkt ab, unten ist zusätzlich der arithmetische Durchschnitt der Verzinsung sowie die Standardabweichung (Standard Deviation) angegeben.

Year ending	All Stocks	Universe = All Stocks Top 50 1-yr earnings gains	Top 50 1-yr earnings gains relative performance
31. Dez. 53	2,90 %	−3,80 %	−6,70 %
31. Dez. 54	47,00 %	65,70 %	18,70 %
31. Dez. 55	20,70 %	20,00 %	−0,70 %
31. Dez. 56	17,00 %	17,50 %	0,50 %
31. Dez. 57	−7,10 %	−20,80 %	−13,70 %
31. Dez. 58	55,00 %	69,60 %	14,60 %
31. Dez. 59	23,00 %	28,20 %	5,20 %
31. Dez. 60	6,10 %	3,10 %	−3,00 %
31. Dez. 61	31,20 %	21,30 %	−9,90 %
31. Dez. 62	−12,00 %	−17,80 %	−5,80 %
31. Dez. 63	18,00 %	31,19 %	13,19 %
31. Dez. 64	16,30 %	23,40 %	7,10 %
31. Dez. 65	22,60 %	35,20 %	12,60 %
31. Dez. 66	−5,20 %	−2,70 %	2,50 %
31. Dez. 67	41,10 %	81,00 %	39,90 %
31. Dez. 68	27,40 %	18,80 %	−8,60 %
31. Dez. 69	−18,50 %	−30,90 %	−12,40 %
31. Dez. 70	−5,80 %	−28,00 %	−22,20 %
31. Dez. 71	21,30 %	30,00 %	8,70 %
31. Dez. 72	11,00 %	13,20 %	2,20 %
31. Dez. 73	−27,20 %	−32,00 %	−4,80 %
31. Dez. 74	−27,90 %	28,90 %	−1,00 %
31. Dez. 75	55,90 %	−53,40 %	−2,50 %
31. Dez. 76	35,60 %	39,70 %	4,10 %
31. Dez. 77	6,90 %	17,70 %	10,80 %
31. Dez. 78	12,20 %	15,30 %	3,10 %
31. Dez. 79	34,30 %	50,70 %	16,40 %
31. Dez. 80	31,50 %	53,80 %	22,30 %
31. Dez. 81	1,70 %	−23,20 %	−24,90 %
31. Dez. 82	22,50 %	3,40 %	−19,10 %
31. Dez. 83	28,10 %	22,00 %	−6,10 %
31. Dez. 84	−3,40 %	−7,40 %	−4,00 %
31. Dez. 85	30,80 %	13,80 %	−17,00 %
31. Dez. 86	13,10 %	7,70 %	−5,40 %
31. Dez. 87	−1,30 %	−1,10 %	0,20 %
31. Dez. 88	21,20 %	17,50 %	−3,70 %
31. Dez. 89	21,40 %	16,90 %	−4,50 %
31. Dez. 90	−13,80 %	−17,40 %	−3,60 %
31. Dez. 91	39,80 %	37,20 %	−2,60 %
31. Dez. 92	13,80 %	12,50 %	−1,30 %
31. Dez. 93	16,60 %	19,30 %	2,70 %
31. Dez. 94	−3,40 %	−7,70 %	−4,30 %
31. Dez. 95	27,00 %	29,80 %	2,80 %
31. Dez. 96	18,30 %	9,20 %	−9,10 %
Arithmetic average	15,13 %	14,92 %	−0,21 %
Standard deviation	19,70 %	27,00 %	7,30 %

11

Tab. 11.2: Die Tabelle vergleicht gibt die summierte Entwicklung der Erträge für „Alle Aktien" mit der Entwicklung der 50 Aktien mit den höchsten jährlichen Gewinnzuwächsen aus dieser Gruppe, wobei hier noch das arithmetische Mittel (Arithmetic Average), die Standardabweichung der Erträge (Standard Deviation of Return), das Sharpe-Ratio sowie Renditen nach weiteren Laufzeitgruppen hinzukommen. Auch die maximal bzw. minimal zu erwartenden sowie die tatsächlich eingetretenen Werte für die Performance (Maximum Return, Maximum Expected Return) werden angegeben. Zeithorizont ist wiederum der 31.12.1952 bis 31.12.1996.

	All Stocks	Universe = All Stocks Top 50 highest 1-year earnings gains
Arithmetic average	15,13 %	14,92 %
Standard deviation of return	19,70 %	27,00 %
Sharpe risk-adjusted ratio	47,00	34,00
3-yr compounded	13,22 %	9,37 %
5-yr compounded	14,00 %	11,92 %
10-yr compounded	12,92 %	10,46 %
15-yr compounded	14,44 %	9,44 %
20-yr compounded	14,97 %	11,82 %
25-yr compounded	12,74 %	10,05 %
30-yr compounded	12,43 %	9,51 %
35-yr compounded	11,64 %	9,84 %
40-yr compounded	12,62 %	10,66 %
Compound annual return	13,35 %	11,68 %
10 000 $ becomes:	2 481 516,93 $	1 292 137,70 $
Maximum return	55,90 %	81,00 %
Minimum return	−27,90 %	−32,00 %
Maximum expected return*	54,52 %	68,91 %
Minimum expected return**	−24,27 %	−39,08 %

* Maximum expected return is average return plus 2 times the standard deviation.
** Minimum expected return is average return minus 2 times the standard deviation.

Tab. 11.3: Die Tabelle zeigt, in wie vielen Fällen zwischen 1952 und 1996 die 50 Aktien mit den höchsten jährlichen Gewinnzuwächsen aus der Gruppe „Alle Aktien" diese schlagen, wobei differenziert wird nach Einzeljahren (45) sowie rollierenden Fünfjahresperioden (41) und rollierenden Zehnjahresperioden (36).

Item	50 high 1-yr earnings gains beat All Stocks	Percent
Single-year return	19 out of 45	43%
Rolling 5-year compound return	11 out of 41	28%
Rolling 10-year compound return	10 out of 36	29%

Große Aktien schneiden hier noch schlechter ab

Das 50-Aktien-Depot aus der Referenzgruppe „Große Aktien" erledigte hier einen noch schlechteren Job. Am Ende der Anlageperiode von 44 Jahren waren aus 10 000 US$ 567 407 US$ geworden, die gesamte Rendite lag bei 9,61 %. Hätte man ohne besondere Auswahl in „Große Aktien" angelegt, hätte sich der Anlagebetrag mit 11,98 % verzinst, und es stünden 1 455 322 US$ zur Verfügung. Die Strategie wartet mit einem bemitleidenswerten Sharpe-Ratio von 28 auf („Große Aktien" haben ein Sharpe-Ration von 45). Die Tabellen 11.4, 11.5 und 11.6 fassen die Ergebnisse zusammen. Auch hier sind die anteilig von der Strategie gewonnenen Perioden äußerst rar. So konnten die Aktien mit den höchsten Gewinnzuwächsen aus „Große Aktien" ihre Obergruppe in nur 11 % der getesteten Zehnjahresperioden übertreffen.

Die Aufzeichnungen zeigen klar, daß es kaum gelingt, durch den Erwerb der 50 Aktien mit den höchsten Einjahresgewinnzuwächsen den Markt zu schlagen. Dies mag damit zusammenhängen, daß es schwierig ist, die hohen Erwartungen, die sich dann bereits in Extremwerten beim Aktienkurs niedergeschlagen haben, realiter zu erreichen oder gar zu übertreffen. Wenn sich die erwarteten Gewinnsteigerungen dann nicht fortsetzen, verkaufen wachstumsorientierte Anleger ihre Papiere ebenso schnell wieder, wie sie auf den Zug aufgesprungen sind.

Der Kauf der Aktien mit den schlechtesten Gewinnänderungen

11

Vielleicht ist es sogar besser, die 50 Aktien mit den schlechtesten Werten bei der jährlichen Veränderung der Gewinne in Ihr Depot zu nehmen. Zumindest sind die Erwartungen (und damit die Kurse) für diese Papiere nicht so überzogen. Wir hatten ja Aktien mit Verlusten ausgenommen, um das Bild nicht zu verfälschen, also verlieren auch diese Aktien hier kein Geld, sondern haben nur, teils krasse, Einbußen beim Jahresgewinn hinter sich. Die gleichen 10 000 US$ wuchsen vom 31.12.1952 bis Ende 1996 auf 1 486 429 US$, entwickelten sich also tatsächlich besser als bei den 50 Titeln mit den höchsten Gewinnzuwächsen; es ergab sich aber nichtsdestotrotz ein geringerer Endbetrag als bei Anlage in „Große Aktien" selbst (2 481 517 US$). Das Risiko lag mit einer Standardabweichung von 24,12 % zwar unter dem der 50 Aktien am anderen Ende, aber nennenswert höher als die 19,07 % der Stammgruppe. Tabelle 11.7 faßt die Ergebnisse zusammen.

Hier sind große Aktien besser

Eine ursprüngliche Anlage von 10 000 US$ in die 50 großen Dividendentitel mit den schlechtesten Gewinnänderungen lag fast gleichauf wie die Benchmark, indem sie einen Betrag von 1 398 514 US$ hervorbrachten, sich also mit 11,88 % p.a. verzinst hatten. Eine Anlage in „Große Aktien" rentierte mit 11,98 % und bescherte dem Anleger einen Endbetrag von 1 455 322 US$. Das Sharpe-Ratio lag folglich eng zusammen: „Große Aktien" wiesen einen Wert von 45 auf, die zu prüfende Untergruppe hatte eine 43. Die Tabellen 11.8 bis 11.12 fassen auch hier die Ergebnisse zusammen.

Die Tabelle 11.13 gibt für „Alle Aktien" und „Große Aktien" die kumulierten Ergebnisse nach Dekaden an. Die Abbildungen 11.1 bis 11.4 stellen die Ergebnisse für beide Gruppen graphisch dar.

Tab. 11.4: Die Tabelle stellt die jährliche Wertentwicklung der Gruppe „Große Aktien" der Wertentwicklung der 50 Aktien mit den höchsten jährlichen Gewinnzuwächsen (aus dieser Gruppe) gegenüber. In der rechten Spalte liest man die relative Performance direkt ab, unten ist zusätzlich der arithmetische Durchschnitt der Verzinsung sowie die Standardabweichung (Standard Deviation) angegeben.

Year ending	Large Stocks	Universe = Large Stocks Top 50 1-yr earnings gains	Top 50 1-yr earnings gains relative performance
31. Dez. 53	2,30%	−4,40%	−6,70%
31. Dez. 54	44,90%	48,10%	3,20%
31. Dez. 55	21,20%	28,40%	7,20%
31. Dez. 56	9,60%	8,50%	−1,10%
31. Dez. 57	−6,90%	−13,90%	−7,00%
31. Dez. 58	42,10%	41,40%	−0,70%
31. Dez. 59	9,90%	11,10%	1,20%
31. Dez. 60	4,80%	15,10%	10,30%
31. Dez. 61	27,50%	16,50%	−11,00%
31. Dez. 62	−8,90%	−14,60%	−5,70%
31. Dez. 63	19,50%	22,70%	3,20%
31. Dez. 64	15,30%	15,30%	0,00%
31. Dez. 65	16,20%	26,70%	10,50%
31. Dez. 66	−4,90%	−5,00%	−0,10%
31. Dez. 67	21,30%	29,60%	8,30%
31. Dez. 68	16,80%	9,00%	−7,80%
31. Dez. 69	−9,90%	−5,60%	4,30%
31. Dez. 70	−0,20%	−12,10%	−11,90%
31. Dez. 71	17,30%	20,50%	3,20%
31. Dez. 72	14,90%	11,00%	−3,90%
31. Dez. 73	−18,90%	−31,60%	−12,70%
31. Dez. 74	−26,70%	−31,80%	−5,10%
31. Dez. 75	43,10%	37,80%	−5,30%
31. Dez. 76	28,00%	32,30%	4,30%
31. Dez. 77	−2,50%	−7,50%	−5,00%
31. Dez. 78	8,10%	18,20%	10,10%
31. Dez. 79	27,30%	37,10%	9,80%
31. Dez. 80	30,80%	42,00%	11,20%
31. Dez. 81	0,60%	−18,20%	−18,80%
31. Dez. 82	19,90%	1,70%	−18,20%
31. Dez. 83	23,80%	21,60%	−2,20%
31. Dez. 84	−0,40%	−11,80%	−11,40%
31. Dez. 85	19,50%	27,00%	−7,50%
31. Dez. 86	32,20%	12,20%	−20,00%
31. Dez. 87	3,30%	−5,40%	−8,70%
31. Dez. 88	19,00%	17,60%	−1,40%
31. Dez. 89	26,00%	21,50%	−4,50%
31. Dez. 90	−8,70%	−9,20%	−0,50%
31. Dez. 91	33,00%	32,10%	−0,90%
31. Dez. 92	8,70%	9,30%	0,60%
31. Dez. 93	16,30%	19,80%	3,50%
31. Dez. 94	−1,90%	−1,50%	0,40%
31. Dez. 95	28,50%	25,80%	−2,70%
31. Dez. 96	18,70%	14,90%	−3,80%
Arithmetic average	13,19%	11,41%	−1,78%
Standard deviation	16,18%	19,36%	3,19%

Tab. 11.5: Die Tabelle vergleicht die summierte Entwicklung der Erträge für „Große Aktien" mit der Entwicklung der 50 Aktien mit den höchsten jährlichen Gewinnzuwächsen aus dieser Gruppe, wobei hier noch das arithmetische Mittel (Arithmetic Average), die Standardabweichung der Erträge (Standard Deviation of Return), das Sharpe-Ratio sowie Renditen nach weiteren Laufzeitgruppen hinzukommen. Auch die maximal bzw. minimal zu erwartenden sowie die tatsächlich eingetretenen Werte für die Performance (Maximum Return, Maximum Expected Return) werden angegeben. Zeithorizont ist wiederum der 31.12.1952 bis 31.12.1996.

	Large Stocks	Universe = Large Stocks Top 50 highest 1-year earnings gains
Arithmetic average	13,19%	10,99%
Standard deviation of return	16,18%	19,68%
Sharpe risk-adjusted ratio	45,00	28,00
3-yr compounded	14,38%	12,50%
5-yr compounded	13,60%	13,27%
10-yr compounded	13,53%	11,70%
15-yr compounded	15,16%	10,86%
20-yr compounded	14,37%	11,08%
25-yr compounded	12,34%	8,52%
30-yr compounded	11,67%	8,29%
35-yr compounded	10,96%	8,22%
40-yr compounded	11,36%	8,76%
Compound annual return	11,98%	9,61%
10 000 $ becomes:	1 455 322,08 $	567 407,09 $
Maximum return	44,90%	48,10%
Minimum return	−26,70%	−31,80%
Maximum expected return*	45,155%	50,36%
Minimum expected return**	−19,16%	−28,38%

* Maximum expected return is average return plus 2 times the standard deviation.
** Minimum expected return is average return minus 2 times the standard deviation.

Tab. 11.6: Die Tabelle zeigt, in wie vielen Fällen zwischen 1952 und 1996 die 50 Aktien mit den höchsten jährlichen Gewinnzuwächsen aus der Gruppe „Große Aktien" diese schlagen, wobei differenziert wird nach Einzeljahren (45) sowie rollierenden Fünfjahresperioden (41) und rollierenden Zehnjahresperioden (36).

Item	50 high 1-yr earnings gains beat Large Stocks	Percent
Single-year return	18 out of 44	41 %
Rolling 5-year compound return	9 out of 40	23 %
Rolling 10-year compound return	4 out of 35	11 %

11

Tab. 11.7: Die Tabelle stellt die jährliche Wertentwicklung der Gruppe „Alle Aktien" der Wertentwicklung der 50 Aktien mit den niedrigsten jährlichen Gewinnzuwächsen (aus dieser Gruppe) gegenüber. In der rechten Spalte liest man die relative Performance direkt ab, unten ist zusätzlich der arithmetische Durchschnitt der Verzinsung sowie die Standardabweichung (Standard Deviation) angegeben.

Year ending	All Stocks	Universe = All Stocks Worst 50 1-yr earnings gains	Worst 50 1-yr earnings gains relative performance
31. Dez. 53	2,90 %	−2,80 %	−5,70 %
31. Dez. 54	47,00 %	47,90 %	0,90 %
31. Dez. 55	20,70 %	26,40 %	5,70 %
31. Dez. 56	17,00 %	14,50 %	−2,50 %
31. Dez. 57	−7,10 %	−12,40 %	−5,30 %
31. Dez. 58	55,00 %	60,10 %	5,10 %
31. Dez. 59	23,00 %	16,20 %	−6,80 %
31. Dez. 60	6,10 %	−16,00 %	−22,10 %
31. Dez. 61	31,20 %	25,00 %	−6,20 %
31. Dez. 62	−12,00 %	−9,90 %	2,10 %
31. Dez. 63	18,00 %	23,90 %	5,90 %
31. Dez. 64	16,30 %	22,60 %	6,30 %
31. Dez. 65	22,60 %	45,00 %	22,40 %
31. Dez. 66	−5,20 %	−9,10 %	−3,90 %
31. Dez. 67	41,10 %	39,10 %	−2,00 %
31. Dez. 68	27,40 %	37,30 %	9,90 %
31. Dez. 69	−18,50 %	−32,00 %	−13,50 %
31. Dez. 70	−5,80 %	−16,00 %	−10,20 %
31. Dez. 71	21,30 %	26,20 %	4,90 %
31. Dez. 72	11,00 %	0,60 %	−10,40 %
31. Dez. 73	−27,20 %	−15,70 %	11,50 %
31. Dez. 74	−27,90 %	−26,50 %	1,40 %
31. Dez. 75	55,90 %	58,90 %	3,00 %
31. Dez. 76	35,60 %	47,10 %	11,50 %
31. Dez. 77	6,90 %	4,10 %	−2,80 %
31. Dez. 78	12,20 %	9,90 %	−2,30 %
31. Dez. 79	34,30 %	52,80 %	18,50 %
31. Dez. 80	31,50 %	45,40 %	13,90 %
31. Dez. 81	1,70 %	−10,50 %	−12,20 %
31. Dez. 82	22,50 %	19,40 %	−3,10 %
31. Dez. 83	28,10 %	30,90 %	2,80 %
31. Dez. 84	−3,40 %	−9,40 %	−6,00 %
31. Dez. 85	30,80 %	18,60 %	−12,20 %
31. Dez. 86	13,10 %	11,70 %	−1,40 %
31. Dez. 87	−1,30 %	0,90 %	2,20 %
31. Dez. 88	21,20 %	23,30 %	2,10 %
31. Dez. 89	21,40 %	15,10 %	−6,30 %
31. Dez. 90	−13,80 %	−29,70 %	−15,90 %
31. Dez. 91	39,80 %	26,60 %	−13,20 %
31. Dez. 92	13,80 %	22,60 %	8,80 %
31. Dez. 93	16,60 %	23,20 %	6,60 %
31. Dez. 94	−3,40 %	7,20 %	10,60 %
31. Dez. 95	27,00 %	17,20 %	−9,80 %
31. Dez. 96	18,30 %	11,80 %	−6,50 %
Arithmetic average	15,13 %	14,58 %	−0,55 %
Standard deviation	19,70 %	23,57 %	3,88 %

Tab. 11.8: Die Tabelle stellt die jährliche Wertentwicklung der Gruppe „Große Aktien" der Wertentwicklung der 50 Aktien mit den niedrigsten jährlichen Gewinnzuwächsen (aus dieser Gruppe) gegenüber. In der rechten Spalte liest man die relative Performance direkt ab, unten ist zusätzlich der arithmetische Durchschnitt der Verzinsung sowie die Standardabweichung (Standard Deviation) angegeben.

Year ending	Large Stocks	Universe = Large Stocks Worst 50 1-yr earnings gains	Worst 50 1-yr earnings gains relative performance
31. Dez. 53	2,30 %	0,0260	0,30 %
31. Dez. 54	44,90 %	0,5320	8,30 %
31. Dez. 55	21,20 %	0,2020	−1,00 %
31. Dez. 56	9,60 %	0,1310	3,50 %
31. Dez. 57	−6,90 %	−0,0740	−0,50 %
31. Dez. 58	42,10 %	0,4490	2,80 %
31. Dez. 59	9,90 %	0,1400	4,10 %
31. Dez. 60	4,80 %	−0,1110	−15,90 %
31. Dez. 61	27,50 %	0,2770	0,20 %
31. Dez. 62	−8,90 %	−0,1240	−3,50 %
31. Dez. 63	19,50 %	0,2420	4,70 %
31. Dez. 64	15,30 %	0,1590	0,60 %
31. Dez. 65	16,20 %	0,2180	5,60 %
31. Dez. 66	−4,90 %	−0,0700	−2,10 %
31. Dez. 67	21,30 %	0,2000	−1,30 %
31. Dez. 68	16,80 %	0,1740	0,60 %
31. Dez. 69	−9,90 %	−0,1810	−8,20 %
31. Dez. 70	−0,20 %	−0,0030	−0,10 %
31. Dez. 71	17,30 %	0,1660	−0,70 %
31. Dez. 72	14,90 %	0,0450	−10,40 %
31. Dez. 73	18,90 %	−0,0010	18,80 %
31. Dez. 74	−26,70 %	−0,2330	3,40 %
31. Dez. 75	43,10 %	0,5740	14,30 %
31. Dez. 76	28,00 %	0,3460	6,60 %
31. Dez. 77	−2,50 %	−0,0710	−4,60 %
31. Dez. 78	8,10 %	0,0620	−1,90 %
31. Dez. 79	27,30 %	0,3060	3,30 %
31. Dez. 80	30,80 %	0,4720	16,40 %
31. Dez. 81	0,60 %	0,0760	7,00 %
31. Dez. 82	19,90 %	0,2430	4,40 %
31. Dez. 83	23,80 %	0,2650	2,70 %
31. Dez. 84	−0,40 %	−0,0960	−9,20 %
31. Dez. 85	19,50 %	0,2200	2,50 %
31. Dez. 86	32,20 %	0,2150	−10,70 %
31. Dez. 87	3,30 %	0,1190	8,60 %
31. Dez. 88	19,00 %	0,2280	3,80 %
31. Dez. 89	26,00 %	0,1800	−8,00 %
31. Dez. 90	−8,70 %	−0,1720	−8,50 %
31. Dez. 91	33,00 %	0,1680	−16,20 %
31. Dez. 92	8,70 %	0,0950	0,80 %
31. Dez. 93	16,30 %	0,2210	5,80 %
31. Dez. 94	−1,90 %	0,0340	5,30 %
31. Dez. 95	28,50 %	0,1340	−15,10 %
31. Dez. 96	18,70 %	0,0970	−9,00 %
Arithmetic average	13,19 %	13,36 %	0,17 %
Standard deviation	16,18 %	18,26 %	2,08 %

11

11

Tab. 11.9: Die Tabelle vergleicht die summierte Entwicklung der Erträge für „Alle Aktien" mit der Entwicklung der 50 Aktien mit den niedrigsten jährlichen Gewinnzuwächsen aus dieser Gruppe, wobei hier noch das arithmetische Mittel (Arithmetic Average), die Standardabweichung der Erträge (Standard Deviation of Return), das Sharpe-Ratio sowie Renditen nach weiteren Laufzeitgruppen hinzukommen. Auch die maximal bzw. minimal zu erwartenden sowie die tatsächlich eingetretenen Werte für die Performance (Maximum Return, Maximum Expected Return) werden angegeben. Zeithorizont ist wiederum der 31.12.1952 bis 31.12.1996.

	All Stocks	Universe = All Stocks Worst 50 1-yr earnings gains
Arithmetic average	15,13%	14,58%
Standard deviation of return	19,70%	24,12%
Sharpe risk-adjusted ratio	47,00	38,00
3-yr compounded	13,22%	11,99%
5-yr compounded	14,00%	16,23%
10-yr compounded	12,92%	10,46%
15-yr compounded	14,44%	11,43%
20-yr compounded	14,97%	13,01%
25-yr compounded	12,74%	11,95%
30-yr compounded	12,43%	11,04%
35-yr compounded	11,64%	11,25%
40-yr compounded	12,62%	11,26%
Compound annual return	13,35%	12,04%
10000 $ becomes:	2481516,93 $	1486429,21 $
Maximum return	55,90%	60,10%
Minimum return	−27,90%	−32,00%
Maximum expected return*	54,52%	62,82%
Minimum expected return**	−24,27%	−33,66%

* Maximum expected return is average return plus 2 times the standard deviation.
** Minimum expected return is average return minus 2 times the standard deviation.

Tab. 11.10: Die Tabelle vergleicht die summierte Entwicklung der Erträge für „Große Aktien" mit der Entwicklung der 50 Aktien mit den niedrigsten jährlichen Gewinnzuwächsen aus dieser Gruppe, wobei hier noch das arithmetische Mittel (Arithmetic Average), die Standardabweichung der Erträge (Standard Deviation of Return), das Sharpe-Ratio sowie Renditen nach weiteren Laufzeitgruppen hinzukommen. Auch die maximal bzw. minimal zu erwartenden sowie die tatsächlich eingetretenen Werte für die Performance (Maximum Return, Maximum Expected Return) werden angegeben. Zeithorizont ist wiederum der 31.12.1952 bis 31.12.1996.

	Large Stocks	Universe = Large Stocks Top 50 Worst 1-year earnings gains
Arithmetic average	13,19%	13,45%
Standard deviation of return	16,18%	18,68%
Sharpe risk-adjusted ratio	45,00	43,00
3-yr compounded	14,38%	8,75%
5-yr compounded	13,60%	11,45%
10-yr compounded	13,53%	10,43%
15-yr compounded	15,16%	12,28%
20-yr compounded	14,37%	13,04%
25-yr compounded	12,34%	12,66%
30-yr compounded	11,67%	11,53%
35-yr compounded	10,96%	10,93%
40-yr compounded	11,36%	11,02%
Compound annual return	11,98%	11,88%
10 000 $ becomes:	1 455 322,08,04 $	1 398 513,51 $
Maximum return	44,90%	57,40%
Minimum return	−26,70%	−23,30%
Maximum expected return*	45,55%	50,80%
Minimum expected return**	−19,16%	−23,90%

* Maximum expected return is average return plus 2 times the standard deviation.
** Minimum expected return is average return minus 2 times the standard deviation.

Tab. 11.11: Die Tabelle zeigt, in wie vielen Fällen zwischen 1952 und 1996 die 50 Aktien mit den niedrigsten jährlichen Gewinnzuwächsen aus der Gruppe „Alle Aktien" diese schlagen, wobei differenziert wird nach Einzeljahren (45) sowie rollierenden Fünfjahresperioden (41) und rollierenden Zehnjahresperioden (36).

Item	50 worst 1-year earnings gains beat All Stocks	Percent
Single-year return	21 out of 44	48 %
Rolling 5-year compound return	17 out of 40	43 %
Rolling 10-year compound return	8 out of 35	23 %

Tab. 11.12: Die Tabelle zeigt, in wie vielen Fällen zwischen 1952 und 1996 die 50 Aktien mit den niedrigsten jährlichen Gewinnzuwächsen aus der Gruppe „Große Aktien" diese schlagen, wobei differenziert wird nach Einzeljahren (45) sowie rollierenden Fünfjahresperioden (41) und rollierenden Zehnjahresperioden (36).

Item	50 worst 1-year earnings changes beat Large Stocks	Percent
Single-year return	25 out of 44	57 %
Rolling 5-year compound return	20 out of 40	50 %
Rolling 10-year compound return	17 out of 35	49 %

Untersuchung der Zehnprozentgruppen (Deciles)

Auch die Untersuchung anhand der zehn Untergruppen untermauert, daß „Gewinnzuwachs auf Jahresbasis" kein guter Parameter für die Auswahl von Dividendentiteln ist. Sehen Sie sich die Ergebnisse in Tabelle 11.14 und 11.15 an. Wie wir bereits bei den 50-Aktien-Wertpapierdepots gesehen haben, ist die Konzentration auf Aktien mit den besten Änderungen im Jahresgewinn (pro Aktie) der falsche Weg, da die Erwartungen der Investorenschar zu hoch gegriffen und unrealistisch sind. Dies zeigt sich in den überhöhten Kurs-Gewinn-Verhältnissen und Kurs-Umsatz-Relationen.

Zusammenfassend bestätigt die Untersuchung nach Zehnteln das vorliegende Ergebnis„ daß jährliche Gewinnänderung keine gute Kennzahl zur Auswahl von Wertpapieren ist.

Tab. 11.13: Die Tabelle zeigt, wie sich, aufgeteilt nach den Gruppen „Alle Aktien", „Große Aktien" sowie davon jeweils die 50 Werte mit den niedrigsten bzw. höchsten jährlichen Gewinnzuwächsen, die Rendite nach Dekaden darstellte. „Worst" bedeutet hier niedrigster Zuwachs, „Highest" bester Zuwachs.

Portfolio	1950er*	1960er	1970er	1980er	1990er**
Large Stocks	16,21%	8,99%	6,99%	16,89%	12,61%
50 highest 1-yr earnings gains from Large Stocks	15,05%	7,10%	9,25%	4,55%	12,18%
50 worst 1-yr earnings gains from Large Stocks	18,43%	7,69%	14,14%	11,77%	7,54%
All Stocks	20,94%	11,09%	8,53%	15,85%	12,78%
50 highest 1-yr earnings gains from All Stocks	21,33%	8,55%	16,97%	2,12%	10,33%
50 worst 1-yr earnings gains from All Stocks	19,06%	9,40%	16,67%	5,39%	9,51%

* Returns for 1952–1959.
** Returns for 1990–1996.

11

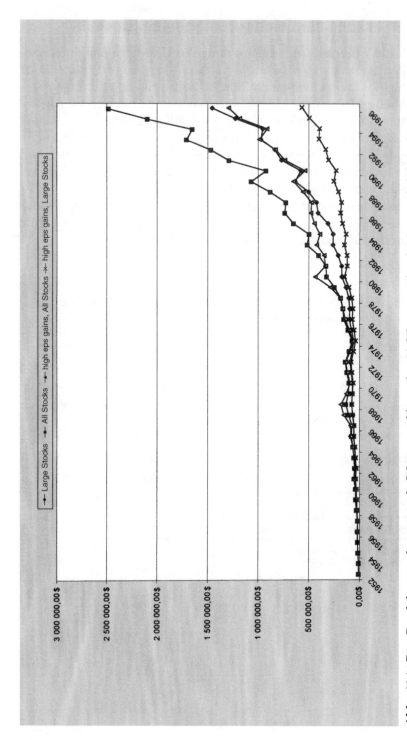

Abb. 11.1: Die Graphik trägt die nominale Wertentwicklung der 50 Werte mit den höchsten jährlichen Gewinnzuwächsen aus „Alle Aktien" und „Große Aktien" sowie die der beiden Gruppen selbst ab (1952 bis 1996).

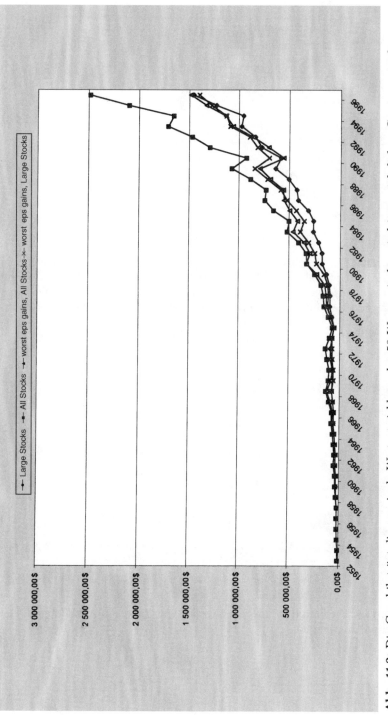

Abb. 11.2: Die Graphik trägt die nominale Wertentwicklung der 50 Werte mit den niedrigsten jährlichen Gewinnzuwächsen aus „Alle Aktien" und „Große Aktien" sowie die der beiden Gruppen selbst ab (1952 bis 1996).

11

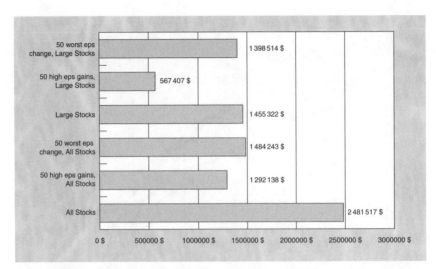

Abb. 11.3: Die Graphik stellt den Werdegang von 10 000 am 31.12.1952 investierten US$ im Falle von „Allen Aktien", „Großen Aktien" sowie jeweils deren Untergruppen, 50 Aktien mit den höchsten (50 High EPS Gains) bzw. niedrigsten Gewinnzuwächsen (worst EPS Change, Earnings Per Share), dar.

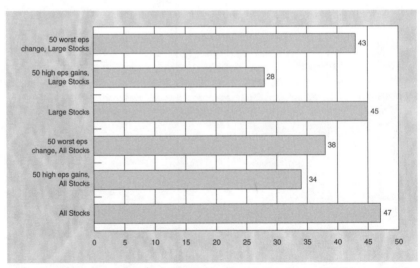

Abb. 11.4: Die Graphik bildet die Sharpe-Ratios für die in Abbildung 11.3 definierten Gruppen ab.

Tab. 11.14: Die Tabelle zeigt nach absteigenden Gewinnzuwächsen der jeweiligen Zehnprozentgruppen aus der Gesamtheit „Aller Aktien" die nominelle Entwicklung von 10 000 US$, die durchschnittliche jährliche Rendite (Average Return), die kumulierte Rendite (Compound Return) sowie die Standardabweichung (Zeitraum 1952bis 1996).

Decile	10 000 $ grows to	Average return	Compound return	Standard deviation
1 (highest earnings gains)	1 421 161 $	14,73 %	11,92 %	24,92 %
2	2 214 524 $	15,59 %	13,06 %	23,44 %
3	2 645 321 $	15,61 %	13,52 %	21,20 %
4	3 472 637 $	15,95 %	14,22 %	19,30 %
5	3 320 691 $	15,67 %	14,10 %	18,68 %
6	2 125 633 $	14,55 %	12,95 %	18,57 %
7	4 109 005 $	16,26 %	14,66 %	18,99 %
8	1 483 682 $	13,54 %	12,03 %	18,02 %
9	2 284 575 $	14,82 %	13,14 %	19,24 %
10 (worst earnings gains)	1 476 875 $	14,23 %	12,02 %	22,02 %
All Stocks	2 481 517 $	15,13 %	13,35 %	19,70 %

11

Tab. 11.15: Die Tabelle zeigt nach absteigenden Gewinnzuwächsen der jeweiligen Zehnprozentgruppen aus der Gesamtheit „Großer Aktien" die nominelle Entwicklung von 10 000 US$, die durchschnittliche jährliche Rendite (Average Return), die kumulierte Rendite (Compound Return) sowie die Standardabweichung (Zeitraum 1952 bis 1996).

Decile	10 000 $ grows to	Average return	Compound return	Standard deviation
1 (highest earnings gains)	739 604 $	12,16 %	10,28 %	19,80 %
2	1 171 160 $	13,32 %	11,43 %	20,27 %
3	1 175 709 $	12,89 %	11,44 %	17,87 %
4	1 935 792 $	13,87 %	12,71 %	15,69 %
5	1 943 967 $	14,23 %	12,72 %	18,34 %
6	1 256 093 $	12,88 %	11,61 %	16,48 %
7	1 204 035 $	12,87 %	11,50 %	17,45 %
8	1 376 905 $	12,97 %	11,84 %	15,69 %
9	1 866 949 $	14,19 %	12,62 %	18,80 %
10 (worst earnings gains)	1 260 875 $	13,08 %	11,62 %	17,96 %
Large Stocks	1 455 322 $	13,19 %	11,98 %	16,18 %

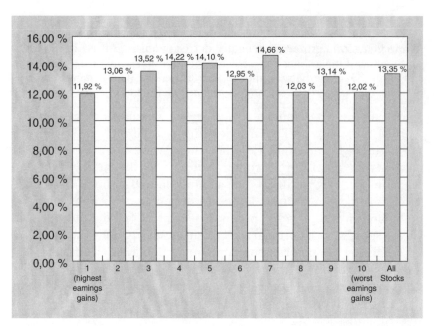

Abb. 11.5: Die kumulierte Rendite nach Gewinnzuwachs-Zehnteln aufgespalten aus der „Alle Aktien"-Gruppe von Ende 1952 bis Ende 1996.

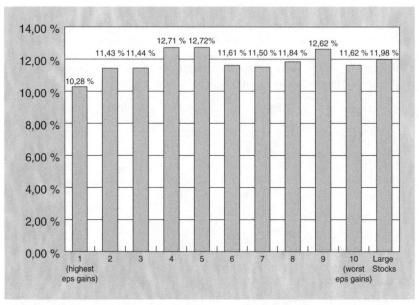

Abb. 11.6: Die kumulierte Rendite nach Gewinnzuwachs-Zehnteln aufgespalten aus der „Große Aktien"-Gruppe von Ende 1952 bis Ende 1996.

212

Implikationen

Wenn Sie eine Aktie nur deshalb kaufen, weil sie eine hohe Steigerung beim jährlichen Gewinnzuwachs pro Aktie aufweist, schlagen Sie sich auf die Verliererseite. Anleger neigen dazu, auf Veröffentlichungen hoher Gewinnzuwächse zu euphorisch zu reagieren, und schreiben die Erwartungen zu weit in die Zukunft fort. Erwähnenswert ist hier, daß die Titel mit den höchsten jährlichen Gewinnsteigerungen fast immer auch die höchsten Werte beim KGV aufweisen, was ein anderer treffsicherer Indikator für die künftige Kursentwicklung ist. Wir werden weiter unten sehen, daß hohe Gewinnzuwächse gepaart mit einem hohen Momentum beim Preis den Weg zu Überperformern weist, im Moment steht jedoch die Aussage, daß dieser Indikator isoliert betrachtet keine guten Resultate liefert.

Auch eine etwaige Entscheidung für Aktien mit den schlechtesten Zuwächsen beim jährlichen Gewinn pro Aktie lohnt sich nicht. Auch wenn diese geringfügig besser abschneiden als ihr Pendant, gibt es auch hier keine wirklich überzeugende Geschichte, die für den Kauf dieser Aktien spricht.

11

12 Prozentuale Fünfjahresveränderungen des Gewinns pro Aktie

Das Gleiche, was gestern passiert ist, passiert auch heute, nur mit unterschiedlichen Personen.

Walter Winchell

Viele Analysten sind der Meinung, daß Veränderungen des Gewinns auf Einjahresbasis bedeutungslos sind und man sich daher eher auf die längerfristigen Zuwächse über fünf Jahre hinweg konzentrieren sollte. Sie argumentieren, daß diese Zeitspanne lange genug sei, um punktuelle Ausreißer von wirklich veränderten Gewinnsituationen unterscheiden zu können.

Die Ergebnisse

Um es vorwegzunehmen: Auch fünf aufeinanderfolgende Jahre mit großen Gewinnsteigerungen sind keine Garantie für entsprechende Wertentwicklung der betreffenden Aktien. Beginnt man am 31.12.1954 (der Startzeitpunkt muß zwangsläufig nach hinten verlagert werden, da ansonsten keine Fünfjahresdaten vorliegen) und investiert 10 000 US$ in die 50 Aktien aus der Gesamtheit „Aller Aktien", die über die letzten fünf Jahre die höchsten durchschnittlichen Gewinnsteigerungsraten aufwiesen, erhält man am 31.12.1996 534 963 US$. Das eingesetzte Kapital vermehrte sich also mit einer „Geschwindigkeit" von spärlichen 9,94 % p.a. Um den direkten Vergleich zu haben: Die gleichen 10 000 US$ hätten sich bei profaner Anlage in „Alle Aktien" zu 1 640 531 US$ gemausert, was mit einer kumulierten Rendite von 12,91 gleichbedeutend ist.

Genauso wie wir schon bei der Untersuchung der Einjahres-Gewinnzuwächse gesehen hatten, ist auch hier die Anlegerschaft von dem wachsenden Gewinn derart berauscht, daß sie bereit ist, gänzlich realitätsferne Preise für die entsprechenden Titel zu zahlen. Sollte sich der fulminante Gewinntrend dann doch nicht fortschreiben lassen, werden die ehemaligen Lieblinge rigide abgestoßen, und ihre Preise stürzen jäh ab.

Auch das Risiko der 50 gewinnwachstumsstarken Aktien aus „Alle Aktien" war stattlich. Die Standardabweichung der Erträge lag bei 26,75 % und übertraf somit die 19,46 % von „Alle Aktien" signifikant. Diese Kombination aus mageren Erträgen und hohem Risiko zeichnet für das triste Sharpe-Ratio von 27 verantwortlich; für die gleiche Periode lag dieses Ratio für „Alle Aktien" bei 44.

Die Verhältnisse dieser Strategie bezüglich von ihr gewonnener Perioden sind ein einziger Horror. Von den revolvierenden Zehnjahresperioden konnten die 50 Aktien mit den höchsten Fünfjahres-Gewinnzuwächsen gerade einmal 3 % für sich entscheiden. Gleiches gilt für die anderen Zeithorizonte, die Tabellen 12.1, 12.2 und 12.3 fassen diesbezüglich die Ergebnisse zusammen.

Tab. 12.1: Die Tabelle stellt die jährliche Wertentwicklung der Gruppe „Alle Aktien" der Wertentwicklung der 50 Aktien mit den höchsten jährlichen Gewinnzuwächsen über die letzten 5 Jahre (aus dieser Gruppe) gegenüber. In der rechten Spalte liest man die relative Performance direkt ab, unten ist zusätzlich der arithmetische Durchschnitt der Verzinsung sowie die Standardabweichung (Standard Deviation) angegeben.

Year ending	All Stocks	Universe = All Stocks Top 50 5-yr compound EPS growth	Top 50 5-yr compound EPS growth relative performance
31. Dez. 55	20,70 %	28,40 %	7,70 %
31. Dez. 56	17,00 %	19,40 %	2,40 %
31. Dez. 57	−7,10 %	−15,90 %	−8,80 %
31. Dez. 58	55,00 %	78,90 %	23,90 %
31. Dez. 59	23,00 %	37,80 %	14,80 %
31. Dez. 60	6,10 %	5,30 %	−0,80 %
31. Dez. 61	31,20 %	21,80 %	−9,40 %
31. Dez. 62	−12,00 %	−19,00 %	−7,00 %
31. Dez. 63	18,00 %	21,40 %	3,40 %
31. Dez. 64	16,30 %	3,90 %	−12,40 %
31. Dez. 65	22,60 %	22,00 %	−0,60 %
31. Dez. 66	−5,20 %	−1,90, %	3,30 %
31. Dez. 67	41,10 %	56,60 %	15,50 %
31. Dez. 68	27,40 %	20,10 %	−7,30 %
31. Dez. 69	−18,50 %	−21,40 %	−2,90 %
31. Dez. 70	−5,80 %	−34,50 %	−28,70 %
31. Dez. 71	21,30 %	35,80 %	14,50 %
31. Dez. 72	11,00 %	4,90 %	−6,10 %
31. Dez. 73	−27,20 %	−45,90 %	−18,70 %
31. Dez. 74	−27,90 %	−34,80 %	−6,90 %
31. Dez. 75	55,90 %	38,10 %	−17,80 %
31. Dez. 76	35,60 %	39,00 %	3,40 %
31. Dez. 77	6,90 %	5,90 %	−1,00 %
31. Dez. 78	12,20 %	7,30 %	−4,90 %
31. Dez. 79	34,30 %	52,50 %	18,20 %
31. Dez. 80	31,50 %	44,80 %	13,30 %
31. Dez. 81	1,70 %	−7,50 %	−9,20 %
31. Dez. 82	22,50 %	27,20 %	4,70 %
31. Dez. 83	28,10 %	20,90 %	−7,20 %
31. Dez. 84	−3,40 %	−19,40 %	−16,00 %
31. Dez. 85	30,80 %	28,40 %	−2,40 %
31. Dez. 86	13,10 %	6,60 %	−6,50 %
31. Dez. 87	−1,30 %	−16,80 %	−15,50 %
31. Dez. 88	21,20 %	21,10 %	−0,10 %
31. Dez. 89	21,40 %	30,90 %	9,50 %
31. Dez. 90	−13,80 %	−14,20 %	−0,40 %
31. Dez. 91	39,80 %	51,50 %	11,70 %
31. Dez. 92	13,80 %	5,50 %	−8,30 %
31. Dez. 93	16,60 %	13,40 %	−3,20 %
31. Dez. 94	−3,40 %	−6,00 %	−2,60 %
31. Dez. 95	27,00 %	31,50 %	4,50 %
31. Dez. 96	18,30 %	15,10 %	−3,20 %
Arithmetic average	14,66 %	13,30 %	−1,36 %
Standard deviation	19,46 %	26,57 %	7,11 %

Tab. 12.2: Die Tabelle vergleicht die summierte Entwicklung der Erträge für „Alle Aktien" mit der Entwicklung der 50 Aktien mit den höchsten jährlichen Gewinnzuwächsen über die letzten 5 Jahre aus dieser Gruppe, wobei hier noch das arithmetische Mittel (Arithmetic Average), die Standardabweichung der Erträge (Standard Deviation of Return), das Sharpe-Ratio sowie Renditen nach weiteren Laufzeitgruppen hinzukommen. Auch die maximal bzw. minimal zu erwartenden sowie die tatsächlich eingetretenen Werte für die Performance (Maximum Return, Maximum Expected Return) werden angegeben. Zeithorizont ist wiederum der 31.12.1954 bis 31.12.1996.

	Large Stocks	Universe = Large Stocks Top 50 5-yr EPS compound growth rates
Arithmetic average	12,70%	12,47%
Standard deviation of return	15,72%	21,59%
Sharpe risk-adjusted ratio	41,00	28,00
3-yr compounded	14,38%	16,35%
5-yr compounded	13,60%	11,32%
10-yr compounded	13,53%	12,75%
15-yr compounded	15,16%	12,26%
20-yr compounded	14,37%	13,83%
25-yr compounded	12,34%	10,56%
30-yr compounded	11,67%	9,52%
35-yr compounded	10,96%	9,42%
40-yr compounded	11,36%	9,83%
Compound annual return	11,54%	10,30%
10000 $ becomes:	981782,08 $	613440,50 $
Maximum return	43,10%	51,90%
Minimum return	−26,70%	−31,90%
Maximum expected return*	44,14%	55,65%
Minimum expected return**	−18,74%	−30,70%

* Maximum expected return is average return plus 2 times the standard deviation.
** Minimum expected return is average return minus 2 times the standard deviation.

Tab. 12.3: Die Tabelle gibt an, in wie vielen Fällen zwischen 1954 und 1996 die 50 Aktien mit den höchsten jährlichen Gewinnzuwächsen der letzten 5 Jahre aus der Gruppe „Alle Aktien" diese schlagen, wobei differenziert wird nach Einzeljahren (42) sowie rollierenden Fünfjahresperioden (38) und rollierenden Zehnjahresperioden (33).

Item	50 highest 5-yr EPS growth stocks beat All Stocks	Percent
Single-year return	15 out of 42	36 %
Rolling 5-year compound return	11 out of 38	29 %
Rolling 10-year compound return	1 out of 33	3 %

Großen Aktien ergeht es nicht besser

Die Lage der „Großen Aktien" mit herausragenden Fünfjahresresultaten beim Gewinnzuwachs ist genauso bemitleidenswert. Sie zeitigen in etwa ein halb so hohes Ergebnis wie die „Großen Aktien" selbst. Das Vergleichsinvestment von 10 000 US$ in die Aktien mit den höchsten durchschnittlichen Fünfjahres-Gewinnzuwächsen (hier aus „Große Aktien") am 31.12.1954 entwickelte sich bis Ende 1996 zu lediglich 613 441 US$, was einer jährlichen Rendite von 10,30 % entspricht. „Große Aktien" selbst rentierten mit durchschnittlich 11,54 % und stockten das Anfangskapital somit auf 981 782 US$ auf. Die Risikobetrachtung ist spiegelbildlich der von „Alle Aktien": schlechterer Ertrag plus höheres Risiko. Die Standardabweichung der Strategie lag bei 21,59 %, also 5,87 % über dem Wert von „Große Aktien".

Das Bild bei den anteilig gewonnenen Perioden ist in der Sphäre großer Aktien nur marginal besser. Die Strategie konnte von den rollierenden Zehnjahresperioden 21 % für sich verbuchen. Die Tabellen 12.4, 12.5 und 12.6 bündeln die Ergebnisse für „Große Aktien", und Tabelle 12.7 gibt die Anlageergebnisse nach Dekaden an. Die graphische Auswertung für beide Gruppen finden Sie in den Abbildungen 12.1 bis 12.3.

Tab. 12.4: Die Tabelle stellt die jährliche Wertentwicklung der Gruppe „Große Aktien" der Wertentwicklung der 50 Aktien mit den höchsten jährlichen Gewinnzuwächsen über die letzten 5 Jahre (aus dieser Gruppe) gegenüber. In der rechten Spalte liest man die relative Performance direkt ab, unten ist zusätzlich der arithmetische Durchschnitt der Verzinsung sowie die Standardabweichung (Standard Deviation) angegeben.

Year ending	Large Stocks	Universe = Large Stocks Top 50 5-yr compound EPS growth	Top 50 5-yr compound EPS growth relative performance
31. Dez. 55	21,20%	28,10%	6,90%
31. Dez. 56	9,60%	12,40%	2,80%
31. Dez. 57	−6,90%	−14,70%	−7,80%
31. Dez. 58	42,10%	49,00%	6,90%
31. Dez. 59	9,90%	16,70%	6,80%
31. Dez. 60	4,80%	5,50%	0,70%
31. Dez. 61	27,50%	16,50%	−11,00%
31. Dez. 62	−8,90%	−16,90%	−8,00%
31. Dez. 63	19,50%	23,70%	4,20%
31. Dez. 64	15,30%	10,30%	−5,00%
31. Dez. 65	16,20%	30,90%	14,70%
31. Dez. 66	−4,90%	3,00%	7,90%
31. Dez. 67	21,30%	23,30%	2,00%
31. Dez. 68	16,80%	12,50%	−4,30%
31. Dez. 69	−9,90%	−15,30%	−5,40%
31. Dez. 70	−0,20%	−21,60%	−21,40%
31. Dez. 71	17,30%	34,80%	17,50%
31. Dez. 72	14,90%	12,50%	−2,40%
31. Dez. 73	−18,90%	−29,10%	−10,20%
31. Dez. 74	−26,70%	−31,90%	−5,20%
31. Dez. 75	43,10%	42,70%	−0,40%
31. Dez. 76	28,00%	19,00%	−9,00%
31. Dez. 77	−2,50%	−0,09%	2,41%
31. Dez. 78	8,10%	13,20%	5,10%
31. Dez. 79	27,30%	51,80%	24,50%
31. Dez. 80	30,80%	51,90%	21,10%
31. Dez. 81	0,60%	−9,70%	−10,30%
31. Dez. 82	19,90%	26,40%	6,50%
31. Dez. 83	23,80%	10,50%	−13,30%
31. Dez. 84	−0,40%	−20,00%	−19,60%
31. Dez. 85	19,50%	31,20%	11,70%
31. Dez. 86	32,20%	16,50%	−15,70%
31. Dez. 87	3,30%	−7,20%	−10,50%
31. Dez. 88	19,00%	16,60%	−2,40%
31. Dez. 89	26,00%	26,30%	0,30%
31. Dez. 90	−8,70%	−3,60%	5,10%
31. Dez. 91	33,00%	47,40%	14,40%
31. Dez. 92	8,70%	6,80%	−1,90%
31. Dez. 93	16,30%	1,60%	−14,70%
31. Dez. 94	−1,90%	−4,50%	−2,60%
31. Dez. 95	28,50%	37,10%	8,60%
31. Dez. 96	18,70%	20,30%	1,60%
Arithmetic average	12,70%	12,47%	−0,22%
Standard deviation	15,72%	21,59%	5,87%

Tab. 12.5: Die Tabelle vergleicht die summierte Entwicklung der Erträge für „Große Aktien" mit der Entwicklung der 50 Aktien mit den höchsten jährlichen Gewinnzuwächsen über die letzten 5 Jahre aus dieser Gruppe, wobei hier noch das arithmetische Mittel (Arithmetic Average), die Standardabweichung der Erträge (Standard Deviation of Return), das Sharpe-Ratio sowie Renditen nach weiteren Laufzeitgruppen hinzukommen. Auch die maximal bzw. minimal zu erwartenden sowie die tatsächlich eingetretenen Werte für die Performance (Maximum Return, Maximum Expected Return) werden angegeben. Zeithorizont ist wiederum der 31.12.1954 bis 31.12.1996.

	Large Stocks	Universe = Large Stocks Top 50, 5-yr EPS compound growth rates
Arithmetic average	12,70 %	12,47 %
Standard deviation of return	15,72 %	21,59 %
Sharpe risk-adjusted ratio	41,00	28,00
3-yr compounded	14,38 %	16,35 %
5-yr compounded	13,60 %	11,32 %
10-yr compounded	13,53 %	12,75 %
15-yr compounded	15,18 %	12,26 %
20-yr compounded	14,37 %	13,83 %
25-yr compounded	12,34 %	10,56 %
30-yr compounded	11,67 %	9,52 %
35-yr compounded	10,96 %	9,42 %
40-yr compounded	11,36 %	9,83 %
Compound annual return	11,54 %	10,30 %
10 000 $ becomes:	981 782,08 $	613 440,50 $
Maximum return	43,10 %	51,90 %
Minimum return	−26,70 %	−31,90 %
Maximum expected return*	44,14 %	55,65 %
Minimum expected return**	−18,74 %	−30,70 %

* Maximum expected return is average return plus 2 times the standard deviation.
** Minimum expected return is average return minus 2 times the standard deviation.

Tab. 12.6: Die Tabelle gibt an, in wie vielen Fällen zwischen 1954 und 1996 die 50 Aktien mit den höchsten jährlichen Gewinnzuwächsen der letzten 5 Jahre aus der Gruppe „Große Aktien" diese schlagen, wobei differenziert wird nach Einzeljahren (42) sowie rollierenden Fünfjahresperioden (38) und rollierenden Zehnjahresperioden (33).

Item	50 highest 5-yr EPS growth stocks beat Large Stocks	Percent
Single-year return	21 out of 42	50 %
Rolling 5-year compound return	14 out of 38	37 %
Rolling 10-year compound return	7 out of 33	21 %

Tab. 12.7: Die Tabelle zeigt, wie sich, aufgeteilt nach den Gruppen „Alle Aktien", „Große Aktien" sowie davon jeweils die 50 Werte mit den höchsten jährlichen Gewinnzuwächsen der letzten 5 Jahre, die Rendite nach Dekaden darstellte, „highest" bedeutet hier bester Zuwachs.

Portfolio	1950er*	1960er	1970er	1980er	1990er**
Large Stocks	14,07 %	8,99 %	6,99 %	16,89 %	12,61 %
50 highest 5-yr EPS growth rates from Large Stocks	16,39 %	8,24 %	5,28 %	12,34 %	13,51 %
All Stocks	20,12 %	11,09 %	8,53 %	15,85 %	12,78 %
50 highest 5-yr EPS growth rates from All Stocks	26,02 %	8,77 %	0,91 %	11,60 %	12,01 %

* Returns for 1952–1959.
** Returns for 1990–1996.

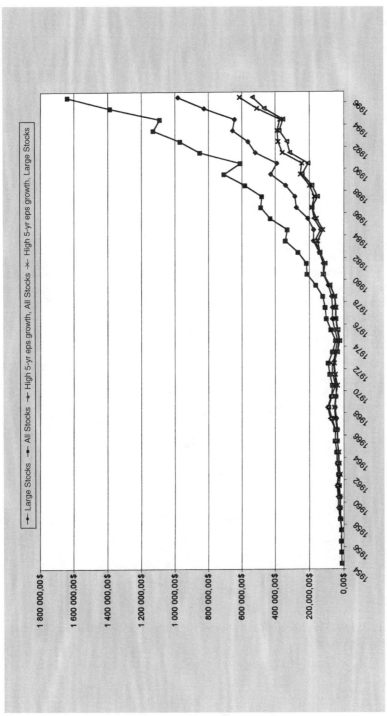

Abb. 12.1: Die Graphik trägt die nominale Wertentwicklung der 50 Werte mit den höchsten jährlichen Gewinnzuwächsen der letzten 5 Jahre aus „Alle Aktien" und „Große Aktien" sowie die der beiden Gruppen selbst ab (1954 bis 1996).

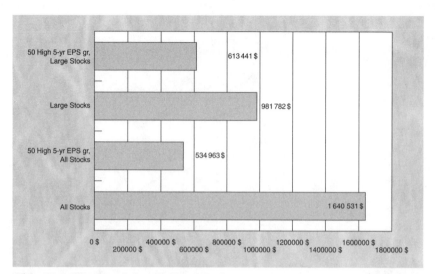

Abb. 12.2: Die Graphik stellt den Werdegang von 10000 am 31.12.1954 investierten US$ im Falle von „Allen Aktien", „Großen Aktien" sowie jeweils deren Untergruppen, der 50 Aktien mit den höchsten (50 High 5-yr EPS gr) Gewinnzuwächsen der letzten 5 Jahre, dar.

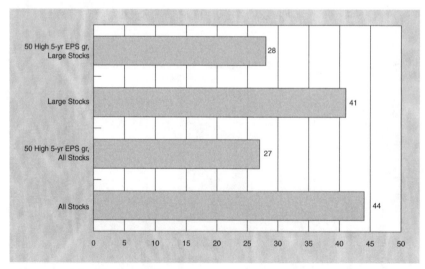

Abb. 12.3: Die Graphik stellt die Sharpe-Ratios für die in Abbildung 12.2 definierten Gruppen dar.

Die Analyse nach Zehnprozentgruppen (Deciles)

Die Zehntelanalyse für „Alle Aktien" suggeriert, daß man möglicherweise besser davonkommt, wenn man das oberste Zehntel (beste Gewinnzuwächse) außen vor läßt und sich Zehntel 2 bis Zehntel Nr. 6 zuwendet. Für „Große Aktien" reduziert sich die Aussage darauf, das oberste Zehntel zu meiden, da für Zehntel 2 bis 6 keine Regelmäßigkeit festgestellt werden kann.

Die Ergebnisse sind in den Tabellen 12.8 bis 12.9 und in den Abbildungen 12.4 und 12.5 ersichtlich.

Tab. 12.8: Die Tabelle zeigt nach absteigenden Gewinnzuwächsen (5 Jahre) der jeweiligen Zehnprozentgruppen aus der Gesamtheit „Alle Aktien" die nominelle Entwicklung von 10 000 US$, die durchschnittliche jährliche Rendite (Average Return), die kumulierte Rendite (Compound Return) sowie die Standardabweichung (Zeitraum 1954 bis 1996).

Decile	10 000 $ grows to	Average return	Compound return	Standard deviation
1 (highest 5-year earnings gains)	742 682 $	14,27 %	10,80 %	26,95 %
2	1 740 636 $	15,75 %	13,07 %	23,87 %
3	1 930 632 $	15,24 %	13,35 %	20,19 %
4	1 529 521 $	14,37 %	12,72 %	18,55 %
5	2 145 440 $	15,06 %	13,64 %	17,60 %
6	2 850 670 $	15,98 %	14,41 %	18,90 %
7	1 107 607 $	13,12 %	11,86 %	16,53 %
8	1 687 350 $	14,30 %	12,99 %	16,93 %
9	1 300 356 $	13,67 %	12,29 %	17,18 %
10 (worst 5-year earnings gains)	1 362 278 $	14,41 %	12,41 %	20,86 %
All Stocks	1 640 531 $	14,66 %	12,91 %	19,46 %

Tab. 12.9: Die Tabelle zeigt nach absteigenden Gewinnzuwächsen (5 Jahre) der jeweiligen Zehnprozentgruppen aus der Gesamtheit „Große Aktien" die nominelle Entwicklung von 10 000 US$, die durchschnittliche jährliche Rendite (Average Return), die kumulierte Rendite (Compound Return) sowie die Standardabweichung (Zeitraum 1954 bis 1996).

Decile	10 000 $ grows to	Average return	Compound return	Standard deviation
1 (highest 5-year earnings gains)	546 699 $	12,27 %	10,00 %	21,74 %
2	1 529 661 $	14,80 %	12,72 %	21,32 %
3	726 102 $	12,09 %	10,74 %	16,83 %
4	779 049 $	12,39 %	10,93 %	17,60 %
5	1 360 083 $	13,64 %	12,41 %	16,39 %
6	885 256 $	12,32 %	11,27 %	15,04 %
7	865 587 $	12,52 %	11,21 %	16,93 %
8	1 013 943 $	12,68 %	11,63 %	15,23 %
9	1 064 588 $	12,72 %	11,75 %	14,33 %
10 (worst 5-year earnings gains)	1 034 170 $	12,98 %	11,68 %	16,96 %
Large Stocks	981 782 $	12,70 %	11,54 %	15,72 %

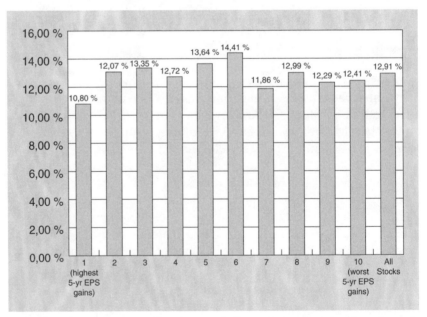

Abb. 12.4: Die kumulierte Rendite, nach Gewinnzuwachszehnteln aufgespalten (Fünfjahresbetrachtung, Zehntel Nr.1 weist höchste Gewinnzuwächse auf), aus der „Alle Aktien"-Gruppe von Ende 1954 bis Ende 1996.

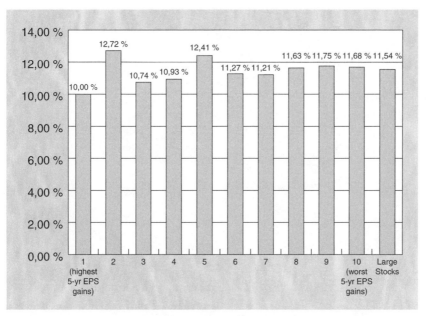

Abb. 12.5: Die kumulierte Rendite, nach Gewinnzuwachszehnteln aufgespalten (Fünfjahresbetrachtung, Zehntel Nr.1 weist höchste Gewinnzuwächse auf), aus der „Große Aktien"-Gruppe von Ende 1954 bis Ende 1996.

Implikationen

Genauso wie bei den Einjahresgewinnern in puncto „prozentualer Gewinnzuwachs" zahlen die Anleger auch bei Betrachtung der geglätteten fünfjährigen Gewinnzuwächse zuviel für die dadurch kursmäßig bereits überbewerteten Aktien. Aufgrund der Art der Datenerhebung bei Compustat war es leider nicht möglich, die 50 Aktien mit den schlechtesten Werten beim Fünfjahres-Gewinnzuwachs zu untersuchen. Es spricht jedoch nichts dagegen, daß sich ein ähnliches Bild wie bei der Einjahresbetrachtung ergibt. Es ist also evident, daß es sich nicht lohnt, ob großer Gewinnzuwächse in übertriebene Euphorie zu verfallen. Der zu zahlende Kursaufschlag ist zu hoch, und man fährt auf jeden Fall besser, ein Spiegelportfolio zu „Große Aktien" aufzubauen.

13 Profitraten: Partizipieren die Anleger tatsächlich an den Unternehmensgewinnen?

Ich glaube ganz dezidiert daran, daß der beste und klarste Weg, sich der Zukunft zu nähern, ein umfassendes Verständnis der Vergangenheit ist. Es gibt keinen mächtigen Baum ohne tiefe Wurzeln.

Cesar Pelli

Nettoprofitraten sind ein exzellenter Maßstab für die Effizienz eines Unternehmens und seiner Fähigkeit, sich der Konkurrenz in der Branche erfolgreich zu stellen. Dies bewegt zahlreiche Investoren zu der Annahme, daß Firmen mit hohen Profitraten die bessere Anlage darstellen, da sie regelmäßig die Branchenführer sind. Man erhält die Nettoprofitrate, indem man die Einnahmen, bereinigt um außergewöhnliche Erträge und Aufwendungen, durch den Nettoumsatz dividiert (mit Einnahmen sind hier die Bruttoeinnahmen abzüglich der Ausgaben, aber vor Dividendenrückstellungen gemeint). Das Ergebnis wird dann mit dem Faktor 100 multipliziert, um einen Prozentwert zu erhalten.

Die Ergebnisse

Dieser Ansatz wird getestet, indem man die 50 Aktien aus „Alle Aktien" und „Große Aktien" mit den jeweils höchsten Profitraten erwirbt. Im vorliegenden Fall können wir wieder am 31.12.1951 beginnen, so daß die gesamte Bandbreite von 45 Jahren zur Verfügung steht. Wie gehabt unterstellen wir beim Eintreffen der Daten eine gewisse Zeitverzögerung und aktualisieren unser Portfolio jährlich.

Investierte man am 31.12.1951 10 000 US$ in die 50 Aktien der Gesamtgruppe „Alle Aktien", die die höchsten Profitraten auswiesen, hätten diese per annum eine Rendite von durchschnittlich 10,96 % abgeworfen, und es stünden schließlich 1 075 959 US$ zur Verfügung. Dies ist zirka 1,5 Mio. US$ weniger, als eine Anlage in

„Alle Aktien" eingebracht hätte, hier hätte die Rendite von 13,23 %
p.a. zu einer Endsumme von 2 677 557 US$ geführt.

In bezug auf das unvermeidliche Risiko waren beide Ansätze nahezu identisch. Die Erträge der 50 Aktien höchster Profitmargen
schwankten mit einer Standardabweichung von 20,48 %, was nur
knapp 1 % über dem Wert für „Alle Aktien" liegt (19,51 %). Die anteilig vom 50-Aktien-Portfolio gewonnenen Perioden waren für alle
drei getesteten Zeitfenster negativ. So schlug die Strategie ihre Referenz in nur 11 % aller rollierenden Zehnjahresperioden. Die detail-
lierteren Ergebnisse für das Umfeld „Alle Aktien" entnehmen Sie
bitte den Tabellen 13.1 bis 13.3.

Tab. 13.1: Die Tabelle stellt die jährliche Wertentwicklung der Gruppe „Alle Aktien" der Wertentwicklung der 50 Aktien mit den höchsten Profitraten (aus dieser Gruppe) gegenüber. In der rechten Spalte liest man die relative Performance direkt ab, unten sind zusätzlich der arithmetische Durchschnitt der Verzinsung sowie die Standardabweichung (Standard Deviation) angegeben.

Year ending	All Stocks	Universe = All Stocks Top 50 profit margin	Top 50 profit margin relative performance
31. Dez. 52	7,90%	11,30%	3,40%
31. Dez. 53	2,90%	1,40%	−1,50%
31. Dez. 54	47,00%	37,80%	−9,20%
31. Dez. 55	20,70%	13,90%	−6,80%
31. Dez. 56	17,00%	8,40%	−8,60%
31. Dez. 57	−7,10%	−0,01%	7,09%
31. Dez. 58	55,00%	46,10%	−8,90%
31. Dez. 59	23,00%	9,20%	−13,80%
31. Dez. 60	6,10%	22,40%	16,30%
31. Dez. 61	31,20%	30,60%	−0,60%
31. Dez. 62	−12,00%	−3,50%	8,50%
31. Dez. 63	18,00%	17,70%	−0,30%
31. Dez. 64	16,30%	17,00%	0,70%
31. Dez. 65	22,60%	9,90%	−12,70%
31. Dez. 66	−5,20%	1,70%	6,90%
31. Dez. 67	41,10%	33,40%	−7,70%
31. Dez. 68	27,40%	26,30%	−1,10%
31. Dez. 69	−18,50%	−15,00%	3,50%
31. Dez. 70	−5,80%	−3,80%	2,00%
31. Dez. 71	21,30%	5,60%	−15,70%
31. Dez. 72	11,00%	15,60%	4,60%
31. Dez. 73	−27,20%	−20,90%	6,30%
31. Dez. 74	−27,90%	−45,70%	−17,80%
31. Dez. 75	55,90%	28,10%	−27,80%
31. Dez. 76	35,60%	37,50%	1,90%
31. Dez. 77	6,90%	16,00%	9,10%
31. Dez. 78	12,20%	14,60%	2,40%
31. Dez. 79	34,30%	85,10%	50,80%
31. Dez. 80	31,50%	29,40%	−2,10%
31. Dez. 81	1,70%	−11,70%	−13,40%
31. Dez. 82	22,50%	4,70%	−17,80%
31. Dez. 83	28,10%	17,70%	−10,40%
31. Dez. 84	−3,40%	−6,70%	−3,30%
31. Dez. 85	30,80%	10,80%	−20,00%
31. Dez. 86	13,10%	11,60%	−1,50%
31. Dez. 87	−1,30%	−1,70%	−0,40%
31. Dez. 88	21,20%	9,40%	−11,80%
31. Dez. 89	21,40%	25,40%	4,00%
31. Dez. 90	−13,80%	−13,20%	0,60%
31. Dez. 91	39,80%	32,40%	−7,40%
31. Dez. 92	13,80%	4,90%	−8,90%
31. Dez. 93	16,60%	29,50%	12,90%
31. Dez. 94	−3,40%	−4,90%	−1,50%
31. Dez. 95	27,00%	24,50%	−2,50%
31. Dez. 96	18,30%	16,70%	−1,60%
Arithmetic average	14,97%	12,88%	−2,09%
Standard deviation	19,51%	20,48%	0,97%

Tab. 13.2: Die Tabelle stellt die summierte Entwicklung der Erträge für „Alle Aktien" der Entwicklung der 50 Aktien mit den höchsten Profitraten aus dieser Gruppe gegenüber, wobei hier noch das arithmetische Mittel (Arithmetic Average), die Standardabweichung der Erträge (Standard Deviation of Return), das Sharpe-Ratio sowie Renditen nach weiteren Laufzeitgruppen hinzukommen. Auch die maximal bzw. minimal zu erwartenden sowie die tatsächlich eingetretenen Werte für die Performance (Maximum Return, Maximum Expected Return) werden angegeben. Zeithorizont ist wiederum der 31.12.1951 bis 31.12.1996.

	All Stocks	Universe = All Stocks Top 50 profit margins
Arithmetic average	14,97 %	12,88 %
Standard deviation of return	19,51 %	20,48 %
Sharpe risk-adjusted ratio	49,00	37,00
3-yr compounded	13,22 %	11,38 %
5-yr compounded	14,00 %	13,42 %
10-yr compounded	12,92 %	11,27 %
15-yr compounded	14,44 %	9,93 %
20-yr compounded	14,97 %	13,05 %
25-yr compounded	12,74 %	9,72 %
30-yr compounded	12,43 %	9,40 %
35-yr compounded	11,64 %	9,23 %
40-yr compounded	12,62 %	10,59 %
Compound annual return	13,23 %	10,96 %
10 000 $ becomes:	2 677 556,77 $	1 075 958,53 $
Maximum return	55,90 %	85,10 %
Minimum return	−27,90 %	−45,70 %
Maximum expected return*	53,98 %	53,83 %
Minimum expected return**	−24,04 %	−28,08 %

* Maximum expected return is average return plus 2 times the standard deviation.
** Minimum expected return is average return minus 2 times the standard deviation.

Tab. 13.3: Die Tabelle gibt an, in wie vielen Fällen zwischen 1951 und 1996 die 50 Aktien mit den höchsten Profitraten aus der Gruppe „Alle Aktien" diese schlagen, wobei differenziert wird nach Einzeljahren (45) sowie rollierenden Fünfjahresperioden (41) und rollierenden Zehnjahresperioden (36).

Item	50 highest profit margin stocks beat All Stocks	Percent
Single-year return	17 out of 45	38 %
Rolling 5-year compound return	12 out of 41	29 %
Rolling 10-year compound return	4 out of 36	11 %

Große Aktien entwickeln sich hier geringfügig besser

Etwas besser schnitten die 50 Aktien mit den höchsten Profitraten aus der Sphäre „Große Aktien" ab (zur Erinnerung: wir verstehen unter großen Aktien immer diejenigen mit einer Marktkapitalisierung größer als der Durchschnittswert der gesamten Datensammlung). Hier wuchsen die anfänglich (31.12.1951) investierten 10 000 US\$ auf 1 091 707 US\$, was zwar weniger ist als die 1 590 667 US\$, die man bei Anlage in „Große Aktien" erzielt hätte, aber etwas besser, als wenn man die Aktien mit dem gleichen Kriterium aus „Alle Aktien" ausgewählt hätte. Im Bereich „Großer Aktien" ist das Risiko, das mit der Strategie der 50 Top-Aktien verbunden ist, nämlich 15,91 %, geringer als das der Stammgruppe mit 16,01 %. Es ist denn auch dieses recht niedrige Risiko, das der Strategie ein respektables Sharpe-Ratio von 43 beschert. Nichtsdestotrotz sind die Zahlenverhältnisse bei den anteiligen Perioden auch hier sämtlich negativ. Von den Zehnjahresperioden konnte die Strategie nur 33 aus 100 für sich entscheiden. Die Tabellen 13.4, 13.5 und 13.6 summieren die Ergebnisse für „Große Aktien" und ihre Unterkategorie.

Die Tabelle 13.7 zeigt die kumulierten Renditen für „Alle Aktien", „Große Aktien" sowie deren jeweilige Untergruppen mit den höchsten Profitraten. Graphisch werden die Ergebnisse in den Abbildungen 13.1 bis 13.3 aufgearbeitet.

Tab. 13.4: Die Tabelle stellt die jährliche Wertentwicklung der Gruppe „Große Aktien" der Wertentwicklung der 50 Aktien mit den höchsten Profitraten (aus dieser Gruppe) gegenüber. In der rechten Spalte liest man die relative Performance direkt ab, unten ist zusätzlich der arithmetische Durchschnitt der Verzinsung sowie die Standardabweichung (Standard Deviation) angegeben.

Year ending	Large Stocks	Universe = Large Stocks Top 50 profit margins	Top 50 profit margins relative performance
31. Dez. 52	9,30 %	7,80 %	−1,50 %
31. Dez. 53	2,30 %	1,30 %	−1,00 %
31. Dez. 54	44,90 %	39,60 %	−5,30 %
31. Dez. 55	21,20 %	16,20 %	−5,00 %
31. Dez. 56	9,60 %	5,40 %	−4,20 %
31. Dez. 57	−6,90 %	2,00 %	8,90 %
31. Dez. 58	42,10 %	42,20 %	0,10 %
31. Dez. 59	9,90 %	10,60 %	0,70 %
31. Dez. 60	4,80 %	17,20 %	12,40 %
31. Dez. 61	27,50 %	31,70 %	4,20 %
31. Dez. 62	−8,90 %	−0,06 %	8,84 %
31. Dez. 63	19,50 %	12,70 %	−6,80 %
31. Dez. 64	15,30 %	14,30 %	−1,00 %
31. Dez. 65	16,20 %	3,50 %	−12,70 %
31. Dez. 66	−4,90 %	−3,70 %	1,20 %
31. Dez. 67	21,30 %	2,40 %	−18,90 %
31. Dez. 68	16,80 %	8,80 %	−8,00 %
31. Dez. 69	−9,90 %	0,08 %	9,98 %
31. Dez. 70	−0,20 %	3,50 %	3,70 %
31. Dez. 71	17,30 %	9,70 %	−7,60 %
31. Dez. 72	14,90 %	17,60 %	2,70 %
31. Dez. 73	−18,90 %	−14,40 %	4,50 %
31. Dez. 74	−26,70 %	−31,70 %	−5,00 %
31. Dez. 75	43,10 %	27,90 %	−15,20 %
31. Dez. 76	28,00 %	23,20 %	−4,80 %
31. Dez. 77	−2,50 %	2,00 %	4,50 %
31. Dez. 78	8,10 %	9,00 %	0,90 %
31. Dez. 79	27,30 %	47,40 %	20,10 %
31. Dez. 80	30,80 %	38,20 %	7,40 %
31. Dez. 81	0,60 %	−11,80 %	−12,40 %
31. Dez. 82	19,90 %	2,80 %	−17,40 %
31. Dez. 83	23,80 %	16,70 %	−7,10 %
31. Dez. 84	−0,40 %	−1,80 %	−1,40 %
31. Dez. 85	19,50 %	24,70 %	5,20 %
31. Dez. 86	32,20 %	21,10 %	−11,10 %
31. Dez. 87	3,30 %	4,40 %	1,10 %
31. Dez. 88	19,00 %	11,20 %	−7,80 %
31. Dez. 89	26,00 %	30,80 %	4,80 %
31. Dez. 90	−8,70 %	−4,80 %	3,90 %
31. Dez. 91	33,00 %	40,70 %	7,70 %
31. Dez. 92	8,70 %	6,40 %	−2,30 %
31. Dez. 93	16,30 %	19,70 %	3,40 %
31. Dez. 94	−1,90 %	−0,02 %	1,88 %
31. Dez. 95	28,50 %	28,90 %	0,40 %
31. Dez. 96	18,70 %	13,10 %	−5,60 %
Arithmetic average	13,11 %	12,14 %	−0,96 %
Standard deviation	16,01 %	15,91 %	−0,10 %

Tab. 13.5: Die Tabelle stellt die summierte Entwicklung der Erträge für „Große Aktien" der Entwicklung der 50 Aktien mit den höchsten Profitraten aus dieser Gruppe gegenüber, wobei hier noch das arithmetische Mittel (Arithmetic Average), die Standardabweichung der Erträge (Standard Deviation of Return), das Sharpe-Ratio sowie Renditen nach weiteren Laufzeitgruppen hinzukommen. Auch die maximal bzw. minimal zu erwartenden sowie die tatsächlich eingetretenen Werte für die Performance (Maximum Return, Maximum Expected Return) werden angegeben. Zeithorizont ist wiederum der 31.12.1951 bis 31.12.1996.

	Large Stocks	Universe = Large Stocks Top 50 profit margins
Arithmetic average	13,11%	12,14%
Standard deviation of return	16,01%	15,91%
Sharpe risk-adjusted ratio	48,00	43,00
3-yr compounded	14,38%	13,38%
5-yr compounded	13,60%	13,17%
10-yr compounded	13,53%	14,21%
15-yr compounded	15,16%	13,54%
20-yr compounded	14,37%	13,86%
25-yr compounded	12,34%	11,30%
30-yr compounded	11,67%	10,20%
35-yr compounded	10,96%	9,45%
40-yr compounded	11,36%	10,71%
Compound annual return	11,92%	10,99%
10000 $ becomes:	1590667,04 $	1091707,48 $
Maximum return	44,90%	47,40%
Minimum return	−26,70%	−31,70%
Maximum expected return*	45,12%	43,96%
Minimum expected return**	−18,91%	−19,67%

* Maximum expected return is average return plus 2 times the standard deviation.

** Minimum expected return is average return minus 2 times the standard deviation.

Tab. 13.6: Die Tabelle gibt an, in wie vielen Fällen zwischen 1951 und 1996 die 50 Aktien mit den höchsten Profitraten aus der Gruppe „Große Aktien" diese schlagen, wobei differenziert wird nach Einzeljahren (45) sowie rollierenden Fünfjahresperioden (41) und rollierenden Zehnjahresperioden (36).

Item	50 highest profit margin stocks beat Large Stocks	Percent
Single-year return	23 out of 45	51%
Rolling 5-year compound return	16 out of 41	39%
Rolling 10-year compound return	12 out of 36	33%

Tab. 13.7: Die Tabelle zeigt, wie sich, aufgeteilt nach den Gruppen „Alle Aktien", „Große Aktien" sowie davon jeweils die 50 Werte mit den höchsten Profitraten, die Rendite nach Dekaden darstellte, „highest profit margins" bedeutet hier höchste Profitrate.

Portfolio	1950er*	1960er	1970er	1980er	1990er**
Large Stocks	15,33%	8,99%	6,99%	16,89%	12,61%
50 highest profit margins from Large Stocks	14,70%	8,24%	7,26%	12,66%	13,90%
All Stocks	19,22%	11,09%	8,53%	15,85%	12,78%
50 highest profit margins from All Stocks	15,02%	13,02%	8,14%	8,16%	11,61%

* Returns for 1952–1959.
** Returns for 1990–1996.

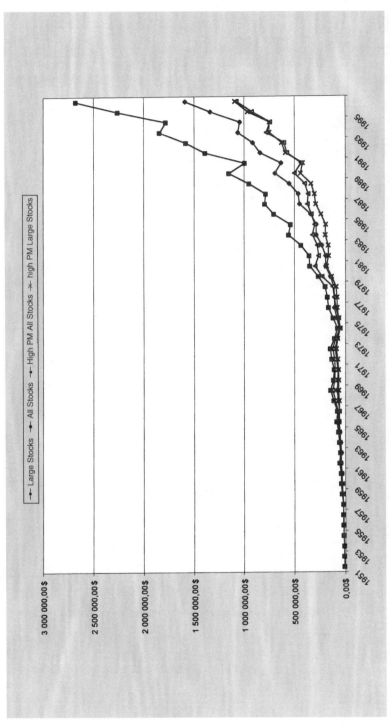

Abb. 13.1: Die Graphik trägt die nominale Wertentwicklung der 50 Werte mit den höchsten Profitraten aus „Alle Aktien" und „Große Aktien" sowie die der beiden Gruppen selbst ab (1951 bis 1996).

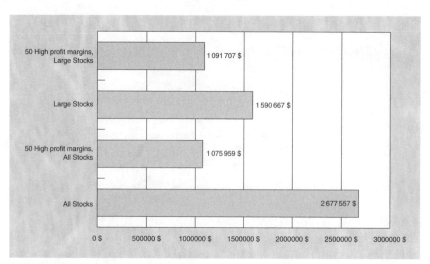

Abb. 13.2: Die Graphik stellt den Werdegang von 10 000 am 31.12.1951 investierten US$ im Falle von „Allen Aktien", „Großen Aktien" sowie jeweils deren Untergruppen, der 50 Aktien mit den höchsten Profitraten (50 High Profit Margins), dar.

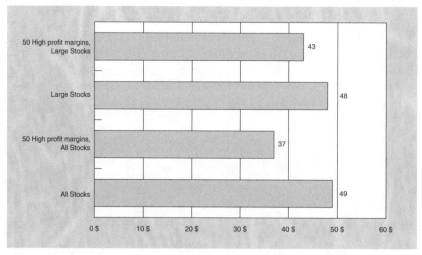

Abb. 13.3: Die Graphik stellt die Sharpe-Ratios für die in Abbildung 13.2 definierten Gruppen dar.

Die Analyse nach Zehnprozentgruppen (Deciles)

Die Untersuchung des Einflusses von Profitraten nach Zehnteln bestätigt die Ergebnisse bei den 50-Aktien-Depots. Es ist nach wie vor
keine gute Idee, eine Aktie nur deshalb aufzunehmen, weil sie eine
gute Profitrate aufweisen kann. Tatsächlich ist es nämlich so, daß das
Studium der einzelnen Zehntel eher das Gegenteil belegt; einige der
unteren Zehntel (mit niedrigen Profitraten) schlagen sogar Zehntel
mit Aktien hoher Profitraten (eine Ausnahme stellt hier das unterste
Zehntel dar). Beispielsweise entwickelten sich 10 000 US$ von Ende
1951 bis Ende 1996 bei einer Anlage in das höchste (vermeintlich
beste) Zehntel aus „Alle Aktien" zu 1 568 078 US$, was um einiges
schlechter als „Alle Aktien" insgesamt und dezidiert schlechter als
ein Investment in das vermeintlich zweitschlechteste Zehntel war.
Gleiches gilt für hochkapitalisierte Aktien, wo es ebenfalls den unteren Zehnteln gelang, Aktien mit höheren Profitraten zu schlagen.
Die Tabellen 13.8 und 13.9 sowie die Abbildungen 13.4 und 13.5
verdeutlichen diese Aussagen.

Tab. 13.8: Die Tabelle zeigt nach absteigenden Profitraten der jeweiligen
Zehnprozentgruppen aus der Gesamtheit „Aller Aktien" die nominelle
Entwicklung von 10 000 US$, die durchschnittliche jährliche Rendite
(Average Return), die kumulierte Rendite (Compound Return) sowie die
Standardabweichung (Zeitraum 1951 bis 1996).

Decile	10 000 $ grows to	Average return	Compound return	Standard deviation
1 (highest profit margins)	1 568 078 $	13,36 %	11,89 %	17,77 %
2	1 907 174 $	13,55 %	12,38 %	15,90 %
3	2 153 167 $	13,99 %	12,68 %	16,81 %
4	1 512 735 $	13,05 %	11,80 %	16,74 %
5	1 894 891 $	14,17 %	12,36 %	19,40 %
6	2 699 742 $	15,26 %	13,25 %	20,82 %
7	2 529 680 $	15,17 %	13,08 %	21,10 %
8	3 305 809 $	15,88 %	13,76 %	21,62 %
9	3 454 324 $	16,03 %	13,87 %	21,83 %
10 (lowest profit margins)	1 604 494 $	14,86 %	11,95 %	25,57 %
All Stocks	2 677 557 $	14,97 %	13,23 %	19,51 %

Tab. 13.9: Die Tabelle zeigt nach absteigenden Profitraten der jeweiligen Zehnprozentgruppen aus der Gesamtheit „Großer Aktien" die nominelle Entwicklung von 10 000 US$, die durchschnittliche jährliche Rendite (Average Return), die kumulierte Rendite (Compound Return) sowie die Standardabweichung (Zeitraum 1951 bis 1996).

Decile	10 000 $ grows to	Average return	Compound return	Standard deviation
1 (highest profit margins)	1 011 172 $	12,01 %	10,80 %	16,26 %
2	1 484 857 $	12,81 %	11,75 %	15,14 %
3	2 017 522 $	13,57 %	12,52 %	14,92 %
4	1 771 464 $	13,42 %	12,19 %	16,55 %
5	2 170 358 $	14,01 %	12,70 %	16,77 %
6	1 790 421 $	13,54 %	12,22 %	16,92 %
7	2 014 218 $	14,06 %	12,51 %	18,44 %
8	2 341 631 $	14,38 %	12,89 %	17,95 %
9	2 108 530 $	14,12 %	12,63 %	18,18 %
10 (lowest profit margins)	2 100 283 $	14,17 %	12,62 %	18,50 %
Large Stocks	1 590 667 $	13,11 %	11,92 %	16,01 %

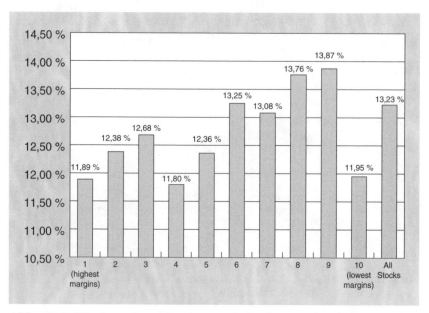

Abb. 13.4: Die kumulierte Rendite, nach Profitratenzehnteln aufgespalten (Zehntel Nr.1 weist höchste Profitraten auf), aus der „Alle Aktien"-Gruppe von Ende 1951 bis Ende 1996.

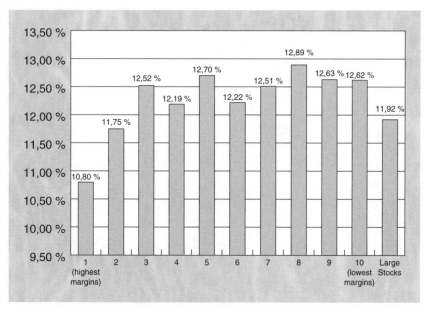

Abb. 13.5: Die kumulierte Rendite, nach Profitratenzehnteln aufgespalten (Zehntel Nr.1 weist höchste Profitraten auf), aus der „Große Aktien"-Gruppe von Ende 1951 bis Ende 1996.

Implikationen

Die Historie zeigt, daß die Heranziehung von Profitraten als einzige Determinante zwangsläufig zu enttäuschenden Anlageergebnissen führt. Vielmehr hat die Zehntelanalyse gezeigt, daß, sollte der Anleger Profitraten überhaupt in sein Kalkül ziehen, die Aktien aus den oberen Zehnteln mit den höchsten Profitraten zu vermeiden sind.

14 Return on Equity: Wie sich das eingesetzte Kapital verzinst

Man trifft öfter auf Menschen, die anzweifeln, was wahr ist, als zu akzeptieren, was unwahr ist

Frank A. Clark

Unter „Return on Equity" versteht man das Verhältnis der regulären Nettoeinnahmen eines Unternehmens (also der Einnahmen abzüglich aller Ausgaben, aber vor Rückstellungen für Dividendenzahlungen, ebenso bereinigt um außergewöhnliche Erträge und Belastungen) zum eingesetzten Kapital. Man dividiert also die so definierten Einnahmen durch den potentiellen Liquidationswert des Unternehmens (den wir hier als gute Näherung des Unternehmenswertes heranziehen) und multipliziert diesen Term mit dem Faktor 100, um einen Prozentwert zu erhalten.

Im Folgenden wollen wir diesen Indikator mit ROE abkürzen, zumal sich dies in der Praxis überwiegend so eingebürgert hat.

Hohe ROEs sind ein hervorstechendes Merkmal von Wachstumswerten.

Genauso wie bei den bereits untersuchten Profitraten gehen viele Aktienkäufer davon aus, daß auch hohe ROEs ein hervorragender Maßstab dafür sind, wie effizient Unternehmen das Investorenkapital einsetzen. Je höher die Kennziffer also ist, desto eher wird die Fähigkeit unterstellt, Ihr zur Verfügung gestelltes Geld gewinnbringend zu verwenden, und desto besser sollte demzufolge auch die Kursentwicklung der Aktie sein.

Die Ergebnisse

Wie gehabt werden wir die Anlageergebnisse von Aktien mit hohen ROEs aus den beiden Referenzgruppen „Alle Aktien" und „Große Aktien" bewerten. Zuerst betrachten wir den Werdegang von 10 000 US$, die am 31.12.1951 in diejenigen 50 Aktien aus „Alle Aktien" investiert wurden, die die höchsten ROEs aufzeigen. Auch an dieser Stelle werden wir wieder unsere Zehntelanalyse für beide Gruppen betreiben, die Portfolios auf jährlicher Basis aktualisieren und eine Zeitverzögerung bei der Datenverfügbarkeit unterstellen, um einen realistischen Ansatz zu haben.

Am Ende der Betrachtungsperiode (also Ende 1996) erhielte man aus einer derartigen Anlage eine Summe von 2 507 363 US$, was geringfügig weniger ist als der Endbetrag einer Anlage in „Alle Aktien" (2 677 557 US$). Das nur mäßig schlechtere Ergebnis geht allerdings mit einem deutlich höheren Risiko einher: Das 50-Aktien-Depot wies eine Standardabweichung der Erträge von 26,17 % auf und lag somit beträchtlich hinter den 19,51 % der Gruppe „Alle Aktien". Es nimmt kaum Wunder, daß das Sharpe-Ratio dieser 50 Titel mit 41 um 8 Punkte hinter dem Wert von 49 von „Alle Aktien" liegt.

Statt die anteilig von der geprüften Strategie für sich entschiedenen Perioden zu Rate zu ziehen, könnte man genauso gut eine Münze werfen. Bei den Einjahresperioden lag die Strategie in 49 % der Fälle vorn, bei den revolvierenden Fünfjahresperioden in 46 % der Fälle und bei den sich prolongierenden Zehnjahresperioden in 42 % der Perioden. Die Tabellen 14.1 bis 14.3 geben die zusammengefaßten Ergebnisse für „Alle Aktien" an.

Tab. 14.1: Die Tabelle stellt die jährliche Wertentwicklung der Gruppe „Alle Aktien" der Wertentwicklung der 50 Aktien mit den höchsten ROEs (aus dieser Gruppe) gegenüber. In der rechten Spalte liest man die relative Performance direkt ab, unten sind zusätzlich der arithmetische Durchschnitt der Verzinsung sowie die Standardabweichung (Standard Deviation) angegeben.

Year ending	All Stocks	Universe = All Stocks top 50 ROE	Top 50 ROE relative performance
31. Dez. 52	7,90 %	9,80 %	1,90 %
31. Dez. 53	2,90 %	−2,30 %	−5,20 %
31. Dez. 54	47,00 %	64,90 %	17,90 %
31. Dez. 55	20,70 %	23,30 %	2,60 %
31. Dez. 56	17,00 %	25,20 %	8,20 %
31. Dez. 57	−7,10 %	−9,70 %	−2,60 %
31. Dez. 58	55,00 %	64,20 %	9,20 %
31. Dez. 59	23,00 %	41,30 %	18,30 %
31. Dez. 60	6,10 %	26,60 %	20,50 %
31. Dez. 61	31,20 %	24,30 %	−6,90 %
31. Dez. 62	−12,00 %	−15,50 %	−3,50 %
31. Dez. 63	18,00 %	12,30 %	−5,70 %
31. Dez. 64	16,30 %	14,70 %	−1,60 %
31. Dez. 65	22,60 %	25,90 %	3,30 %
31. Dez. 66	−5,20 %	0,02 %	5,22 %
31. Dez. 67	41,10 %	96,30 %	55,00 %
31. Dez. 68	27,40 %	18,40 %	−9,00 %
31. Dez. 69	−18,50 %	−19,60 %	−1,10 %
31. Dez. 70	−5,80 %	−3,40 %	2,40 %
31. Dez. 71	21,30 %	31,00 %	9,70 %
31. Dez. 72	11,00 %	3,80 %	−7,20 %
31. Dez. 73	−27,20 %	−44,00 %	−16,80 %
31. Dez. 74	−27,90 %	−26,50 %	1,40 %
31. Dez. 75	55,90 %	49,80 %	−6,10 %
31. Dez. 76	35,60 %	32,70 %	−2,90 %
31. Dez. 77	6,90 %	18,70 %	11,80 %
31. Dez. 78	12,20 %	10,70 %	−1,50 %
31. Dez. 79	34,30 %	39,00 %	4,70 %
31. Dez. 80	31,50 %	40,60 %	9,10 %
31. Dez. 81	1,70 %	−13,50 %	−15,20 %
31. Dez. 82	22,50 %	34,00 %	11,50 %
31. Dez. 83	28,10 %	13,20 %	−14,90 %
31. Dez. 84	−3,40 %	−27,10 %	−23,70 %
31. Dez. 85	30,80 %	33,30 %	2,50 %
31. Dez. 86	13,10 %	18,70 %	5,60 %
31. Dez. 87	−1,30 %	−9,50 %	−8,20 %
31. Dez. 88	21,20 %	19,00 %	−2,20 %
31. Dez. 89	21,40 %	23,60 %	2,20 %
31. Dez. 90	−13,80 %	−18,10 %	−4,30 %
31. Dez. 91	39,80 %	31,30 %	−8,50 %
31. Dez. 92	13,80 %	8,50 %	−5,30 %
31. Dez. 93	16,60 %	23,60 %	7,00 %
31. Dez. 94	−3,40 %	−7,30 %	−3,90 %
31. Dez. 95	27,00 %	28,10 %	1,10 %
31. Dez. 96	18,30 %	14,20 %	−4,10 %
Arithmetic average	14,97 %	16,10 %	1,13 %
Standard deviation	19,51 %	26,17 %	6,67 %

Tab. 14.2: Die Tabelle stellt die summierte Entwicklung der Erträge für „Alle Aktien" der Entwicklung der 50 Aktien mit den höchsten ROEs aus dieser Gruppe gegenüber, wobei hier noch das arithmetische Mittel (Arithmetic Average), die Standardabweichung der Erträge (Standard Deviation of Return), das Sharpe-Ratio sowie Renditen nach weiteren Laufzeitgruppen hinzukommen. Auch die maximal bzw. minimal zu erwartenden sowie die tatsächlich eingetretenen Werte für die Performance (Maximum Return, Maximum Expected Return) werden angegeben. Zeithorizont ist wiederum der 31.12.1951 bis 31.12.1996.

	All Stocks	Universe = All Stocks top 50 ROE
Arithmetic average	14,97%	16,10%
Standard deviation of return	19,51%	26,17%
Sharpe risk-adjusted ratio	49,00	41,00
3-yr compounded	13,22%	10,69%
5-yr compounded	14,00%	12,71%
10-yr compounded	12,92%	10,04%
15-yr compounded	14,44%	10,64%
20-yr compounded	14,97%	12,27%
25-yr compounded	12,74%	8,98%
30-yr compounded	12,43%	10,56%
35-yr compounded	11,64%	9,97%
40-yr compounded	12,62%	11,96%
Compound annual return	13,23%	13,06%
10000 $ becomes:	2677556,77 $	2507363,29 $
Maximum return	55,90%	96,30%
Minimum return	−27,90%	−44,00%
Maximum expected return*	53,98%	68,44%
Minimum expected return**	−24,04%	−36,24%

* Maximum expected return is average return plus 2 times the standard deviation.
** Minimum expected return is average return minus 2 times the standard deviation.

Tab. 14.3: Die Tabelle zeigt, in wie vielen Fällen zwischen 1951 und 1996 die 50 Aktien mit den höchsten ROEs aus der Gruppe „Alle Aktien" diese schlagen, wobei differenziert wird nach Einzeljahren (45) sowie rollierenden Fünfjahresperioden (41) und rollierenden Zehnjahresperioden (36).

Item	50 highest ROE stocks beat All Stocks	Percent
Single-year return	22 out of 45	49%
Rolling 5-year compound return	19 out of 41	46%
Rolling 10-year compound return	15 out of 36	42%

In diesem Kontext präsentieren sich große Aktien etwas schlechter

Die 50 aus der Obergruppe „Große Aktien" anhand der höchsten ROEs herausgefilterten Aktien entwickelten sich hier etwas schlechter; die über den gleichen Zeitraum eingesetzten 10 000 US$ mauserten sich zu 1 138 300 US$, rentierten kumuliert also mit 11,10 % p.a. Dieses Ergebnis liegt hinter den 1 590 667 US$, die eine Anlage in die Gesamtgruppe erbracht hätte. Auch hier ist die Anlage in das 50-Werte-Depot jedoch mit höherem Risiko verbunden. Sie schwankten mit einer Standardabweichung von 19,45 %, also um 3,44 % mehr als „Große Aktien". Erwartungsgemäß liegt daher das Sharpe-Ratio hinter dem der Referenzgruppe: Das ausgewählte Depot wies hier einen Wert von 39 auf, die Stammgruppe jedoch 48.

Die augenfälligen Zahlenverhältnisse bezüglich gewonnener Perioden sind hier deutlicher im negativen Bereich. Von den Einjahresperioden entschied die Strategie 44 von 100 für sich, von den Fünfjahresperioden 39 % und von den Zehnjahresperioden 36 %.

Die Tabellen 14.4 bis 14.6 fassen die Ergebnisse für „Große Aktien" zusammen, und die Tabelle 14.7 gibt an, wie sich die kumulierten Renditen für beide Referenzgruppen nach Dekaden darstellten. Die Ergebnisse werden graphisch in den Abbildungen 14.1 bis 14.3 dargestellt.

Tab. 14.4: Die Tabelle stellt die jährliche Wertentwicklung der Gruppe „Große Aktien" der Wertentwicklung der 50 Aktien mit den höchsten ROEs (aus dieser Gruppe) gegenüber. In der rechten Spalte liest man die relative Performance direkt ab, unten sind zusätzlich der arithmetische Durchschnitt der Verzinsung sowie die Standardabweichung (Standard Deviation) angegeben.

Year ending	Large Stocks	Universe = Large Stocks top 50 ROE	Top 50 ROE relative performance
31. Dez. 52	9,30%	10,10%	0,80%
31. Dez. 53	2,30%	−0,07%	−2,37%
31. Dez. 54	44,90%	56,20%	11,30%
31. Dez. 55	21,20%	30,40%	9,20%
31. Dez. 56	9,60%	11,50%	1,90%
31. Dez. 57	−6,90%	−13,30%	−6,40%
31. Dez. 58	42,10%	46,50%	4,40%
31. Dez. 59	9,90%	16,10%	6,20%
31. Dez. 60	4,80%	9,40%	4,60%
31. Dez. 61	27,50%	26,00%	−1,50%
31. Dez. 62	−8,90%	−17,00%	−8,10%
31. Dez. 63	19,50%	19,00%	−0,50%
31. Dez. 64	15,30%	11,70%	−3,60%
31. Dez. 65	16,20%	19,90%	3,70%
31. Dez. 66	−4,90%	2,80%	7,70%
31. Dez. 67	21,30%	27,60%	6,30%
31. Dez. 68	16,80%	11,70%	−5,10%
31. Dez. 69	−9,90%	−1,00%	8,90%
31. Dez. 70	−0,20%	−1,80%	−1,60%
31. Dez. 71	17,30%	25,70%	8,40%
31. Dez. 72	14,90%	15,20%	0,30%
31. Dez. 73	−18,90%	−31,40%	−12,50%
31. Dez. 74	−26,70%	−32,40%	−5,70%
31. Dez. 75	43,10%	39,80%	−3,30%
31. Dez. 76	28,00%	31,50%	3,50%
31. Dez. 77	−2,50%	−4,00%	−1,50%
31. Dez. 78	8,10%	4,20%	−3,90%
31. Dez. 79	27,30%	38,20%	10,90%
31. Dez. 80	30,80%	42,60%	11,80%
31. Dez. 81	0,60%	−9,60%	−10,20%
31. Dez. 82	19,90%	14,70%	−5,20%
31. Dez. 83	23,80%	13,00%	−10,80%
31. Dez. 84	−0,40%	−6,90%	−6,50%
31. Dez. 85	19,50%	39,20%	19,70%
31. Dez. 86	32,20%	17,20%	−15,00%
31. Dez. 87	3,30%	−5,40%	−8,70%
31. Dez. 88	19,00%	15,10%	−3,90%
31. Dez. 89	26,00%	26,00%	0,00%
31. Dez. 90	−8,70%	−11,20%	−2,50%
31. Dez. 91	33,00%	39,00%	6,00%
31. Dez. 92	8,70%	2,00%	−6,70%
31. Dez. 93	16,30%	10,70%	−5,60%
31. Dez. 94	−1,90%	0,00%	1,90%
31. Dez. 95	28,50%	23,60%	−4,90%
31. Dez. 96	18,70%	16,20%	−2,50%
Arithmetic average	13,11%	12,86%	−0,25%
Standard deviation	16,01%	19,45%	3,44%

Tab. 14.5: Die Tabelle zeigt die summierte Entwicklung der Erträge für „Große Aktien" im Vergleich zur Entwicklung der 50 Aktien mit den höchsten ROEs aus dieser Gruppe, wobei hier noch das arithmetische Mittel (Arithmetic Average), die Standardabweichung der Erträge (Standard Deviation of Return), das Sharpe-Ratio sowie Renditen nach weiteren Laufzeitgruppen hinzukommen. Auch die maximal bzw. minimal zu erwartenden sowie die tatsächlich eingetretenen Werte für die Performance (Maximum Return, Maximum Expected Return) werden angegeben. Zeithorizont ist wiederum der 31.12.1951 bis 31.12.1996.

	Large Stocks	Universe = Large Stocks Top 50 ROE
Arithmetic average	13,11 %	12,86 %
Standard deviation of return	16,01 %	19,45 %
Sharpe risk-adjusted ratio	48,00	39,00
3-yr compounded	14,38 %	12,83 %
5-yr compounded	13,60 %	10,15 %
10-yr compounded	13,53 %	10,63 %
15-yr compounded	15,16 %	11,91 %
20-yr compounded	14,37 %	11,99 %
25-yr compounded	12,34 %	9,41 %
30-yr compounded	11,67 %	9,79 %
35-yr compounded	10,96 %	9,29 %
40-yr compounded	11,36 %	10,02 %
Compound annual return	11,92 %	11,10 %
10 000 $ becomes:	1 590 667,04 $	1 138 299,52 $
Maximum return	44,90 %	56,20 %
Minimum return	−26,70 %	−32,40 %
Maximum expected return*	45,12 %	51,75 %
Minimum expected return**	−18,91 %	−26,03 %

* Maximum expected return is average return plus 2 times the standard deviation.
** Minimum expected return is average return minus 2 times the standard deviation.

Tab. 14.6: Die Tabelle gibt an, in wie vielen Fällen zwischen 1951 und 1996 die 50 Aktien mit den höchsten ROEs aus der Gruppe „Große Aktien" diese schlagen, wobei differenziert wird nach Einzeljahren (45) sowie rollierenden Fünfjahresperioden (41) und rollierenden Zehnjahresperioden (36).

Item	50 highest ROE stocks beat Large Stocks	Percent
Single-year return	20 out of 45	44 %
Rolling 5-year compound return	16 out of 41	39 %
Rolling 10-year compound return	13 out of 36	36 %

Tab. 14.7: Die Tabelle zeigt, wie sich, aufgeteilt nach den Gruppen „Alle Aktien", „Große Aktien" sowie davon jeweils die 50 Werte mit den höchsten ROEs, die Rendite nach Dekaden darstellte, „highest ROEs" bedeutet hier höchste Einnahmen auf das eingesetzte Kapital.

Portfolio	1950er*	1960er	1970er	1980er	1990er**
Large Stocks	15,33%	8,99%	6,99%	16,89%	12,61%
50 highest ROE from Large Stocks	17,71%	10,22%	5,30%	13,29%	10,42%
All Stocks	19,22%	11,09%	8,53%	15,85%	12,78%
50 highest ROE from All Stocks	24,36%	14,96%	6,98%	10,97%	10,06%

 * Returns for 1952–1959.
** Returns for 1990–1996.

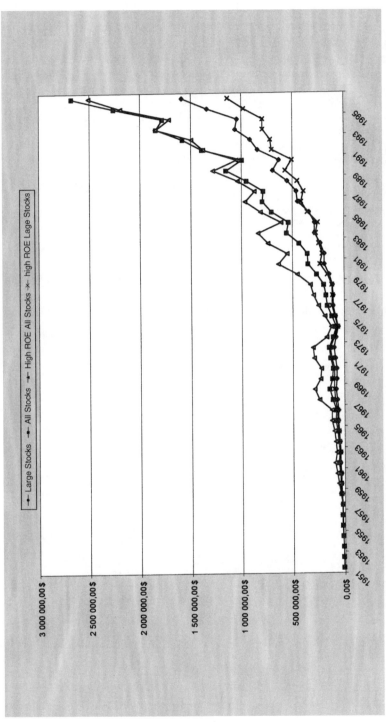

Abb. 14.1: Die Graphik trägt die nominale Wertentwicklung der 50 Werte mit den höchsten ROEs aus „Alle Aktien" und „Große Aktien" sowie die der beiden Gruppen selbst ab (1951 bis 1996).

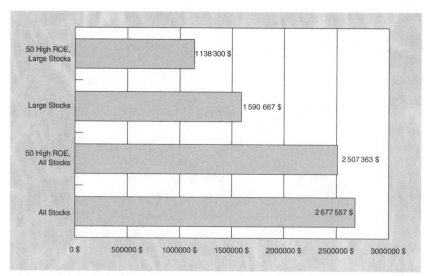

Abb. 14.2: Die Graphik stellt den Werdegang von 10 000 am 31.12.1951 investierten US$ im Falle von „Allen Aktien", „Großen Aktien" sowie jeweils deren Untergruppen, der 50 Aktien mit den höchsten ROEs (50 High ROE), dar.

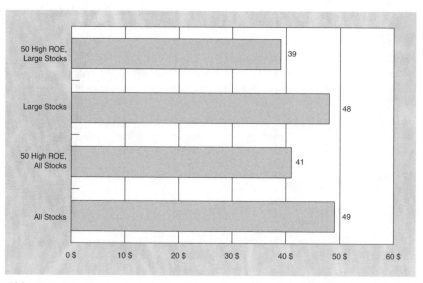

Abb. 14.3: Die Graphik stellt die Sharpe-Ratios für die in Abbildung 14.2 definierten Gruppen dar.

Die Zehntelanalyse (Deciles)

Die Analyse nach Zehnprozentgruppen gibt hier ein etwas differenzierteres Bild ab. Derjenige Anleger, der in Zehntel Nr. 2 und Zehntel Nr. 3, gestaffelt nach den höchsten ROEs, investiert hätte, hätte nahezu doppelt so gut abgeschnitten wie die Benchmark. So wäre beispielsweise ein Investment von 10 000 US$ in das zweithöchste ROE-Zehntel aus „Alle Aktien" mit einer Endsumme von 5 761 996 US$ belohnt worden. Diese zusammengefaßte Jahresrendite von 15,17% konnte um einiges besser gefallen als die 12,23% von „Alle Aktien". Relativiert werden diese zunächst wunderbaren Ergebnisse aber durch die hohe Standardabweichung der Erträge dieses Zehntels, die mit 26,27% die risikoadjustierte Ertragserwartung des Ansatzes auf ein Sharpe-Ratio von 48 reduzierte, also einen Punkt weniger als die Obergruppe.

Die Tabellen 14.8 und 14.9 sowie die Abbildungen 14.4 und 14.5 geben hier den Überblick.

Tab. 14.8: Die Tabelle zeigt nach absteigenden ROEs der jeweiligen Zehnprozentgruppen aus der Gesamtheit „Aller Aktien" die nominelle Entwicklung von 10 000 US$, die durchschnittliche jährliche Rendite (Average Return), die kumulierte Rendite (Compound Return) sowie die Standardabweichung (Zeitraum 1951 bis 1996).

Decile	10 000 $ grows to	Average return	Compound return	Standard deviation
1 (highest ROE)	2 805 327 $	16,05%	13,34%	24,72%
2	5 761 996 $	17,91%	15,17%	26,27%
3	3 566 269 $	16,27%	13,95%	22,55%
4	2 004 480 $	14,22%	12,50%	19,21%
5	2 948 707 $	15,44%	13,47%	20,61%
6	2 692 199 $	15,22%	13,24%	20,73%
7	2 653 724 $	14,93%	13,20%	19,27%
8	4 144 374 $	16,16%	14,33%	20,15%
9	2 059 215 $	14,49%	12,57%	20,50%
10 (lowest ROE)	1 834 419 $	15,09%	12,28%	25,31%
All Stocks	2 677 557 $	14,97%	13,23%	19,51%

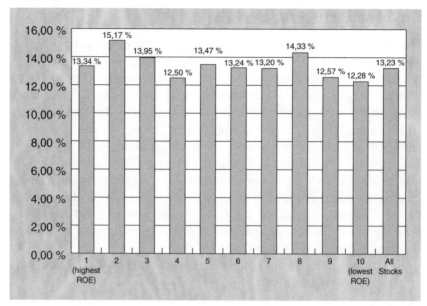

Abb. 14.4: Die kumulierte Rendite, nach ROE-Zehnteln aufgespalten (Zehntel Nr.1 weist höchste ROE, highest ROE, auf), aus der „Alle Aktien"-Gruppe von Ende 1951 bis Ende 1996.

Tab. 14.9: Die Tabelle zeigt nach absteigenden ROEs der jeweiligen Zehnprozentgruppen aus der Gesamtheit „Großer Aktien" die nominelle Entwicklung von 10 000 US$, die durchschnittliche jährliche Rendite (Average Return), die kumulierte Rendite (Compound Return) sowie die Standardabweichung (Zeitraum 1951 bis 1996).

Decile	10 000 $ grows to	Average return	Compound return	Standard deviation
1 (highest ROE)	1 246 113 $	13,33 %	11,32 %	20,98 %
2	4 471 608 $	16,23 %	14,52 %	19,39 %
3	3 366 313 $	15,34 %	13,80 %	18,29 %
4	1 145 818 $	12,43 %	11,11 %	16,80 %
5	1 118 998 $	12,43 %	11,05 %	17,25 %
6	1 855 489 $	13,72 %	12,31 %	17,44 %
7	1 051 858 $	12,21 %	10,90 %	16,73 %
8	1 719 019 $	13,36 %	12,12 %	16,65 %
9	1 041 370 $	12,23 %	10,88 %	17,00 %
10 (lowest ROE)	1 830 812 $	13,69 %	12,27 %	17,57 %
Large Stocks	1 590 667 $	13,11 %	11,92 %	16,01 %

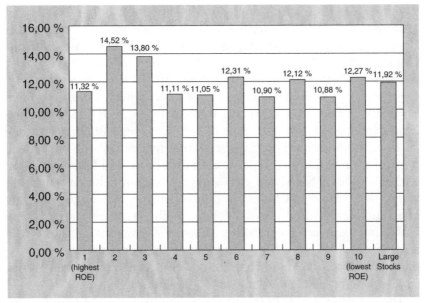

Abb. 14.5: Die kumulierte Rendite, nach ROE-Zehnteln aufgespalten (Zehntel Nr.1 weist höchstes ROE, highest ROE, auf), aus der „Große Aktien"-Gruppe von Ende 1951 bis Ende 1996.

Implikationen

„Return on Equity" ist ein glänzendes Beispiel dafür, wie wichtig es ist, einen langen Zeithorizont zu betrachten, um die Effektivität einer Strategie abzuschätzen. Stellen wir uns einen jungen Anleger vor, der Ende 1964 gerade sein Studium beendet hat. Er ergattert einen Job an der Wall Street und beginnt sich dafür zu interessieren, wie sich Aktien mit hohen ROEs entwickeln. Die Schlüsse des vorausgegangenen Jahrzehnts sind diesbezüglich durchaus ermutigend. Zwischen dem 31.12.1951 und dem 31.12.1959 gelang es denjenigen 50 Aktien aus „Alle Aktien" und „Große Aktien" mit den höchsten ROEs, ihre betreffende Obergruppe zu schlagen. Das 50-Aktien-Portfolio aus „Alle Aktien" rentierte mit durchschnittlich 24,36 % p.a., das aus „Große Aktien" mit 17,71 % p.a. Sowohl die Geschichte dahinter als auch die empirische Evidenz machen Sinn. Man kaufe Aktien, die es verstehen, das Geld ihrer Aktionäre gut zu verwalten, und stelle diesen Firmen den eigenen Spargroschen zur Verfügung. Dies erscheint so simpel wie effektiv. Unser junger Wall-Street-Angestellter bleibt jedoch skeptisch und möchte die Ergebnisse im eigenen Portemonnaie haben, bevor er die Story glaubt. Er sieht sich das Jahr 1965 an, in dem die 50 Aktien mit hohen ROEs aus „Alle Aktien" mit 26% rentieren, also besser abschneiden als die Benchmark mit 23%. Obwohl das Folgejahr ein Baissemarkt für die Gesamtheit aller Aktien ist (sie verlieren in 1966 im Durchschnitt 5%), verzeichnen die Aktien mit guten ROEs noch einen kleinen Gewinn von 0,02%. Dies ermutigt unseren jungen Investor. Dann noch 1967: Die 50 Aktien mit den höchsten ROEs ziehen dem Markt (plus 55%) mit 96% plus davon. Der junge Börsianer ist begeistert. Er kombiniert die Ergebnisse der letzten Dekade mit seinen persönlichen Erfahrungen der letzten drei Jahre und fühlt sich einer wirklich großen Sache auf der Spur. Er ist nunmehr davon überzeugt, daß Aktien mit hoher Kapitalverzinsung auf lange Sicht ein gutes Investmentmedium darstellen, auch wenn gelegentlich ein schlechtes Jahr dabei sein sollte. Hätte er Zugang zu z.B. Langfriststudien der 30er oder 40er Jahre gehabt, hätte er gesehen, was anhand unserer Studie deutlich erkennbar ist: Aktien mit hohen ROEs sind in lediglich 50% der Fälle eine gute Wahl.

Die Analyse der Zehntel erzählt eine etwas andere Geschichte. Die Mittelmäßigkeit der Ergebnisse beschränkt sich tatsächlich nur auf die obersten 10% der höchsten Werte. Zehntel Nr. 2 und Nr. 3 schlagen in absoluter Betrachtung ihre Benchmark sowohl im Falle „Aller Aktien" als auch bei den „Großen Aktien"; allerdings gelingt es ausschließlich Zehntel Nr. 2 aus „Alle Aktien", die Obergruppe bei Einbeziehung des Risikos hinter sich zu lassen. Es muß jedoch angemerkt werden, daß es die Analyse der Zehnprozentgruppen hier an der Konsistenz fehlen läßt, die wir z.B. im Falle des Kurs-Umsatz-Verhältnisses oder anderer Kennzahlen gefunden haben.

15 Relative Stärke: Gewinner bleiben Gewinner

Zwar gewinnt nicht immer der Schnellste das Rennen oder der Stärkere die Schlacht, grundsätzlich sollte man dennoch darauf wetten.

Damon Runyon

„Stelle dich nicht gegen den Markt."

„Der Trend ist dein Freund." „The Trend is your Friend."

„Begrenze deine Verluste, und lasse die Gewinne laufen."

All diese Börsenweisheiten laufen auf das gleiche hinaus – man soll auf Aktien setzen, die relative Kursstärke zum Markt haben, also ein sogenanntes hohes Momentum besitzen. Von allen Denkrichtungen an der Wall Street läßt der Glaube an die Prognosemöglichkeit anhand relativer Stärke die Anhänger der Theorie effizienter Kapitalmärkte am lautesten aufheulen. Deren zentraler Ansatzpunkt ist nämlich, daß man mittels vergangener Kursentwicklungen keinerlei Schlüsse für die Zukunft ziehen könne. Zwar kann sich binnen eines Jahres der Kurs einer Aktie verdreifachen, dies steht aber laut Effizienztheorie in keinem Zusammenhang mit der künftigen Kursentwicklung. Ein weiterer Grund, warum Anhänger dieser Schule das Preis-Momentum als Determinante verabscheuen, ist die Tatsache, daß es von jeglichen buchhalterischen Kennzahlen losgelöst ist. Sollte aber trotz allem eine Gewinneraktie auch in Zukunft überproportional weiter steigen, würde dies den Schluß nahelegen, daß Aktienkurse doch ein „Gedächtnis" haben und somit wertvolle Informationen über die zukünftige Kursentwicklung in sich tragen.

Eine weitere Denkschule an der Wall Street besagt, daß man, entgegengesetzt zum vorher Gesagten, diejenigen Dividendenwerte erwerben sollte, die vom Markt am heftigsten zerfleddert wurden. Dies ist der Ansatz von Anlegern, die man als „Bottom Fishers" (Grund-Fischer) bezeichnen kann, für die die absoluten (negativen) Preisänderungen der Vergangenheit den Ausschlag zum Kauf einer bestimmten Aktie geben. Wir werden sehen, wer recht behält.

Die Ergebnisse

Wir betrachten die Resultate beim Erwerb der 50 Aktien mit den positivsten sowie die 50 mit den negativsten Preisänderungen des Vorjahres aus den beiden Gruppen „Alle Aktien" und „Große Aktien". Dies wird uns Erkenntnisse darüber liefern, ob es sinnvoll ist, die Gewinner oder die Verlierer des letzten Jahres auszuwählen. Auch an dieser Stelle werden wir eine Analyse nach Zehnprozentgruppen für „Große Aktien" und „Alle Aktien" erstellen. Zuerst wenden wir uns den Gewinnern zu. In diesem und den Folgekapiteln werden wir die Ausdrücke „relative Stärke" und „Kursperformer" synonym verwenden; Aktien mit der besten relativen Stärke sind in diesem Kontext die Werte, die im letzten Jahr die höchsten Kursgewinne erzielen konnten. Wir beginnen am 31.12.1951 und kaufen die 50 Aktien mit den höchsten vorjährigen Kurssteigerungen. Diesen Wert erhalten wir, indem wir den Jahresschlußkurs durch den Jahresschlußkurs des Vorjahres dividieren. Schloß also die Aktie XYZ dieses Jahr mit 10 US$ und das Vorjahr mit 2 US$, hätte sie einen Kursgewinn von 400% vorzuweisen und somit einen Preisindex von 5 (10 durch 2).

10 000 US$, die Ende 1951 in die 50 Titel aus „Alle Aktien" gewandert wären, die jeweils im Vorjahr die beste relative Stärke bewiesen hätten, hätten sich zu 4 113 706 US$ entwickelt, was einer Rendite von 14,31% p.a. entspricht. Dies ist der erste große Performance-Vorsprung den wir aus einer Wachstumsvariablen herauskristallisieren konnten (10 000 US$, investiert in „Alle Aktien", hätten Ende 1996 2 677 557 US$ ergeben). Bei dieser fulminanten Wertentwicklung blinken jedoch gewisse Warnlampen: Das damit zusammenhängende Risiko war außerordentlich hoch. Die Standardabweichung dieses 50-Aktien-Portfolios war mit 29,80% das höchste, das wir bislang einem einzelnen Auswahlfaktor zuschreiben können. Folgerichtig lag das Sharpe-Ratio mit 43 unter dem von „Alle Aktien" von 49. Bei Betrachtung der Zehntel werden wir feststellen können, daß sich das Risiko bei gleichzeitig erhöhter Rendite reduzieren läßt, wenn wir uns auf das oberste Zehntel (höchste relative Stärke) konzentrieren.

Man kann gar nicht deutlich genug darauf hinweisen, wie schwierig es ist, einer derart volatilen Strategie wie dieser über die Zeit treu zu bleiben. Für gewöhnlich werden Investoren von solchen Strategien aufgrund ihrer herausragenden relativen Wertentwicklung angezogen, wie z.B. im Jahr 1991, als die Aktien höchster relativer Stärke aus „Alle Aktien" 101% zulegen konnten. Wenn die Strategie gerade gut läuft, denken Anleger regelmäßig, sie könnten sich mit der hohen Volatilität arrangieren. Liegen sie in einem Haussemarkt allerdings einmal 30 % hinten, nimmt ihnen das nur zu oft den Wind aus den Segeln. Der gefühlsmäßige Obulus, der zu entrichten ist, ist immens, und man sollte vorher sicher sein, daß man die Strategie verstanden hat, bevor man sich darauf einläßt. Wie ich an späterer Stelle noch beschreiben werde, macht es durchaus Sinn, sich einem gewissen derartigen Anlagerisiko auszusetzen, Sie sollten dennoch niemals den Löwenanteil Ihres Vermögens auf hochvolatile Strategien häufeln. Die wenigsten Anleger besitzen nämlich das nötige Nervenkostüm, eine derart schwungvolle Achterbahnfahrt gelassen hinzunehmen.

Die anteilsmäßig von der Strategie „Hohe relative Stärke" obsiegten Perioden sind durchwegs positiv; sie schlägt beispielsweise den Markt in 75 % aller rollierenden Zehnjahresperioden.

Die Tabellen 15.1, 15.2 und 15.3 fassen die Ergebnisse für die Referenzgruppe „Alle Aktien" zusammen.

Tab. 15.1: Die Tabelle stellt die jährliche Wertentwicklung der Gruppe „Alle Aktien" der Wertentwicklung der 50 Aktien mit der höchsten relativen Stärke im Vorjahr (top 50 1-year RS) (aus dieser Gruppe) gegenüber. In der rechten Spalte liest man die relative Performance direkt ab, unten sind zusätzlich der arithmetische Durchschnitt der Verzinsung sowie die Standardabweichung (Standard Deviation) angegeben.

Year ending	All Stocks	Universe = All Stocks top 50 1-year RS	Top 50 1-year RS relative performance
31. Dez. 52	7,90 %	3,10 %	−4,80 %
31. Dez. 53	2,90 %	3,80 %	0,90 %
31. Dez. 54	47,00 %	62,30 %	15,30 %
31. Dez. 55	20,70 %	32,00 %	11,30 %
31. Dez. 56	17,00 %	29,20 %	12,20 %
31. Dez. 57	−7,10 %	−16,50 %	−9,40 %
31. Dez. 58	55,00 %	68,10 %	13,10 %
31. Dez. 59	23,00 %	39,90 %	16,90 %
31. Dez. 60	6,10 %	9,40 %	3,30 %
31. Dez. 61	31,20 %	35,20 %	4,00 %
31. Dez. 62	−12,00 %	−22,60 %	−10,60 %
31. Dez. 63	18,00 %	33,60 %	15,60 %
31. Dez. 64	16,30 %	5,30 %	−11,00 %
31. Dez. 65	22,60 %	44,40 %	21,80 %
31. Dez. 66	−5,20 %	−3,90 %	1,30 %
31. Dez. 67	41,10 %	64,30 %	23,20 %
31. Dez. 68	27,40 %	18,40 %	−9,00 %
31. Dez. 69	−18,50 %	−21,90 %	−3,40 %
31. Dez. 70	−5,80 %	−26,30 %	−20,50 %
31. Dez. 71	21,30 %	39,90 %	18,60 %
31. Dez. 72	11,00 %	20,10 %	9,10 %
31. Dez. 73	−27,20 %	−32,10 %	−4,90 %
31. Dez. 74	−27,90 %	−27,10 %	0,80 %
31. Dez. 75	55,90 %	36,00 %	−19,90 %
31. Dez. 76	35,60 %	25,30 %	−10,30 %
31. Dez. 77	6,90 %	22,50 %	15,60 %
31. Dez. 78	12,20 %	25,80 %	13,60 %
31. Dez. 79	34,30 %	50,90 %	16,60 %
31. Dez. 80	31,50 %	66,00 %	34,50 %
31. Dez. 81	1,70 %	−13,50 %	−15,20 %
31. Dez. 82	22,50 %	27,10 %	4,60 %
31. Dez. 83	28,10 %	22,80 %	−5,30 %
31. Dez. 84	−3,40 %	−19,50 %	−16,10 %
31. Dez. 85	30,80 %	40,00 %	9,20 %
31. Dez. 86	13,10 %	14,30 %	1,20 %
31. Dez. 87	−1,30 %	−3,90 %	−2,60 %
31. Dez. 88	21,20 %	8,10 %	−13,10 %
31. Dez. 89	21,40 %	39,00 %	17,60 %
31. Dez. 90	−13,80 %	−11,90 %	1,90 %
31. Dez. 91	39,80 %	101,30 %	61,50 %
31. Dez. 92	13,80 %	−7,90 %	−21,70 %
31. Dez. 93	16,60 %	26,20 %	9,60 %
31. Dez. 94	−3,40 %	−19,70 %	−16,30 %
31. Dez. 95	27,00 %	34,00 %	7,00 %
31. Dez. 96	18,30 %	−7,26 %	−25,56 %
Arithmetic average	14,97 %	18,09 %	3,13 %
Standard deviation	19,51 %	29,80 %	10,29 %

Tab. 15.2: Die Tabelle stellt die summierte Entwicklung der Erträge für „Alle Aktien" der Entwicklung der 50 Aktien mit der höchsten relativen Stärke im Vorjahr aus dieser Gruppe gegenüber, wobei hier noch das arithmetische Mittel (Arithmetic Average), die Standardabweichung der Erträge (Standard Deviation of Return), das Sharpe-Ratio sowie Renditen nach weiteren Laufzeitgruppen hinzukommen. Auch die maximal bzw. minimal zu erwartenden sowie die tatsächlich eingetretenen Werte für die Performance (Maximum Return, Maximum Expected Return) werden angegeben. Zeithorizont ist wiederum der 31.12.1951 bis 31.12.1996.

	All Stocks	Universe = All Stocks top 50 1-year RS
Arithmetic average	14,97%	18,09%
Standard deviation of return	19,51%	29,80%
Sharpe risk-adjusted ratio	49,00	43,00
3-yr compounded	13,22%	−0,07%
5-yr compounded	14,00%	3,01%
10-yr compounded	12,92%	11,50%
15-yr compounded	14,44%	12,65%
20-yr compounded	14,97%	16,14%
25-yr compounded	12,74%	12,78%
30-yr compounded	12,43%	12,20%
35-yr compounded	11,64%	11,68%
40-yr compounded	12,62%	13,13%
Compound annual return	13,23%	14,31%
10000 $ becomes:	2677556,77 $	4113706,26 $
Maximum return	55,90%	101,30%
Minimum return	−27,90%	−32,10%
Maximum expected return*	53,98%	77,70%
Minimum expected return**	−24,04%	−41,51%

* Maximum expected return is average return plus 2 times the standard deviation.
** Minimum expected return is average return minus 2 times the standard deviation.

Tab. 15.3: Die Tabelle gibt an, in wie vielen Fällen zwischen 1951 und 1996 die 50 Aktien mit der höchsten relativen Stärke im Vorjahr aus der Gruppe „Alle Aktien" diese schlagen, wobei differenziert wird nach Einzeljahren (45) sowie rollierenden Fünfjahresperioden (41) und rollierenden Zehnjahresperioden (36).

Item	50 best 1-year RS beat All Stocks	Percent
Single-year return	27 out of 45	60 %
Rolling 5-year compound return	27 out of 41	66 %
Rolling 10-year compound return	27 out of 36	75 %

Große Aktien liegen hier besser

Die 50 entsprechenden Aktien aus der Sphäre „Große Aktien" erfreuen das Anlegerherz noch mehr: Sie übertreffen das Resultat einer Anlage in die Gesamtgruppe um mehr als das Doppelte. Die 10 000 US$, eingesetzt in die 50 Aktien mit der höchsten relativen Stärke, brachten es bis zum 31.12.1996 auf 4 429 185 US$, also fast dreimal soviel wie die 1 590 667 US$ einer Anlage in „Große Aktien". Auch das Risiko behält man hier leichter im Griff; die Standardabweichung der Erträge nahm einen Wert von 21,99 % an und lag somit um 5,98 % über dem Vergleichswert der großen Aktien selbst. Aufgrund der hervorragenden absoluten Wertentwicklung ergab sich für die Strategie ein Sharpe-Ratio von 51, das auch in der risikoadjustierten Betrachtung die Referenz hinter sich ließ.

Der positive Weg wird auch bei Betrachtung der anteilsmäßig gewonnenen Perioden nicht verlassen: Von den 36 untersuchten Zehnjahresperioden reüssierte die Strategie in 89 % der Fälle. Die Tabellen 15.4, 15.5 und 15.6 summieren die Ergebnisse für „Große Aktien".

Tab. 15.4: Die Tabelle stellt die jährliche Wertentwicklung der Gruppe „Große Aktien" der Wertentwicklung der 50 Aktien mit der höchsten relativen Stärke im Vorjahr (top 50 1-year RS) (aus dieser Gruppe) gegenüber. In der rechten Spalte liest man die relative Performance direkt ab, unten sind zusätzlich der arithmetische Durchschnitt der Verzinsung sowie die Standardabweichung (Standard Deviation) angegeben.

Year ending	Large Stocks	Universe = Large Stocks top 50 1-year RS	Top 50 1-year RS relative performance
31. Dez. 52	9,30%	6,50%	−2,80%
31. Dez. 53	2,30%	6,00%	3,70%
31. Dez. 54	44,90%	44,40%	−0,50%
31. Dez. 55	21,20%	31,60%	10,40%
31. Dez. 56	9,60%	13,10%	3,50%
31. Dez. 57	−6,90%	−11,50%	−4,60%
31. Dez. 58	42,10%	42,40%	0,30%
31. Dez. 59	9,90%	15,90%	6,00%
31. Dez. 60	4,80%	1,00%	−3,80%
31. Dez. 61	27,50%	32,20%	4,70%
31. Dez. 62	−8,90%	−12,10%	−3,20%
31. Dez. 63	19,50%	24,00%	4,50%
31. Dez. 64	15,30%	20,90%	5,60%
31. Dez. 65	16,20%	31,00%	14,80%
31. Dez. 66	−4,90%	3,20%	8,10%
31. Dez. 67	21,30%	40,60%	19,30%
31. Dez. 68	16,80%	11,50%	−5,30%
31. Dez. 69	−9,90%	−6,80%	3,10%
31. Dez. 70	−0,20%	−13,90%	−13,70%
31. Dez. 71	17,30%	21,50%	4,20%
31. Dez. 72	14,90%	27,50%	12,60%
31. Dez. 73	−18,90%	−16,40%	2,50%
31. Dez. 74	−26,70%	−30,70%	−4,00%
31. Dez. 75	43,10%	30,70%	−12,40%
31. Dez. 76	28,00%	23,10%	−4,90%
31. Dez. 77	−2,50%	0,03%	2,53%
31. Dez. 78	8,10%	21,80%	13,70%
31. Dez. 79	27,30%	28,60%	1,30%
31. Dez. 80	30,80%	68,20%	37,40%
31. Dez. 81	0,60%	−18,00%	−18,60%
31. Dez. 82	19,90%	39,80%	19,90%
31. Dez. 83	23,80%	18,90%	−4,90%
31. Dez. 84	−0,40%	−10,10%	−9,70%
31. Dez. 85	19,50%	45,20%	25,70%
31. Dez. 86	32,20%	27,00%	−5,20%
31. Dez. 87	3,30%	10,50%	7,20%
31. Dez. 88	19,00%	7,00%	−12,00%
31. Dez. 89	26,00%	36,50%	10,50%
31. Dez. 90	−8,70%	−10,90%	−2,20%
31. Dez. 91	33,00%	63,90%	30,90%
31. Dez. 92	8,70%	0,70%	−8,00%
31. Dez. 93	16,30%	44,10%	27,80%
31. Dez. 94	−1,90%	−4,20%	−2,30%
31. Dez. 95	28,50%	25,00%	−3,50%
31. Dez. 96	18,70%	18,60%	−0,10%
Arithmetic average	13,11%	16,63%	3,52%
Standard deviation	16,01%	21,99%	5,99%

Tab. 15.5: Die Tabelle stellt die summierte Entwicklung der Erträge für „Große Aktien" der Entwicklung der 50 Aktien mit der höchsten relativen Stärke im Vorjahr aus dieser Gruppe gegenüber, wobei hier noch das arithmetische Mittel (Arithmetic Average), die Standardabweichung der Erträge (Standard Deviation of Return), das Sharpe-Ratio sowie Renditen nach weiteren Laufzeitgruppen hinzukommen. Auch die maximal bzw. minimal zu erwartenden sowie die tatsächlich eingetretenen Werte für die Performance (Maximum Return, Maximum Expected Return) werden angegeben. Zeithorizont ist wiederum der 31.12.1951 bis 31.12.1996.

	Large Stocks	Universe = Large Stocks top 50 1-year RS
Arithmetic average	13,11 %	16,63 %
Standard deviation of return	16,01 %	21,99 %
Sharpe risk-adjusted ratio	48,00	51,00
3-yr compounded	14,38 %	12,41 %
5-yr compounded	13,60 %	15,56 %
10-yr compounded	13,53 %	17,12 %
15-yr compounded	15,16 %	18,88 %
20-yr compounded	14,37 %	18,32 %
25-yr compounded	12,34 %	15,20 %
30-yr compounded	11,67 %	14,12 %
35-yr compounded	10,96 %	13,85 %
40-yr compounded	11,36 %	13,90 %
Compound annual return	11,92 %	14,50 %
10 000 $ becomes:	1 590 667,04 $	4 429 185,39 $
Maximum return	44,90 %	68,20 %
Minimum return	−26,70 %	−30,70 %
Maximum expected return*	45,12 %	60,61 %
Minimum expected return**	−18,91 %	−27,35 %

* Maximum expected return is average return plus 2 times the standard deviation.
** Minimum expected return is average return minus 2 times the standard deviation.

Tab. 15.6: Die Tabelle gibt an, in wie vielen Fällen zwischen 1951 und 1996 die 50 Aktien mit der höchsten relativen Stärke im Vorjahr aus der Gruppe „Große Aktien" diese schlagen, wobei differenziert wird nach Einzeljahren (45) sowie rollierenden Fünfjahresperioden (41) und rollierenden Zehnjahresperioden (36).

Item	50 best 1-year RS beat Large Stocks	Percent
Single-year return	25 out of 45	56 %
Rolling 5-year compound return	34 out of 41	83 %
Rolling 10-year compound return	32 out of 36	89 %

Warum die relative Kursstärke als Indikator funktioniert, während andere Maßzahlen versagen

Das Preis-Momentum beinhaltet in einzigartiger Weise verschiedenste Informationen über die Zukunftsperspektiven einer Aktie und ist daher ein viel besserer Indikator als z. B. Gewinnwachstumsraten. Zahlreiche Geldgeber sind von den Wertentwicklungen der Aktien mit hohen Wachstumsraten beim Jahresgewinn enttäuscht, und sie sind erstaunt über die hervorstechenden Ergebnisse der Aktien mit hohem Kurs-Momentum. Zuallererst muß einem klar sein, daß eine hohe relative Stärke beweist, daß Anleger ihr Geld wirklich dort plazieren „wo ihr Mund behauptet". Zweitens ist die geläufige Ansicht, daß Aktien mit hohem Momentum immer ein hohes KGV oder hohe Gewinnwachstumsraten aufweisen, falsch. Man kann feststellen, daß über die Zeit die KGVs der Aktien mit der höchsten relativen Stärke zwar um 30% bis 50% über dem Marktdurchschnitt liegen, aber keineswegs die höchstbewerteten im Markt sind. Dies hat auch Gültigkeit für das Fünfjahres-Gewinnwachstum (pro Aktie) wie für das Einjahres-Gewinnwachstum pro Aktie. Als Gruppe betrachtet sind diese Aktien zwar regelmäßig höher bewertet als der Durchschnitt, aber der Unterschied ist selten riesig.

Der Erwerb der entsprechend schlechtesten Aktien

Wenn Sie auf der Suche nach der perfekten Geldvernichtungsmaschine sind, werden Sie hier fündig. Das gut bekannte 10 000 US$ Investment in die 50 Aktien aus „Alle Aktien" mit der schlechtesten relativen Kursentwicklung des Vorjahres entwickelte sich vom Jahresultimo 1951 bis Ende 1996 zu tieftraurigen 43 040 US$, rentierte sich also mit 3,30% p.a. Es soll Matratzen geben, unter denen sich das Geld besser entwickelt hat. Die einhergehende Standardabweichung dieser 50 Verlierer von 26,41% lag zu allem Überfluß noch über den 19,51% von „Alle Aktien". Es ist kaum erstaunlich, daß sich vor diesem Hintergrund ein morbides Sharpe-Ratio von 5 ergibt und auch der Blick auf die anteilsmäßig für die Strategie verbuchbaren Perioden kaum freudvoller sein kann. Von den getesteten Einjahresperioden gewann die Strategie 12 aus 45, von den 42 rollierenden Fünfjahresperioden entschieden die 50 Versager eine einzige (!) für sich, und die rote Laterne tragen die Zehnjahresperioden mit keiner gewonnenen Periode. Die Tabellen 15.7 bis 15.9 fassen die Ergebnisse zusammen.

Tab. 15.7: Die Tabelle stellt die jährliche Wertentwicklung der Gruppe „Alle Aktien" der Wertentwicklung der 50 Aktien mit der schlechtesten relativen Stärke im Vorjahr (50 Worst 1-year RS) (aus dieser Gruppe) gegenüber. In der rechten Spalte liest man die relative Performance direkt ab, unten sind zusätzlich der arithmetische Durchschnitt der Verzinsung sowie die Standardabweichung (Standard Deviation) angegeben.

Year ending	All Stocks	Universe = All Stocks 50 Worst 1-year RS	50 worst 1-year RS relative performance
31. Dez. 52	7,90 %	8,10 %	0,20 %
31. Dez. 53	2,90 %	−11,00 %	−13,90 %
31. Dez. 54	47,00 %	50,80 %	3,80 %
31. Dez. 55	20,70 %	8,20 %	−12,50 %
31. Dez. 56	17,00 %	−1,90 %	−18,90 %
31. Dez. 57	−7,10 %	−9,00 %	−1,90 %
31. Dez. 58	55,00 %	63,60 %	8,60 %
31. Dez. 59	23,00 %	5,74 %	−17,26 %
31. Dez. 60	6,10 %	3,40 %	−2,70 %
31. Dez. 61	31,20 %	16,60 %	−14,60 %
31. Dez. 62	−12,00 %	−19,40 %	−7,40 %
31. Dez. 63	18,00 %	7,00 %	−11,00 %
31. Dez. 64	16,30 %	8,50 %	−7,80 %
31. Dez. 65	22,60 %	39,81 %	17,21 %
31. Dez. 66	−5,20 %	−14,30 %	−9,10 %
31. Dez. 67	41,10 %	46,80 %	5,70 %
31. Dez. 68	27,40 %	30,00 %	2,60 %
31. Dez. 69	−18,50 %	−40,90 %	−22,40 %
31. Dez. 70	−5,80 %	−18,40 %	−12,60 %
31. Dez. 71	21,30 %	0,01 %	−21,29 %
31. Dez. 72	11,00 %	−3,40 %	−14,40 %
31. Dez. 73	−27,20 %	−48,90 %	−21,70 %
31. Dez. 74	−27,90 %	−36,60 %	−8,70 %
31. Dez. 75	55,90 %	56,60 %	0,70 %
31. Dez. 76	35,60 %	27,00 %	−8,60 %
31. Dez. 77	6,90 %	−5,80 %	−12,70 %
31. Dez. 78	12,20 %	6,20 %	−6,00 %
31. Dez. 79	34,30 %	37,50 %	3,20 %
31. Dez. 80	31,50 %	8,50 %	−23,00 %
31. Dez. 81	1,70 %	−14,30 %	−16,00 %
31. Dez. 82	22,50 %	2,60 %	−19,90 %
31. Dez. 83	28,10 %	9,20 %	−18,90 %
31. Dez. 84	−3,40 %	−27,10 %	−23,70 %
31. Dez. 85	30,80 %	15,30 %	−15,50 %
31. Dez. 86	13,10 %	−21,20 %	−34,30 %
31. Dez. 87	−1,30 %	−4,20 %	−2,90 %
31. Dez. 88	21,20 %	33,90 %	12,70 %
31. Dez. 89	21,40 %	13,60 %	−7,80 %
31. Dez. 90	−13,80 %	−41,20 %	−27,40 %
31. Dez. 91	39,80 %	60,80 %	21,00 %
31. Dez. 92	13,80 %	12,70 %	−1,10 %
31. Dez. 93	16,60 %	2,00 %	−14,60 %
31. Dez. 94	−3,40 %	4,00 %	7,40 %
31. Dez. 95	27,00 %	22,30 %	−4,70 %
31. Dez. 96	18,30 %	19,90 %	1,60 %
Arithmetic average	14,97 %	6,73 %	−8,23 %
Standard deviation	19,51 %	26,41 %	6,91 %

Tab. 15.8: Die Tabelle stellt die summierte Entwicklung der Erträge für „Alle Aktien" der Entwicklung der 50 Aktien mit der schlechtesten relativen Stärke im Vorjahr aus dieser Gruppe gegenüber, wobei hier noch das arithmetische Mittel (Arithmetic Average), die Standardabweichung der Erträge (Standard Deviation of Return), das Sharpe-Ratio sowie Renditen nach weiteren Laufzeitgruppen hinzukommen. Auch die maximal bzw. minimal zu erwartenden sowie die tatsächlich eingetretenen Werte für die Performance (Maximum Return, Maximum Expected Return) werden angegeben. Zeithorizont ist wiederum der 31.12.1951 bis 31.12.1996.

	All Stocks	Universe = All Stocks 50 worst 1-year RS
Arithmetic average	14,97 %	6,73 %
Standard deviation of return	19,51 %	26,41 %
Sharpe risk-adjusted ratio	49,00	5,00
3-yr compounded	13,22 %	15,10 %
5-yr compounded	14,00 %	11,88 %
10-yr compounded	12,92 %	9,22 %
15-yr compounded	14,44 %	3,97 %
20-yr compounded	14,97 %	4,24 %
25-yr compounded	12,74 %	1,43 %
30-yr compounded	12,43 %	0,91 %
35-yr compounded	11,64 %	1,11 %
40-yr compounded	12,62 %	2,60 %
Compound annual return	13,23 %	3,30 %
10 000 $ becomes:	2 677 556,77 $	43 039,76 $
Maximum return	55,90 %	63,60 %
Minimum return	–27,90 %	–48,90 %
Maximum expected return*	53,98 %	59,56 %
Minimum expected return**	–24,04 %	–46,09 %

* Maximum expected return is average return plus 2 times the standard deviation.
** Minimum expected return is average return minus 2 times the standard deviation.

Tab. 15.9: Die Tabelle zeigt, in wie vielen Fällen zwischen 1951 und 1996 die 50 Aktien mit der schwächsten relativen Stärke im Vorjahr aus der Gruppe „Alle Aktien" diese schlagen, wobei differenziert wird nach Einzeljahren (45) sowie rollierenden Fünfjahresperioden (41) und rollierenden Zehnjahresperioden (36).

Item	50 worst 1-year RS beat All Stocks	Percent
Single-year return	12 out of 45	27 %
Rolling 5-year compound return	2 out of 41	5 %
Rolling 10-year compound return	0 out of 36	0 %

Auch große Aktien sind betroffen

Auch die Gruppe der „Großen Aktien" bleibt von den Auswirkungen schlechter Vorjahres-Performance nicht verschont, allerdings sind die Wirkungen hier nicht ganz so katastrophal. 10 000 US$ werden über die 45 Jahre zu 605 645 US$, was eine kumulierte Rendite von 9,55 % per annum bedeutet. Dies ist natürlich viel schlechter als die 1 590 667 US$ bei „Große Aktien", fügt Ihrem Vermögen aber einen nicht ganz so fatalen Schaden zu, wie das bei den 50 Werten aus „Alle Aktien" der Fall war. Das Risiko lag mit 20,41 % um 4 % über dem von „Große Aktien", und das Sharpe-Ratio nahm den Wert von 30 an.

In der kurzfristigen Betrachtung stellen sich hier zwar die anteilig dominierten Perioden etwas freundlicher dar, auf lange Sicht sind sie aber genauso trist. Die Strategie hatte in 47 % der Einjahresperioden die Nase vorn, in 34 % der Fünfjahresperioden und analog zu „Alle Aktien" in keiner der Zehnjahresperioden.

Die Tabellen 15.10 bis 15.12 geben den Überblick für große Aktien.

Die Tabelle 15.13 zeigt die kumulierten Renditen für „Alle Aktien" und „Große Aktien" sowie der jeweiligen Strategien. Die graphische Darstellung findet sich in den Abbildungen 15.1 bis 15.4.

Tab. 15.10: Die Tabelle stellt die jährliche Wertentwicklung der Gruppe „Große Aktien" der Wertentwicklung der 50 Aktien mit der schlechtesten relativen Stärke im Vorjahr (50 Worst 1-year RS) (aus dieser Gruppe) gegenüber. In der rechten Spalte liest man die relative Performance direkt ab, unten sind zusätzlich der arithmetische Durchschnitt der Verzinsung sowie die Standardabweichung (Standard Deviation) angegeben.

Year ending	Large Stocks	Universe = Large Stocks 50 worst 1-year RS	50 worst 1-year RS relative performance
31. Dez. 52	9,30 %	12,00 %	2,70 %
31. Dez. 53	2,30 %	−3,90 %	−6,20 %
31. Dez. 54	44,90 %	53,00 %	8,10 %
31. Dez. 55	21,20 %	15,10 %	−6,10 %
31. Dez. 56	9,60 %	9,00 %	−0,60 %
31. Dez. 57	−6,90 %	−1,70 %	5,20 %
31. Dez. 58	42,10 %	47,00 %	4,90 %
31. Dez. 59	9,90 %	3,50 %	−6,40 %
31. Dez. 60	4,80 %	7,90 %	3,10 %
31. Dez. 61	27,50 %	18,80 %	−8,70 %
31. Dez. 62	−8,90 %	−13,80 %	−4,90 %
31. Dez. 63	19,50 %	20,20 %	0,70 %
31. Dez. 64	15,30 %	17,30 %	2,00 %
31. Dez. 65	16,20 %	19,20 %	3,00 %
31. Dez. 66	−4,90 %	−8,80 %	−3,90 %
31. Dez. 67	21,30 %	26,30 %	5,00 %
31. Dez. 68	16,80 %	19,50 %	2,70 %
31. Dez. 69	−9,90 %	−26,00 %	−16,10 %
31. Dez. 70	−0,20 %	−5,00 %	−4,80 %
31. Dez. 71	17,30 %	19,20 %	1,90 %
31. Dez. 72	14,90 %	8,90 %	−6,00 %
31. Dez. 73	−18,90 %	−18,60 %	0,30 %
31. Dez. 74	−26,70 %	−30,90 %	−4,20 %
31. Dez. 75	43,10 %	64,90 %	21,80 %
31. Dez. 76	28,00 %	25,40 %	−2,60 %
31. Dez. 77	−2,50 %	−2,30 %	0,20 %
31. Dez. 78	8,10 %	5,10 %	−3,00 %
31. Dez. 79	27,30 %	25,50 %	−1,80 %
31. Dez. 80	30,80 %	12,70 %	−18,10 %
31. Dez. 81	0,60 %	10,20 %	9,60 %
31. Dez. 82	19,90 %	2,90 %	−17,00 %
31. Dez. 83	23,80 %	16,70 %	−7,10 %
31. Dez. 84	−0,40 %	−15,60 %	−15,20 %
31. Dez. 85	19,50 %	25,70 %	6,20 %
31. Dez. 86	32,20 %	4,90 %	−27,30 %
31. Dez. 87	3,30 %	−1,70 %	−5,00 %
31. Dez. 88	19,00 %	38,40 %	19,40 %
31. Dez. 89	26,00 %	27,90 %	1,90 %
31. Dez. 90	−8,70 %	−25,50 %	−16,80 %
31. Dez. 91	33,00 %	55,00 %	22,00 %
31. Dez. 92	8,70 %	7,50 %	−1,20 %
31. Dez. 93	16,30 %	23,60 %	7,30 %
31. Dez. 94	−1,90 %	1,40 %	3,30 %
31. Dez. 95	28,50 %	11,40 %	−17,10 %
31. Dez. 96	18,70 %	12,00 %	−6,70 %
Arithmetic average	13,11 %	11,43 %	−1,68 %
Standard deviation	16,01 %	20,41 %	4,40 %

Tab. 15.11: Die Tabelle stellt die summierte Entwicklung der Erträge für „Große Aktien" der Entwicklung der 50 Aktien mit der schlechtesten relativen Stärke im Vorjahr aus dieser Gruppe gegenüber, wobei hier noch das arithmetische Mittel (Arithmetic Average), die Standardabweichung der Erträge (Standard Deviation of Return), das Sharpe-Ratio sowie Renditen nach weiteren Laufzeitgruppen hinzukommen. Auch die maximal bzw. minimal zu erwartenden sowie die tatsächlich eingetretenen Werte für die Performance (Maximum Return, Maximum Expected Return) werden angegeben. Zeithorizont ist wiederum der 31.12.1951 bis 31.12.1996.

	Large Stocks	Universe = Large Stocks 50 worst 1-year RS
Arithmetic average	13,11%	11,43%
Standard deviation of return	16,01%	20,41%
Sharpe risk-adjusted ratio	49,00	30,00
3-yr compounded	14,38%	8,16%
5-yr compounded	13,60%	10,95%
10-yr compounded	13,53%	12,94%
15-yr compounded	15,16%	10,57%
20-yr compounded	14,37%	10,39%
25-yr compounded	12,34%	9,26%
30-yr compounded	11,67%	8,50%
35-yr compounded	10,96%	8,10%
40-yr compounded	11,36%	8,81%
Compound annual return	11,92%	9,55%
10000 $ becomes:	1590667,04 $	605645,00 $
Maximum return	44,90%	64,90%
Minimum return	−26,70%	−30,90%
Maximum expected return*	45,12%	52,25%
Minimum expected return**	−18,91%	−29,39%

* Maximum expected return is average return plus 2 times the standard deviation.
** Minimum expected return is average return minus 2 times the standard deviation.

Tab. 15.12: Die Tabelle gibt an, in wie vielen Fällen zwischen 1951 und 1996 die 50 Aktien mit der schwächsten relativen Stärke im Vorjahr aus der Gruppe „Große Aktien" diese schlagen, wobei differenziert wird nach Einzeljahren (45) sowie rollierenden Fünfjahresperioden (41) und rollierenden Zehnjahresperioden (36).

Item	50 worst 1-year RS beat Large Stocks	Percent
Single-year return	21 out of 45	47%
Rolling 5-year compound return	14 out of 41	34%
Rolling 10-year compound return	0 out of 36	0%

Tab. 15.13: Die Tabelle zeigt, wie sich, aufgeteilt nach den Gruppen „Alle Aktien", „Große Aktien" sowie davon jeweils die 50 Werte mit der besten (best one-year RS) sowie der schlechtesten (worst ...) relativen Stärke des Vorjahres, die Rendite nach Dekaden darstellte.

Portfolio	1950er*	1960er	1970er	1980er	1990er**
Large Stocks	15,33%	8,99%	6,99%	16,89%	12,61%
50 best one-year RS from Large Stocks	17,13%	13,27%	6,90%	19,89%	17,05%
50 worst one-year RS from Large Stocks	15,14%	6,58%	6,34%	11,19%	9,94%
All Stocks	19,22%	11,09%	8,53%	15,85%	12,78%
50 best one-year RS from All Stocks	24,62%	13,00%	9,28%	15,35%	10,85%
50 worst one-year RS from All Stocks	11,70%	4,31%	−3,52%	0,06%	7,49%

* Returns for 1952–1959.
** Returns for 1990–1996.

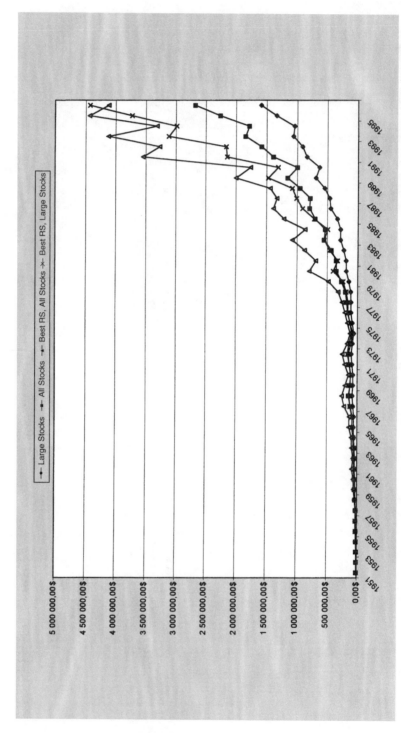

Abb. 15.1: Die Graphik trägt die nominale Wertentwicklung der 50 Werte mit der besten relativen Stärke im Vorjahr aus „Alle Aktien" und „Große Aktien" sowie die der beiden Gruppen selbst ab (1951 bis 1996).

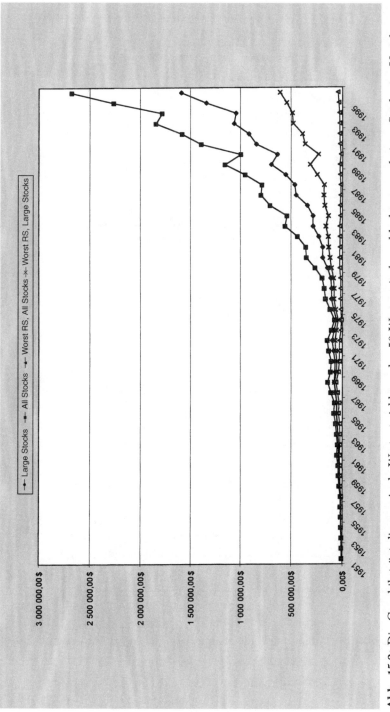

Abb. 15.2: Die Graphik trägt die nominale Wertentwicklung der 50 Werte mit der schlechtesten relativen Stärke im Vorjahr aus „Alle Aktien" und „Große Aktien" sowie die der beiden Gruppen selbst ab (1951 bis 1996).

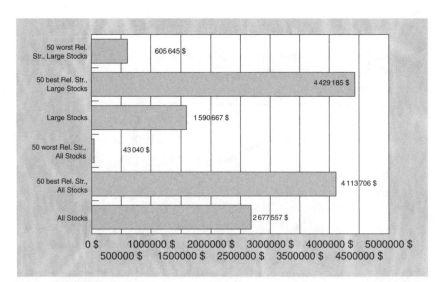

Abb. 15.3: Die Graphik stellt den Werdegang von 10 000 am 31.12.1951 investierten US$ im Falle von „Allen Aktien", „Großen Aktien" sowie jeweils deren Untergruppen, der 50 Aktien mit der besten und schlechtesten relativen Stärke des Vorjahres (50 best, worst Rel. Str.), dar.

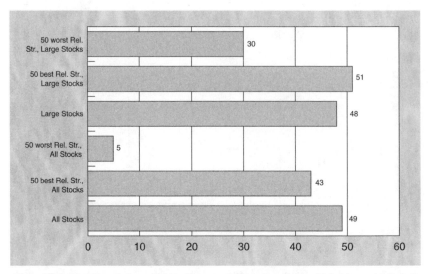

Abb. 15.4: Die Graphik stellt die Sharpe-Ratios für die in Abbildung 15.3 definierten Gruppen dar.

Die Analyse nach Zehnprozentgruppen (Deciles)

Die Ergebnisse der hier angestellten Überlegungen bestätigen das bei dem 50-Aktien-Portfolio Vorgefundene. Es zeigt sich, daß man das Ergebnis verbessern kann, indem man, statt die 50 Aktien mit den jeweiligen Extremwerten zu kaufen, das obere Zehntel (mit der besten relativen Stärke) auswählt. 10 000 US$ in dieses Zehntel aus „Alle Aktien" investiert ergäben zum 31.12.1996 einen Betrag von 11 063 109 US$, also eine erwirtschaftete Verzinsung von 16,85 % pro Jahr. Das Risiko in Form der Standardabweichung war geringer als bei der Konstruktion eines 50-Aktien-Portfolios (26,37 % p.a.). Dieses etwas niedrigere Risiko plus dem höheren absoluten Ertrag ergab das doch recht hohe Sharpe-Ratio von 55. Wie an anderer Stelle bereits beobachtet, fällt mit abnehmender relativer Stärke die kumulierte Rendite von Zehntel zu Zehntel konsequent.

Bei „Großen Aktien" stoßen wir auf das gleiche Ergebnis, nämlich daß die besten Resultate mit dem obersten Zehntel und die schlechtesten mit dem niedrigsten Zehntel zu erzielen sind. Im obersten (besten) Zehntel werden aus 10 000 US$ 5 878 229 US$, während bei Anlage in das letzte Zehntel nur 472 674 US$ zusammenkommen.

Die Tabellen 15.14, 15.15 und die Abbildungen 15.5 und 15.6 fassen die Erkenntnisse aus der Zehntelanalyse zusammen.

Tab. 15.14: Die Tabelle zeigt nach absteigender relativer Stärke (highest price appreciation zu lowest price apprecation) der jeweiligen Zehnprozentgruppen aus der Gesamtheit „Aller Aktien" die nominelle Entwicklung von 10 000 US$, die durchschnittliche jährliche Rendite (Average Return), die kumulierte Rendite (Compound Return) sowie die Standardabweichung (Zeitraum 1951 bis 1996).

Decile	10 000 $ grows to	Average return	Compound return	Standard deviation
1 (highest price appreciation)	11 063 109 $	19,85 %	16,85 %	26,37 %
2	5 900 481 $	17,11 %	15,23 %	20,22 %
3	4 858 363 $	16,37 %	14,74 %	18,86 %
4	2 216 204 $	14,17 %	12,75 %	17,49 %
5	2 710 969 $	14,66 %	13,26 %	17,32 %
6	2 052 232 $	13,97 %	12,56 %	17,45 %
7	2 550 140 $	14,69 %	13,10 %	18,75 %
8	1 543 168 $	13,33 %	11,85 %	18,00 %
9	1 266 208 $	13,19 %	11,36 %	20,19 %
10 (lowest price appreciation)	142 400 $	8,66 %	6,08 %	23,20 %
All Stocks	2 677 557 $	14,97 %	13,23 %	19,51 %

Tab. 15.15: Die Tabelle zeigt nach absteigender relativer Stärke (highest price appreciation zu lowest price apprecation) der jeweiligen Zehnprozentgruppen aus der Gesamtheit „Großer Aktien" die nominelle Entwicklung von 10 000 US$, die durchschnittliche jährliche Rendite (Average Return), die kumulierte Rendite (Compound Return) sowie die Standardabweichung (Zeitraum 1951 bis 1996).

Decile	10 000 $ grows to	Average return	Compound return	Standard deviation
1 (highest price appreciation)	5 878 229 $	17,47 %	15,22 %	22,57 %
2	2 703 044 $	14,78 %	13,25 %	18,39 %
3	1 906 525 $	13,69 %	12,38 %	16,84 %
4	1 589 726 $	13,00 %	11,92 %	15,32 %
5	1 172 642 $	12,36 %	11,17 %	16,01 %
6	1 108 322 $	12,16 %	11,03 %	15,45 %
7	1 348 381 $	12,63 %	11,51 %	15,42 %
8	1 847 414 $	13,43 %	12,30 %	16,01 %
9	883 666 $	11,72 %	10,47 %	16,48 %
10 (lowest price appreciation)	472 674 $	10,88 %	8,95 %	20,74 %
Large Stocks	1 590 667 $	13,11 %	11,92 %	16,01 %

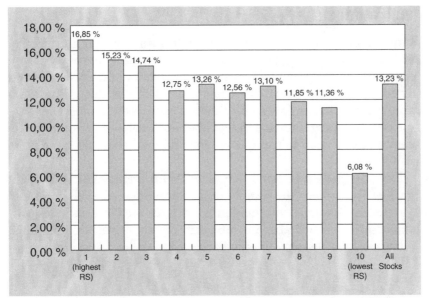

Abb. 15.5: Die kumulierte Rendite, nach Relative-Stärke-Zehnteln aufgespalten (Zehntel Nr.1 weist höchste relative Stärke, highest RS, auf), aus der „Alle Aktien"-Gruppe von Ende 1951 bis Ende 1996.

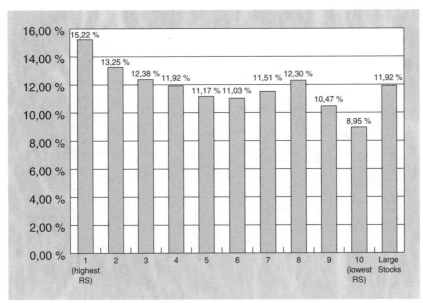

Abb. 15.6: Die kumulierte Rendite, nach Relative-Stärke-Zehnteln aufgespalten (Zehntel Nr.1 weist höchste relative Stärke, highest RS, auf), aus der „Große Aktien"-Gruppe von Ende 1951 bis Ende 1996.

Implikationen

Runyons Zitat trifft also zu. Gewinner gewinnen weiter, und Verlierer bleiben auf der Verliererschiene. Bedenken Sie hierbei, daß mit Verlierern nicht Aktien gemeint sind, die letztes Jahr etwas an Wert verloren haben, sondern diejenigen, die sich aus der ganzen Gesamtheit wirklich am allerschlechtesten entwickelt haben. Die Analyse der Zehnprozentgruppen legt aber auch nahe, daß von den Gewinnern des letzten Jahres das unterste Zehntel ebenfalls zu meiden ist.

Der abschließende Rat ist einfach: Wenn finanzieller Ruin nicht Ihr Ziel ist, sollten Sie es unbedingt vermeiden, die Verlierer des Vorjahres zu kaufen. Entscheiden Sie sich für die Gewinner des Vorjahres, seien Sie sich aber bewußt, daß die damit verbundene hohe Volatilität Ihre Nerven auf eine harte Probe stellen kann und wird.

16 Der Einsatz von Mehrfaktorenmodellen zur Performance-Verbesserung

Es geht nicht darum, wer recht hat, sondern es ist wichtig, was richtig ist.

Thomas Huxley

Bis dato hatten wir uns darauf beschränkt, einzelne Faktoren wie niedrige Kurs-Gewinn-Verhältnisse oder herausragende relative Stärke isoliert zu betrachten. Nunmehr werden wir zwei oder mehr Kriterien verwenden, um die Auswahl der Aktien zu treffen. Mehrere Faktoren einfließen zu lassen kann je nach Zielsetzung die zu erwartende Rendite drastisch erhöhen oder das Risiko substantiell verringern. Wir sehen uns nun konkret an, wie das Hinzuziehen zusätzlicher Determinanten die Wertentwicklung der 50 Top-Performer aus der Gruppe „Alle Aktien" verbessern kann.

Wertkennzahlen als zusätzliche Faktoren

Ben Graham sagte einmal, daß sich jeder, der mehr als den 20fachen Jahresgewinn für eine Aktie bezahlt, darauf einstellen sollte, langfristig Verluste einzufahren. Was passiert nun, wenn wir die „teuren" Aktien mit hohen KGVs aus der „Alle Aktien"-Gruppe herausnehmen und dann die 50 größten Gewinner kaufen? Lassen Sie uns dazu also nicht nur die 50 Aktien mit der höchsten relativen Stärke kaufen, sondern als Zusatzkriterium festlegen, daß deren Kursgewinn-Verhältnis zwischen 0 und 20 liegt. Wir entfernen also diejenigen Aktien aus der Obergruppe „Alle Aktien", die KGVs über 20 oder negative KGVs aufweisen, und kaufen aus der „neuen" Gruppe die 50 Aktien mit dem höchsten Kurs-Momentum des letzten Jahres.

Im Bereich „Alle Aktien" ergäbe sich aus einem Initialinvestment von 10 000 US$ am 31.12.1951 in eben jene 50 Aktien ein Endbetrag von 22 717 709 US$ per Ende 1996. Das sind genau 18 604 003 US$ mehr als eine Anlage in die 50 relativ stärksten Aktien alleine. Sogar das hiermit verbundene Risiko lag mit 24,61 % niedriger als das Ri-

16

siko der 50 Vorjahresgewinner (29,80 %). Das Sharpe-Ratio von 65 ist durchaus geeignet, dem Depotbesitzer mehr Freude zu machen als das Sharpe-Ratio von 43 der isoliert nach relativer Stärke ausgewählten 50 Topaktien. Neben verbesserten Risiko- und Renditerelationen sind auch die anteilig gewonnenen Perioden im Falle zweier Faktoren günstiger. Die 50 Aktien höchster relativer Stärke mit KGVs unter 20 schlagen die Referenz in 30 von 45 Einzeljahren (65 %), von den Fünfjahresperioden konnte die Strategie 35 von 41 für sich verbuchen und von den getesteten Zehnjahresperioden sogar 33 von 36. Dies ist in der Langfristbetrachtung eine Erfolgsquote von 92 %, also um einiges besser als der isolierte Relative-Stärke-Ansatz.

Wie steht's mit anderen Wertfaktoren?

Zusätzlich niedrige Kurs-Gewinn-Verhältnisse zu verwenden ist nur eine Möglichkeit, die Wertentwicklung zu verbessern. Dieser Weg führt auch mit anderen Determinanten zum Erfolg. Grenzt man beispielsweise die „Alle Aktien"-Gruppe auf Dividendentitel mit Kurs-Buchwert-Relationen unter 1 ein und erwirbt aus der derart verkleinerten Gruppe diejenigen 50 Aktien mit der letztjährig besten relativen Stärke, entwickeln sich 10 000 US$ von Ende 1951 bis Ende 1996 zu einem Betrag von 18 626 247 US$. Die Anlage verzinste sich bei einem gleichzeitig geringeren Risiko von 23,95 % mit durchschnittlich 18,21 % jährlich. Im Vergleich zum letzten Abschnitt konnten die anteilig gewonnenen Perioden nochmals verbessert werden. Die aktuelle Strategie kann von den 45 Einzeljahren 33 für sich entscheiden und schlägt „Alle Aktien" bei den Fünfjahresperioden in 36 von 41 Fällen, bei den Zehnjahresperioden sogar in 35 von 36 Fällen. Die Tabelle 16.1. stellt die Ergebnisse für die beiden Zwei-Faktoren-Modelle zusammen.

Tab. 16.1: Die Tabelle faßt die beiden Zwei-Faktoren-Modelle aus der Gruppe „Alle Aktien" mit „beste relative Stärke und KGVs unter 20" (50 Stocks with PE Ratios below 20 and best 1-year price appreciation) sowie „beste relative Stärke und Kurs-Buchwert-Verhältnis kleiner 1" (50 Stocks with price-to-book ratios below 1 and ...) zusammen. Zeitrahmen ist der 31.12.1951 bis 31.12.1996. Angegeben sind die nominelle Entwicklung von 10000 US$, die kumulierte Rendite, die Standardabweichung, das Sharpe-Ratio sowie die anteilsmäßig von den Strategien gewonnenen Perioden.

	All Stocks	50 stocks with PE ratios below 20 (earnings yields > 5%) and best 1-year price appreciation	50 stocks with price-to-book ratios below 1 and best 1-year price appreciation
10000 $ becomes	2677557 $	22717709 $	18626247
Compound return	13,23%	18,74%	18,21%
Standard deviation of return (risk)	19,51%	24,61%	23,95%
Sharpe ratio	49	65	64
Percent of rolling 10-year periods beats All Stocks	NA	100%	97%

16

Das Kurs-Umsatz-Verhältnis ist auch hier nochmals besser

Das KUV bereitet auch besondere Freude, wenn es mit dem Relative-Stärke-Indikator gepaart wird. Wir betrachten nunmehr aus der „Alle Aktien"-Gruppe nur diejenigen Titel, die ein KUV von unter 1 haben, und nehmen dann abermals die 50 Aktien mit der relativ am Markt besten Kursentwicklung ins Depot. Die bekannten 10 000 US$ hätten eine kumulierte Verzinsung von 18,81 % erfahren und wuchsen zu 23 394 653 US$ heran (Ende 1996). Führen Sie sich vor Augen, daß dies fast 10mal soviel ist wie ein ungefiltertes Investment in „Alle Aktien". Die Standardabweichung von 25,51 % liegt zwischen der der 50 relativ stärksten Titel (29,80 %) und der von „Alle Aktien" (19,51 %). Es ergibt sich ein Sharpe-Ratio von 64, also 15 Punkte mehr als die Gesamtgruppe ohne Einschränkung. Tabelle 16.2 vergleicht die vorliegende Strategie mit „Alle Aktien", Tabelle 16.3 vergleicht die Erträge der beiden Relative-Stärke-Ansätze und Tabelle 16.4 die Ergebnisse der Strategeie „Niedrige KUVs und höchste relative Stärke".

Atemberaubend ist in diesem Kontext die Konsistenz der Strategie: Sie schlägt „Alle Aktien" in 34 der 45 Einzeljahre der Studie (76 % der Fälle), bei den rollierenden Fünf- und Zehnjahresperioden kann das Ergebnis nicht besser sein. Die Strategie gewinnt ausnahmslos alle Perioden.

Sehen Sie sich hierzu Tabelle 16.5 sowie die Abbildungen 16.1 und 16.2 an.

Tab. 16.2: Die Tabelle vergleicht die jährliche Wertentwicklung „Alle Aktien" (All Stocks) mit den 50 Titeln aus dieser Gruppe, deren Kurs-Umsatz-Verhältnis kleiner 1 (PSR < 1) ist und die gleichzeitig die günstigste relative Stärke aufweisen (top 50 1-year RS). In der rechten Spalte läßt sich die relative Performance zwischen der Stammgruppe und der Strategie direkt ablesen.

Year ending	All Stocks	Universe = All Stocks PSR <1 top 50 1-year RS	Top 50 PSR <1 best RS relative performance
31. Dez. 52	7,90 %	7,80 %	–0,10 %
31. Dez. 53	2,90 %	6,40 %	3,50 %
31. Dez. 54	47,00 %	56,90 %	9,90 %
31. Dez. 55	20,70 %	28,80 %	8,10 %
31. Dez. 56	17,00 %	30,50 %	13,50 %
31. Dez. 57	–7,10 %	–20,10 %	–13,00 %
31. Dez. 58	55,00 %	67,50 %	12,50 %
31. Dez. 59	23,00 %	32,00 %	9,00 %
31. Dez. 60	6,10 %	2,70 %	–3,40 %
31. Dez. 61	31,20 %	49,50 %	18,30 %
31. Dez. 62	–12,00 %	–13,30 %	–1,30 %
31. Dez. 63	18,00 %	31,80 %	13,80 %
31. Dez. 64	16,30 %	26,40 %	10,10 %
31. Dez. 65	22,60 %	55,10 %	32,50 %
31. Dez. 66	–5,20 %	–0,60 %	4,60 %
31. Dez. 67	41,10 %	59,90 %	18,80 %
31. Dez. 68	27,40 %	46,30 %	18,90 %
31. Dez. 69	–18,50 %	–33,60 %	–15,10 %
31. Dez. 70	–5,80 %	–5,20 %	0,60 %
31. Dez. 71	21,30 %	31,90 %	10,60 %
31. Dez. 72	11,00 %	14,60 %	3,60 %
31. Dez. 73	–27,20 %	–20,90 %	6,30 %
31. Dez. 74	–27,90 %	–23,90 %	4,00 %
31. Dez. 75	55,90 %	58,60 %	2,70 %
31. Dez. 76	35,60 %	39,00 %	3,40 %
31. Dez. 77	6,90 %	24,50 %	17,60 %
31. Dez. 78	12,20 %	38,40 %	26,20 %
31. Dez. 79	34,30 %	26,30 %	–8,00 %
31. Dez. 80	31,50 %	48,50 %	17,00 %
31. Dez. 81	1,70 %	–7,70 %	–9,40 %
31. Dez. 82	22,50 %	39,50 %	17,00 %
31. Dez. 83	28,10 %	35,40 %	7,30 %
31. Dez. 84	–3,40 %	–8,20 %	–4,80 %
31. Dez. 85	30,80 %	45,20 %	14,40 %
31. Dez. 86	13,10 %	19,30 %	6,20 %
31. Dez. 87	–1,30 %	–12,90 %	–11,60 %
31. Dez. 88	21,20 %	28,00 %	6,80 %
31. Dez. 89	21,40 %	30,90 %	9,50 %
31. Dez. 90	–13,80 %	–12,10 %	1,70 %
31. Dez. 91	39,80 %	43,70 %	3,90 %
31. Dez. 92	13,80 %	30,70 %	16,90 %
31. Dez. 93	16,60 %	30,40 %	13,80 %
31. Dez. 94	–3,40 %	–6,90 %	–3,50 %
31. Dez. 95	27,00 %	25,80 %	–1,20 %
31. Dez. 96	18,30 %	31,50 %	13,20 %
Arithmetic average	14,97 %	21,74 %	6,77 %
Standard deviation	19,51 %	25,51 %	6,00 %

16

Tab. 16.3: Die Tabelle vergleicht die jährliche Wertentwicklung der 50 Werte aus „Alle Aktien", die die höchste relative Stärke als einzigem Faktor aufweisen (All Stocks top 50 1-year RS), mit den 50 Titeln aus dieser Gruppe, deren Kurs-Umsatz-Verhältnis zusätzlich kleiner 1 (PSR < 1) ist und die gleichzeitig die günstigste relative Stärke aufweisen (top 50 1-year RS). In der rechten Spalte läßt sich die relative Performance zwischen der Stammgruppe und der Strategie direkt ablesen.

Year ending	Universe = All Stocks top 50 1-year RS	Universe = All Stocks PSR <1 top 50 1-year RS	Low PSR top 50 1-year RS relative performance
31. Dez. 52	3,10%	7,80%	4,70%
31. Dez. 53	3,80%	6,40%	2,60%
31. Dez. 54	62,30%	56,90%	−5,40%
31. Dez. 55	32,00%	28,80%	−3,20%
31. Dez. 56	29,20%	30,50%	1,30%
31. Dez. 57	−16,50%	−20,10%	−3,60%
31. Dez. 58	68,10%	67,50%	−0,60%
31. Dez. 59	39,90%	32,00%	−7,90%
31. Dez. 60	9,40%	2,70%	−6,70%
31. Dez. 61	35,20%	49,50%	14,30%
31. Dez. 62	−22,60%	−13,30%	9,30%
31. Dez. 63	33,60%	31,80%	−1,80%
31. Dez. 64	5,30%	26,40%	21,10%
31. Dez. 65	44,40%	55,10%	10,70%
31. Dez. 66	−3,90%	−0,60%	3,30%
31. Dez. 67	64,30%	59,90%	−4,40%
31. Dez. 68	18,40%	46,30%	27,90%
31. Dez. 69	−21,90%	−33,60%	−11,70%
31. Dez. 70	−26,30%	−5,20%	21,10%
31. Dez. 71	39,90%	31,90%	−8,00%
31. Dez. 72	20,10%	14,60%	−5,50%
31. Dez. 73	−32,10%	−20,90%	11,20%
31. Dez. 74	−27,10%	−23,90%	3,20%
31. Dez. 75	36,00%	58,60%	22,60%
31. Dez. 76	25,30%	39,00%	13,70%
31. Dez. 77	22,50%	24,50%	2,00%
31. Dez. 78	25,80%	38,40%	12,60%
31. Dez. 79	50,90%	26,30%	−24,60%
31. Dez. 80	66,00%	48,50%	−17,50%
31. Dez. 81	−13,50%	−7,70%	5,80%
31. Dez. 82	27,10%	39,50%	12,40%
31. Dez. 83	22,80%	35,40%	12,60%
31. Dez. 84	−19,50%	−8,20%	11,30%
31. Dez. 85	40,00%	45,20%	5,20%
31. Dez. 86	14,30%	19,30%	5,00%
31. Dez. 87	−3,90%	−12,90%	−9,00%
31. Dez. 88	8,10%	28,00%	19,90%
31. Dez. 89	39,00%	30,90%	−8,10%
31. Dez. 90	−11,90%	−12,10%	−0,20%
31. Dez. 91	101,30%	43,70%	−57,60%
31. Dez. 92	−7,90%	30,70%	38,60%
31. Dez. 93	26,20%	30,40%	4,20%
31. Dez. 94	−19,70%	−6,90%	12,80%
31. Dez. 95	34,00%	25,80%	−8,20%
31. Dez. 96	−7,26%	31,50%	38,76%
Arithmetic average	18,09%	21,74%	3,65%
Standard deviation	29,80%	25,51%	−4,29%

Tab. 16.4: Die Tabelle zeigt die summierte Entwicklung der Strategie „50 Aktien aus *Alle Aktien* mit KUVs unter 1 und gleichzeitig höchste relative Stärke" (Universe = All Stocks PSR<1, top 50 1-year RS) und stellt sie der Entwicklung der Stammgruppe „Alle Aktien" (All Stocks) gegenüber, wobei hier noch das arithmetische Mittel (Arithmetic Average), die Standardabweichung der Erträge (Standard Deviation of Return), das Sharpe-Ratio sowie Renditen nach weiteren Laufzeitgruppen hinzukommen. Auch die maximal bzw. minimal zu erwartenden sowie die tatsächlich eingetretenen Werte für die Performance (Maximum Return, Maximum Expected Return) werden angegeben. Zeithorizont ist wiederum der 31.12.1951 bis 31.12.1996.

	All Stocks	Universe = All Stocks PSR <1 top 50 1-year RS
Arithmetic average	14,97%	21,74%
Standard deviation of return	19,51%	25,51%
Sharpe risk-adjusted ratio	49,00	64,00
3-yr compounded	13,22%	15,48%
5-yr compounded	14,00%	21,29%
10-yr compounded	12,92%	17,08%
15-yr compounded	14,44%	19,53%
20-yr compounded	14,97%	20,74%
25-yr compounded	12,74%	18,24%
30-yr compounded	12,43%	17,56%
35-yr compounded	11,64%	17,53%
40-yr compounded	12,62%	18,09%
Compound annual return	13,23%	18,81%
10 000 $ becomes:	2 677 556,77 $	23 394 652,61 $
Maximum return	55,90%	67,50%
Minimum return	−27,90%	−33,60%
Maximum expected return*	53,98%	72,76%
Minimum expected return**	−24,04%	−29,27%

* Maximum expected return is average return plus 2 times the standard deviation.
** Minimum expected return is average return minus 2 times the standard deviation.

16

285

16

Tab. 16.5: Die Tabelle zeigt, wie sich im Rahmen „Alle Aktien" die in Tabelle 16.4 definierte Strategie bzgl. anteilig gewonnener Perioden darstellt. Es werden die Einjahresperioden (Single Year Return) (45), die rollierenden Fünf- (41) und Zehnjahresperioden (36) dargestellt.

Item	Stocks with PSR <1 and best 1-year RS beat All Stocks	Percent
Single-year return	34 out of 45	76 %
Rolling 5-year compound return	41 out of 41	100 %
Rolling 10-year compound return	36 out of 36	100 %

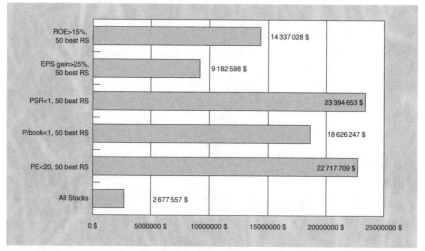

Abb. 16.1: Die Graphik stellt den Werdegang von 10 000 US$ vom 31.12.1951 bis 31.12.1996 für die in gleicher Reihenfolge abgebildeten Strategien mit jeweils 50-Aktien-Depots „ROE > 15 % und höchste relative Stärke", „Gewinnzuwächse > 25 % und höchste relative Stärke", „KUV < 1 und höchste relative Stärke", „Kurs-Buchwert-Verhältnis < 1 und höchste relative Stärke", „KGV < 20 und höchste relative Stärke" sowie für die Stammgruppe „Alle Aktien" dar.

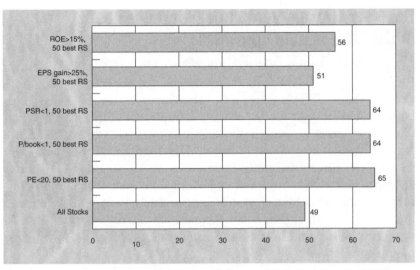

Abb. 16.2: Die Graphik stellt für die in Abbildung 16.1 beschriebenen Strategien die Sharpe-Ratios dar.

Bei großen Aktien bringen zusätzliche Faktoren weniger

Bei „Großen Aktien" ist der Zusatznutzen weiterer Determinanten geringer als bei „Alle Aktien". Unter „Große Aktien" bewirkt die Auswahl der 50 Aktien mit KGVs unter 20 kombiniert mit höchster relativer Stärke, daß über die 45 Jahre aus 10 000 US$ 5 761 236 US$ werden (kumulierte jährliche Rendite 15,17 %). Das hier geringere Risiko führt nichtsdestotrotz zu einem ansehnlichen Sharpe-Ratio von 60. Positiv zu beurteilen sind auch die Anteile an dominierten Perioden: In 28 von 45 Einjahreszyklen lag die Strategie vorne (62 %); 35 der 41 Fünfjahresperioden und 35 der 36 Zehnjahresperioden (97 %) konnten vereinnahmt werden.

Es war uns hier leider nicht möglich, einen Test bezüglich „Große Aktien" mit Kurs-Buchwert-Verhältnissen unter 1 durchzuführen, da diese Aktien kaum je mit KBVs unter 1 handeln.

Das Kurs-Umsatz-Verhältnis liefert auch bei großen Aktien gute Ergebnisse

Im Umfeld „Großer Aktien" führt die „Hochzeit" von niedrigen KUVs und relativer Stärke zu ähnlichen Ergebnissen wie das Zusatzkriterium „KGVs unter 20". Der Erwerb der 50 Aktien aus „Große Aktien" mit KUVs unter 1 und gleichzeitig höchster relativer Stärke führt zu einem Endergebnis von 5 178 202 US$ (Ende 1996, Rendite kumuliert 14,90%). Die Standardabweichung von 18,85% ist nahezu die gleiche wie bei dem Ansatz mit KGVs unter 20 – möglicherweise weil sich viele derselben Aktien in beiden Portfolios finden. Das Sharpe-Ratio nimmt einen Wert von 59 an und liegt damit deutlich besser im Rennen als „Große Aktien" mit 48 und nur einen Punkt hinter der Strategie mit den Kurs-Gewinn-Verhältnissen kleiner 20.

Von den 45 Einzeljahren konnte die vorliegende Strategie 29 von 45 für sich entscheiden, 32 aus 41 rollierenden Fünfjahresperioden und 32 der 36 analogen Zehnjahresperioden. Die Resultate hier waren damit geringfügig schlechter als bei dem Kombi-Ansatz mit niedrigen KGVs. Die Tabellen 16.6 bis 16.8 stellen die Wertentwicklung dar, die graphische Darstellung entnehmen Sie bitte den Abbildungen 16.3 und 16.4.

Tab. 16.6: Die Tabelle vergleicht die jährliche Wertentwicklung der „Großen Aktien" (Large Stocks) mit den 50 Titeln aus dieser Gruppe, deren Kurs-Umsatz-Verhältnis kleiner 1 (PSR < 1) ist und die gleichzeitig die günstigste relative Stärke aufweisen (top 50 1-year RS). In der rechten Spalte läßt sich die relative Performance zwischen der Stammgruppe und der Strategie direkt ablesen.

Year ending	Large Stocks	Universe = Large Stocks PSR <1 top 50 1-year RS	Top 50 PSR <1 best RS relative performance
31. Dez. 52	9,30%	13,10%	3,80%
31. Dez. 53	2,30%	5,20%	2,90%
31. Dez. 54	44,90%	46,60%	1,70%
31. Dez. 55	21,20%	23,40%	2,20%
31. Dez. 56	9,60%	8,40%	−1,20%
31. Dez. 57	−6,90%	−12,10%	−5,20%
31. Dez. 58	42,10%	45,40%	3,30%
31. Dez. 59	9,90%	8,40%	−1,50%
31. Dez. 60	4,80%	0,00%	−4,80%
31. Dez. 61	27,50%	25,30%	−2,20%
31. Dez. 62	−8,90%	−9,20%	−0,30%
31. Dez. 63	19,50%	22,40%	2,90%
31. Dez. 64	15,30%	18,60%	3,30%
31. Dez. 65	16,20%	28,50%	12,30%
31. Dez. 66	−4,90%	−3,60%	1,30%
31. Dez. 67	21,30%	30,60%	9,30%
31. Dez. 68	16,80%	13,30%	−3,50%
31. Dez. 69	−9,90%	−10,40%	−0,50%
31. Dez. 70	−0,20%	1,40%	1,60%
31. Dez. 71	17,30%	21,70%	4,40%
31. Dez. 72	14,90%	11,00%	−3,90%
31. Dez. 73	−18,90%	−7,30%	11,60%
31. Dez. 74	−26,70%	−21,10%	5,60%
31. Dez. 75	43,10%	53,10%	10,00%
31. Dez. 76	28,00%	29,20%	1,20%
31. Dez. 77	−2,50%	1,50%	4,00%
31. Dez. 78	8,10%	16,90%	8,80%
31. Dez. 79	27,30%	28,60%	1,30%
31. Dez. 80	30,80%	48,30%	17,50%
31. Dez. 81	0,60%	−12,50%	−13,10%
31. Dez. 82	19,90%	54,10%	34,20%
31. Dez. 83	23,80%	22,80%	−1,00%
31. Dez. 84	−0,40%	−5,10%	−4,70%
31. Dez. 85	19,50%	45,50%	26,00%
31. Dez. 86	32,20%	21,00%	−11,20%
31. Dez. 87	3,30%	8,80%	5,50%
31. Dez. 88	19,00%	22,10%	3,10%
31. Dez. 89	26,00%	34,60%	8,60%
31. Dez. 90	−8,70%	−6,90%	1,80%
31. Dez. 91	33,00%	26,40%	−6,60%
31. Dez. 92	8,70%	28,60%	19,90%
31. Dez. 93	16,30%	24,90%	8,60%
31. Dez. 94	−1,90%	−3,00%	−1,10%
31. Dez. 95	28,50%	13,00%	−15,50%
31. Dez. 96	18,70%	28,50%	9,80%
Arithmetic average	13,11%	16,44%	3,34%
Standard deviation	16,01%	18,85%	2,85%

16

Tab. 16.7: Die Tabelle zeigt die summierte Entwicklung der Strategie „50 Aktien aus Große Aktien mit KUVs unter 1 und gleichzeitig höchste relative Stärke" (Universe = Large Stocks PSR < 1, top 50 1-year RS) und stellt sie der Entwicklung der Stammgruppe „Große Aktien" (Large Stocks) gegenüber, wobei hier noch das arithmetische Mittel (Arithmetic Average), die Standardabweichung der Erträge (Standard Deviation of Return), das Sharpe-Ratio sowie Renditen nach weiteren Laufzeitgruppen hinzukommen. Auch die maximal bzw. minimal zu erwartenden sowie die tatsächlich eingetretenen Werte für die Performance (Maximum Return, Maximum Expected Return) werden angegeben. Zeithorizont ist wiederum der 31.12.1951 bis 31.12.1996.

	Large Stocks	Universe = Large Stocks PSR < 1 top 50 1-year RS
Arithmetic average	13,11%	16,44%
Standard deviation of return	16,01%	18,85%
Sharpe risk-adjusted ratio	48,00	59,00
3-yr compounded	14,38%	12,09%
5-yr compounded	13,60%	17,74%
10-yr compounded	13,53%	16,89%
15-yr compounded	15,16%	19,81%
20-yr compounded	14,37%	18,50%
25-yr compounded	12,34%	16,73%
30-yr compounded	11,67%	15,64%
35-yr compounded	10,96%	14,87%
40-yr compounded	11,36%	14,46%
Compound annual return	11,92%	14,90%
10000 $ becomes:	1590667,04 $	5178201,58 $
Maximum return	44,90%	54,10%
Minimum return	−26,70%	−21,10%
Maximum expected return*	45,12%	54,15%
Minimum expected return**	−18,91%	−21,26%

* Maximum expected return is average return plus 2 times the standard deviation.
** Minimum expected return is average return minus 2 times the standard deviation.

Tab. 16.8: Die Tabelle zeigt, wie sich im Rahmen „Große Aktien" die in Tabelle 16.7 definierte Strategie bzgl. anteilig gewonnener Perioden darstellt. Es werden die Einjahresperioden (Single Year Return) (45), die rollierenden Fünf- (41) und Zehnjahresperioden (36) dargestellt.

Item	50 stocks with PSR <1 and best 1-yr RS beat Large Stocks	Percent
Single-year return	29 out of 45	64 %
Rolling 5-year compound return	32 out of 41	78 %
Rolling 10-year compound return	32 out of 36	89 %

16

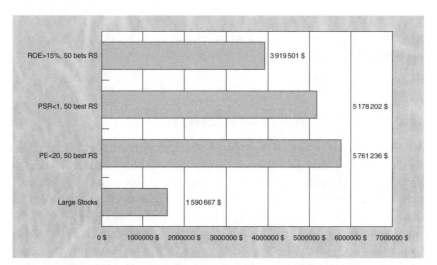

Abb. 16.3: Die Graphik stellt den Werdegang von 10 000 US$ vom 31.12.1951 bis 31.12.1996 für die in gleicher Reihenfolge abgebildeten Relative-Stärke-Strategien mit jeweils 50-Aktien-Depots „ROE >15% und höchste relative Stärke", „KUV < 1 und höchste relative Stärke", „KGV < 20 und höchste relative Stärke" sowie für die Stammgruppe „Große Aktien" dar.

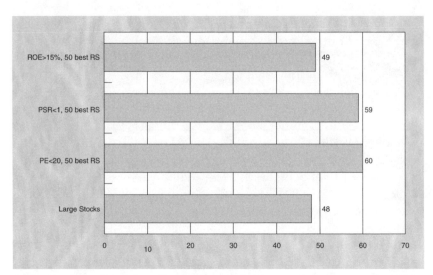

Abb. 16.4: Die Graphik stellt für die in Abbildung 16.3 benannten Strategien das Sharpe-Ratio dar. Auch der Zeitraum ist identisch.

Wie steht's mit Wachstumsfaktoren?

Wachstumsfaktoren konvenieren ebenfalls mit relativer Stärke, aber die Ergebnisse sind weniger konstant. Schränkt man beispielsweise die Gruppe „Große Aktien" auf Titel mit KGVs von unter 20 und positive Gewinnzuwächse im Berichtsjahr ein und erwirbt hieraus die 50 Aktien mit der höchsten relativen Stärke auf Jahresbasis, verdient man um genau 1 766 219 US$ weniger, als wenn man den Faktor „Hohe Gewinnzuwächse" außen vor läßt. Die Addition von „Positive Gewinnzuwächse" schadet also der Performance eher. Wir werden in Kapitel 19 noch sehen, daß hohe aktuelle Gewinne helfen können, für den Moment ist die Aussage aber, daß zusätzliche Faktoren nicht automatisch zu besseren Ergebnissen führen.

Zwei Wachstumsmodelle

Während der Kauf der Aktien mit den besten jährlichen Gewinnzuwächsen die „Alle Aktien"-Gruppe nicht schlagen konnte (siehe Kapitel 11), gelingt es bei Kombination dieser Strategie mit dem Faktor „Höchste relative Stärke in der Vorperiode" mit Leichtigkeit, „Alle Aktien" zu übertreffen. Konkret kaufen wir Aktien aus der Referenz „Alle Aktien" für unser Depot, deren Gewinnzuwachs 25% überstiegen hat und die zusätzlich die höchste relative Stärke gezeigt haben. Diese Kombination vermehrt die 10 000 US$ vom 31.12.1951 zu 9 182 598 US$ (Ende 1996), erwirtschaftete also eine Rendite von 16,77 %, was wiederum deutlich besser war als „Alle Aktien" mit einem Vergleichswert von 13,35 % p.a.. Das Risiko dieses Zwei-Faktoren-Modells ist jedoch hoch. Die Standardabweichung der Erträge wurde mit 29,18 % gemessen und lag damit ausgesprochen deutlich über dem Wert von 19,70 % für „Alle Aktien". Trotz der erhöhten Volatilität gelang es der Kombinationsstrategie, ein Sharpe-Ratio von 51, also 4 Punkte mehr als „Alle Aktien", zu erzielen. In der Gesamtbetrachtung stellt die Kombination dieser Faktoren eine erhebliche Verbesserung gegenüber dem isolierten Einsatz der höchsten jährlichen Gewinnzuwächse oder der höchsten relativen Stärke dar.

Auch hier war es uns verwehrt, die Strategie bei „Großen Aktien" zu testen, da es in dieser Gruppe keine 50 Aktien gab, deren Gewinnwachstum 25 % überstiegen hätte.

Return on Equity zeitigt in der Kombination bessere Ergebnisse

Andere wachstumsorientierte Variablen liefern befriedigendere Ergebnisse. In Kapitel 14 hatten wir herausgearbeitet, daß ein 50-Aktien-Portfolio aus „Alle Aktien" mit den besten Werten bei der Kapitalverzinsung den Markt nicht schlagen konnte. Kombiniert man aber diese Determinante ebenfalls mit der relativen Stärke, lassen sich die Ergebnisse des letzten Abschnitts für die Kombination mit Gewinnwachstum sogar noch übertreffen.

Starttermin ist wiederum der 31.12.1951, und es wird ein Portfolio aus den 50 Aktien aus „Alle Aktien" aufgebaut, die sowohl einen ROE über 15 % als auch die beste relative Kursstärke der Vorperiode aufwiesen. Der Abschlußwert von 10 000 US$ läge in diesem Falle bei 14 337 028 US$, und man erhielte eine durchschnittliche Kapitalverzinsung von 17,53 %. Man beachte allerdings, daß auch dieser Wert noch deutlich hinter dem der Kombination mit KGVs unter 20 zurückbleibt. Mit 26,99 % Standardabweichung ist diese Strategie auch riskanter als der Ansatz, günstig bewertete Aktien mit hoher relativer Stärke zu kaufen. Das Sharpe-Ratio liegt bei 56. Die Zahlenverhältnisse für gewonnene Perioden sind durchwegs positiv: Von den Zehnjahresperioden kann die Strategie z.B. alle für sich erobern. Die Tabellen 16.9 bis 16.11 geben hier genaueren Einblick.

Tab. 16.9: Die Tabelle vergleicht die jährliche Wertentwicklung „Aller Aktien" (All Stocks) mit den 50 Titeln aus dieser Gruppe, deren Return on Equity größer 15 (ROE >15) ist und die gleichzeitig die günstigste relative Stärke aufweisen (top 50 1-year RS). In der rechten Spalte läßt sich die relative Performance zwischen der Stammgruppe und der Strategie direkt ablesen.

Year ending	All Stocks	Universe = All Stocks ROE >15 top 50 1-year RS	Top 50 ROE >15 best RS relative performance
31. Dez. 52	7,90 %	8,2 %	0,30 %
31. Dez. 53	2,90 %	1,9 %	−1,00 %
31. Dez. 54	47,00 %	71,5 %	24,50 %
31. Dez. 55	20,70 %	30,0 %	9,30 %
31. Dez. 56	17,00 %	30,8 %	13,80 %
31. Dez. 57	−7,10 %	−10,7 %	−3,60 %
31. Dez. 58	55,00 %	55,1 %	0,10 %
31. Dez. 59	23,00 %	37,5 %	14,50 %
31. Dez. 60	6,10 %	22,6 %	16,50 %
31. Dez. 61	31,20 %	33,9 %	2,70 %
31. Dez. 62	−12,00 %	−17,3 %	−5,30 %
31. Dez. 63	18,00 %	19,8 %	1,80 %
31. Dez. 64	16,30 %	11,1 %	−5,20 %
31. Dez. 65	22,60 %	24,9 %	2,30 %
31. Dez. 66	−5,20 %	3,4 %	8,60 %
31. Dez. 67	41,10 %	57,4 %	16,30 %
31. Dez. 68	27,40 %	39,8 %	12,40 %
31. Dez. 69	−18,50 %	−17,5 %	1,00 %
31. Dez. 70	−5,80 %	−15,6 %	−9,80 %
31. Dez. 71	21,30 %	58,1 %	36,80 %
31. Dez. 72	11,00 %	27,0 %	16,00 %
31. Dez. 73	−27,20 %	−27,5 %	−0,30 %
31. Dez. 74	−27,90 %	−29,8 %	−1,90 %
31. Dez. 75	55,90 %	36,3 %	−19,60 %
31. Dez. 76	35,60 %	21,6 %	−14,00 %
31. Dez. 77	6,90 %	20,6 %	13,70 %
31. Dez. 78	12,20 %	26,5 %	14,30 %
31. Dez. 79	34,30 %	38,9 %	4,60 %
31. Dez. 80	31,50 %	77,7 %	46,20 %
31. Dez. 81	1,70 %	−6,0 %	−7,70 %
31. Dez. 82	22,50 %	30,9 %	8,40 %
31. Dez. 83	28,10 %	21,9 %	−6,20 %
31. Dez. 84	−3,40 %	−4,3 %	−0,90 %
31. Dez. 85	30,80 %	45,2 %	14,40 %
31. Dez. 86	13,10 %	21,2 %	8,10 %
31. Dez. 87	−1,30 %	−15,6 %	−14,30 %
31. Dez. 88	21,20 %	17,1 %	−4,10 %
31. Dez. 89	21,40 %	38,4 %	17,00 %
31. Dez. 90	−13,80 %	−11,9 %	1,90 %
31. Dez. 91	39,80 %	87,3 %	47,50 %
31. Dez. 92	13,80 %	11,5 %	−2,30 %
31. Dez. 93	16,60 %	19,9 %	3,30 %
31. Dez. 94	−3,40 %	−12,1 %	−8,70 %
31. Dez. 95	27,00 %	25,2 %	−1,80 %
31. Dez. 96	18,30 %	22,4 %	4,10 %
Arithmetic average	14,97 %	20,61 %	5,64 %
Standard deviation	19,51 %	26,99 %	7,49 %

Tab. 16.10: Die Tabelle zeigt die summierte Entwicklung der Strategie „50 Aktien aus Alle Aktien mit ROEs > 15 und gleichzeitig höchste relative Stärke" (Universe = All Stocks ROE > 15, top 50 1-year RS) und stellt sie der Entwicklung der Stammgruppe „Alle Aktien" (All Stocks) gegenüber, wobei hier noch das arithmetische Mittel (Arithmetic Average), die Standardabweichung der Erträge (Standard Deviation of Return), das Sharpe-Ratio sowie Renditen nach weiteren Laufzeitgruppen hinzukommen. Auch die maximal bzw. minimal zu erwartenden sowie die tatsächlich eingetretenen Werte für die Performance (Maximum Return, Maximum Expected Return) werden angegeben. Zeithorizont ist wiederum der 31.12.1951 bis 31.12.1996.

	All Stocks	Universe = All Stocks ROE > 15, top 50 1-year RS
Arithmetic average	14,97 %	20,61 %
Standard deviation of return	19,51 %	26,99 %
Sharpe risk-adjusted ratio	49,00	56,00
3-yr compounded	13,22 %	10,44 %
5-yr compounded	14,00 %	12,48 %
10-yr compounded	12,92 %	15,05 %
15-yr compounded	14,44 %	17,28 %
20-yr compounded	14,97 %	20,05 %
25-yr compounded	12,74 %	16,06 %
30-yr compounded	12,43 %	16,60 %
35-yr compounded	11,64 %	15,23 %
40-yr compounded	12,62 %	16,47 %
Compound annual return	13,23 %	17,53 %
10 000 $ becomes:	2 677 556,77 $	14 337 028,30 $
Maximum return	55,90 %	87,30 %
Minimum return	−27,90 %	−29,80 %
Maximum expected return*	53,98 %	74,59 %
Minimum expected return**	−24,04 %	−33,38 %

* Maximum expected return is average return plus 2 times the standard deviation.
** Minimum expected return is average return minus 2 times the standard deviation.

Tab. 16.11: Die Tabelle zeigt, wie sich im Rahmen „Alle Aktien" die in Tabelle 16.10 definierte Strategie bzgl. anteilig gewonnener Perioden darstellt. Es werden die Einjahresperioden (Single Year Return) (45), die rollierenden Fünf- (41) und Zehnjahresperioden (36) dargestellt.

Item	50 stocks with ROE >15 and best 1-year RS beat All Stocks	Percent
Single-year return	28 out of 45	62 %
Rolling 5-year compound return	34 out of 41	83 %
Rolling 10-year compound return	36 out of 36	100 %

Große Aktien sind hier weniger dramatisch

Die Veränderung der Ergebnisse im Umfeld der hochkapitalisierten Aktien sind weniger dramatisch. Kauft man hier die 50 Dividendenwerte mit einem Return on Equity von größer 15 aus dem Pool „Große Aktien" mit dem zusätzlichen Kriterium der besten relativen Stärke, entwickeln sich 10 000 US$ über die 45 Jahre zu 3 919 501 US$, rentieren also mit 14,19 % p.a.. Dieses Resultat ist ziemlich genau doppelt so hoch wie bei einem undifferenzierten Investment in „Große Aktien". Die Standardabweichung von 22,42 % führt zu einem Sharpe-Ratio von 49, also einem geringfügig besseren Wert als die Stammgruppe.

Implikationen

Der Einsatz von Mehrfaktorenmodellen kann die Anlageergebnisse deutlich verbessern. Unabhängig ob Sie sich im Umfeld „Großer Aktien" oder „Aller Aktien" tummeln, kommen Sie Ihrem Ziel durch die Verwendung mehrerer Kriterien zur Aktienauswahl näher. Beispielsweise geht der Erwerb der 50 Aktien aus „Alle Aktien" mit Kurs-Umsatz-Verhältnissen unter 1 und der höchsten relativen Stärke nur mit geringfügig höherem Risiko einher, produziert aber über die 45 Jahre ein um 20 Mio. US$ höheres Vermögen als der Kauf der 50 Aktien mit den niedrigsten KUVs alleine.

Mit größtem Wahrscheinlichkeitsgrad erhöht das Hinzufügen von relativer Kursstärke zu einem wert- bzw. substanzorientierten Portfolio die zu erwartende Performance deutlich, da man auf diesem Wege Aktien kauft, von denen der Markt nunmehr erkannt hat, daß es sich um Schnäppchen handelt und bereits Geld dorthin geflossen ist. Die Wertfaktoren haben alle auch isoliert ihre Gültigkeit, das Aufsatteln von relativer Stärke hilft aber zusätzlich, herauszufinden, wann der Markt eine Aktie für überverkauft hält.

Auch bei Wachstumsaktien kann der zusätzliche Einsatz von relativer Stärke nutzenstiftend sein, doch die Ergebnisse sind hier nicht so uniform. Einige Wachstumskennzahlen reduzieren den Anlageerfolg sogar und sollten daher vermieden werden; wieder andere wie jährliche Gewinnzuwächse über 25 % oder ROEs von über 15 sind durchaus hilfreich und damit beachtenswert.

17 Zwei wertorientierte Mehrfaktoren-
modelle für „Alle Aktien"

Große Leistungen werden nicht durch Stärke erreicht, sondern durch Beständigkeit.

Samuel Johnson

Die Aktien mit den niedrigsten, d.h. günstigsten Kurs-Umsatz-Verhältnissen zu kaufen ist wie gezeigt die beste Ein-Faktoren-Strategie. Es resultierten aus 10 000 US$ am Ende der 45 Jahre 8 252 731 US$ bei einer Standardabweichung von 25,60 %. Wir werden nun untersuchen, ob es gelingt, durch die Aufnahme verschiedener wertorientierter Faktoren das Risiko zu reduzieren oder den Ertrag zu erhöhen.

Der Einsatz verschiedener Wertfaktoren

Zuerst nähern wir uns den Anlageergebnissen der Aktien mit niedrigen KUVs, ohne Kurs-Umsatz-Verhältnisse als expliziten Faktor zu berücksichtigen. Wir nennen diesen Ansatz Wertmodell Nr. 1. Wir fordern dazu, daß die Aktien aus der Gruppe „Alle Aktien" folgende Kriterien erfüllen:

1. Kurs-Buchwert-Relationen unter 1,5 (bei Compustat umgekehrt gelistet mit Buchwert-Kurs-Relationen über 0,66). Derartige Relationen sind typisch für extrem substanzstarke Aktien.
2. Die Dividendenrendite muß in jedem Jahr über dem Durchschnitt der Datensammlung liegen. Dies beschränkt die Auswahl in der Praxis auf die oberen 20 % der dividendenstärksten Titel aus der Datenbasis.
3. Die KGVs liegen in jedem Jahr niedriger (besser) als der Durchschnitt der Compustat Datenbasis.

Aus der so beschriebenen Gruppe erwerben wir dann die 50 Aktien mit den niedrigsten Kurs-Cashflow-Relationen.

Die Ergebnisse

Wir tätigen eine Anlage von 10000 US$ am 31.12.1951 (bis Ende 1996), wobei wir die Depots jährlich aktualisieren und auch hier wieder von verzögertem Dateneingang ausgehen, um realitätstaugliche Ergebnisse zu erhalten. Am Ende erhielten wir den Betrag von 8 360 742 US$, was einer Verzinsung von 16,13 % entspricht und somit die Gesamtgruppe „Alle Aktien" problemlos schlägt. Das Ergebnis liegt in etwa 100 000 US$ über dem Resultat einer Anlage in die 50 Aktien mit den besten Kurs-Umsatz-Verhältnissen. Das unvermeidbare Risiko ist ebenfalls geringer. Es stellt sich in Abgrenzung zu den 25,60 % der 50 Aktien mit den besten KUVs eine Standardabweichung von 23,69 % ein. Das niedrigere Risiko der Multifaktoren-Strategie transformiert sich in ein günstigeres Sharpe-Ratio von 55 (statt 50 bei den 50 niedrigen KUV-Aktien). Auch die anteilig gewonnenen Perioden sprechen für diesen Ansatz. Die Tabellen 17.1 bis 17.3 geben hier detaillierte Auskunft.

Tab. 17.1: Die Tabelle stellt im Rahmen der Gruppe „Alle Aktien" die jährliche Wertentwicklung der Gesamtgruppe derjenigen der Strategie des Wertmodells 1 gegenüber (Universe = All Stocks Price to book < 1,5, yield > mean, PE < mean, top 50 cashflow to price). In der rechten Spalte liest man die relative Wertentwicklung pro Jahr ab.

Year ending	All Stocks	Universe = All Stocks price-to-book < 1,5 yield > mean, PE < mean top 50 cashflow-to-price	Top 50 relative performance
31. Dez. 52	7,90 %	10,90 %	3,00 %
31. Dez. 53	2,90 %	−4,50 %	−7,40 %
31. Dez. 54	47,00 %	70,70 %	23,70 %
31. Dez. 55	20,70 %	25,00 %	4,30 %
31. Dez. 56	17,00 %	5,90 %	−11,10 %
31. Dez. 57	−7,10 %	−13,70 %	−6,60 %
31. Dez. 58	55,00 %	74,20 %	19,20 %
31. Dez. 59	23,00 %	20,10 %	−2,90 %
31. Dez. 60	6,10 %	−1,10 %	−7,20 %
31. Dez. 61	31,20 %	30,60 %	−0,60 %
31. Dez. 62	−12,00 %	−0,01 %	11,99 %
31. Dez. 63	18,00 %	26,70 %	8,70 %
31. Dez. 64	16,30 %	22,90 %	6,60 %
31. Dez. 65	22,60 %	29,00 %	6,40 %
31. Dez. 66	−5,20 %	−4,60 %	0,60 %
31. Dez. 67	41,10 %	44,20 %	3,10 %
31. Dez. 68	27,40 %	36,90 %	9,50 %
31. Dez. 69	−18,50 %	−19,70 %	−1,20 %
31. Dez. 70	−5,80 %	1,60 %	7,40 %
31. Dez. 71	21,30 %	14,50 %	−6,80 %
31. Dez. 72	11,00 %	13,60 %	2,60 %
31. Dez. 73	−27,20 %	−18,50 %	8,70 %
31. Dez. 74	−27,90 %	−14,30 %	13,60 %
31. Dez. 75	55,90 %	84,00 %	28,10 %
31. Dez. 76	35,60 %	47,60 %	12,00 %
31. Dez. 77	6,90 %	8,10 %	1,20 %
31. Dez. 78	12,20 %	4,80 %	−7,40 %
31. Dez. 79	34,30 %	23,80 %	−10,50 %
31. Dez. 80	31,50 %	10,20 %	−21,30 %
31. Dez. 81	1,70 %	4,70 %	3,00 %
31. Dez. 82	22,50 %	23,00 %	0,50 %
31. Dez. 83	28,10 %	42,90 %	14,80 %
31. Dez. 84	−3,40 %	0,08 %	3,48 %
31. Dez. 85	30,80 %	32,70 %	1,90 %
31. Dez. 86	13,10 %	3,70 %	−9,40 %
31. Dez. 87	−1,30 %	15,10 %	16,40 %
31. Dez. 88	21,20 %	47,10 %	25,90 %
31. Dez. 89	21,40 %	12,90 %	−8,50 %
31. Dez. 90	−13,80 %	−21,20 %	−7,40 %
31. Dez. 91	39,80 %	47,00 %	7,20 %
31. Dez. 92	13,80 %	11,60 %	−2,20 %
31. Dez. 93	16,60 %	28,90 %	12,30 %
31. Dez. 94	−3,40 %	3,90 %	7,30 %
31. Dez. 95	27,00 %	24,50 %	−2,50 %
31. Dez. 96	18,30 %	21,90 %	3,60 %
Arithmetic average	14,97 %	18,39 %	3,42 %
Standard deviation	19,51 %	23,69 %	4,18 %

Tab. 17.2: Die Tabelle gibt die summierte Entwicklung des Wertmodells 1 an und stellt sie der Entwicklung der Stammgruppe „Alle Aktien" (All Stocks) gegenüber, wobei hier noch das arithmetische Mittel (Arithmetic Average), die Standardabweichung der Erträge (Standard Deviation of Return), das Sharpe-Ratio sowie Renditen nach weiteren Laufzeitgruppen hinzukommen. Auch die maximal bzw. minimal zu erwartenden sowie die tatsächlich eingetretenen Werte für die Performance (Maximum Return, Maximum Expected Return) werden angegeben. Zeithorizont ist wiederum der 31.12.1951 bis 31.12.1996.

	All Stocks	Universe = All Stocks Value Model 1
Arithmetic average	14,97%	18,39%
Standard deviation of return	19,51%	23,69%
Sharpe risk-adjusted ratio	49,00	55,00
3-yr compounded	13,22%	16,39%
5-yr compounded	14,00%	17,80%
10-yr compounded	12,92%	17,51%
15-yr compounded	14,44%	18,12%
20-yr compounded	14,97%	16,06%
25-yr compounded	12,74%	16,17%
30-yr compounded	12,43%	15,64%
35-yr compounded	11,64%	15,39%
40-yr compounded	12,62%	15,77%
Compound annual return	13,23%	16,13%
10000 $ becomes:	2677556,77 $	8360741,52 $
Maximum return	55,90%	84,00%
Minimum return	−27,90%	−21,20%
Maximum expected return*	53,98%	65,77%
Minimum expected return**	−24,04%	−28,98%

* Maximum expected return is average return plus 2 times the standard deviation.

** Minimum expected return is average return minus 2 times the standard deviation.

Tab. 17.3: Die Tabelle zeigt, wie sich im Rahmen „Alle Aktien" die 50 Aktien des Modells 1 bzgl. anteilig gewonnener Perioden darstellen. Es werden die Einjahresperioden (Single Year Return) (45), die rollierenden Fünf- (41) und Zehnjahresperioden (36) dargestellt.

Item	50 stocks from Value Model 1 beat All Stocks	Percent
Single-year return	29 out of 45	64%
Rolling 5-year compound return	32 out of 41	78%
Rolling 10-year compound return	32 out of 36	89%

Die wertorientierten Faktoren überschneiden sich

Es ist wichtig, hier anzumerken, daß wir die vorliegenden Ergebnisse erhalten haben, ohne den Kurs-Umsatz-Indikator explizit zu benützen. Dies läßt den Schluß zu, daß sich Faktoren überlappen. Viele der Aktien mit niedrigen KUVs weisen simultan niedrige KGVs, niedrige KBVs und hohe Dividendenrenditen auf. Es gelingt, bei gleichem Ertrag das Risiko etwas zurückzufahren, wenn wir mehrere Faktoren einsetzen, um die Aktienauswahl zu treffen. Es gibt mehrere Wertmodelle, die gleiche Resultate generieren. Lassen wir z.B. das Kurs-Buchwert-Verhältnis den alles entscheidenden Faktor sein. Wir lassen niedrige KGVs außen vor. Wir fordern aber nun, daß die Dividenden in den letzten fünf Jahren jeweils gestiegen sind usw. Die Ergebnisse werden ähnlich sein, da viele der Depots sehr ähnlich zusammengesetzt sein werden.

Ein Multifaktorenmodell mit Kurs-Umsatz-Verhältnissen

Wir wenden uns nun einem Ansatz zu, der niedrige Kurs-Umsatz-Relationen ins Zentrum stellt. Entsprechend zum vorhergehenden Ansatz benennen wir diesen Ansatz Wertmodell 2. Wir fordern von den Aktien folgende Kriterien:

1. Die Dividendenrenditen müssen den Mittelwert der Compustat Datenbasis übersteigen.
2. Die Kursveränderung der Aktie im Vorjahr muß positiv sein. Wir ermitteln dies, indem wir den Jahresschlußkurs durch den Vorjahresschlußkurs dividieren. Ein Ergebnis größer 1 garantiert dann, daß sich keine Titel im Depot befinden, die im letzten Jahr verloren haben.

Aus dieser Gesamtheit wählen wir dann die 50 Aktien mit den besten Kurs-Umsatz-Relationen aus. Eine Anlage von 10 000 US$ am 31.12.1951 verzinst sich unter diesem Szenario mit jährlich 16,86% und führt somit zu einem Endbetrag (Ende 1996) von 11 086 291 US$. Wir erreichen dies mit einer Standardabweichung von 22,52% p.a. und verbessern uns somit gegenüber Wertmodell Nr. 1 (23,69%). Das niedrigere Risiko gepaart mit den höheren Erträgen liefert ein Sharpe-Ratio von 61 ab. Das Bild bei den anteilsmäßig gewonnenen Perioden gleicht dem von Modell 1: Die Strategie schlägt ihre Referenz in 89% der Fälle bei den revolvierenden Zehnjahresperioden. Die Tabellen 17.4 bis 17.6 geben diesbezüglich Einblick. Die Tabelle 17.7 stellt die Ergebnisse beider Modelle nach Dekaden zusammen, und Abbildung 17.1 stellt die Ergebnisse dar.

Tab. 17.4: Die Tabelle stellt im Rahmen der Gruppe „Alle Aktien" die jährliche Wertentwicklung der Gesamtgruppe derjenigen der Strategie des Wertmodells 2 gegenüber (prices up in previous year, yield > mean, top 50 sales to price). In der rechten Spalte liest man die relative Wertentwicklung pro Jahr ab.

Year ending	All Stocks	Universe = All Stocks price up in previous year yield > mean top 50 sales-to-price	Top 50 relative performance
31. Dez. 52	7,90 %	11,90 %	4,00 %
31. Dez. 53	2,90 %	3,60 %	0,70 %
31. Dez. 54	47,00 %	66,20 %	19,20 %
31. Dez. 55	20,70 %	27,10 %	6,40 %
31. Dez. 56	17,00 %	13,50 %	-3,50 %
31. Dez. 57	-7,10 %	-17,50 %	-10,10 %
31. Dez. 58	55,00 %	43,70 %	-11,30 %
31. Dez. 59	23,00 %	18,60 %	-4,40 %
31. Dez. 60	6,10 %	-2,40 %	-8,50 %
31. Dez. 61	31,20 %	40,90 %	9,70 %
31. Dez. 62	-12,00 %	-6,30 %	5,70 %
31. Dez. 63	18,00 %	27,40 %	9,40 %
31. Dez. 64	16,30 %	23,40 %	7,10 %
31. Dez. 65	22,60 %	33,70 %	11,10 %
31. Dez. 66	-5,20 %	-12,50 %	-7,30 %
31. Dez. 67	41,10 %	54,60 %	13,50 %
31. Dez. 68	27,40 %	38,80 %	11,40 %
31. Dez. 69	-18,50 %	-26,20 %	-7,70 %
31. Dez. 70	-5,80 %	1,00 %	6,80 %
31. Dez. 71	21,30 %	23,20 %	1,90 %
31. Dez. 72	11,00 %	11,50 %	0,50 %
31. Dez. 73	-27,20 %	-19,50 %	7,70 %
31. Dez. 74	-27,90 %	-18,50 %	9,40 %
31. Dez. 75	55,90 %	72,00 %	16,10 %
31. Dez. 76	35,60 %	46,30 %	10,70 %
31. Dez. 77	6,90 %	9,30 %	2,40 %
31. Dez. 78	12,20 %	9,20 %	-3,00 %
31. Dez. 79	34,30 %	41,20 %	6,90 %
31. Dez. 80	31,50 %	25,40 %	-6,10 %
31. Dez. 81	1,70 %	16,30 %	14,60 %
31. Dez. 82	22,50 %	50,00 %	27,50 %
31. Dez. 83	28,10 %	36,90 %	8,80 %
31. Dez. 84	-3,40 %	5,40 %	8,80 %
31. Dez. 85	30,80 %	43,70 %	12,90 %
31. Dez. 86	13,10 %	19,60 %	6,50 %
31. Dez. 87	-1,30 %	8,20 %	9,50 %
31. Dez. 88	21,20 %	26,50 %	5,30 %
31. Dez. 89	21,40 %	13,30 %	-8,10 %
31. Dez. 90	-13,80 %	-18,20 %	-4,40 %
31. Dez. 91	39,80 %	21,20 %	-18,60 %
31. Dez. 92	13,80 %	24,60 %	10,80 %
31. Dez. 93	16,60 %	27,30 %	10,70 %
31. Dez. 94	-3,40 %	1,30 %	4,70 %
31. Dez. 95	27,00 %	16,00 %	-11,00 %
31. Dez. 96	18,30 %	25,50 %	7,20 %
Arithmetic average	14,97 %	19,06 %	4,09 %
Standard deviation	19,51 %	22,52 %	3,01 %

Tab. 17.5: Die Tabelle gibt die summierte Entwicklung des Wertmodells 2 (Universe = All Stocks, prices up in previous year, yield > mean, top 50 sales to price) an und stellt sie der Entwicklung der Stammgruppe „Alle Aktien" (All Stocks) gegenüber, wobei hier noch das arithmetische Mittel (Arithmetic Average), die Standardabweichung der Erträge (Standard Deviation of Return), das Sharpe-Ratio sowie Renditen nach weiteren Laufzeitgruppen hinzukommen. Auch die maximal bzw. minimal zu erwartenden sowie die tatsächlich eingetretenen Werte für die Performance (Maximum Return, Maximum Expected Return) werden angegeben. Zeithorizont ist wiederum der 31.12.1951 bis 31.12.1996.

	All Stocks	Universe = All Stocks price up in previous year yield < mean, top 50 by sales-to-price
Arithmetic average	14,97%	19,06%
Standard deviation of return	19,51%	22,52%
Sharpe risk-adjusted ratio	49,00	61,00
3-yr compounded	13,22%	13,82%
5-yr compounded	14,00%	18,53%
10-yr compounded	12,92%	13,65%
15-yr compounded	14,44%	18,88%
20-yr compounded	14,97%	19,08%
25-yr compounded	12,74%	17,84%
30-yr compounded	12,43%	17,28%
35-yr compounded	11,64%	16,43%
40-yr compounded	12,62%	16,15%
Compound annual return	13,23%	16,86%
10 000 $ becomes:	2 677 556,77 $	11 086 291,30 $
Maximum return	55,90%	72,00%
Minimum return	−27,90%	−26,20%
Maximum expected return*	53,98%	64,09%
Minimum expected return**	−24,04%	−25,98%

* Maximum expected return is average return plus 2 times the standard deviation.
** Minimum expected return is average return minus 2 times the standard deviation.

Tab. 17.6: Die Tabelle zeigt, wie sich im Rahmen „Alle Aktien" die 50 Aktien des Modells 2 bzgl. anteilig gewonnener Perioden darstellen. Es werden die Einjahresperioden (Single Year Return) (45), die rollierenden Fünf- (41) und Zehnjahresperioden (36) dargestellt.

Item	50 stocks from Value Model 2 beat All Stocks	Percent
Single-year return	32 out of 45	71%
Rolling 5-year compound return	32 out of 41	78%
Rolling 10-year compound return	32 out of 36	89%

Tab. 17.7: Die Tabelle gibt die kumulierten Renditen der beiden Wertmodelle 1 und 2 (Value Model 1, Value Model 2) aus „Alle Aktien" und die der Stammgruppe an.

Portfolio	1950er*	1960er	1970er	1980er	1990er**
All Stocks	19,22%	11,09%	8,53%	15,85%	12,78%
Value Model 1	20,07%	14,65%	13,40%	18,23%	14,80%
Value Model 2	18,63%	14,14%	14,46%	23,74%	12,17%

* Returns for 1952–1959.
** Returns for 1990–1996.

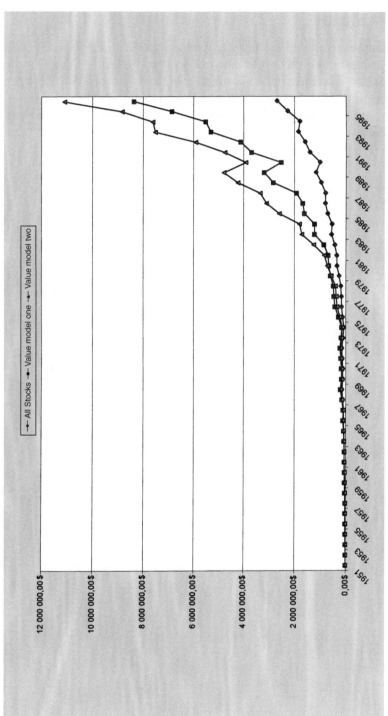

Abb. 17.1: Die Graphik stellt die nominelle Entwicklung eines Ende 1951 investierten Betrages von 10000 US$ im Falle „Alle Aktien" (All Stocks), des Wertmodells 1 (Value Model 1) sowie des Wertmodells 2 (Value Model 2) dar.

Implikationen

Multifaktorenmodelle helfen der risikoadjustierten Performance auf die Sprünge. Auch wenn keines der hier vorgestellten Modelle die Ergebnisse der Strategie mit niedrigen Kurs-Umsatz-Verhältnissen plus hohe relative Stärke aus Kapitel 16 erreicht, wird doch gezeigt, daß man durch zusätzliche Determinanten den Ertrag erhöhen und das Risiko verringern kann.

18 Wie man wirklichen Wert unter den Marktführern findet: Eine wegweisende wertorientierte Strategie

18

Der beste Weg, etwas zu beherrschen, ist, sich dessen eigener Natur zu bedienen.

Lao Tse

Viele Anleger fühlen sich nicht wohl mit Strategien, deren Risiken signifikant von denen der marktbreiten Indizes wie dem S&P 500 oder dem Dow Jones abweichen. Zwar würden sie gerne deren Wertentwicklung übertreffen, kommen aber mit der notwendigerweise damit verbundenen Volatilität nicht zu Rande. Sie können es nicht ertragen, Aktien im Depot zu haben, die bei einem steigenden Markt nicht mitziehen, und noch viel weniger, Aktien zu besitzen, die zwar in einer Hausse stark steigen, aber in einer anschließenden Baisse überproportional verlieren. Diese Investoren finden sich dann meistens in irgendeinem S&P 500 Indexfond wieder.

Eine Alternative zur Nachbildung des S&P 500 Index

Es gibt die Alternative zum reinen Nachbilden eines Indexes. Die Vergangenheit zeigt, daß ein aus Marktführern mit attraktiven Wertfaktoren – speziell mit hohen Dividendenrenditen – zusammengesetztes Depot den Markt bei gleichem Risikoniveau konstant schlagen kann. Marktführer sind große, bekannte Unternehmen mit deutlich überdurchschnittlichen Umsätzen. Darüber hinaus zeichnen sie sich durch hohe Cashflows und eine große Zahl umlaufender Aktien aus. Durch diese Faktoren sind sie in der Regel weniger volatil als der Gesamtmarkt. Und während wir in Kapitel 9 gesehen hatten, daß der Erwerb der 50 Aktien mit den höchsten Dividendenrenditen aus „Alle Aktien" alleine keine bessere Entwicklung verspricht, als wenn man „Alle Aktien" kauft, kann man durch die Kombination von Dividendenrendite mit der Eigenschaft „Markt-

führer" die Rendite erheblich erhöhen, aber das Risiko auf Markt-
niveau halten.

Wir definieren unsere Marktführer folgendermaßen:

1. Sie gehören zur Gruppe „Große Aktien".
2. Sie haben mehr umlaufende Aktien als der Durchschnitt der
   Compustat Datenbasis.
3. Sie weisen Cashflows auf, die über dem Mittelwert der Datensammlung liegen.
4. Ihr Umsatz ist um den Faktor 1,5 höher als der Mittelwert aller in
   Compustat erfaßten Aktien.

Schließlich klammern wir Versorgeraktien wieder aus, da diese das
Bild einseitig verzerren würden. Einsichtigerweise treffen diese Kriterien auf nur wenige Aktien zu. Zum 30.09.1977 erfüllten lediglich
6 % der gesamten Datensammlung, also 570 von 9889 Aktien, diese
Anforderungen.

Hohe KGVs stören bei Marktführern

Alle wertmäßigen Kennzahlen sind bei der Entscheidung, ob ein
Marktführer gut abschneiden wird, hilfreich. Am Beispiel hoher versus niedriger KGVs hatten wir die Effekte für Marktführer ja bereits
thematisiert. Die Tabellen 18.1 bis 18.4 zeigen die dramatischen Ergebnisse auf.

Eine Anlage von 10 000 US$ am 31.12.1951 in diejenigen 50
Marktführer mit den höchsten KGVs entwickelt sich zum Jahresultimo 1996 bei einer kumulierten Rendite von 10,62 % zu
1 043 895 US$ und liegt damit beträchtlich hinter einem undifferen-
zierten Investment in „Große Aktien", welches 1 590 667 US$ er-
bracht hätte. Auch eine Investition in die Marktführer generell hätte
deutlich mehr eingebracht, nämlich 3 363 529 US$. Trotz der niedri-
gen Standardabweichung von nur 17,23 % sorgte das niedrige absolute Anlageergebnis bei hohen KGVs für ein Sharpe-Ratio von lediglich 40. Von den 45 betrachteten Jahren konnte diese Strategie
„Große Aktien" nur 19mal schlagen (42 %). Es zeigt sich also, daß
hohe KGVs auch die Rendite von Marktführern nach unten ziehen
können.

Tab. 18.1: Die Tabelle stellt im Rahmen der Gruppe „Große Aktien" die jährliche Wertentwicklung der Gesamtgruppe derjenigen der Strategie „Marktführer mit höchsten KGVs" gegenüber (Universe = Market Leaders, top 50 highest PE ratios). In der rechten Spalte liest man die relative Wertentwicklung pro Jahr ab.

Year ending	Large Stocks	Universe = Market Leaders top 50 highest PE ratios	Top 50 PE ratios relative performance
31. Dez. 52	9,30%	15,50%	6,20%
31. Dez. 53	2,30%	0,03%	−2,27%
31. Dez. 54	44,90%	50,70%	5,80%
31. Dez. 55	21,20%	26,60%	5,40%
31. Dez. 56	9,60%	13,00%	3,40%
31. Dez. 57	−6,90%	−10,00%	−3,10%
31. Dez. 58	42,10%	36,70%	−5,40%
31. Dez. 59	9,90%	12,50%	2,60%
31. Dez. 60	4,80%	−0,01%	−4,81%
31. Dez. 61	27,50%	24,10%	−3,40%
31. Dez. 62	−8,90%	−13,70%	−4,80%
31. Dez. 63	19,50%	23,90%	4,40%
31. Dez. 64	15,30%	13,00%	−2,30%
31. Dez. 65	16,20%	24,50%	8,30%
31. Dez. 66	−4,90%	−1,60%	3,30%
31. Dez. 67	21,30%	35,00%	13,70%
31. Dez. 68	16,80%	6,80%	−10,00%
31. Dez. 69	−9,90%	0,20%	10,10%
31. Dez. 70	−0,20%	−6,50%	−6,30%
31. Dez. 71	17,30%	27,00%	9,70%
31. Dez. 72	14,90%	24,70%	9,80%
31. Dez. 73	−18,90%	−14,10%	4,80%
31. Dez. 74	−26,70%	−32,90%	−6,20%
31. Dez. 75	43,10%	30,10%	−13,00%
31. Dez. 76	28,00%	9,20%	−18,80%
31. Dez. 77	−2,50%	−12,40%	−9,90%
31. Dez. 78	8,10%	12,50%	4,40%
31. Dez. 79	27,30%	10,50%	−16,80%
31. Dez. 80	30,80%	36,00%	5,20%
31. Dez. 81	0,60%	−8,00%	−8,60%
31. Dez. 82	19,90%	29,50%	9,60%
31. Dez. 83	23,80%	16,90%	−6,90%
31. Dez. 84	−0,40%	−4,10%	−3,70%
31. Dez. 85	19,50%	32,00%	12,50%
31. Dez. 86	32,20%	24,00%	−8,20%
31. Dez. 87	3,30%	23,50%	20,20%
31. Dez. 88	19,00%	19,40%	0,40%
31. Dez. 89	26,00%	21,80%	−4,20%
31. Dez. 90	−8,70%	−15,50%	−6,80%
31. Dez. 91	33,00%	30,50%	−2,50%
31. Dez. 92	8,70%	0,01%	−8,69%
31. Dez. 93	16,30%	11,00%	−5,30%
31. Dez. 94	−1,90%	−3,00%	−1,10%
31. Dez. 95	28,50%	15,50%	−13,00%
31. Dez. 96	18,70%	18,00%	−0,70%
Arithmetic average	13,11%	12,29%	−0,82%
Standard deviation	16,01%	17,23%	1,22%

Tab. 18.2: Die Tabelle stellt im Rahmen der Gruppe „Große Aktien" die jährliche Wertentwicklung der Gesamtgruppe derjenigen der Strategie „50 Marktführer mit niedrigsten KGVs" gegenüber (Universe = Market Leaders, top 50 lowest PE ratios). In der rechten Spalte liest man die relative Wertentwicklung pro Jahr ab.

Year ending	Large Stocks	Universe = Market Leaders top 50 lowest PE ratios	Lowest 50 PE ratios relative performance
31. Dez. 52	9,30%	15,60%	6,30%
31. Dez. 53	2,30%	−0,20%	−2,50%
31. Dez. 54	44,90%	51,30%	6,40%
31. Dez. 55	21,20%	27,20%	6,00%
31. Dez. 56	9,60%	13,30%	3,70%
31. Dez. 57	−6,90%	−10,00%	−3,10%
31. Dez. 58	42,10%	36,70%	−5,40%
31. Dez. 59	9,90%	12,80%	2,90%
31. Dez. 60	4,80%	1,10%	−3,70%
31. Dez. 61	27,50%	3,60%	−23,90%
31. Dez. 62	−8,90%	−4,20%	4,70%
31. Dez. 63	19,50%	18,70%	−0,80%
31. Dez. 64	15,30%	22,30%	7,00%
31. Dez. 65	16,20%	23,30%	7,10%
31. Dez. 66	−4,90%	−8,00%	−3,10%
31. Dez. 67	21,30%	28,80%	7,50%
31. Dez. 68	16,80%	29,60%	12,80%
31. Dez. 69	−9,90%	−17,50%	−7,60%
31. Dez. 70	−0,20%	7,90%	8,10%
31. Dez. 71	17,30%	12,30%	−5,00%
31. Dez. 72	14,90%	20,40%	5,50%
31. Dez. 73	−18,90%	−10,20%	8,70%
31. Dez. 74	−26,70%	−17,10%	9,60%
31. Dez. 75	43,10%	88,20%	45,10%
31. Dez. 76	28,00%	43,20%	15,20%
31. Dez. 77	−2,50%	1,60%	4,10%
31. Dez. 78	8,10%	8,20%	0,10%
31. Dez. 79	27,30%	28,10%	0,80%
31. Dez. 80	30,80%	18,00%	−12,80%
31. Dez. 81	0,60%	2,10%	1,50%
31. Dez. 82	19,90%	17,40%	−2,50%
31. Dez. 83	23,80%	38,80%	15,00%
31. Dez. 84	−0,40%	6,10%	6,50%
31. Dez. 85	19,50%	37,20%	17,70%
31. Dez. 86	32,20%	27,20%	−5,00%
31. Dez. 87	3,30%	7,10%	3,80%
31. Dez. 88	19,00%	26,90%	7,90%
31. Dez. 89	26,00%	24,30%	−1,70%
31. Dez. 90	−8,70%	−16,60%	−7,90%
31. Dez. 91	33,00%	44,80%	11,80%
31. Dez. 92	8,70%	5,20%	−3,50%
31. Dez. 93	16,30%	25,80%	9,50%
31. Dez. 94	−1,90%	3,70%	5,60%
31. Dez. 95	28,50%	34,50%	6,00%
31. Dez. 96	18,70%	17,50%	−1,20%
Arithmetic average	13,11%	16,60%	3,49%
Standard deviation	16,01%	20,10%	4,09%

Tab. 18.3: Die Tabelle vergleicht im Rahmen der Gruppe „Marktführer" die jährliche Wertentwicklung der 50 Marktführer mit höchsten KGVs (Universe=Market Leaders, top 50 highest PE ratios) mit der Entwicklung der 50 Marktführer mit den niedrigsten KGVs (Universe = Market Leaders, top 50 lowest PE ratios). In der rechten Spalte liest man die relative Wertentwicklung der 50 Werte niedrigsten KGVs pro Jahr ab.

Year ending	Universe = Market Leaders top 50 highest PE ratios	Universe = Market Leaders top 50 lowest PE ratios	Top 50 PE ratios relative performance
31. Dez. 52	15,50%	15,60%	0,10%
31. Dez. 53	0,03%	−0,20%	−0,23%
31. Dez. 54	50,70%	51,30%	0,60%
31. Dez. 55	26,60%	27,20%	0,60%
31. Dez. 56	13,00%	13,30%	0,30%
31. Dez. 57	−10,00%	−10,00%	0,00%
31. Dez. 58	36,70%	36,70%	0,00%
31. Dez. 59	12,50%	12,80%	0,30%
31. Dez. 60	−0,01%	1,10%	1,11%
31. Dez. 61	24,10%	3,60%	−20,50%
31. Dez. 62	−13,70%	−4,20%	9,50%
31. Dez. 63	23,90%	18,70%	−5,20%
31. Dez. 64	13,00%	22,30%	9,30%
31. Dez. 65	24,50%	23,30%	−1,20%
31. Dez. 66	−1,60%	−8,00%	−6,40%
31. Dez. 67	35,00%	28,80%	−6,20%
31. Dez. 68	6,80%	29,60%	22,80%
31. Dez. 69	0,20%	−17,50%	−17,70%
31. Dez. 70	−6,50%	7,90%	14,40%
31. Dez. 71	27,00%	12,30%	−14,70%
31. Dez. 72	24,70%	20,40%	−4,30%
31. Dez. 73	−14,10%	−10,20%	3,90%
31. Dez. 74	−32,90%	−17,10%	15,80%
31. Dez. 75	30,10%	88,20%	58,10%
31. Dez. 76	9,20%	43,20%	34,00%
31. Dez. 77	−12,40%	1,60%	14,00%
31. Dez. 78	12,50%	8,20%	−4,30%
31. Dez. 79	10,50%	28,10%	17,60%
31. Dez. 80	36,00%	18,00%	−18,00%
31. Dez. 81	−8,00%	2,10%	10,10%
31. Dez. 82	29,50%	17,40%	−12,10%
31. Dez. 83	16,90%	38,80%	21,90%
31. Dez. 84	−4,10%	6,10%	10,20%
31. Dez. 85	32,00%	37,20%	5,20%
31. Dez. 86	24,00%	27,20%	3,20%
31. Dez. 87	23,50%	7,10%	−16,40%
31. Dez. 88	19,40%	26,90%	7,50%
31. Dez. 89	21,80%	23,40%	2,50%
31. Dez. 90	−15,50%	−16,60%	−1,10%
31. Dez. 91	30,50%	44,80%	14,30%
31. Dez. 92	0,01%	5,20%	5,19%
31. Dez. 93	11,00%	25,80%	14,80%
31. Dez. 94	−3,00%	3,70%	6,70%
31. Dez. 95	15,50%	34,50%	19,00%
31. Dez. 96	18,00%	17,50%	−0,50%
Arithmetic average	12,29%	16,60%	4,31%
Standard deviation	17,23%	20,10%	2,87%

Tab. 18.4: Die Tabelle stellt im Rahmen der Gruppe „Große Aktien" die jährliche Wertentwicklung der Gesamtgruppe derjenigen der Strategie „50 Marktführer mit höchster Dividendenrendite" gegenüber (Universe = Market Leaders, 50 highest dividend yields). In der rechten Spalte liest man die relative Wertentwicklung pro Jahr ab.

Year ending	Large Stocks	Universe = Market Leaders 50 highest dividend yield	Top 50 dividend yield relative performance
31. Dez. 52	9,30 %	14,30 %	5,00 %
31. Dez. 53	2,30 %	1,20 %	−1,10 %
31. Dez. 54	44,90 %	52,50 %	7,60 %
31. Dez. 55	21,20 %	28,10 %	6,90 %
31. Dez. 56	9,60 %	14,80 %	5,20 %
31. Dez. 57	−6,90 %	−13,50 %	−6,60 %
31. Dez. 58	42,10 %	44,90 %	2,80 %
31. Dez. 59	9,90 %	9,60 %	−0,30 %
31. Dez. 60	4,80 %	−0,03 %	−4,83 %
31. Dez. 61	27,50 %	24,40 %	−3,10 %
31. Dez. 62	−8,90 %	−2,60 %	6,30 %
31. Dez. 63	19,50 %	18,80 %	−0,70 %
31. Dez. 64	15,30 %	20,30 %	5,00 %
31. Dez. 65	16,20 %	17,60 %	1,40 %
31. Dez. 66	−4,90 %	−10,20 %	−5,30 %
31. Dez. 67	21,30 %	23,70 %	2,40 %
31. Dez. 68	16,80 %	26,50 %	9,70 %
31. Dez. 69	−9,90 %	−15,00 %	−5,10 %
31. Dez. 70	−0,20 %	11,30 %	11,50 %
31. Dez. 71	17,30 %	15,80 %	−1,50 %
31. Dez. 72	14,90 %	14,00 %	−0,90 %
31. Dez. 73	−18,90 %	−5,90 %	13,00 %
31. Dez. 74	−26,70 %	−12,30 %	14,40 %
31. Dez. 75	43,10 %	58,20 %	15,10 %
31. Dez. 76	28,00 %	39,20 %	11,20 %
31. Dez. 77	−2,50 %	3,30 %	5,80 %
31. Dez. 78	8,10 %	3,360 %	−4,80 %
31. Dez. 79	27,30 %	25,60 %	−1,70 %
31. Dez. 80	30,80 %	20,30 %	−10,50 %
31. Dez. 81	0,60 %	12,80 %	12,20 %
31. Dez. 82	19,90 %	19,60 %	−0,30 %
31. Dez. 83	23,80 %	38,60 %	14,80 %
31. Dez. 84	−0,40 %	4,70 %	5,10 %
31. Dez. 85	19,50 %	35,00 %	15,50 %
31. Dez. 86	32,20 %	20,60 %	−11,60 %
31. Dez. 87	3,30 %	11,60 %	8,30 %
31. Dez. 88	19,00 %	26,50 %	7,50 %
31. Dez. 89	26,00 %	37,60 %	11,60 %
31. Dez. 90	−8,70 %	−7,00 %	1,70 %
31. Dez. 91	33,00 %	36,90 %	3,90 %
31. Dez. 92	8,70 %	11,60 %	2,90 %
31. Dez. 93	16,30 %	20,40 %	4,10 %
31. Dez. 94	−1,90 %	4,80 %	6,70 %
31. Dez. 95	28,50 %	26,70 %	−1,80 %
31. Dez. 96	18,70 %	21,90 %	3,20 %
Arithmetic average	13,11 %	16,68 %	3,57 %
Standard deviation	16,01 %	16,95 %	0,94 %

Ganz anders: Niedrige KGVs helfen

Marktführer mit niedrigen KGVs erzählen eine komplett andere Geschichte. Ein Investment von 10 000 US$ in die 50 Marktführer mit den niedrigsten KGVs führte zu einem Endbetrag von 5 266 827 US$, was mit einer Rendite von 14,94 % p.a. korrespondierte. Dieses Ergebnis ist um 4 222 932 US$ höher als bei den Marktführern mit hohen KGVs. Das einzige Unterscheidungsmerkmal war das Kurs-Gewinn-Verhältnis! Das Risiko allerdings war für die Marktführer mit niedrigen KGVs erhöht; die Standardabweichung stoppte bei 20,10 % und erzielte somit vor dem Hintergrund viel höherer Erträge ein Sharpe-Ratio von 56. Das Bild bei der Periodenbetrachtung ist gegenüber „Große Aktien" für alle Zeitfenster ebenfalls günstiger: mit 29 von 45 Einzeljahren (64 %), 32 von 42 rollierenden Fünfjahresperioden und 28 von 36 Zehnjahresperioden zugunsten der Strategie.

Hohe Dividendenrenditen sind auch hier der bessere Indikator

Die besten Ergebnisse innerhalb der Gruppe der Marktführer lassen sich mit Aktien mit hohen Dividendenrenditen erzielen. Der Erwerb der 50 Marktführer mit den höchsten Dividendenrenditen erbringt eine um den Faktor 4 höhere Endsumme als die Gesamtgruppe „Großer Aktien", wobei nur ein marginal höheres Risiko in Kauf genommen werden muß.

In Zahlen ergibt eine Anlage von 10 000 US$ (am 31.12.1951 bis 31.12.1996) in die 50 führenden Unternehmen mit den höchsten Dividendenrenditen über die durchschnittliche jährliche Rendite von 15,44 % eine Endsumme von 6 395 862 US$. Bemerkenswert ist hierbei, daß das potentielle Risiko von 16,95 % p.a. für die Strategie tatsächlich unbedeutend höher ist als das von „Große Aktien" mit 16,01 %. Diese goldene Kombination aus Risiko und Ertrag beschert uns das bislang höchste Sharpe-Ratio von 67.

Begeistern kann durchaus auch die Tatsache, daß die vorliegende Strategie im ungünstigsten Fall nur 15 % an Wert verloren hat. Demgegenüber ist der maximal zu erwartende Verlust von „Große Aktien" mit 26,70 % nahezu doppelt so hoch. Die hochrentierliche Strategie entschied 8 von 11 Baissejahren für sich und zeitigte kein einziges Mal einen Verlust bei 5 Jahren Anlagehorizont. Es gab nur eine Zehnjahresperiode, die „Große Aktien" für sich verbuchen konnten; allerdings auch nur um mickrige 0,78 %.

Auch in haussierenden Märkten funktioniert dieser Ansatz

Man könnte erwarten, daß bei diesem hervorragenden Schutz in fallenden Märkten dieser Ansatz spiegelbildlich in einem steigenden Marktumfeld schlechter abschneidet als „Große Aktien". Nichts davon: In 9 von 14 Jahren, in denen der Markt um mehr als 25 % zulegen konnte, schlug diese Strategie die Gruppe „Große Aktien"! In den als Super-Haussejahre in die Geschichte eingegangenen Jahren 1954, 1958 und 1975, als „Große Aktien" 40 % oder mehr zugelegt haben reüssierte die Strategie jedesmal.

Ohne zu überraschen, folgen hieraus glänzende Anteile an gewonnen Perioden: Die Strategie hoher Dividendenrenditen schlug „Große Aktien" in 64 % aller Einjahresperioden, also in 29 von 45, in 85 % aller Fünfjahresperioden und in allen bis auf eine der Zehnjahresperioden. Die Tabellen 18.5 und 18.6 geben die genauen Daten wieder. Die Tabellen 18.7 und 18.8 zeigen die Renditen der Strategie für die rollierenden Fünf- und Zehnjahresperioden gegenüber „Große Aktien", und Tabelle 18.9 zeigt für beide Gruppen die Entwicklung nach Dekaden. Die Abbildungen 18.1 bis 18.4 veranschaulichen den Sachverhalt.

Tab. 18.5: Die Tabelle gibt die summierte Entwicklung des Modells „Marktführer mit höchsten Dividendenrenditen" (Universe = Market Leaders, cornerstone value) an und stellt sie der Entwicklung der Stammgruppe „Große Aktien" (Large Stocks) gegenüber, wobei hier noch das arithmetische Mittel (Arithmetic Average), die Standardabweichung der Erträge (Standard Deviation of Return), das Sharpe-Ratio sowie Renditen nach weiteren Laufzeitgruppen hinzukommen. Auch die maximal bzw. minimal zu erwartenden sowie die tatsächlich eingetretenen Werte für die Performance (Maximum Return, Maximum Expected Return) werden angegeben. Zeithorizont ist wiederum der 31.12.1951 bis 31.12.1996.

	Large Stocks	Universe = Market Leaders cornerstone value
Arithmetic average	13,11%	16,68%
Standard deviation of return	16,01%	16,95%
Sharpe risk-adjusted ratio	49,00	67,00
3-yr compounded	14,38%	17,41%
5-yr compounded	13,60%	16,81%
10-yr compounded	13,53%	18,32%
15-yr compounded	15,16%	19,89%
20-yr compounded	14,37%	18,05%
25-yr compounded	12,34%	17,58%
30-yr compounded	11,67%	16,52%
35-yr compounded	10,96%	15,26%
40-yr compounded	11,36%	14,76%
Compound annual return	11,92%	15,44%
10000 $ becomes:	1590667,04 $	6395861,89 $
Maximum return	44,90%	58,20%
Minimum return	−26,70%	−15,00%
Maximum expected return*	45,12%	50,57%
Minimum expected return**	−18,91%	−17,22%

* Maximum expected return is average return plus 2 times the standard deviation.
** Minimum expected return is average return minus 2 times the standard deviation.

Tab. 18.6: Die Tabelle zeigt, wie sich im Rahmen „Große Aktien" die 50 Aktien des Modells aus Tabelle 18.5 bzgl. anteilig gewonnener Perioden darstellen. Es werden die Einjahresperioden (Single Year Return) (45), die rollierenden Fünf- (41) und Zehnjahresperioden (36) dargestellt.

Item	50 highest dividend yield stocks beat Large Stocks	Percent
Single-year return	29 out of 45	64%
Rolling 5-year compound return	35 out of 41	85%
Rolling 10-year compound return	35 out of 36	97%

Tab. 18.7: Die Tabelle listet die kumulierten Renditen der rollierenden Fünfjahresperioden für „Große Aktien" (Large Stocks) und der Strategie „50 Marktführer mit höchster Dividendenrendite" (Universe = Market Leaders, top 50 dividend yield) auf. Zeithorizont ist der 31.12.1951 bis 31.12.1996. In der rechten Spalte liest man wieder direkt die relative Rendite der Strategie ab.

5 years ending	Large Stocks	Universe = Market Leaders top 50 dividend yields	Difference
31. Dez. 56	16,57%	21,00%	4,44%
31. Dez. 57	12,89%	14,44%	1,56%
31. Dez. 58	20,55%	22,96%	2,41%
31. Dez. 59	14,07%	15,10%	1,03%
31. Dez. 60	10,80%	9,53%	−1,27%
31. Dez. 61	14,20%	11,31%	−2,90%
31. Dez. 62	13,71%	13,98%	0,27%
31. Dez. 63	9,84%	9,54%	−0,30%
31. Dez. 64	10,90%	11,60%	0,70%
31. Dez. 65	13,21%	15,29%	2,07%
31. Dez. 66	6,76%	8,01%	1,25%
31. Dez. 67	13,05%	13,30%	0,24%
31. Dez. 68	12,54%	14,73%	2,19%
31. Dez. 69	7,12%	7,03%	−0,09%
31. Dez. 70	3,91%	5,86%	1,95%
31. Dez. 71	8,37%	11,38%	3,02%
31. Dez. 72	7,20%	9,58%	2,38%
31. Dez. 73	−0,35%	3,28%	3,63%
31. Dez. 74	−4,37%	3,93%	8,30%
31. Dez. 75	2,77%	11,50%	8,73%
31. Dez. 76	4,58%	15,68%	11,10%
31. Dez. 77	1,20%	13,42%	12,22%
31. Dez. 78	7,19%	15,56%	8,37%
31. Dez. 79	19,70%	24,17%	4,47%
31. Dez. 80	17,57%	17,55%	−0,02%
31. Dez. 81	12,04%	12,71%	0,67%
31. Dez. 82	16,77%	16,06%	−0,71%
31. Dez. 83	19,98%	23,09%	3,11%
31. Dez. 84	14,24%	18,69%	4,45%
31. Dez. 85	12,19%	21,46%	9,27%
31. Dez. 86	18,49%	23,09%	4,60%
31. Dez. 87	15,01%	21,40%	6,39%
31. Dez. 88	14,10%	19,20%	5,10%
31. Dez. 89	19,60%	25,90%	6,30%
31. Dez. 90	13,33%	16,85%	3,52%
31. Dez. 91	13,47%	19,85%	6,39%
31. Dez. 92	14,63%	19,85%	5,22%
31. Dez. 93	14,10%	18,67%	4,57%
31. Dez. 94	8,53%	12,38%	3,85%
31. Dez. 95	16,21%	19,55%	3,34%
31. Dez. 96	13,60%	16,81%	3,21%
Arithmetic average	11,71%	15,25%	3,54%

Tab. 18.8: Die Tabelle listet die kumulierten Renditen der rollierenden Zehnjahresperioden für „Große Aktien" (Large Stocks) und der Strategie „50 Marktführer mit höchster Dividendenrendite" (Universe = Market Leaders, top 50 dividend yield) auf. Zeithorizont ist der 31.12.1951 bis 31.12.1996. In der rechten Spalte liest man wieder direkt die relative Rendite der Strategie ab.

10 years ending	Large Stocks	Universe = Market Leaders top 50 dividend yields	Difference
31. Dez. 61	15,38%	16,05%	0,67%
31. Dez. 62	13,30%	14,21%	0,91%
31. Dez. 63	15,07%	16,06%	0,99%
31. Dez. 64	12,47%	13,34%	0,87%
31. Dez. 65	12,00%	12,37%	0,37%
31. Dez. 66	10,42%	9,65%	−0,78%
31. Dez. 67	13,38%	13,64%	0,26%
31. Dez. 68	11,18%	12,11%	0,93%
31. Dez. 69	8,99%	9,29%	0,30%
31. Dez. 70	8,46%	10,47%	2,01%
31. Dez. 71	7,56%	9,68%	2,12%
31. Dez. 72	10,09%	11,42%	1,34%
31. Dez. 73	5,90%	8,86%	2,95%
31. Dez. 74	1,21%	5,47%	4,26%
31. Dez. 75	3,34%	8,64%	5,30%
31. Dez. 76	6,46%	13,51%	7,05%
31. Dez. 77	4,16%	11,47%	7,33%
31. Dez. 78	3,35%	9,25%	5,89%
31. Dez. 79	6,99%	13,60%	6,61%
31. Dez. 80	9,92%	14,49%	4,56%
31. Dez. 81	8,25%	14,19%	5,94%
31. Dez. 82	8,71%	14,73%	6,03%
31. Dez. 83	13,41%	19,26%	5,86%
31. Dez. 84	16,94%	21,40%	4,46%
31. Dez. 85	14,85%	19,49%	4,64%
31. Dez. 86	15,22%	17,78%	2,57%
31. Dez. 87	15,89%	18,70%	2,81%
31. Dez. 88	17,01%	21,13%	4,12%
31. Dez. 89	16,89%	22,24%	5,35%
31. Dez. 90	12,76%	19,13%	6,37%
31. Dez. 91	15,95%	21,46%	5,51%
31. Dez. 92	14,82%	20,62%	5,80%
31. Dez. 93	14,10%	18,94%	4,83%
31. Dez. 94	13,93%	18,95%	5,02%
31. Dez. 95	14,76%	18,20%	3,43%
31. Dez. 96	13,53%	18,32%	4,79%
Arithmetic average	11,30%	14,95%	3,65%

18

Tab. 18.9: Die Tabelle zeigt die kumulierten jährlichen Renditen der Strategie der vorhergehenden Tabellen (Cornerstone value Strategy) sowie der Gesamtgruppe „Großer Aktien" nach Dekaden.

Portfolio	1950er*	1960er	1970er	1980er	1990er**
Large Stocks	15,33 %	8,99 %	6,99 %	16,89 %	12,61 %
Cornerstone value strategy	17,22 %	9,29 %	13,60 %	22,24 %	15,66 %

* Returns for 1952–1959.
** Returns for 1990–1996.

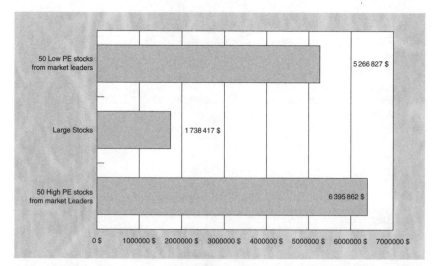

Abb. 18.1: Die Graphik zeigt den Werdegang von 10 000 US$ vom 31.12.1951 bis zum 31.12.1996 bei jährlicher Aktualisierung der Depots unter der Strategie „50 Marktführer mit den niedrigsten KGVs" (50 low PE stocks from market leaders), „Große Aktien" (Large Stocks) und der Strategie „50 Marktführer mit der höchsten Dividendenrendite" (50 High yield stocks from market leaders).

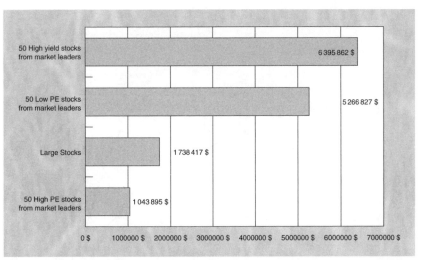

Abb. 18.2: Die Graphik zeigt den Werdegang von 10 000 US$ vom 31.12.1951 bis zum 31.12.1996 bei jährlicher Aktualisierung der Depots unter der Strategie „50 Marktführer mit den niedrigsten KGVs" (50 low PE stocks from market leaders), „Große Aktien" (Large Stocks) und der Strategie „50 Marktführer mit der höchsten Dividendenrendite" (50 High yield stocks from market leaders). Ergänzend zu Abbildung 18.1 ist hier noch die Entwicklung unter „50 Marktführer mit höchsten KGVs" (50 high PE stocks from market leaders) angegeben.

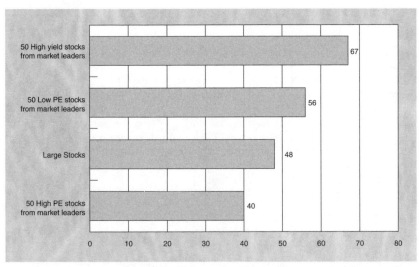

Abb. 18.3: Die Graphik gibt die Sharpe-Ratios für die in Abbildung 18.3 definierten Gruppen an.

18

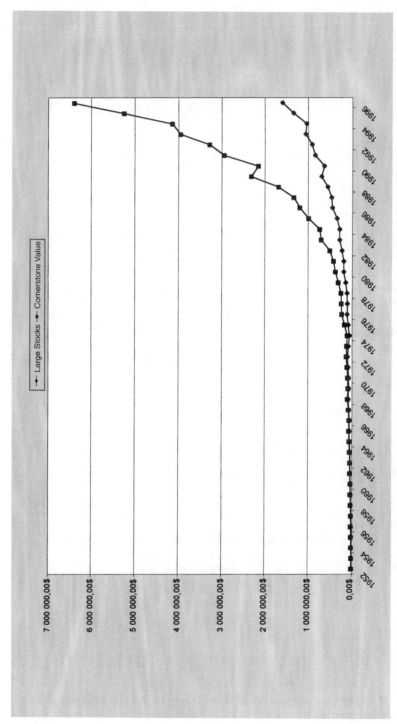

Abb. 18.4: Die Graphik stellt eindrucksvoll dar, wie die Wertentwicklung der (Cornerstone Value Strategy) Strategie „50 Marktführer mit höchsten Dividendenrenditen" und die von „Große Aktien" auseinanderklafft.

Implikationen

Große, allbekannte Marktführer werden zu noch besseren Investitionen, wenn sie anhand wertorientierter Kennzahlen wie niedrige KGVs oder niedrige Kurs-Cashflow-Relationen ausgewählt werden. Die beste aller Kennzahlen in diesem Zusammenhang ist jedoch zweifelsohne die Dividendenrendite. Die herausragenden Ergebnisse sollten diese Strategie zum Meilenstein für jedes Depot machen. Die Erfolgsfaktoren sind hier zahlreich. Die Strategie konzentriert sich auf große, bekannte Unternehmen und schneidet dennoch viermal besser ab als „Große Aktien", ohne ein nennenswert höheres Risiko zu erzeugen. Dieser Ansatz weist das höchste bislang beobachtete Sharpe-Ratio auf und birgt einen statistisch maximal zu erwartenden Verlust von nur 18,17 % in sich, was niedriger ist als derjenige von „Große Aktien" mit 19,73 %. Der statistisch maximal zu erwartende Gewinn liegt mit 50,22 % ebenfalls besser im Rennen als „Große Aktien" mit 44,97 %. Die realiter aufgetretenen Maximal- und Minimalrenditen sind jedoch noch besser: Maximal eingebüßt wurden 15 % in einem Jahr, der höchste realisierbare Gewinn lag bei 58,20 %. Die Strategie kann also einem Vergleich mit „Große Aktien" (maximaler Gewinn ist 44,90 %, maximaler Verlust ist 26,70 %) entspannt entgegensehen. Die Strategie führt den Vergleich in fast allen Haussejahren an und bietet dem Anleger in Baissejahren einen angenehmen Puffer.

Abschließend kann gesagt werden, daß diese Strategie mit ihren hohen Erträgen, kombiniert mit dem niedrigen Risiko des Ansatzes, eine ideale Alternative zum unreflektierten Nachbilden eines großen Indexes ist.

18

19 Die Suche nach einer wegweisenden Wachstumsstrategie

Tatsachen hören nicht auf zu existieren, nur weil sie ignoriert werden.

Aldous Huxley

Lassen Sie uns nun versuchen, entsprechend der bahnbrechenden wertorientierten Strategie aus dem letzten Kapitel eine wachstumsorientierte Strategie mit gleichen Qualitäten zu finden. Wachstumsstrategien sind regelmäßig mit höherem Risiko verbunden. Der Trick hierbei ist, ein Portfolio zu konstruieren, das die höhere Standardabweichung überkompensiert und mit höheren risikoadjustierten Erträgen für das Auf und Ab entschädigt.

Die bislang beste Strategie dieser Gruppe durchsuchte „Alle Aktien" nach Titeln mit Kurs-Umsatz-Verhältnissen unter 1 und kaufte dann aus dieser Gruppe die 50 Aktien mit der besten Kursentwicklung des Vorjahres. Da wir hier zusätzlich Fünfjahres-Gewinnzuwächse als Variable einführen, können wir erst am 31.12.1954 beginnen. Die skizzierte Strategie brachte es von 1954 bis 1996 auf einen Endbetrag von 12 999 698 US$, rentierte also durchschnittlich mit 18,62 %. Bei einer Standardabweichung von 25,64 % ergab sich ein schwer zu schlagendes Sharpe-Ratio von 61. Unser Ziel muß also sein, einen wachstumsorientierten Ansatz zu finden, der höhere Erträge, niedrigeres Risiko oder bessere Zahlenverhältnisse bei den Perioden generiert.

Die traditionellen Wachstumskennzahlen fallen zurück

Zu Beginn setzen wir eine typische Zusammenstellung von Wachstumsvariablen kombiniert mit relativer Stärke ein und nennen diese Strategie Wachstumsmodell 1. Die zu kaufenden Aktien müssen folgende Kriterien erfüllen:

1. Sie entstammen der „Alle Aktien"-Gruppe.
2. Ihre Fünfjahres-Gewinnwachstumsrate liegt über dem Mittelwert der Compustat Datenbasis.

19

3. Ihre Profitraten übersteigen den Mittelwert der Compustat Datenbasis.

4. Der Jahresgewinn ist höher als der Vorjahresgewinn.

Nach Erfüllung dieser Kriterien kaufen wir die 50 Aktien mit der höchsten relativen Stärke auf Jahresbasis. Beginnend mit dem 31.12.1954 und endend mit dem 31.12.1996 standen am Ende 6 019 821 US$ zu Buche, was gleichbedeutend mit einer Rendite von jährlich 16,46 % ist. Das Ergebnis liegt komfortabel vor dem eines pauschalen Investments in „Alle Aktien" von 1 640 531 US$ (Rendite 12,91 %). Das Risiko von Wachstumsstrategie 1 präsentiert sich mit 22,23 % im Vergleich zu 19,46 % von „Alle Aktien" durchaus moderat. Konsequent ergibt sich ein Sharpe-Ratio von 57 („Alle Aktien": 44). Zur Erinnerung: Wir greifen hier ja auf eine etwas kürzere Zeitspanne zurück, so daß die Ergebnisse von denen aus früheren Kapiteln abweichen müssen. Wir haben hier zwar eine Strategie gefunden, deren Standardabweichung der Erträge verringert werden konnte, das Gesamtergebnis auf absoluter wie auf risikoadjustierter Basis bleibt dennoch signifikant hinter dem der Strategie „KUVs unter 1 und beste relative Stärke" zurück. In Zahlen hatte die „KUVs unter 1 und beste relative Stärke"-Methode zu 12 999 698 US$ (Ab 1954, Risiko: 25,64 %) geführt, also doppelt soviel wie Wachstumsmodell 1. Tabelle 19.1 gibt die Zusammenfassung.

Tab. 19.1: Die Tabelle gibt einen guten Überblick über die beiden Strategien „Höhere Gewinne als im Vorjahr und 50 Aktien daraus mit höchster relativer Stärke" (Earnings higher than previous year, top 50 by 1-year RS) und „KUV kleiner 1 und 50 Aktien daraus mit der höchsten relativen Stärke" (50 stocks with price to sales ratios below 1 and best 1-year price appreciation) sowie deren Referenzgruppe „Alle Aktien". Angegeben sind die Entwicklung von 10 000 US$, die kumulierte Rendite, die Standardabweichung, das Sharpe-Ratio, die anteilig gewonnenen Perioden sowie das beste und das schlechteste Jahresergebnis (in dieser Reihenfolge). Zeitraum ist der 31.12.1952 bis 31.12.1996.

	All Stocks	Earnings higher than previous year top 50 by 1-year RS	50 stocks with price-to-sales ratios below 1 and best 1-year price appreciation
10 000 $ becomes	2 481 517 $	11 210 213 $	21 701 904 $
Compound return	13,35 %	17,30 %	19,08 %
Standard deviation of return (risk)	19,70 %	28,34 %	25,71 %
Sharpe ratio	47	54	63
Percent of rolling 10-year periods beats All Stocks	NA	100 %	100 %
Best 1-year return	55,90 %	96,90 %	67,50 %
Worst 1-year return	−27,90 %	−27,40 %	−33,60 %

Höhere Gewinne sind wertvoller

Sie fahren besser, wenn Sie das kumulierte Fünfjahres-Gewinnwachstum und die überdurchschnittlichen Profitraten ignorieren und sich statt dessen auf Aktien konzentrieren, die einfach ihren Gewinn vom Vorjahr erhöhen konnten, wobei die Höhe des Zuwachses keine Rolle spielt.

Wir nennen dieses Vorgehen Wachstumsmodell 2 und erwarten von den Aktien, daß sie:

1. Aus dem „Alle Aktien"-Bereich kommen.
2. Höhere Gewinne als im Vorjahr ausweisen.

Anschließend kaufen wir die 50 Aktien aus dieser Untergruppe mit der höchsten relativen Stärke. Da wir zur Ermittlung des gestiegenen Jahresgewinns nur ein zusätzliches Jahr heranziehen müssen, können wir an dieser Stelle am 31.12.1952 beginnen. Die für 44 Jahre investierten 10 000 US$ wachsen zu 11 210 213 US$ heran, rentieren also mit durchschnittlich 17,30 % und liegen damit vor Wachstumsmodell 1. Im Gegenzug muß man ein höheres Risiko, die Standardabweichung liegt bei 28,34 %, akzeptieren. Das Sharpe-Ratio von 54 kann uns nur dazu bewegen, weiter zu suchen.

Die Tabelle 19.2 zeigt die Ergebnisse.

19

Tab. 19.2: Die Tabelle gibt einen guten Überblick über die beiden Strategien „Höhere Gewinne als im Vorjahr und KUVs kleiner 1,5 und 50 Aktien daraus mit höchster relativer Stärke" (Cornerstone Growth) und „KUV kleiner 1 und 50 Aktien daraus mit der höchsten relativen Stärke" (50 stocks with price to sales ratios below 1 and best 1-year price appreciation) sowie deren Referenzgruppe „Alle Aktien". Angegeben sind die Entwicklung von 10 000 US$, die kumulierte Rendite, die Standardabweichung, das Sharpe-Ratio, die anteilig gewonnenen Perioden sowie das beste und das schlechteste Jahresergebnis (in dieser Reihenfolge). Zeitraum ist der 31.12.1952 bis 31.12.1996.

	All Stocks	Cornerstone growth	50 stocks with price-to-sales ratios below 1 and best 1-year price appreciation
10 000 $ becomes	2 481 517 $	19 748 214 $	21 701 904 $
Compound return	13,35 %	18,82 %	19,08 %
Standard deviation of return (risk)	19,70 %	25,59 %	25,71 %
Sharpe ratio	47	63	63
Percent of rolling 10-year periods beats All Stocks	NA	100 %	100 %
Best 1-year return	55,90 %	83,30 %	67,50 %
Worst 1-year return	−27,90 %	−29,10 %	−33,60 %

Die Vereinigung der beiden Modelle, um den Stein der Weisen zu finden

Die Kombination von höherem Jahresgewinn und niedrigen Kurs-Umsatz-Relationen führt uns zu einer Strategie, die fast identisch rentiert wie niedrige KUVs alleine, aber ein geringeres Gesamtrisiko mit sich bringt.

Hier wollen wir von den Aktienwerten fordern, daß sie:

1. Aus der Gruppe „Alle Aktien" kommen
2. Höhere Gewinne aufweisen als im letzten Jahr
3. Kurs-Umsatz-Verhältnisse kleiner 1,5 haben.

Wie bekannt kaufen wir dann die 50 Aktien mit der besten relativen Stärke aus diesem Pool. Wir haben hier das zulässige KUV auf 1,5 ausgedehnt, um mehr Wachstumsaktien mit konstantem Gewinnwachstum aufnehmen zu können.

In den Darstellungen wird diese Strategie durchgängig „Cornerstone Growth" genannt.

10 000 US$ mausern sich zu 19 748 214 US$ und rentierten also kumuliert mit 18,82 %. Dieses Ergebnis liegt unmittelbar bei dem Ergebnis der 50 Aktien mit der besten relativen Stärke und einem KUV kleiner 1. Da jedoch das Risiko minimiert werden konnte, lag der Wert für das Sharpe-Ratio bei 63; dies stellt im Rahmen der wachstumsorientierten Ansätze eines der bislang besten Ergebnisse dar. Die Tabellen 19.3 und 19.4 stellen die Ergebnisse der „Meilenstein-Wachstumsstrategie" zusammen.

Die anteilig gewonnenen Perioden können hier durchaus Freude stiften: Diese Kombinationsstrategie schlägt „Alle Aktien" in 73 % der Einjahresperioden, in 89 % der rollierenden Fünfjahresperioden und in 100 % der Zehnjahresperioden. Die Fünf- und Zehnjahresbetrachtung entscheidet die gegenwärtige Strategie auch im Wettstreit mit der „Niedrige KUVs und höchste relative Stärke"-Strategie für sich, wenn man sie mit dem S&P 500 vergleicht. Tabelle 19.5 zeigt die anteiligen Perioden, Tabelle 19.6 und 19.7 stellen die Fünf- und Zehnjahresperioden dar. Tabelle 19.8 gibt die Dekadenbetrachtung für „Alle Aktien" und die Kombinationsstrategie wieder. Die graphische Aufarbeitung findet in Abbildung 19.1 und 19.2 statt.

Da sich diese beiden Ansätze in der Vergangenheit immer ein Kopf-an-Kopf-Rennen geliefert haben, ist davon auszugehen, daß sie auch in der Zukunft eng beieinander liegen werden. Die mittlerweile vorliegenden Daten für 1997 untermauern diese Annahmen, da bei unserer „Meilensteinstrategie" per Ende 1997 ein Betrag von 27,2 Mio. US$ abrufbar wäre und bei der „Niedrige KUVs und hohe relative Stärke"-Strategie ein ähnlich hoher Betrag von 25,2 Mio. US$ zur Verfügung stünde.

19

Tab. 19.3: Die Tabelle stellt im Rahmen der Gruppe „Alle Aktien" die jährliche Wertentwicklung der Gesamtgruppe derjenigen der Strategie „Höhere Gewinne als im Vorjahr und KUVs kleiner 1,5 und 50 Aktien daraus mit höchster relativer Stärke" (Universe = All stocks, Cornerstone growth strategy) gegenüber. In der rechten Spalte liest man die relative Wertentwicklung pro Jahr ab (Top 50 cornerstone growth strategy relative performance).

Year ending	All Stocks	Universe = All Stocks cornerstone growth strategy	Top 50 cornerstone growth strategy relative performance
31. Dez. 53	2,90 %	0,40 %	−2,50 %
31. Dez. 54	47,00 %	56,70 %	9,70 %
31. Dez. 55	20,70 %	30,40 %	9,70 %
31. Dez. 56	17,00 %	18,00 %	1,00 %
31. Dez. 57	−7,10 %	−17,90 %	−10,80 %
31. Dez. 58	55,00 %	52,80 %	−2,20 %
31. Dez. 59	23,00 %	24,10 %	1,10 %
31. Dez. 60	6,10 %	12,60 %	6,50 %
31. Dez. 61	31,20 %	51,10 %	19,90 %
31. Dez. 62	−12,00 %	−17,20 %	−5,20 %
31. Dez. 63	18,00 %	20,80 %	2,80 %
31. Dez. 64	16,30 %	30,00 %	13,70 %
31. Dez. 65	22,60 %	44,10 %	21,50 %
31. Dez. 66	−5,20 %	−0,10 %	5,10 %
31. Dez. 67	41,10 %	83,30 %	42,20 %
31. Dez. 68	27,40 %	50,50 %	23,10 %
31. Dez. 69	−18,50 %	−28,10 %	−9,60 %
31. Dez. 70	−5,80 %	−2,60 %	3,20 %
31. Dez. 71	21,30 %	31,20 %	10,80 %
31. Dez. 72	11,00 %	19,70 %	8,70 %
31. Dez. 73	−27,20 %	−27,50 %	−0,30 %
31. Dez. 74	−27,90 %	−29,10 %	−1,20 %
31. Dez. 75	55,90 %	37,60 %	−18,30 %
31. Dez. 76	35,60 %	32,50 %	−3,10 %
31. Dez. 77	6,90 %	26,40 %	19,50 %
31. Dez. 78	12,20 %	38,30 %	26,10 %
31. Dez. 79	34,30 %	38,70 %	4,40 %
31. Dez. 80	31,50 %	62,70 %	31,20 %
31. Dez. 81	1,70 %	−9,00 %	−10,70 %
31. Dez. 82	22,50 %	37,10 %	14,60 %
31. Dez. 83	28,10 %	32,70 %	4,60 %
31. Dez. 84	−3,40 %	−2,00 %	1,40 %
31. Dez. 85	30,80 %	42,50 %	11,70 %
31. Dez. 86	13,10 %	17,70 %	4,60 %
31. Dez. 87	−1,30 %	−5,40 %	−4,10 %
31. Dez. 88	21,20 %	29,70 %	8,50 %
31. Dez. 89	21,40 %	23,80 %	2,40 %
31. Dez. 90	−13,80 %	−3,30 %	10,50 %
31. Dez. 91	39,80 %	51,40 %	11,60 %
31. Dez. 92	13,80 %	25,50 %	11,70 %
31. Dez. 93	16,60 %	30,30 %	13,70 %
31. Dez. 94	−3,40 %	−5,30 %	−1,90 %
31. Dez. 95	27,00 %	18,20 %	−8,80 %
31. Dez. 96	18,30 %	31,52 %	13,22 %
Arithmetic average	15,13 %	21,72 %	6,59 %
Standard deviation	19,70 %	25,59 %	5,89 %

Tab. 19.4: Die Tabelle zeigt die summierte Entwicklung des Modells „Höhere Gewinne als im Vorjahr und KUVs kleiner 1,5 und 50 Aktien daraus mit höchster relativer Stärke" (Universe = All stocks, Cornerstone growth strategy) und stellt sie der Entwicklung der Stammgruppe „Alle Aktien" (All Stocks) gegenüber, wobei hier noch das arithmetische Mittel (Arithmetic Average), die Standardabweichung der Erträge (Standard Deviation of Return), das Sharpe-Ratio sowie Renditen nach weiteren Laufzeitgruppen hinzukommen. Auch die maximal bzw. minimal zu erwartenden sowie die tatsächlich eingetretenen Werte für die Performance (Maximum Return, Maximum Expected Return) werden angegeben. Zeithorizont ist wiederum der 31.12.1952 bis 31.12.1996.

	All Stocks	Universe = All Stocks cornerstone growth strategy
Arithmetic average	15,13 %	21,72 %
Standard deviation of return	19,70 %	25,59 %
Sharpe risk-adjusted ratio	47,00	63,00
3-yr compounded	13,22 %	13,76 %
5-yr compounded	14,00 %	19,21 %
10-yr compounded	12,92 %	18,27 %
15-yr compounded	14,44 %	20,31 %
20-yr compounded	14,97 %	22,45 %
25-yr compounded	12,74 %	18,13 %
30-yr compounded	12,43 %	18,54 %
35-yr compounded	11,64 %	17,79 %
40-yr compounded	12,62 %	18,25 %
Compound annual return	13,35 %	18,82 %
10 000 $ becomes:	2 481 516,93 $	19 748 214,09 $
Maximum return	55,90 %	83,30 %
Minimum return	−27,90 %	−29,10 %
Maximum expected return*	54,52 %	72,90 %
Minimum expected return**	−24,27 %	−29,45 %

* Maximum expected return is average return plus 2 times the standard deviation.
** Minimum expected return is average return minus 2 times the standard deviation.

19

Tab. 19.5: Die Tabelle zeigt, wie sich im Rahmen „Alle Aktien" die 50 Aktien des Modells aus Tabelle 19.4 etc. (Cornerstone Growth strategy beats All Stocks) bzgl. anteilig gewonnener Perioden darstellen. Es werden die Einjahresperioden (Single Year Return) (45), die rollierenden Fünf- (41) und Zehnjahresperioden (36) dargestellt.

Item	Cornerstone growth strategy stocks beat All Stocks	Percent
Single-year return	31 out of 44	70%
Rolling 5-year compound return	36 out of 40	90%
Rolling 10-year compound return	35 out of 35	100%

Tab. 19.6: Die Tabelle listet für die Strategie „Höhere Gewinne als im Vorjahr und KUVs kleiner 1,5 und 50 Aktien daraus mit höchster relativer Stärke" (Cornerstone Growth) sowie für „Alle Aktien" (All Stocks) die Ergebnisse aller Fünfjahresperioden (5 years ending) auf. In der rechten Spalte (Difference) liest man wieder die relative Wertentwicklung direkt ab.

5 years ending	All Stocks	Cornerstone growth	Difference
31. Dez. 57	14,69%	14,73%	0,04%
31. Dez. 58	24,48%	24,78%	0,29%
31. Dez. 59	20,12%	19,09%	−1,03%
31. Dez. 60	17,07%	15,65%	−0,42%
31. Dez. 61	19,78%	21,51%	1,73%
31. Dez. 62	18,49%	21,72%	3,23%
31. Dez. 63	12,20%	16,13%	3,93%
31. Dez. 64	10,95%	17,21%	6,26%
31. Dez. 65	14,20%	23,14%	8,94%
31. Dez. 66	7,02%	13,36%	6,34%
31. Dez. 67	17,61%	32,89%	15,27%
31. Dez. 68	19,43%	38,86%	19,43%
31. Dez. 69	11,23%	23,35%	12,12%
31. Dez. 70	5,52%	14,05%	8,53%
31. Dez. 71	10,85%	20,61%	9,75%
31. Dez. 72	5,66%	10,76%	5,09%
31. Dez. 73	−5,53%	−4,30%	1,23%
31. Dez. 74	−7,81%	−4,56%	3,25%
31. Dez. 75	1,96%	2,26%	0,31%
31. Dez. 76	4,26%	2,33%	−1,93%
31. Dez. 77	3,47%	3,45%	−0,03%
31. Dez. 78	12,82%	17,71%	4,88%
31. Dez. 79	27,77%	34,62%	6,85%
31. Dez. 80	23,49%	39,20%	15,71%
31. Dez. 81	16,59%	29,13%	12,54%
31. Dez. 82	19,81%	31,24%	11,43%
31. Dez. 83	23,03%	30,16%	7,13%
31. Dez. 84	15,18%	21,43%	6,25%
31. Dez. 85	15,06%	18,25%	3,19%
31. Dez. 86	17,53%	24,49%	6,96%
31. Dez. 87	12,56%	15,59%	3,03%
31. Dez. 88	11,32%	15,06%	3,74%
31. Dez. 89	16,53%	20,57%	4,04%
31. Dez. 90	7,20%	11,57%	4,37%
31. Dez. 91	11,84%	17,33%	5,49%
31. Dez. 92	15,07%	24,16%	9,08%
31. Dez. 93	14,19%	24,27%	10,09%
31. Dez. 94	9,09%	17,79%	8,70%
31. Dez. 95	17,88%	22,61%	4,74%
31. Dez. 96	14,00%	19,21%	5,20%
Arithmetic average	13,17%	19,03%	5,87%

19

Tab. 19.7: Die Tabelle listet für die Strategie „Höhere Gewinne als im Vorjahr und KUVs kleiner 1,5 und 50 Aktien daraus mit höchster relativer Stärke" (Cornerstone Growth) sowie für „Alle Aktien" (All Stocks) die Ergebnisse aller Zehnjahresperioden (10 years ending) auf. In der rechten Spalte (Difference) liest man wieder die relative Wertentwicklung direkt ab.

10 years ending	All Stocks	Cornerstone growth	Difference
31. Dez. 62	16,57%	18,17%	1,60%
31. Dez. 63	18,18%	20,38%	2,19%
31. Dez. 64	15,44%	18,15%	2,70%
31. Dez. 65	15,63%	19,33%	3,71%
31. Dez. 66	13,22%	17,36%	4,15%
31. Dez. 67	18,05%	27,18%	9,13%
31. Dez. 68	15,76%	26,99%	11,23%
31. Dez. 69	11,09%	20,24%	9,15%
31. Dez. 70	9,78%	18,51%	8,73%
31. Dez. 71	8,92%	16,93%	8,01%
31. Dez. 72	11,48%	21,32%	9,84%
31. Dez. 73	6,22%	15,28%	9,06%
31. Dez. 74	1,26%	8,50%	7,24%
31. Dez. 75	3,72%	8,00%	4,27%
31. Dez. 76	7,50%	11,09%	3,59%
31. Dez. 77	4,56%	7,04%	2,48%
31. Dez. 78	3,24%	6,14%	2,90%
31. Dez. 79	8,53%	13,34%	4,82%
31. Dez. 80	12,21%	19,31%	7,10%
31. Dez. 81	10,25%	14,95%	4,70%
31. Dez. 82	11,34%	16,52%	5,18%
31. Dez. 83	17,82%	23,78%	5,96%
31. Dez. 84	21,31%	27,85%	6,54%
31. Dez. 85	19,20%	28,30%	9,10%
31. Dez. 86	17,06%	26,79%	9,73%
31. Dez. 87	16,13%	23,17%	7,04%
31. Dez. 88	17,03%	22,38%	5,35%
31. Dez. 89	15,85%	21,00%	5,14%
31. Dez. 90	11,06%	14,86%	3,80%
31. Dez. 91	14,65%	20,86%	6,21%
31. Dez. 92	13,81%	19,80%	5,99%
31. Dez. 93	12,74%	19,58%	6,83%
31. Dez. 94	12,74%	19,17%	6,42%
31. Dez. 95	12,41%	16,96%	4,55%
31. Dez. 96	12,92%	18,27%	5,35%
Arithmetic average	12,51%	18,50%	5,99%

Tab. 19.8: Die Tabelle zeigt die kumulierten jährlichen Renditen der Strategie der vorhergehenden Tabellen (Cornerstone growth stocks from All Stocks) sowie der Gesamtgruppe „Großer Aktien" nach Dekaden.

Portfolio	1950er*	1960er	1970er	1980er	1990er**
All Stocks	20,94%	11,09%	8,53%	15,85%	12,78%
Cornerstone growth stocks from All Stocks	20,12%	20,24%	13,34%	21,00%	19,72%

* Returns for 1953–1959.
** Returns for 1990–1996.

19

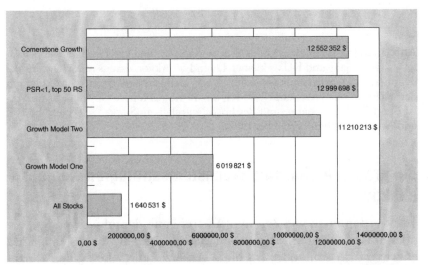

Abb. 19.1: Die Graphik zeigt den Werdegang von 10000 US$ vom 31.12.1954 bis zum 31.12.1996 bei jährlicher Aktualisierung der Depots unter den Strategien „Höhere Gewinne als im Vorjahr und KUVs kleiner 1,5 und 50 Aktien daraus mit höchster relativer Stärke" (Cornerstone Growth), „KUV kleiner 1 und daraus 50 Aktien mit höchster relativer Performance", „Wachstumsmodell 1", „Wachstumsmodell 2" sowie „Alle Aktien".

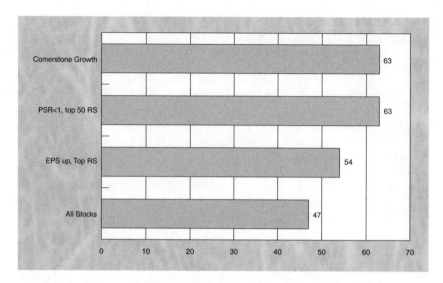

Abb. 19.2: Die Graphik zeigt das Sharpe-Ratio für die Ansätze „Höhere Gewinne als im Vorjahr und KUVs kleiner 1,5 und 50 Aktien daraus mit höchster relativer Stärke" (Cornerstone Growth), „KUV kleiner 1 und daraus 50 Aktien mit der höchsten relativen Stärke" (PSR1, top 50 RS), „Höhere Gewinne als im Vorjahr und 50 Aktien daraus mit der höchsten relativen Stärke" (EPS up, top RS) und für „Alle Aktien" (1952 bis 1996).

Bei großen Aktien sind Wachstumsstrategien weniger effektiv

Wir werden nicht viel Zeit und Anstrengung darauf verwenden, die oben untersuchten Strategien auf „Große Aktien" auszudehnen, da es wesentlich sinnvoller ist, diese Ansätze auf „Alle Aktien" anzuwenden. Die Abbildung 19.3 stellt den Anlageerfolg am Beispiel der 10 000 US$ (von Ende 1952 bis Ende 1996) für die Strategien, angewendet auf „Große Aktien", dar, und Abbildung 19.4 gibt die korrespondierenden Sharpe-Ratios wieder. Obwohl sämtliche Strategien die Obergruppe „Große Aktien" mühelos schlagen, macht es kaum Sinn, sich auf große Unternehmen zu beschränken, wenn man Wachstumswerte kaufen möchte. Anders als bei der wegweisenden wertorientierten Strategie mit Marktführern sind viele der jungen aufstrebenden Wachstumswerte nicht in der Gruppe „Große Aktien" enthalten. Diese kleineren Aktien bergen zwar höheres Schwankungspotential, die Renditeunterschiede zwischen „Alle Aktien" und „Große Aktien" bei diesen Strategien zeigen aber klar auf, daß man für das erhöhte Risiko mehr als entschädigt wird.

334

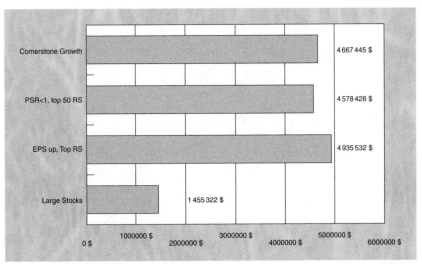

Abb. 19.3: Die Graphik zeigt für die Ansätze „Höhere Gewinne als im Vorjahr und KUVs kleiner 1,5 und 50 Aktien daraus mit höchster relativer Stärke" (Cornerstone Growth), „KUV kleiner 1 und daraus 50 Aktien mit der höchsten relativen Stärke" (PSR1, top 50 RS), „Höhere Gewinne als im Vorjahr und 50 Aktien daraus mit der höchsten relativen Stärke" (EPS up, top RS) und für „Große Aktien", wie sich bei jährlicher Aktualisierung der Depots eine Anlage von 10 000 US$ entwickelt hätte (1952 bis 1996).

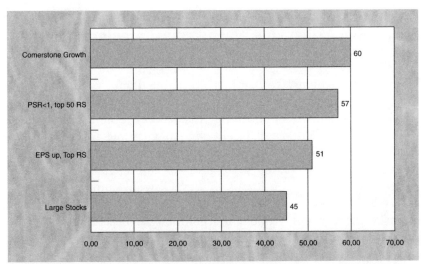

Abb. 19.4: Die Graphik zeigt das Sharpe-Ratio für die Ansätze „Höhere Gewinne als im Vorjahr und KUVs kleiner 1,5 und 50 Aktien daraus mit höchster relativer Stärke" (Cornerstone Growth), „KUV kleiner 1 und daraus 50 Aktien mit der höchsten relativen Stärke" (PSR1, top 50 RS), „Höhere Gewinne als im Vorjahr und 50 Aktien daraus mit der höchsten relativen Stärke" (EPS up, top RS) und für „Große Aktien" (1952 bis 1996).

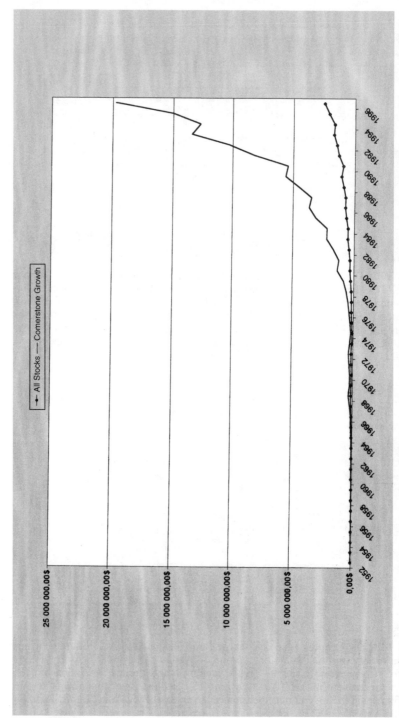

Abb. 19.5: Die Graphik zeigt die nominelle Entwicklung von 10000 US$ unter der Strategie „Höhere Gewinne als im Vorjahr und KUVs kleiner 1,5 und 50 Aktien daraus mit höchster relativer Stärke" (Cornerstone Growth) gegenüber „Alle Aktien" (1952 bis 1996).

Implikationen

Wenn Sie höheres Risiko vertragen, können Sie mit der kombinierten Wachstumsstrategie den Markt schlagen (siehe Abb. 19.5). Es ist erwähnenswert, daß unser wachstumsorientierter Ansatz das Kriterium niedriges Kurs-Umsatz-Verhältnis einbezieht, also einen originären Wertfaktor. Der beste Zeitpunkt, Wachstumsaktien zu kaufen, ist, wenn sie billig sind, und eben nicht, wenn jeder sie haben will. Diese Strategie wird niemals eine Netscape, Cybercash oder Polaroid zum 165fachen des Jahresgewinns erwerben. Dies ist einer der Gründe, warum sie langfristig funktioniert. Der Ansatz zwingt Sie, solche Aktien gerade dann zu kaufen, wenn sie vom Markt vergessen wurden, aber gerade wieder entdeckt werden. Das ist auch der Charme der relativen Stärke als Kardinaldeterminante. Man kauft die Aktien zu einem Zeitpunkt, da der Markt wieder bereit ist, Geld dort zu plazieren, während die KUV-Restriktion sicherstellt, daß man keinen Wucherpreis bezahlt. Eine der Kernaussagen dieses Buches ist, daß alle erfolgreichen Strategien zumindest einen wertorientierten Faktor einbeziehen, der Investoren davon abhält, überteuerte Aktien zu kaufen.

19

20 Die Verbindung wachstums- und wertorientierter Strategien für die bestmögliche risikoadjustierte Performance

Die Geschichte lehrt uns, daß wir nicht aus der Geschichte lernen.

Benjamin Disraeli

Bislang hatten wir wachstums- respektive wertortientierte Strategien immer getrennt voneinander untersucht, obwohl der effektivste Weg, ein Portfolio zu diversifizieren und den Ertrag unter Berücksichtigung des Risikos zu maximieren, die Kombination beider Ansätze ist. Durch die Ergänzung der Wachstumsaktien mit wertmäßigen Kriterien läßt sich das Risiko dieser volatilen Aktien substantiell vermindern, gleichzeitig profitieren die Substanzaktien vom schnelleren Wachstum. Positiv hierbei ist auch, daß Sie somit ein diversifiziertes Portfolio besitzen, das unabhängig vom Ansatz, der gerade an der Wall Street in Mode ist, gut abschneiden wird.

Wir betrachten nun die Wertentwicklung einer Kombination unserer vorher herausgearbeiteten „Meilensteinstrategien" aus dem Bereich der Fundamentalkennzahlen und dem Bereich der Wachstumskennzahlen. In diesem Fall beginnen wir wieder am 31.12.1952 und investieren ebenfalls 10 000 US$, allerdings in der Form, daß wir 5 000 US$ auf die Wachstums- und 5 000 US$ in die Wertstrategie plazieren. Wir aktualisieren hierbei unsere Depots jährlich so, daß wir zu jedem Zeitpunkt tatsächlich 50 % wachstumsorientiert und 50 % wertorientiert angelegt haben. Davon bleibt unberührt, daß in der Praxis natürlich ein Anleger, der zeitlich nahe am Rentenalter liegt, den Anteil an Wachstumsaktien zugunsten von Substanzwerten reduzieren kann.

Die Ergebnisse

Das zusammengesetzte Wertpapierdepot schließt den Betrachtungszeitraum mit einem 5mal höheren Ergebnis ab als „Alle Aktien". Die Tabellen 20.1 und 20.2 vergleichen die Ergebnisse der Strategie mit „Alle Aktien". Der Schlußstand des kombinierten Ansatzes Ende 1996 war 11 817 256 US$, was durch eine kumuilierte Rendite von 17,44 % erreicht wurde; im Vergleich dazu brachten es „Alle Aktien" in diesen 44 Jahren auf 2 481 517 US$, also eine Rendite von 13,35 %. Das Faszinierende an dieser Strategie ist, daß ihr Risiko nahezu identisch dem Risiko „Alle Aktien" ist! Die Standardabweichung der Kombilösung lag bei 19,99 %, also um magere 0,29 % über dem Vergleichswert von 19,70, mit dem „Alle Aktien" schwankten. Dies führt folgerichtig zum bis dato höchsten gemessenen Sharpe-Ratio von 68.

Der vorliegende Ansatz gibt uns die Möglichkeit, den Markt in so gut wie allen untersuchten Perioden zu schlagen. Die Tabelle 20.3 gibt hier Auskunft. Unsere bahnbrechende Strategie schlägt die Referenzgruppe in 35 von 44 Jahren (80 %), in 34 von 40 Fünfjahresperioden und in 100 % aller aufgezeichneten Zehnjahresperioden.

Diese Methode wirkt deshalb Wunder, weil z. B. just in Jahren, in denen Blue Chips nur vor sich hin dümpeln, die ebenfalls enthaltenen Wachstumswerte durch die Decke gehen. Zum Beispiel 1967, ein sportlich spekulatives Jahr, in dem die Aktien des wertorientierten Ansatzes aus der Marktführergruppe um nur 23,70 % gestiegen sind, was zwar besser ist als das Ergebnis von „Große Aktien" mit 21,30 %, aber nur halb so gut wie das Resultat von „Alle Aktien" mit 41,10 %. Hätten Sie aber den Wertansatz um die wachstumsorientierte Strategie mit ihrer Wertentwicklung von 83,30 % bereichert, wäre Ihr Ertrag 53,50 % gewesen, und Sie hätten ohne Anstrengung „Alle Aktien" und „Große Aktien" abgehängt. Dabei hätten Sie sich permanent über einem Sicherheitsnetz aus 50 % großen, marktführenden Unternehmen, die hohe Dividenden zahlen, befunden.

Umgekehrt spielt natürlich der konservative Teil des Depots eine zentrale Rolle als Puffer, wenn Wachstumswerte mal wieder geprügelt werden. So mußte die Wertentwicklung des Wachstumsansatzes in den Baissejahren 1973 bis 1975 ordentlich Federn lassen, während sich der substanzorientierte Ansatz eindeutig besser präsentierte. Während dieses zweijährigen Fiaskos konnten Sie mit dem Kombinationsansatz sowohl „Alle Aktien" als auch „Große Aktien" schlagen.

Tab. 20.1: Die Tabelle stellt im Rahmen der Gruppe „Alle Aktien" die jährliche Wertentwicklung der Gesamtgruppe derjenigen der besten wertorientierten Strategie (Cornerstone value) und derjenigen der besten wachstumsorientierten Strategie (Cornerstone growth) gegenüber. In der rechten Spalte liest man die Wertentwicklung der kombinierten Strategie pro Jahr ab (United).

Year ending	All Stocks	Cornerstone value	Cornerstone growth	United
31. Dez. 53	2,90 %	1,20 %	0,40 %	0,80 %
31. Dez. 54	47,00 %	52,50 %	56,70 %	54,60 %
31. Dez. 55	20,70 %	28,10 %	30,40 %	29,25 %
31. Dez. 56	17,00 %	14,80 %	18,00 %	16,40 %
31. Dez. 57	−7,10 %	−13,50 %	−17,90 %	−15,70 %
31. Dez. 58	55,00 %	44,90 %	52,80 %	48,85 %
31. Dez. 59	23,00 %	9,60 %	24,10 %	16,85 %
31. Dez. 60	6,10 %	−0,03 %	12,60 %	6,29 %
31. Dez. 61	31,20 %	24,40 %	51,10 %	37,75 %
31. Dez. 62	−12,00 %	−2,60 %	−17,20 %	−9,90 %
31. Dez. 63	18,00 %	18,80 %	20,80 %	19,80 %
31. Dez. 64	16,30 %	20,30 %	30,00 %	25,15 %
31. Dez. 65	22,60 %	17,60 %	44,10 %	30,85 %
31. Dez. 66	−5,20 %	−10,20 %	−0,10 %	−5,15 %
31. Dez. 67	41,10 %	23,70 %	83,30 %	53,50 %
31. Dez. 68	27,40 %	26,50 %	50,50 %	38,50 %
31. Dez. 69	−18,50 %	−15,00 %	−28,10 %	−21,55 %
31. Dez. 70	−5,80 %	11,30 %	−2,60 %	4,35 %
31. Dez. 71	21,30 %	15,80 %	32,10 %	23,95 %
31. Dez. 72	11,00 %	14,00 %	19,70 %	16,85 %
31. Dez. 73	−27,20 %	−5,90 %	−27,50 %	−16,70 %
31. Dez. 74	−27,90 %	−12,30 %	−29,10 %	−20,70 %
31. Dez. 75	55,90 %	58,20 %	37,60 %	47,90 %
31. Dez. 76	35,60 %	39,20 %	32,50 %	35,85 %
31. Dez. 77	6,90 %	3,30 %	26,40 %	14,85 %
31. Dez. 78	12,20 %	3,30 %	38,30 %	20,80 %
31. Dez. 79	34,30 %	25,60 %	38,70 %	21,15 %
31. Dez. 80	31,50 %	20,30 %	62,70 %	41,50 %
31. Dez. 81	1,70 %	12,80 %	−9,00 %	1,90 %
31. Dez. 82	22,50 %	19,60 %	37,10 %	28,35 %
31. Dez. 83	28,10 %	38,60 %	32,70 %	35,65 %
31. Dez. 84	−3,10 %	4,70 %	−2,00 %	1,35 %
31. Dez. 85	30,80 %	35,00 %	42,50 %	38,75 %
31. Dez. 86	13,10 %	20,60 %	17,70 %	19,15 %
31. Dez. 87	−1,30 %	11,60 %	−5,40 %	3,10 %
31. Dez. 88	21,20 %	26,50 %	29,70 %	28,10 %
31. Dez. 89	21,40 %	37,60 %	23,80 %	30,70 %
31. Dez. 90	−13,80 %	−7,00 %	−3,30 %	−5,15 %
31. Dez. 91	39,80 %	36,90 %	51,40 %	44,15 %
31. Dez. 92	13,80 %	11,60 %	25,50 %	18,55 %
31. Dez. 93	16,60 %	20,40 %	30,30 %	25,35 %
31. Dez. 94	−3,40 %	4,80 %	−5,30 %	−0,25 %
31. Dez. 95	27,00 %	26,70 %	18,20 %	22,45 %
31. Dez. 96	18,30 %	21,90 %	31,52 %	26,71 %
Arithmetic average	15,13 %	16,73 %	21,72 %	19,23 %
Standard deviation	19,70 %	17,14 %	25,59 %	19,99 %

Tab. 20.2: Die Tabelle zeigt die summierte Entwicklung der Gruppe „Alle Aktien", die Entwicklung der wertorientierten Strategie (Cornerstone value), der besten wachstumsorientierten Strategie (Cornerstone growth) und der beschriebenen Kombinatiosstrategie (United), wobei hier noch das arithmetische Mittel (Arithmetic Average), die Standardabweichung der Erträge (Standard Deviation of Return), das Sharpe-Ratio sowie Renditen nach weiteren Laufzeitgruppen hinzukommen. Auch die maximal bzw. minimal zu erwartenden sowie die tatsächlich eingetretenen Werte für die Performance (Maximum Return, Maximum Expected Return) werden angegeben. Zeithorizont ist wiederum der 31.12.1952 bis 31.12.1996.

	All Stocks	Cornerstone value	Cornerstone growth	United
Arithmetic average	15,13%	16,73%	21,72%	19,23%
Standard deviation of return	19,70%	17,14%	25,59%	19,99%
Sharpe risk-adjusted ratio	47,00	64,00	63,00	68,00
3-yr compounded	13,22%	17,41%	13,76%	15,67%
5-yr compounded	14,00%	16,81%	19,21%	18,12%
10-yr compounded	12,92%	18,32%	18,27%	18,43%
15-yr compounded	14,44%	19,89%	20,31%	20,22%
20-yr compounded	14,97%	18,05%	22,45%	20,53%
25-yr compounded	12,74%	17,58%	18,13%	18,17%
30-yr compounded	12,43%	16,52%	18,54%	17,91%
35-yr compounded	11,64%	15,26%	17,79%	16,88%
40-yr compounded	12,62%	14,76%	18,25%	16,83%
Compound annual return	13,35%	15,47%	18,82%	17,44%
10 000 $ becomes:	2 481 517 $	5 595 680 $	19 748 214 $	11 817 256 $
Maximum return	55,90%	58,20%	83,30%	54,60%
Minimum return	−27,90%	−15,00%	−29,10%	−21,55%
Maximum expected return*	54,53%	51,01%	72,90%	59,21%
Minimum expected return**	−24,27%	−17,55%	−29,46%	−20,75%

* Maximum expected return is average return plus 2 times the standard deviation.
** Minimum expected return is average return minus 2 times the standard deviation.

Tab. 20.3: Die Tabelle zeigt, wie sich im Rahmen „Alle Aktien" die 50 Aktien der Kombinationsstrategie (United Cornerstone strategies beat All Stocks) bzgl. anteilig gewonnener Perioden darstellen. Es werden die Einjahresperioden (Single Year Return) (45), die rollierenden Fünf- (41) und Zehnjahresperioden (36) dargestellt.

Item	United cornerstone strategies beat All Stocks	Percent
Single-year return	35 out of 44	80%
Rolling 5-year compound return	34 out of 40	85%
Rolling 10-year compound return	35 out of 35	100%

Die kombinierte Strategie schlägt auch große Aktien

Wir verwendeten in diesem Teil bislang die Referenzgruppe „Alle Aktien", da sie im Laufe der Zeit die Gruppe „Große Aktien" schlagen konnte, so daß es alles andere als überraschend ist, daß auch die Kombistrategie, auf große Titel angewendet, mühelos die Referenz „Große Aktien" schlägt. Die Tabellen 20.4 und 20.5 stellen die Ergebnisse für die Kombinationsstrategie unter „Große Aktien" zusammen. Die Strategie war der Gesamtgruppe auf allen Ebenen überlegen. Die Tabelle 20.6 zeigt die Periodenbetrachtung detaillierter. Die Strategie lag in 36 von 44 Einjahresperioden vorne und gab keine einzige der Fünf- oder Zehnjahresperioden ab.

Tab. 20.4: Die Tabelle stellt im Rahmen der Gruppe „Große Aktien" die jährliche Wertentwicklung der Gesamtgruppe derjenigen der besten wertorientierten Strategie (Cornerstone value) und derjenigen der besten wachstumsorientierten Strategie (Cornerstone growth) gegenüber. In der rechten Spalte liest man die Wertentwicklung der kombinierten Strategie pro Jahr ab (United).

Year ending	Large Stocks	Cornerstone value	Cornerstone growth	United
31. Dez. 53	2,30 %	1,20 %	0,40 %	0,80 %
31. Dez. 54	44,90 %	52,50 %	56,70 %	54,60 %
31. Dez. 55	21,20 %	28,10 %	30,40 %	29,25 %
31. Dez. 56	9,60 %	14,80 %	18,00 %	16,40 %
31. Dez. 57	−6,90 %	−13,80 %	−17,90 %	−15,70 %
31. Dez. 58	42,10 %	44,90 %	52,80 %	48,85 %
31. Dez. 59	9,90 %	9,60 %	24,10 %	16,85 %
31. Dez. 60	4,80 %	−0,03 %	12,60 %	6,29 %
31. Dez. 61	27,50 %	24,40 %	51,10 %	37,75 %
31. Dez. 62	−8,90 %	−2,60 %	−17,20 %	−9,90 %
31. Dez. 63	19,50 %	18,80 %	20,80 %	19,80 %
31. Dez. 64	15,30 %	20,30 %	30,00 %	25,15 %
31. Dez. 65	16,20 %	17,60 %	44,10 %	30,85 %
31. Dez. 66	−4,90 %	−10,20 %	−0,10 %	−5,15 %
31. Dez. 67	21,30 %	23,70 %	83,30 %	53,50 %
31. Dez. 68	16,80 %	26,50 %	50,50 %	38,50 %
31. Dez. 69	−9,90 %	−15,00 %	−28,10 %	−21,55 %
31. Dez. 70	−0,20 %	11,30 %	−2,60 %	4,35 %
31. Dez. 71	17,30 %	15,80 %	32,10 %	23,95 %
31. Dez. 72	14,90 %	14,00 %	19,70 %	16,85 %
31. Dez. 73	−18,90 %	−5,90 %	−27,50 %	−16,70 %
31. Dez. 74	−26,70 %	−12,30 %	−29,10 %	−20,70 %
31. Dez. 75	43,10 %	58,20 %	37,60 %	47,90 %
31. Dez. 76	28,00 %	39,20 %	32,50 %	35,85 %
31. Dez. 77	−2,50 %	3,30 %	26,40 %	14,85 %
31. Dez. 78	8,10 %	3,30 %	38,30 %	20,80 %
31. Dez. 79	27,30 %	25,60 %	38,70 %	32,15 %
31. Dez. 80	30,80 %	20,30 %	62,70 %	41,50 %
31. Dez. 81	0,60 %	12,80 %	−9,00 %	1,90 %
31. Dez. 82	19,90 %	19,60 %	37,10 %	28,35 %
31. Dez. 83	23,80 %	38,60 %	32,70 %	35,65 %
31. Dez. 84	−0,40 %	4,70 %	−2,00 %	1,35 %
31. Dez. 85	19,50 %	35,00 %	42,50 %	38,75 %
31. Dez. 86	32,20 %	20,60 %	17,70 %	19,15 %
31. Dez. 87	3,30 %	11,60 %	−5,40 %	3,10 %
31. Dez. 88	19,00 %	26,50 %	29,70 %	28,10 %
31. Dez. 89	26,00 %	37,60 %	23,80 %	30,70 %
31. Dez. 90	−8,70 %	−7,00 %	−3,30 %	−5,15 %
31. Dez. 91	33,00 %	36,90 %	51,40 %	44,15 %
31. Dez. 92	8,70 %	11,60 %	25,50 %	18,55 %
31. Dez. 93	16,30 %	20,40 %	30,30 %	25,35 %
31. Dez. 94	−1,90 %	4,80 %	−5,30 %	−0,25 %
31. Dez. 95	28,50 %	26,70 %	18,20 %	22,45 %
31. Dez. 96	18,70 %	21,90 %	31,52 %	26,71 %
Arithmetic average	13,19 %	16,73 %	21,72 %	19,23 %
Standard deviation	16,18 %	17,14 %	25,59 %	19,99 %

Tab. 20.5: Die Tabelle zeigt die summierte Entwicklung der Gruppe „Große Aktien", die Entwicklung der wertorientierten Strategie (Cornerstone value), der besten wachstumsorientierten Strategie (Cornerstone growth) und der beschriebenen Kombinatiosstrategie (United), wobei hier noch das arithmetische Mittel (Arithmetic Average), die Standardabweichung der Erträge (Standard Deviation of Return), das Sharpe-Ratio sowie Renditen nach weiteren Laufzeitgruppen hinzukommen. Auch die maximal bzw. minimal zu erwartenden sowie die tatsächlich eingetretenen Werte für die Performance (Maximum Return, Maximum Expected Return) werden angegeben. Zeithorizont ist wiederum der 31.12.1952 bis 31.12.1996.

	Large Stocks	Cornerstone value	Cornerstone growth	United
Arithmetic average	13,19%	16,73%	21,72%	19,23%
Standard deviation of return	16,18%	17,14%	25,59%	19,99%
Sharpe risk-adjusted ratio	45,00	64,00	63,00	68,00
3-yr compounded	14,38%	17,41%	13,76%	15,67%
5-yr compounded	13,60%	16,81%	19,21%	18,12%
10-yr compounded	13,53%	18,32%	18,27%	18,43%
15-yr compounded	15,16%	19,89%	20,31%	20,22%
20-yr compounded	14,37%	18,05%	22,45%	20,53%
25-yr compounded	12,34%	17,58%	18,13%	18,17%
30-yr compounded	11,67%	16,52%	18,54%	17,91%
35-yr compounded	10,96%	15,26%	17,79%	16,88%
40-yr compounded	11,36%	14,76%	18,25%	16,83%
Compound annual return	11,98%	15,47%	18,82%	17,44%
10 000 $ becomes:	1 455 322 $	5 595 680 $	19 748 214 $	11 817 256 $
Maximum return	44,90%	58,20%	83,30%	54,60%
Minimum return	−26,70%	−15,00%	−29,10%	−21,55%
Maximum expected return*	45,55%	51,01%	72,90%	59,21%
Minimum expected return**	−19,17%	−17,55%	−29,46%	−20,75%

* Maximum expected return is average return plus 2 times the standard deviation.
** Minimum expected return is average return minus 2 times the standard deviation.

Tab. 20.6: Die Tabelle zeigt, wie sich im Rahmen „Große Aktien" die 50 Aktien der Kombinationsstrategie (United Cornerstone strategies beat Large Stocks) bzgl. anteilig gewonnener Perioden darstellen. Es werden die Einjahresperioden (Single Year Return) (45), die rollierenden Fünf- (41) und Zehnjahresperioden (36) dargestellt.

Item	United cornerstone strategies beat Large Stocks	Percent
Single-year return	36 out of 44	82 %
Rolling 5-year compound return	40 out of 40	100 %
Rolling 10-year compound return	35 out of 35	100 %

Implikationen

Die Tabelle 20.7 vergleicht die Wert- plus Wachstumsstrategie mit den Referenzgruppen „Alle Aktien" und „Große Aktien" nach Dekaden, und die Tabellen 20.8 und 20.9 stellen die Ergebnisse der Strategie gegen „Alle Aktien" dar, und zwar für Fünf- und Zehnjahresperioden. Die graphische Darstellung dieser beeindruckenden Strategie erfolgt in Abbildung 20.1 und 20.2. Es ist nunmehr klar nachgewiesen, daß die Kombination aus Wachstumswerten und Substanzriesen der direkteste Weg zu hoher Rendite bei akzeptablem Risiko ist. Am besten geeignet ist die 50 %-50 %-Aufteilung für jüngere Investoren mittlerer Risikoneigung. Je näher Ihre Pension rückt, desto stärker sollte der Anteil an Wachstumswerten zurückgefahren werden. Außer für Anleger, deren Pensionierung unmittelbar bevorsteht, macht es für jeden Sinn, das Vermögen nennenswert zu diversifizieren. Auch junge, eher aggressive Geldanleger sollten einen Teil ihrer Barschaft in die Marktführer aus der Wertstrategie plazieren, um in den unausbleiblichen Jahren herber Rückschläge von Wachstumsaktien einen Puffer zu besitzen.

Höhere Renditen bei gleichzeitig verringertem Risiko sind die wichtigste Errungenschaft der Kombination zweier Stile. An der Wall Street geht diesbezüglich der Satz um, daß man sich dementsprechend für einen Ansatz entscheiden sollte: ob man ruhig schlafen oder gut essen möchte. Wir haben Ihnen hier eine Strategie vorgestellt, die Ihnen beides ermöglicht.

Tab. 20.7: Die Tabelle zeigt die kumulierten jährlichen Renditen der Kombi-Strategie der vorhergehenden Tabellen (United Cornerstone growth and value strategies) sowie der Gesamtgruppen „Große Aktien" (Large Stocks) und „Alle Aktien" (All Stocks) nach Dekaden.

Portfolio	1950er*	1960er	1970er	1980er	1990er**
Large Stocks	14,92 %	8,99 %	6,99 %	16,89 %	12,61 %
United cornerstone growth and value strategies	17,58 %	15,14 %	13,91 %	21,93 %	17,78 %
All Stocks	19,00 %	11,09 %	8,53 %	15,85 %	12,78 %

* Returns for 1953–1959.
** Returns for 1990–1996.

Tab. 20.8: Die Tabelle listet für die Kombi-Strategie (United Cornerstone Strategies) sowie für „Alle Aktien" (All Stocks) die Ergebnisse aller Fünfjahresperioden (5 years ending) auf. In der rechten Spalte (Difference) liest man wieder die relative Wertentwicklung direkt ab.

5 years ending	All Stocks	United cornerstone strategies	Difference
31. Dez. 59	20,12 %	17,14 %	−2,98 %
31. Dez. 60	17,07 %	12,65 %	−4,42 %
31. Dez. 61	19,78 %	16,51 %	−3,27 %
31. Dez. 62	18,49 %	18,07 %	−0,42 %
31. Dez. 63	12,20 %	13,05 %	0,85 %
31. Dez. 64	10,95 %	14,61 %	3,67 %
31. Dez. 65	14,20 %	19,48 %	5,28 %
31. Dez. 66	7,02 %	10,89 %	3,87 %
31. Dez. 67	17,61 %	23,36 %	5,74 %
31. Dez. 68	19,43 %	26,99 %	7,56 %
31. Dez. 69	11,23 %	15,66 %	4,43 %
31. Dez. 70	5,52 %	10,54 %	5,02 %
31. Dez. 71	10,85 %	16,62 %	5,77 %
31. Dez. 72	5,66 %	10,43 %	4,77 %
31. Dez. 73	−5,53 %	−0,25 %	5,28 %
31. Dez. 74	−7,81 %	−0,03 %	7,78 %
31. Dez. 75	1,96 %	7,19 %	5,23 %
31. Dez. 76	4,26 %	9,17 %	4,92 %
31. Dez. 77	3,47 %	8,80 %	5,32 %
31. Dez. 78	12,82 %	17,19 %	4,37 %
31. Dez. 79	27,77 %	29,80 %	2,02 %
31. Dez. 80	23,49 %	28,65 %	5,16 %
31. Dez. 81	16,59 %	21,46 %	4,87 %
31. Dez. 82	19,81 %	24,19 %	4,38 %
31. Dez. 83	23,03 %	27,11 %	4,08 %
31. Dez. 84	15,19 %	20,54 %	5,35 %
31. Dez. 85	15,06 %	20,06 %	5,00 %
31. Dez. 86	17,53 %	23,88 %	6,35 %
31. Dez. 87	12,56 %	18,57 %	6,01 %
31. Dez. 88	11,32 %	17,22 %	5,90 %
31. Dez. 89	16,53 %	23,33 %	6,81 %
31. Dez. 90	7,20 %	14,30 %	7,10 %
31. Dez. 91	11,84 %	18,74 %	6,89 %
31. Dez. 92	15,07 %	22,10 %	7,03 %
31. Dez. 93	14,19 %	21,57 %	7,38 %
31. Dez. 94	9,09 %	15,17 %	6,09 %
31. Dez. 95	17,88 %	21,21 %	3,34 %
31. Dez. 96	14,00 %	18,12 %	4,12 %
Arithmetic average	12,83 %	17,21 %	4,39 %

Tab. 20.9: Die Tabelle listet für die Kombi-Strategie (United Cornerstone Strategies) sowie für „Alle Aktien" (All Stocks) die Ergebnisse aller Zehnjahresperioden (10 years ending) auf. In der rechten Spalte (Difference) liest man wieder die relative Wertentwicklung direkt ab.

10 years ending	All Stocks	United cornerstone strategies	Difference
31. Dez. 64	15,44 %	15,87 %	0,43 %
31. Dez. 65	15,63 %	16,01 %	0,39 %
31. Dez. 66	13,22 %	13,66 %	0,45 %
31. Dez. 67	18,05 %	20,68 %	2,63 %
31. Dez. 68	15,76 %	19,82 %	4,06 %
31. Dez. 69	11,09 %	15,14 %	4,05 %
31. Dez. 70	9,78 %	14,93 %	5,15 %
31. Dez. 71	8,92 %	13,72 %	4,80 %
31. Dez. 72	11,48 %	16,71 %	5,24 %
31. Dez. 73	6,22 %	12,55 %	6,33 %
31. Dez. 74	1,26 %	7,53 %	6,27 %
31. Dez. 75	3,72 %	8,85 %	5,13 %
31. Dez. 76	7,50 %	12,84 %	5,33 %
31. Dez. 77	4,56 %	9,61 %	5,05 %
31. Dez. 78	3,24 %	8,12 %	4,88 %
31. Dez. 79	8,53 %	13,91 %	5,38 %
31. Dez. 80	12,21 %	17,43 %	5,22 %
31. Dez. 81	10,25 %	15,15 %	4,90 %
31. Dez. 82	11,34 %	16,24 %	4,90 %
31. Dez. 83	17,82 %	22,05 %	4,23 %
31. Dez. 84	21,31 %	25,08 %	3,77 %
31. Dez. 85	19,20 %	24,28 %	5,08 %
31. Dez. 86	17,06 %	22,66 %	5,61 %
31. Dez. 87	16,13 %	21,35 %	5,22 %
31. Dez. 88	17,03 %	22,06 %	5,03 %
31. Dez. 89	15,85 %	21,93 %	6,07 %
31. Dez. 90	11,06 %	17,15 %	6,09 %
31. Dez. 91	14,64 %	21,28 %	6,63 %
31. Dez. 92	13,81 %	20,32 %	6,51 %
31. Dez. 93	12,74 %	19,37 %	6,63 %
31. Dez. 94	12,74 %	19,18 %	6,44 %
31. Dez. 95	12,41 %	17,70 %	5,29 %
31. Dez. 96	12,92 %	18,43 %	5,51 %
Arithmetic average	12,21 %	17,02 %	4,81 %

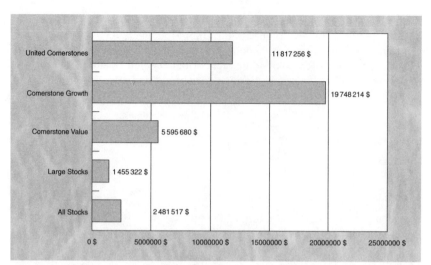

Abb. 20.1: Die Graphik stellt den Werdegang von 10 000 US$ vom 31.12.1952 bis 31.12.1996 bei Anlage in die kombinierte Strategie (United Cornerstone), in die beste Wachstumsstrategie (Cornerstone Growth), in die beste Wertstrategie (Cornerstone Value), in „Große Aktien" (Large Stocks) und in „Alle Aktien" (All Stocks) dar.

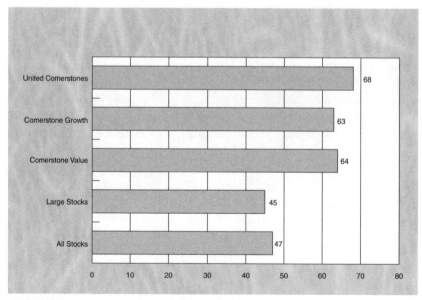

Abb. 20.2: Die Graphik stellt für die Strategien aus Abbildung 20.1 das Sharpe-Ratio dar (höher ist besser). Der Zeitraum ist abermals der 31.12.1952 bis 31.12.1996.

21 Die Rangfolge der Strategien

Ich kenne keinen Weg, die Zukunft zu beurteilen, außer durch die Vergangenheit.

Patrick Henry

Es ist an der Zeit, alle bisher untersuchten Strategien in eine Rangfolge nach absolutem Anlageergebnis und risikoadjustiertem Ertrag zu bringen. Da einige der Strategien Fünfjahresvariablen einsetzen, werden wir, um die Ansätze korrekt vergleichen zu können, alle Strategien erst am 31.12.1954 beginnen lassen. Bedenken Sie dies bitte bei etwaigen Vergleichen mit den Vorkapiteln. Wir stellen die Rangfolge ohne Berücksichtigung der Zehntelanalyse auf, was vielleicht dazu führen mag, daß minimale Verwerfungen auftreten, ohne jedoch die Kernaussage zu verfälschen.

Die Ergebnisse

Die 42 von unserer Studie umfaßten Jahre belegen eindrucksvoll, daß der Markt einer nachvollziehbaren Ordnung folgt und keineswegs einem Zufallsgeschehen unterworfen ist. Der Aktienmarkt belohnt konsequent bestimmte Strategien, während andere für ihre Unzulänglichkeiten bestraft werden. Die Ansätze, die sich in der Liste sehr weit oben oder sehr weit unten wiederfinden, haben jeweils ganz typische Kriterien, die sich leicht identifizieren lassen. Beispielsweise enthält jede der fünf Top-Strategien ein Relative-Stärke-Kriterium. Alle fünf Schlußlichter, bis auf eines, haben ihre Anleger dazu verleitet, Aktien zu überhöhten Preisen zu kaufen, indem sie zu hohe KGVs, Kurs-Buchwert-Relationen, Kurs-Umsatz-Verhältnisse oder Kurs-Cashflow-Relationen zuließen. Hohe Werte bei diesen Kennzahlen reflektieren für gewöhnlich große Hoffnungen auf seiten der Anleger; nur zu oft werden diese Hoffnungen zerstört, und es bleibt festzuhalten, daß der Sparer meistens besser damit fährt, vernünftig bewertete Aktien mit hoher relativer Stärke zu kaufen. Alle am besten abschneidenden Strategien sind auch um einiges risikobehafteter als der Gesamtmarkt, eine Handvoll ausgewählter

Strategien schneiden aber immer noch viel besser ab als der Markt, wozu sie aber nur geringfügig mehr Risiko benötigen. Die meisten der Strategien auf den hinteren Plätzen sind zu allem Überfluß auch noch schwankungsanfälliger, also risikoreicher als viele von den Top-Performern. Dies widerlegt in aller Klarheit die weitverbreitete Ansicht, daß der Markt auf lange Sicht höheres Risiko stets mit hohen Erträgen belohnt.

Die absoluten Erträge

Die Tabelle 21.1 ordnet die Strategien nach absoluten Nominalergebnissen an, während Abbildung 21.1 und Abbildung 21.2 die fünf besten und fünf schlechtesten Ansätze graphisch verarbeiten. Die Strategie, die Aktien mit niedrigen Kurs-Umsatz-Verhältnissen plus hoher relativer Stärke auswählt, sowie die „Meilenstein"-Wachstumsstrategie (Kauf von Aktien mit gestiegenem Gewinn plus niedriges KUV plus höchste relative Stärke) waren die besten im Markt. Die „Niedrige KUV plus hohe relative Stärke"-Strategie vermehrte 10 000 US$ vom 31.12.1954 bis zum 31.12.1996 zu 12 999 698 US$. Das Ergebnis der „Meilenstein"-Wachstumsstrategie war nahezu identisch: Sie brachte es auf eine Rendite von 18,52 % und auf ein nominales Endergebnis (nach 42 Jahren) von 12 552 352 US$. Ich möchte noch einmal in Erinnerung bringen, daß sämtliche fünf Top-Strategien Aktien mit hoher relativer Stärke, also mit hohem Kurs-Momentum, in die Depots bringen. Dieses Kriterium findet sich sogar bei Ausdehnung auf die Top 10 der Ansätze in jeder Strategie wieder und belegt damit überzeugend, daß man sich nie gegen den Markttrend stellen sollte. („The Trend is your Friend.")

Genau dies zu tun führt dann auch zum schlechtesten aller Ergebnisse, das mit einer Strategie erzielt wird, die die 50 Werte aus „Alle Aktien" kauft, welche im letzten Jahr die schlechteste relative Stärke aufgezeigt haben. Ein 10 000 US$ Investment über die gleiche Zeitspanne in ein derartiges, jährlich aktualisiertes Depot war am Ende 29 666 US$ wert; mit 2,62 % Rendite pro Jahr ein Trauerfall der Wirtschaftsgeschichte. Nehmen Sie den Rat des Marktes an, und vermeiden Sie die Verlierer des letzten Jahres!

Die anderen vier Verliererstrategien tragen die rote Laterne, weil sie alle in irgendeiner Form Aktien gekauft haben, deren Bewertungen mit der Realität nur noch wenig zu tun hatten, was man auch an den überhöhten Bewertungsziffern erkennen kann. Wenn Strategien wie die „Meilenstein"-Wachstumsstrategie zur Verfügung stehen, gibt es wirklich kaum einen Grund, Aktien mit den höchsten KGVs, Kurs-Buchwert-Verhältnissen, Kurs-Cashflow-Verhältnissen oder Kurs-Umsatz-Relationen auszusuchen. Die tatsächliche Wertentwicklung solcher Aktien ist dann oftmals genauso schlecht, wie ihre Geschichte vorher gut war. Es wird in diesem Kontext viel zu oft von den wenigen Einzelfällen gesprochen, bei denen z.B. ein irrsinniges KGV weitere Kurssteigerungen nicht verhindert hat; es wird nur häufig verschwiegen, daß die überwiegende Mehrzahl der überbewerteten Aktien eine triste Zukunft vor sich hat. Anleger lieben aber gute, spannende Storys. Nur wenn gerade mal keine Geschichten kursieren, schaut man sich vielleicht einmal die nüchternen Zahlenverhältnisse gewonnener versus verlorener Perioden an. Doch sobald eine schicke Netscape den Raum betritt, wirft man wieder jeglichen klaren Menschenverstand über Bord und ist überzeugt, daß es genau diesmal anders sei. Ist es aber nicht.

Risiko

Die Tabellen 21.3 und 21.4 reihen die Strategien nach Standardabweichung auf, sie werden ergänzt durch die Abbildungen 21.3 und 21.4, die jeweils die fünf Strategien mit dem höchsten bzw. niedrigsten Risiko darstellen. Aktien mit einer Marktkapitalisierung von inflationsbereinigt 25 Mio. US$ bis 100 Mio. US$ sind der Ansatz mit dem höchsten potentiellen Risiko, er weist eine Standardabweichung der Erträge von 30,44 % auf. Ein Risiko in dieser Höhe ist inakzeptabel, kann jedoch durch den Einsatz zusätzlicher Faktoren wesentlich verringert werden. Vier der fünf Strategien mit den höchsten Standardabweichungen liefern zumindest auch eine gute absolute Performance. Die Strategie des Kaufs von Aktien mit hohen Kurs-Buchwert-Relationen manövriert sich mit hohem Risiko plus indiskutablen Erträgen tief in den Bereich des Ünmöglichen.

Alle diese Strategien sollten vermieden werden, weil ihr Risiko schlicht zu hoch ist. Es läßt sich generalisieren, daß man niemals Strategien einsetzen sollte, deren Standardabweichung eine 26 übersteigt, es sei denn, deren Ertragspotential ist so phantastisch, daß es den Wert für das Sharpe-Ratio deutlich über den Schwellenwert von 44 für die Referenzgruppe „Alle Aktien" hievt. Die etwaigen Gewinnmöglichkeiten müssen die des Marktes deutlich übersteigen, da sich der Nervenverschleiß, der mit solchen Strategien zwangsläufig verbunden ist, kaum lohnt. Auch wenn der absolute Ertrag einer Ri-

Tab. 21.1: Die Tabelle ordnet alle Strategien des Buches nach ihrem absoluten Ertrag an (also danach, wieviel aus den 10 000 US$ geworden ist). Der Zeitraum ist der 31.12.1954 bis zum 31.12.1996. Angegeben sind der nominelle Endbetrag ($10,000 becomes), die kumulierte Rendite (Compound return), die Standardabweichung (Standard deviation) sowie das Sharpe-Ratio.

Strategy	10 000 $ becomes	Compound return	Standard deviation	Sharpe ratio
PSR <1, high rel. str., All Stocks	12 999 698 $	18,62 %	25,64 %	61
Earnings yield >5, high rel. str., All Stocks	12 570 451 $	18,52 %	24,48 %	61
Cornerstone growth, All Stocks	12 552 352 $	18,52 %	25,41 %	61
Pbook <1, high rel. str., All Stocks	10 258 105 $	17,95 %	23,36 %	60
United cornerstone strategies	7 583 097 $	17,10 %	19,50 %	66
ROE >15, high rel. str., All Stocks	7 582 171 $	17,10 %	26,59 %	54
EPS higher than last year, best rel. str., All Stocks	6 890 629 $	16,84 %	28,19 %	52
5-yr EPS ch >mean, Pmargin >mean, EPS higher than last year, best rel. str., All Stocks	6 019 821 $	16,46 %	22,23 %	57
Yield >mean, positive rel. str., lowest PSR, All Stocks	5 753 941 $	16,34 %	21,98 %	52
1-yr EPS ch >25 %, high rel. str., All Stocks	5 578 081 $	16,25 %	28,56 %	49
Pbook <1,5, yield >mean, PE <mean, lowest Pcfl, All Stocks	4 624 623 $	15,73 %	22,85 %	52
Low PSR, All Stocks	4 311 223 $	15,54 %	25,66 %	49
$25M <capitalization <$100M	4 176 424 $	15,45 %	30,44 %	44
Market Leaders, low Pcfl	4 078 918 $	15,39 %	19,00 %	57
Cornerstone value	3 625 789 $	15,06 %	16,47 %	62
PE <20, high rel. str., Large Stocks	3 581 736 $	15,03 %	19,05 %	54
Low Pbook, All Stocks	3 297 096 $	14,80 %	25,17 %	46
EPS higher than last year, high rel. str., Large Stocks	3 191 986 $	14,72 %	21,95 %	48
Cornerstone growth, Large Stocks	3 189 965 $	14,71 %	17,50 %	58
Low Pcfl, All Stocks	3 076 821 $	14,61 %	19,78 %	51
Market Leaders, low PE	3 017 323 $	14,56 %	19,93 %	50
PSR <1, high rel. str., Large Stocks	2 968 702 $	14,52 %	18,56 %	54
Low Pbook, Large Stocks	2 775 184 $	14,33 %	19,40 %	52
High 1-yr rel. str., Large Stocks	2 717 072 $	14,28 %	22,24 %	47
1-yr EPS ch >mean, Pmargin >mean, EPS higher than last year, best rel. str., Large stocks	2 639 136 $	14,20 %	20,19 %	47
Low Pcfl, Large Stocks	2 476 780 $	14,02 %	24,97 %	43
High 1-yr rel. str., All Stocks	2 368 420 $	13,90 %	29,91 %	41
Profit Margin >20, best rel. str., All Stocks	2 230 164 $	13,74 %	23,02 %	42
ROE >15, high rel. str., Large Stocks	2 220 269 $	13,73 %	21,94 %	43
Low PSR, Large Stocks	2 175 915 $	13,67 %	20,36 %	47
Low PE, Large Stocks	2 122 212 $	13,61 %	20,60 %	44
$25M <capitalization <$500M	2 042 964 $	13,50 %	20,92 %	46
Small Stocks	2 022 787 $	13,48 %	21,81 %	44
$100M <capitalization <$250M	2 007 775 $	13,46 %	24,37 %	41
Market Leaders	1 921 677 $	13,34 %	16,59 %	50
High yield, Large Stocks	1 732 216 $	13,06 %	16,63 %	50

sikoanlage außergewöhnlich ist, sollte niemals das gesamte Depot auf diese Werte gehäufelt werden, da allzuoft beobachtet werden muß, daß Investoren ob des wilden Auf und Ab dieser Strategien nervlich kapitulieren und alles verkaufen, was dann oftmals genau in der Nähe des unteren Scheitelpunktes geschieht. So etwas bringt selten mehr als Verdruß und treibt Sie in letzter Konsequenz in die Hände eines der langweiligen Indexfonds. Der beste Weg ist, hochriskante Strategien mit konservativen zu verbinden, um das Gesamtrisiko auf ein akzeptables Niveau zu senken.

21

Tab. 21.2: Die Tabelle ist die Fortsetzung von 21.1, sie ordnet alle Strategien des Buches nach ihrem absoluten Ertrag an (also danach, wieviel aus den 10 000 US$ geworden ist). Der Zeitraum ist der 31.12.1954 bis zum 31.12.1996. Angegeben sind der nominelle Endbetrag ($10,000 becomes), die kumulierte Rendite (Compound return), die Standardabweichung (Standard deviation) sowie das Sharpe-Ratio.

Strategy	10 000 $ becomes	Compound return	Standard deviation	Sharpe ratio
All Stocks	1 640 531 $	12,91 %	19,46 %	44
High ROE, All Stocks	1 417 424 $	12,52 %	25,84 %	37
$500M <Capitalization <$1B	1 231 545 $	12,14 %	18,72 %	42
Low PE, All Stocks	1 198 019 $	12,07 %	24,43 %	34
Low 1-yr EPS gain, All Stocks	1 033 974 $	11,68 %	23,42 %	36
Capitalization >$1B	985 177 $	11,55 %	15,77 %	41
Large Stocks	*981 782 $*	*11,54 %*	*15,72 %*	*41*
S&P 500	971 901 $	11,51 %	15,96 %	39
Low 1-yr EPS gain, Large Stocks	889 735 $	11,28 %	17,55 %	40
High yield, All Stocks	840 162 $	11,13 %	20,91 %	34
50 highest 1-yr EPS gain, All Stocks	810 609 $	11,03 %	26,33 %	31
High Pmargin, Large Stocks	716 131 $	10,90 %	15,81 %	36
High Pmargin, All Stocks	691 852 $	10,61 %	20,76 %	31
High ROE, Large Stocks	662 357 $	10,50 %	18,86 %	33
High 5-yr EPS gain, Large Stocks	613 441 $	10,30 %	21,59 %	28
Market Leaders, high PE	599 558 $	10,24 %	16,69 %	34
High Pbook, Large Stocks	583 955 $	10,17 %	23,06 %	27
High 5-yr EPS gain, All Stocks	534 963 $	9,94 %	26,57 %	27
High Pcfl, Large Stocks	488 983 $	9,70 %	22,01 %	28
High PSR, Large Stocks	454 873 $	9,51 %	20,99 %	25
High PE, Large Stocks	429 753 $	9,37 %	20,38 %	26
High 1-yr EPS gain, Large Stocks	400 758 $	9,19 %	18,83 %	25
High PE, All Stocks	368 197 $	8,97 %	26,75 %	23
Low 1-yr rel. str., Large Stocks	367 778 $	8,96 %	19,98 %	25
High Pbook, All Stocks	236 711 $	7,83 %	28,79 %	20
High Pcfl, All Stocks	224 741 $	7,69 %	27,98 %	17
Intermediate-term bonds	152 806 $	6,71 %	6,70 %	17
90-day T-bills	99 854 $	5,63 %	2,71 %	0
High PSR, All Stocks	64 220 $	4,53 %	27,79 %	5
Low 1-yr rel. str., All Stocks	29 666 $	2,62 %	26,33 %	−1

Die fünf Strategien mit den niedrigsten Risiken entstammen alle der Gruppe „Große Aktien". Das unriskanteste Investment ist die Referenzgruppe selbst, sie weist eine Standardabweichung von lediglich 15,72 % auf. Von den fünf Ansätzen mit dem niedrigsten Risiko generiert jedoch nur die „Meilenstein"-Wertstrategie, die die 50 Marktführer mit den höchsten Dividendenrenditen kauft, auch hohe absolute Erträge. Diese wertorientierte Strategie zeigt klar auf, daß es nicht nötig ist, extremes Risiko auf sich zu nehmen, um den Markt zu schlagen. Diese Strategie eignet sich hervorragend für Anleger, die normalerweise einen Indexfond in Betracht ziehen würden.

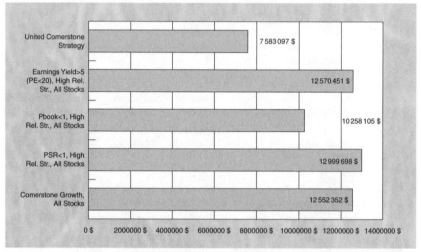

Abb. 21.1: Die Graphik stellt die 5 Strategien mit den höchsten absoluten (nominelle $ -) Erträgen vor. Dabei werden angegeben: Die kombinierte Wachstums- und Wertstrategie (United Cornerstone Strategie), die Strategie „Dividendenrendite > 5, d.h. KGV < 20 und höchste relative Stärke aus Alle Aktien" (Earnings Yield > 5, PE < 20, High Rel. Str., All Stocks), die Strategie „KBV < 1 und höchste relative Stärke aus Alle Aktien" (Pbook < 1, High Rel. Str., All Stocks), die Strategie „KUV < 1 und höchste relative Stärke aus Alle Aktien" (PSR < 1, High Rel. Str.,All Stocks) sowie die „Meilenstein"-Wachstumsstrategie (Cornerstone Growth, All Stocks). Zeitraum 1954 bis 1996.

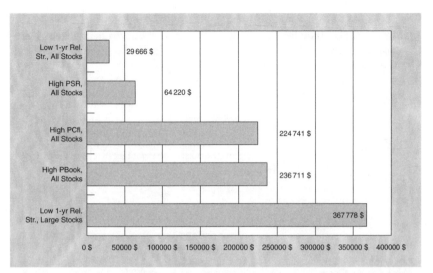

Abb. 21.2: Die Graphik stellt die 5 Strategien mit den niedrigsten absoluten (nominelle $ -) Erträgen vor. Dabei werden angegeben: Die Strategie „Niedrigste relative Stärke aus Alle Aktien" (Low 1-yr. Rel. Str., All Stocks), die Strategie „Hohe KUVs, Alle Aktien" (High PSR, All Stocks), die Strategie „Hohe KCVs, Alle Aktien" (High PCfl, All Stocks), die Strategie „Hohe KBVs, Alle Aktien" (High P/book, All Stocks), sowie die Strategie „Niedrigste relative Stärke aus Große Aktien" (Low 1-yr. Rel. Str., Large Stocks). Zeitraum 1954 bis 1996.

Tab. 21.3: Die Tabelle ordnet alle Strategien des Buches nach ihrem potentiellen Gesamtrisiko an (also danach, wie hoch ihre Standardabweichung war). Der Zeitraum ist der 31.12.1954 bis zum 31.12.1996. Angegeben sind der nominelle Endbetrag (10 000 $ becomes), die kumulierte Rendite (Compound return), die Standardabweichung (Standard deviation) sowie das Sharpe-Ratio.

Strategy	10 000 $ becomes	Compound return	Standard deviation	Sharpe ratio
$25M <capitalization <$100M	4 176 424 $	15,45 %	30,44 %	44
High 1-yr rel. str., All Stocks	2 368 420 $	13,90 %	29,91 %	41
High Pbook, All Stocks	236 711 $	7,83 %	28,79 %	20
1-yr EPS ch>25 %, high rel. str., All Stocks	5 578 081 $	16,25 %	28,56 %	49
EPS higher than last year, best rel. str., All Stocks	6 890 629 $	16,84 %	28,19 %	52
High Pcfl, All Stocks	224 741 $	7,69 %	27,98 %	17
High PSR, All Stocks	64 220 $	4,53 %	27,79 %	8
High PE, All Stocks	368 197 $	8,97 %	26,75 %	23
ROE >15, high rel. str., All Stocks	7 582 171 $	17,10 %	26,59 %	54
High 5-yr EPS gain, All Stocks	534 963 $	9,94 %	26,57 %	27
50 highest 1-yr EPS gain, All Stocks	810 609 $	11,03 %	26,33 %	31
Low 1-yr rel. str., All Stocks	29 666 $	2,62 %	26,33 %	−1
High ROE, All Stocks	1 417 424 $	12,52 %	25,84 %	37
Low PSR, All Stocks	4 311 223 $	15,54 %	25,66 %	49
PSR <1, high rel. str., All Stocks	12 999 698 $	18,62 %	25,64 %	61
Cornerstone growth, All Stocks	12 552 352 $	18,52 %	25,41 %	61
Low Pbook, All Stocks	3 297 096 $	14,80 %	25,17 %	46
Low Pcfl, Large Stocks	2 476 780 $	14,02 %	24,97 %	43
Earnings yield >5, high rel. str., All Stocks	12 570 451 $	18,52 %	24,48 %	61
Low PE, All Stocks	1 198 019 $	12,07 %	24,43 %	34
$100M <capitalization <$250M	2 007 775 $	13,46 %	24,37 %	41
Low 1-yr EPS gain, All Stocks	1 033 974 $	11,68 %	23,42 %	36
Pbook <1, high rel. str., All Stocks	10 258 105 $	17,95 %	23,36 %	60
High Pbook, Large Stocks	583 955 $	10,17 %	23,06 %	27
Profit margin >20, best rel. str., All Stocks	2 230 164 $	13,74 %	23,02 %	42
Pbook <1,5, yield >mean, PE <mean, lowest Pcfl, All Stocks	4 624 623 $	15,73 %	22,85 %	52
High 1-yr rel. str., Large Stocks	2 717 072 $	14,28 %	22,24 %	47
5-yr EPS ch>mean, Pmargin>mean, EPS higher than last year, best rel. str., All Stocks	6 019 821 $	16,46 %	22,23 %	57
High Pcfl, Large Stocks	488 983 $	9,70 %	22,01 %	28
Yield >mean, positive rel. str., lowest PSR, All Stocks	5 753 941 $	16,34 %	21,98 %	52
EPS higher than last year, high rel. str., Large Stocks	3 191 986 $	14,72 %	21,95 %	48
ROE >15, high rel. str., Large Stocks	2 220 269 $	13,73 %	21,94 %	43
Small Stocks	2 022 787 $	13,48 %	21,81 %	44
High 5-yr EPS gain, Large Stocks	613 441 $	10,30 %	21,59 %	28
High PSR, Large Stocks	454 873 $	9,51 %	20,99 %	25
$250M <capitalization <$500M	2 042 964 $	13,50 %	20,92 %	46

Tab. 21.4: Die Tabelle ist die Fortsetzung von 21.1 und ordnet alle Strategien des Buches nach ihrem potentiellen Gesamtrisiko an (also danach, wie hoch ihre Standardabweichung war). Der Zeitraum ist der 31.12.1954 bis zum 31.12.1996. Angegeben sind der nominelle Endbetrag (10 000 $ becomes), die kumulierte Rendite (Compound return), die Standardabweichung (Standard deviation) sowie das Sharpe-Ratio.

Strategy	10 000 $ becomes	Compound return	Standard deviation	Sharpe ratio
High yield, All Stocks	840 162 $	11,13 %	20,91 %	34
High Pmargin, All Stocks	691 852 $	10,61 %	20,76 %	31
Low PE, Large Stocks	2 122 212 $	13,61 %	20,60 %	44
High PE, Large Stocks	429 753 $	9,37 %	20,38 %	26
Low PE, Large Stocks	2 175 915 $	13,67 %	20,36 %	47
1-yr EPS ch >mean, Pmargin >mean, EPS higher than last year, best rel. str., Large Stocks	2 639 136 $	14,20 %	20,19 %	47
Low 1-yr rel. str., Large Stocks	367 778 $	8,96 %	19,98 %	25
Market Leaders, low PE	3 017 323 $	14,56 %	19,93 %	50
Low Pcfl, All Stocks	3 076 821 $	14,61 %	19,78 %	51
United cornerstone strategies	7 583 097 $	17,10 %	19,50 %	66
All Stocks	*1 640 531 $*	*12,91 %*	*19,46 %*	*44*
Low Pbook, Large Stocks	2 775 184 $	14,33 %	19,40 %	52
PE <20, high rel. str., Large Stocks	3 581 736 $	15,03 %	19,05 %	54
Market Leaders, low Pcfl	4 078 918 $	15,39 %	19,00 %	57
PSR <1, high rel. str., Large Stocks	2 968 702 $	14,52 %	18,86 %	54
High ROE, Large Stocks	662 357 $	10,50 %	18,86 %	33
High 1-yr EPS gain, Large Stocks	400 758 $	9,19 %	18,83 %	25
$500M <capitalization <$1B	1 231 545 $	12,14 %	18,72 %	42
Low 1-yr EPS gain, Large Stocks	889 735 $	11,28 %	17,55 %	40
Cornerstone growth, Large Stocks	3 189 965 $	14,71 %	17,50 %	58
Market Leaders, high PE	599 558 $	10,24 %	16,69 %	34
High yield, Large Stocks	1 732 216 $	13,06 %	16,63 %	50
Market Leaders	1 921 677 $	13,34 %	16,59 %	50
Cornerstone value	3 625 789 $	15,06 %	16,47 %	62
S&P 500	971 901 $	11,51 %	15,96 %	39
High Pmargin, Large Stocks	716 131 $	10,90 %	15,81 %	36
Capitalization >$1B	985 177 $	11,55 %	15,77 %	41
Large Stocks	*981 782 $*	*11,54 %*	*15,72 %*	*41*
Intermediate-term bonds	152 806 $	6,71 %	6,70 %	17
90-day T-bills	99 854 $	5,63 %	2,71 %	0

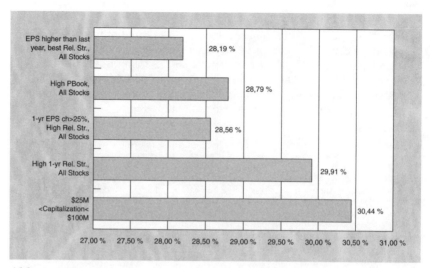

Abb. 21.3: Die Graphik zeigt die 5 Strategien mit den höchsten Risiken, also mit der höchsten Standardabweichung der Erträge. Dabei werden angegeben: Die Strategie „Gewinn pro Aktie höher als im Vorjahr, höchste relative Stärke aus Alle Aktien" (EPS higher than last year, best Rel. Str., All Stocks), die Strategie „Hohe KBVs, Alle Aktien" (High Pbook, All Stocks), die Strategie „Gewinnänderung des Vorjahres > 25 % und höchste relative Stärke aus Alle Aktien" (1-yr. EPSch > 25 %, High Rel. Str., All Stocks), die Strategie „Höchste relative Stärke aus Alle Aktien" (High 1-yr Rel. Str., All Stocks), sowie die Strategie „Marktkapitalisierung zwischen 25 Mio. US$ und 100 Mio. US$" ($25M < Capitalization < $100M). Zeitraum 1954 bis 1996.

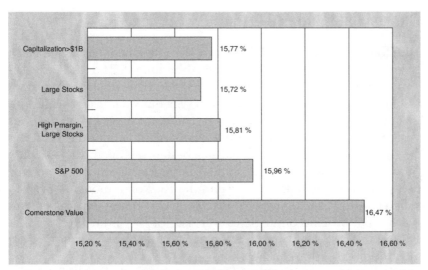

Abb. 21.4: Die Graphik zeigt die 5 Strategien mit den niedrigsten Risiken, also mit der niedrigsten Standardabweichung der Erträge. Dabei werden angegeben: Die Strategie „Marktkapitalisierung > 1Mrd. US$" (Capitalization > $1B), die Strategie „Große Aktien" (Large Stocks), die Strategie „Hohe Profitraten aus Große Aktien" (High Pmargin, Large Stocks), die Strategie „S&P 500 Index" sowie die „Meilenstein"-Wertstrategie (Cornerstone Value). Zeitraum 1954 bis 1996.

Der risikoadjustierte Ertrag

Die Tabellen 21.5 und 21.6 ordnen die einzelnen Strategien nach Sharpe-Ratio an, analog stellen die Abbildungen 21.5 und 21.6 diejenigen fünf Strategien mit den niedrigsten bzw. höchsten risikoadjustierten Erträgen dar. Faktisch sind dies die wichtigsten Auflistungen von allen, da sie den relevanten Ertrag mit Berücksichtigung des Risikos ins Zentrum stellen. Ein gutes Beispiel ist hier der Kauf der 50 Aktien aus „Alle Aktien" mit der besten relativen Stärke. Diese Strategie liegt zwar in der absoluten Betrachtung vor der Referenz, fällt jedoch deutlich dahinter, wenn die Risikokomponente berücksichtigt wird. Risikoadjustierte Erträge geben Ihnen den besten Anhaltspunkt, ob eine Strategie es wert ist, ihr bei ihrer Berg-und-Tal-Fahrt zu folgen. Das Sharpe-Ratio zeigt Ihnen, wie Sie am meisten aus Ihrem Ersparten machen können.

Die kombinierte Wachstums- und Wertstrategie bietet den höchsten risikoadjustierten Ertrag aller untersuchten Strategien. Dieser Ansatz ist durch ein Sharpe-Ratio von 66 gekennzeichnet und liegt damit um 50% über „Alle Aktien" mit einem Wert von 43, obwohl das Risiko nahezu identisch ist. Dieser Ansatz ist Anlegern mit durchschnittlicher Risikoneigung wie auf den Leib geschneidert. Er umfaßt Wachstumswerte und Blue Chips und ist somit ein exzellenter Weg, Ihr Portfolio zu diversifizieren.

Sämtliche Ansätze mit den besten risikoangepaßten Erträgen beinhalten eine oder mehrere Determinanten aus der Sphäre der Wertkennzahlen. Wertorientierte Kennziffern spielen hier die Rolle wie eine Anstandsdame auf einem Fest: Sie verhindern, daß Sie sich blindlings und ungestüm auf eine sexy Aktie mit einer blumigen Geschichte stürzen. So wird Ihnen vielleicht etwas kurzfristiger Spaß vorenthalten, auf lange Sicht bleibt Ihnen aber eine ganze Menge Ärger erspart. Diese Restriktionen verhindern, daß Sie jemals zuviel für eine Aktie bezahlen. Außer den Aktien aus der „Meilenstein"-wertorientierten Strategie sind die meisten Titel, die aus den Top-Strategien resultieren, keine allseits bekannten Standardwerte. Vielmehr sind die ausgewählten Aktien Arbeitspferde statt hochdekorierte bekannte Vollblüter. Natürlich finden sich immer Käufer für Aktien, die regelmäßig in den Wirtschaftsgazetten besprochen werden und deren Vorstandssprecher wie Stars behandelt werden. Dies treibt allerdings gelegentlich die Kurse in Höhen, die für den Anleger in der Zukunft nichts als Enttäuschungen parat haben. Die meisten der von den Qualitätsstrategien ausgewählten Aktien sind eher unspektakuläre Namen wie in Deutschland vielleicht eine Linde AG

oder in den USA eine Badger Meter Inc. Erwarten Sie nicht, deren Vorstandvorsitzende in nächster Zukunft auf den Titelseiten der Wirtschaftsmagazine zu sehen. Möglicherweise finden Sie aber Berichte über Firmen mit den schlechtesten risikoadjustierten Erträgen in sämtlichen Zeitungen.

Vier der fünf schlechtesten Strategien nehmen Aktien in ihr Depot, die die höchsten Kurs-Umsatz-Relationen, die höchsten KCVs, die höchsten KBVs oder die höchsten Kurs-Gewinn-Verhältnisse mitbringen. Für Anteilsscheine dieser glamourösen Firmen werden Kurse verlangt, die darauf hindeuten, daß deren Käufer wirklich davon ausgehen, daß Bäume in den Himmel wachsen. Natürlich mag eine Nord Ressources Inc. eine Perle an Minenaktie sein, aber ist sie wirklich das 2120fache ihrer Einnahmen wert? In diesem Einzelfall mag das sogar sein, aber die gesamte Klasse derartiger Aktien ist es mit Sicherheit nicht. Also Finger weg!

Auf risikoadjustierter Basis ist die unerfreulichste Strategie, die 50 Aktien zu kaufen, die auf Jahresbasis die schlechteste relative Stärke, also das schlechteste Kurs-Momentum, aufweisen. Das Sharpe-Ratio nimmt einen negativen Wert an, weil es dieser Strategie nicht einmal gelingt, über die gut 40 Jahre der Studie die T-Bills (kurze festverzinsliche US-Staatstitel, Anm. des Übersetzers) zu schlagen. Wollen Sie am anderen Ende der Skala landen, kaufen Sie Aktien mit niedrigen Kurs-Umsatz-Relationen. Vermeiden Sie jedoch unter allen Umständen, die Verlierer des Vorjahres zu kaufen, auch deren zukünftige Entwicklung verspricht nichts Gutes.

Tab. 21.5: Die Tabelle ordnet alle Strategien des Buches nach ihrem Sharpe-Ratio, also nach ihrem risikoadjustierten Gesamtertrag, an. Der Zeitraum ist der 31.12.1954 bis zum 31.12.1996. Angegeben sind der nominelle Endbetrag (10 000 $ becomes), die kumulierte Rendite (Compound return), die Standardabweichung (Standard deviation) sowie eben das Sharpe-Ratio.

Strategy	10 000 $ becomes	Compound return	Standard deviation	Sharpe ratio
United cornerstone strategies	7 583 097 $	17,10 %	19,50 %	66
Cornerstone value	3 625 789 $	15,06 %	16,47 %	62
PSR <1, high rel. str., All Stocks	12 999 698 $	18,62 %	25,64 %	61
Cornerstone growth, All Stocks	12 552 352 $	18,52 %	25,41 %	61
Earnings yield >5, high rel. str., All Stocks	12 570 451 $	18,52 %	24,48 %	61
Pbook <1, high rel. str., All Stocks	10 258 105 $	17,95 %	23,36 %	60
Cornerstone growth, Large Stocks	3 189 965 $	14,71 %	17,50 %	58
5-yr EPS ch >mean, Pmargin >mean, EPS higher than last year, best rel. str., All Stocks	6 019 821 $	16,46 %	22,23 %	57
Market Leaders, low Pcfl	4 078 918 $	15,39 %	19,00 %	57
ROE >15, high rel. str., All Stocks	7 582 171 $	17,10 %	26,59 %	54
PE <20, high rel. str., Large Stocks	3 581 736 $	15,03 %	19,05 %	54
PSR <1, high rel. str., Large Stocks	2 968 702 $	14,52 %	18,86 %	54
EPS higher than last year, best rel. str., All Stocks	6 890 629 $	16,84 %	28,19 %	52
Pbook <1,5, yield >mean, PE >mean, lowest Pcfl, All Stocks	4 624 623 $	15,73 %	22,85 %	52
Yield >mean, positive rel. str., lowest PSR, All Stocks	5 753 941 $	16,34 %	21,98 %	52
Low Pbook, Large Stocks	2 775 184 $	14,33 %	19,40 %	52
Low Pcfl, All Stocks	3 076 821 $	14,61 %	19,78 %	51
Market Leaders, low PE	3 017 323 $	14,56 %	19,93 %	50
High yield, Large Stocks	1 732 216 $	13,06 %	16,63 %	50
Market Leaders	1 921 677 $	13,34 %	16,59 %	50
1-yr EPS ch >25 %, high rel. str., All Stocks	5 578 081 $	16,25 %	28,56 %	49
Low PSR, All Stocks	4 311 223 $	15,54 %	25,66 %	49
EPS higher than last year, high rel. str., Large Stocks	3 191 986 $	14,72 %	21,95 %	48
High 1-yr rel. str., Large Stocks	2 717 072 $	14,28 %	22,24 %	47
Low PSR, Large Stocks	2 175 915 $	13,67 %	20,36 %	47
1-yr EPS ch >mean, Pmargin >mean, EPS higher than last year, best rel. str., Large stocks	2 639 136 $	14,20 %	20,19 %	47
Low Pbook, All Stocks	3 297 096 $	14,80 %	25,17 %	46
$250M <capitalization <$500M	2 042 964 $	13,50 %	20,92 %	46
$25M <capitalization <$100M	4 176 424 $	15,45 %	30,44 %	44
Small Stocks	2 022 787 $	13,48 %	21,81 %	44
Low PE, Large Stocks	2 122 212 $	13,61 %	20,60 %	44
All Stocks	*1 640 531 $*	*12,91 %*	*19,46 %*	*44*
Low Pcfl, Large Stocks	2 476 780 $	14,02 %	24,97 %	43
ROE >15, high rel. str., Large Stocks	2 220 269 $	13,73 %	21,94 %	43
Profit margin >20, best rel. str., All Stocks	2 230 164 $	13,74 %	23,02 %	42

Tabelle 21.6: Die Tabelle ist die Fortsetzung von 21.5, sie ordnet alle Strategien des Buches nach ihrem Sharpe-Ratio, also nach ihrem risikoadjustierten Gesamtertrag, an. Der Zeitraum ist der 31.12.1954 bis zum 31.12.1996. Angegeben sind der nominelle Endbetrag (10 000 $ becomes), die kumulierte Rendite (Compound return), die Standardabweichung (Standard deviation) sowie eben das Sharpe-Ratio.

Strategy	10 000 $ becomes	Compound return	Standard deviation	Sharpe ratio
$500M <capitalization <$1B	1 231 545 $	12,14%	18,72%	42
High 1-yr rel. str., All Stocks	2 368 420 $	13,90%	29,91%	41
$100M <capitalization <$250M	2 007 775 $	13,46%	24,37%	41
Capitalization >$1B	985 177 $	11,55%	15,77%	41
Large Stocks	*981 782 $*	*11,54%*	*15,72%*	*41*
Low 1-yr EPS gain, Large Stocks	889 735 $	11,28%	17,55%	40
S&P 500	971 901 $	11,51%	15,96%	39
High ROE, All Stocks	1 417 424 $	12,52%	25,84%	37
Low 1-yr EPS gain, All Stocks	1 033 974 $	11,68%	23,42%	36
High Pmargin, Large Stocks	716 131 $	10,90%	15,81%	36
Low PE, All Stocks	1 198 019 $	12,07%	24,43%	34
High yield, All Stocks	840 162 $	11,13%	20,91%	34
Market Leaders, high PE	599 558 $	10,24%	16,69%	34
High ROE, Large Stocks	662 357 $	10,50%	18,86%	33
50 highest 1-yr EPS gain, All Stocks	810 609 $	11,03%	26,33%	31
High Pmargin, All Stocks	691 852 $	10,61%	20,76%	31
High Pcfl, Large Stocks	488 983 $	9,70%	22,01%	28
High 5-yr EPS gain, Large Stocks	613 441 $	10,30%	21,59%	28
High 5-yr EPS gain, All Stocks	534 963 $	9,94%	26,57%	27
High Pbook, Large Stocks	583 955 $	10,17%	23,06%	27
High PE, Large Stocks	429 753 $	9,37%	20,38%	26
High PSR, Large Stocks	454 873 $	9,51%	20,99%	25
Low 1-yr rel. str., Large Stocks	367 778 $	8,96%	19,98%	25
High 1-yr EPS gain, Large Stocks	400 758 $	9,19%	18,83%	25
High PE, All Stocks	368 197 $	8,97%	26,75%	23
High Pbook, All Stocks	236 711 $	7,83%	28,79%	20
High Pcfl, All Stocks	224 741 $	7,69%	27,98%	17
Intermediate-term bonds	152 806 $	6,71%	6,70%	17
High PSR, All Stocks	64 220 $	4,53%	27,79%	8
90-day T-bills	99 854 $	5,63%	2,71%	0
Low 1-yr rel. str., All Stocks	29 666 $	2,62%	26,33%	−1

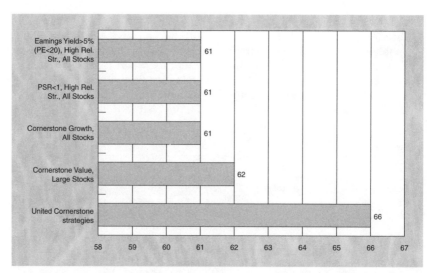

Abb. 21.5: Die Graphik stellt die 5 Strategien mit den höchsten Sharpe-Ratios, also den höchsten risikoadjustierten Erträgen, vor. Dabei werden angegeben: Die Strategie „Dividendenrendite > 5, d.h. KGV < 20, und höchste relative Stärke aus Alle Aktien" (Earnings Yield > 5, PE < 20, High Rel. Str., All Stocks), die Strategie „KUV < 1 und höchste relative Stärke aus Alle Aktien" (PSR < 1, High Rel. Str., All Stocks), die „Meilenstein"-Wachstumsstrategie (Cornerstone Growth, All Stocks), „Meilenstein"-Wertstrategie aus „Große Aktien" (Cornerstone Value, Large Stocks) sowie die kombinierte Wachstums- und Wertstrategie (United Cornerstone Strategies). Zeitraum: 1954 bis 1996.

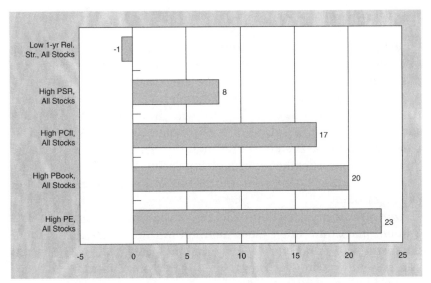

Abb. 21.6: Die Graphik stellt die 5 Strategien mit den niedrigsten Sharpe-Ratios, also den niedrigsten risikoadjustierten Erträgen, vor. Dabei werden angegeben: Die Strategie „Niedrigste relative Stärke aus Alle Aktien" (Low 1-yr. Rel. Str., All Stocks), die Strategie „Hohe KUVs, Alle Aktien" (High PSR, All Stocks), die Strategie „Hohe KCVs, Alle Aktien" (High PCfl, All Stocks), die Strategie „Hohe KBVs, Alle Aktien" (High Pbook, All Stocks), sowie die Strategie „Höchste KGVs aus Alle Aktien" (High PE, All Stocks). Zeitraum: 1954 bis 1996.

Implikationen

Unter Berücksichtigung aller relevanten Größen wie Risiko, Ertrag und anteilig gewonnene Perioden ist in der Gesamtwertung die „Meilenstein"-Kombinationsstrategie aus Wachstums- plus Wertansatz die Nummer eins. Über die gesamten 42 Jahre erbringt dieser Ansatz fast fünfmal so hohe Erträge wie „Alle Aktien" und rentiert somit mit 17,10 % p.a., also um 4,19 % höher als „Alle Aktien". Das damit verbundene Risiko ist aber nahezu identisch. Dabei geht die Strategie außerordentlich konstant zur Sache: Sie schlägt ihre Referenz in 80 % aller Einzeljahre und in 100 % aller rollierenden Zehnjahresperioden.

Diese Strategie erreicht ihr Ziel durch die Kombination von 50 % großen, marktführenden Unternehmen mit hohen Dividendenrenditen und 50 % Aktien von Unternehmen aus „Alle Aktien" mit konstantem Gewinnwachstum, niedrigen Kurs-Umsatz-Verhältnissen und hoher relativer Stärke.

Sollten Sie eine andere Strategie einsetzen wollen, beschränken Sie sich auf Ansätze mit hohen risikoadjustierten Erträgen. Sehen Sie sich immer die historischen Aufzeichnungen an, bevor Sie der Versuchung erliegen, eine Modeaktie zum Vielfachen ihres Wertes zu kaufen. Erinnern Sie sich, daß die meisten dieser Aktien sich künftig auf der Verliererseite wiederfinden.

22 Wie Sie das meiste aus Ihrer Aktienanlage herausholen

Zu denken ist einfach. Zu handeln ist schwierig. So zu handeln, wie man denkt, ist das Schwierigste von allem.

Johann Wolfgang von Goethe

Anleger können von der taoistischen Lehre des Wu Wei vieles lernen. Der Taoismus ist eine der drei chinesischen Philosophien, die verschiedenste Denker über Jahrtausende geprägt haben. Wörtlich genommen bedeutet Wu Wei „zu handeln, ohne aktiv zu werden", sinngemäß bedeutet es jedoch: Dingen, die in einer bestimmten Weise passieren müssen, ihre freie Entfaltung zuzugestehen; nicht zu versuchen, eckige Bauklötze in runde Öffnungen zu zwingen. Unterlassen Sie den Versuch der Quadratur des Kreises und dabei unnötige und vergebliche Cleverness an den Tag zu legen. Verstehen und akzeptieren Sie die Natur eines Kreises, und nützen Sie diese für sich. Der Denkansatz aus der westlichen Hemisphäre, der dem am nächsten kommt, ist Wittgensteins Maxime, „nicht nach der Bedeutung sondern nach dem Nutzen einer Sache zu suchen".

Für Sie als Anleger bedeutet das, sinnvolle Strategien einfach anzuwenden. Hinterfragen Sie diese nicht permanent ohne Not. Gleichzeitig bedeutet dies, die Strategien nicht sofort über Bord zu werfen, wenn sie zeitweise erwartungsgemäß schlechte Phasen durchlaufen. Versuchen Sie, das Wesen Ihrer Strategie zu verstehen, und lassen Sie sie für sich arbeiten. Verständlicherweise ist dies der schwierigste von Ihnen erwartete Teil. Es ist so gut wie unmöglich, das eigene Ego aus Entscheidungen herauszuhalten, doch ist eine emotionslose Haltung zu Ihrer Geldanlage der wirklich einzige Weg, über einen längeren Zeitraum den Markt zu schlagen. Auch ist es außergewöhnlich diffizil, dem Prinzip des eingangs vorgestellten „Ockhamschen Rasierers" konsequent zu folgen, also ohne Finessen und Verkomplizierungen einer einfachen, aber schlagkräftigen Strategie die Treue zu halten. Nach wie vor lieben wir es nämlich, einfache Dinge komplex zu machen, uns von spannenden Geschichten

verführen zu lassen, Anlageentscheidungen auf Tips hin und auf Einzelfallbasis ohne Rücksicht auf die Strategie zu treffen. Da nimmt es kaum Wunder, daß der S&P 500 Index 80 % der traditionell gemanagten Investmentfonds regelmäßig schlägt.

Lassen Sie mich Ihnen dazu eine taoistische Geschichte erzählen: Eines Tages steht ein Mann am Rande eines Wasserbeckens, das von einem riesigen Wasserfall gespeist wird, als er plötzlich einen alten Mann bemerkt, der von den schäumenden Fluten des Wasserfalls herumgewirbelt wird. Als er zu der Stelle eilt, um den alten Mann zu retten, ist dieser bereits aus dem Becken geklettert und geht mit einer ruhigen Melodie auf den Lippen seines Weges. Als der junge Mann den Alten eingeholt hat, fragt er ihn erstaunt nach dem Geheimnis seiner Rettung. Völlig unaufgeregt erklärt ihm der alte Mann, daß er von Kindesbeinen an diese Übung praktiziert und sie nunmehr perfekt beherrscht und sich somit seines Erfolges sicher sein kann: „Ich tauche mit dem Wasser unter, aber es zieht mich auch wieder mit nach oben. Ich lasse mich treiben und vergesse mich dabei völlig. Der einzige Grund, warum ich überlebe, ist der, daß ich mich der überlegenen Kraft des Wassers nicht widersetze."

Der Markt ist wie eben dieses Wasser. Demjenigen, der versucht, gegen ihn anzukämpfen, wird er eine harte Zeit bescheren, denjenigen, der sein Wesen akzeptiert, wird er jedoch auf eine wunderbare Reise führen. Wie in der Geschichte sind aber auch hier bestimmte Schwimmübungen unerläßlich. Sie dürfen nicht einfach hineinspringen; Sie benötigen auch hier bewährte Regeln. Die 45 Jahre unserer Studie zeigen, daß Sie die folgenden Regeln beherzigen sollten, wenn Sie am Markt Erfolg haben wollen.

Verwenden Sie immer Strategien

Sie werden niemals langfristigen Erfolg haben, wenn Sie einzelne Aktien kaufen, weil diese gerade eine gute Geschichte zu erzählen haben. Für gewöhnlich sind dies gerade die Aktien, die über die gesamten 45 Jahre die schlechteste Erfolgsbilanz ausweisen. Über diese Aktien spricht jedermann, und jeder will sie haben. Folglich weisen sie regelmäßig astronomische KGVs, Kurs-Buchwert-Verhältnisse und Kurs-Umsatz-Relationen auf. Sie mögen kurzfristig sehr sexy sein, aber auf lange Sicht sind sie tödlich. Sie müssen diese Aktien meiden! Denken Sie immer in Strategien, nicht in Einzelaktien. Die Datenlage einer einzelnen Firma ist bedeutungslos, auch wenn sie durchaus überzeugend sein mag. Wenn Sie für sich herausgefunden haben, daß Sie nicht an Strategien festhalten können, fahren Sie immer noch besser, wenn Sie mit dem Großteil Ihres Geldes einen Indexfonds kaufen und den kleinen Rest, den Sie in Einzelaktien stecken, als Spielgeld betrachten.

Verwenden Sie nur langfristig getestet Strategien

Als ich selbst vor Jahren begann, Strategien zu überprüfen, dachte ich auch, daß eine Periode von 10 Jahren lange genug wäre, um die Schlagkraft einer Anlagestrategie beurteilen zu können. Diese Meinung war falsch. Die langfristigen Daten zeigen, daß man mindestens 25 Jahre heranziehen muß, um zu aussagefähigen Ergebnissen zu gelangen. Noch länger ist hier zugleich besser. Zum Beispiel schien der Erwerb von Aktien mit hohen Kurs-Buchwert-Verhältnissen für ganze 15 Jahre erfolgversprechend; die gesamte Bandbreite der Daten belehrt einen jedoch eines besseren. Auch hilft Ihnen ein langer Zeithorizont, die Höhen und Tiefen einer Strategie zu verstehen. Der Versuch, Strategien zu verwenden, die ihre Effektivität nicht über einen langen Zeitraum bewiesen haben, führt zwangsläufig zu Enttäuschungen. Die betreffenden Aktien wechseln, Branchen kommen in Mode, aber die grundsätzlichen Determinanten einer guten Anlage bleiben dieselben. Nur die gesamte Zeitspanne kann offenlegen, welche Faktoren gute Resultate erbringen.

Investieren Sie mit Konstanz

Konstanz ist das Erkennungszeichen wirklich großer Investoren, das sie vom grauen Durchschnitt unterscheidet. Selbst mit einer mittelmäßigen Strategie schlagen Sie die Anleger, die wild hin und herspringen, jede Entscheidung wieder in Zweifel ziehen und ihre Taktik permanent ändern. Versuchen Sie, Ihre Risikobereitschaft realistisch einzuschätzen, planen Sie Ihre Anlagepolitik langfristig, und bleiben Sie auf diesem Weg! Vielleicht haben Sie so auf Partys weniger Geschichten zu erzählen, Ihr Anlageerfolg wird aber deutlich besser sein. Erfolgreich zu investieren ist keine Zauberei, es ist ein eindeutiges Problem von Konstanz, Konsequenz und der Bereitschaft, langfristig erfolgreiche Strategien dauerhaft umzusetzen.

Trauen Sie den Zahlenverhältnissen

Einfache Zahlenverhältnisse, z.B. anteilig gewonnener Perioden, sind genauso vermeintlich langweilig wie erfolgversprechend. Das Wissen, wie oft und um wieviel eine Strategie den Markt schlägt, ist eine der schärfsten Waffen im Kampf um Performance. Dennoch wird sie nur zu selten eingesetzt. Sie haben das Zahlenmaterial nun in Händen; nützen Sie es!

Halten Sie sich von den riskantesten Strategien fern

Es gibt keinen (!) Grund, die riskantesten Strategien auszuprobieren. Diese werden Ihre Kampfeslust brechen und Sie, meistens am Tiefpunkt, zum Aufgeben zwingen. Wählen Sie unter den zur Verfügung stehenden hochrentierlichen Strategien diejenigen aus, die den höchsten risikoadjustierten Ertrag versprechen.

Stützen Sie sich immer auf mehrere Strategien

Es sei denn, Sie befinden sich unmittelbar vor Ihrer Pensionierung und beschränken sich folglich ausschließlich auf Strategien mit niedrigem Risiko, sollten Sie Ihr Depot mit unterschiedlichen Strategien diversifizieren. Wieviel Sie auf die jeweilige Strategie setzen, ist eine Funktion Ihrer Risikobereitschaft; dennoch sollten Sie immer wachstumsorientierte und substanzorientierte Strategien miteinander kombinieren, um sich von den unvermeidlichen Modeerscheinungen an der Wall Street unabhängig zu machen. Verbinden Sie diese Ansätze, um den Markt konstant zu schlagen, ohne das Gesamtrisiko zu erhöhen.

Setzen Sie Mehrfaktorenmodelle ein

Zwar zeigt die Analyse, daß es einzelne Faktoren gibt, die der Markt belohnt, während er andere bestraft. Doch werden Sie stets bessere Ergebnisse erzielen, wenn Sie zur Konstruktion Ihres Portfolios mehrere Faktoren heranziehen. Die Erträge steigen, und das Risiko fällt. Verlangen Sie von Ihren Aktien, daß diese mehrere Hürden nehmen, bevor sie auf die Kaufliste kommen.

Bestehen Sie auf Konstanz

Falls Sie keine Zeit haben, sich ein eigenes Depot aufzubauen und daher lieber in einen Publikumsfonds investieren, sollten Sie sich auf diejenigen beschränken, die sich durch die Konsistenz ihrer Anlagepolitik auszeichnen. Wie beschrieben folgen auch viele der Fondsmanager bei der Aktienauswahl viel zu sehr Einzelentscheidungen oder ihrem Gefühl. Sie implementieren keine Kontrollmechanismen, die absichern, daß ihre Entscheidungen langfristig zum Erfolg führen. Zu oft basieren die getroffenen Entscheidungen auf Hoffnung statt auf Erfahrung. Sie haben auch kaum die Möglichkeit, von außen zu beurteilen, wie Ihr Geld genau verwaltet wird und ob etwaige Anlageerfolge auf temporäres Glück oder auf eine konsistente Strategie zurückzuführen sind. Spielen Sie hier kein Glücksspiel, sondern verlassen Sie sich besser auf einen der zahlreichen Fonds, die eine klar definierte Strategie konsequent einsetzen. Für mich war der Anlaß, einen Investmentfonds zu gründen, die durch die Studie gefundene herausragende Schlagkraft des langfristigen Ansatzes. Die O'Shaughnessy-Fonds bieten Ihnen verschiedene der besten Strategien, die konsequent und ohne Möglichkeit einer Abweichung von den Grundsätzen umgesetzt werden. Mit zunehmend zur Verfügung stehendem langfristigem Datenmaterial ist es wahrscheinlich, daß es künftig mehr Fonds geben wird, die eine klare, über lange Zeit erfolgversprechende Philosophie verwenden. Sie dürfen und müssen darauf bestehen, daß das Management Ihres Fonds eine klar definierte Strategie artikuliert und diese deckungsgleich umsetzt.

Der Aktienmarkt ist kein Zufallsgeschehen

Abschließend kann man zu keinem anderen Schluß gelangen, als daß der Markt Gesetzmäßigkeiten und einer nachvollziehbaren Ordnung folgt. Weit entfernt von einem chaotischen und zufälligen Auf und Ab bestraft der Markt regelmäßig bestimmte Strategien, während er andere honoriert. Wie von Benjamin Graham gefordert, können wir nunmehr konkrete Aussagen über die Bewegungen am Aktienmarkt und deren Abhängigkeit von gewissen definierten Kriterien machen. Wir müssen uns an der Geschichte orientieren und nur Strategien vertrauen, die über eine lange Zeit bewiesen haben, daß sie erfolgreich sind. Wir wissen jetzt, welche Ansätze wertvoll sind und was an der Wall Street (und anderen Börsen) zum Erfolg führt. Was uns bleibt, ist, dieses Wissen auch einzusetzen.

Anhang: Methodisches Vorgehen

*Ich mache es mir zur Regel, immer nach dem zu suchen, was andere
ignorieren.*

Marshall McLuhan

Datenmaterial

Sämtliche Daten auf Jahresbasis entstammen der Compustat Datenbasis, eingeschlossen die Aktien, die aus welchen Gründen auch immer aus der Datenbasis entfernt wurden. Diese Daten sind bei Compustat PC Plus mit *C und *R gekennzeichnet. Alle relevanten Daten für die Periode von 1950 bis 1974 wurden in das O'Shaughnessy
Capital Management Inc. EDV-System eingespielt. Die darauf folgenden Jahre entnahmen wir verschiedenen Compustat PC Plus
Datensammlungen auf CD.

Zeithorizont

Wir untersuchten die 46 Jahre von 31.12.1950 bis 31.12.1996. Aufgrund der methodisch saubereren unterstellten Verzögerung beim Da-
teneingang (wir hatten dies eingangs detailliert beschrieben) konnten wir zahlreiche Tests erst am 31.12.1951 und alle Tests, die Fünfjahresdaten (wie Fünfjahres-Gewinnwachstum) benötigten, erst am
31.12.1954 beginnen lassen. Ab 1994 konnten wir Real-Time-Daten-
material einsetzen, und somit war eine unterstellte Zeitverzögerung
beim Eintreffen von Neuigkeiten nicht mehr nötig; es sind also alle
Angaben ab 31.12.1994 Angaben für Echtzeit-Portfolios.

Grundgesamtheit

Wir berücksichtigen nur Aktien, die ohne nennenswerte Liquiditäts-
probleme erworben werden können. Wir untersuchten dabei *durchschnittlich große* Aktien und *große* Aktien. Nach Rücksprache mit zahlreichen institutionellen Investoren setzten wir eine Mindest-Markt-
kapitalisierung von inflationsbereinigt 150 Mio. US$ voraus, um tat-

sächlich Handelbarkeit zu gewährleisten. Um den enormen Einfluß der Inflation seit 1950 herauszurechnen, benutzten wir einen Fünf-jahres-Durchschnitt von deflationierten 150 Mio. US$ und paßten diesen alle 5 Jahre an. Es ergaben sich folgende Minima:

31.12.1951 bis 31.12.1954	27 Mio. US$
31.12.1955 bis 31.12.1958	27 Mio. US$
31.12.1959 bis 31.12.1963	28 Mio. US$
31.12.1964 bis 31.12.1968	31 Mio. US$
31.12.1969 bis 31.12.1973	34 Mio. US$
31.12.1974 bis 31.12.1978	44 Mio. US$
31.12.1979 bis 31.12.1983	64 Mio. US$
31.12.1984 bis 31.12.1988	97 Mio. US$
31.12.1989 bis 31.12.1993	11 Mio. US$
31.12.1994 bis 31.12.1996	150 Mio. US$

Alle Aktien mit einer derart inflationsbereinigten Marktkapitalisierung von mehr als 150 MIO. US$ werden im Buch in die sogenannte Gruppe „Alle Aktien" aufgenommen. Wir wollten auch zu Aussagen über hochkapitalisierte Aktien gelangen, da viele Fondsmanager aus dieser Gruppe auswählen, und definierten daher die zweite Referenzgruppe „Große Aktien" derart, daß die Marktkapitalisierung dieser Titel in jedem Jahr über dem Mittelwert der Datensammlung liegen muß. Im Regelfall waren dies die oberen 16 % aller Aktien, während die Gruppe „Alle Aktien" die oberen 50 % ausmachte.

Anlageergebnisse

Die Renditen auf Jahresbasis ermittelten wir nach folgender Formel:

$$\text{Gesamtertrag} = (\text{Aktienkurs}_{t+1}/\text{Aktienkurs}_{t}-1) + (\text{Jahresdividende}/\text{Aktienkurs}_{t})$$

Mit Aktienkurs$_{t+1}$ als Kurs am Ende des Jahres und Aktienkurs$_{t}$ als Aktienkurs am Beginn der Periode in der sich die Aktie bzgl. des Kriteriums für die Aufnahme qualifiziert hat. Jahresdividende ist hier die Dividendenzahlung für das Jahr des Tests. Beispiel: Aktie XYZ, die sich am 31.12.1960 für eine Strategie mit niedrigem KGV qualifiziert hat. Der Preis am 31.12.1960 lag bei 10 US$ (Aktienkurs$_{t}$), am 31.12.1961 war sie 15 US$ wert (Aktienkurs$_{t+1}$). Im Jahr der Untersuchung, also 1961, wurde 1 US$ Dividende gezahlt. Die Rechnung sähe folgendermaßen aus:

Gesamtrendite = (15$/10$ −1) + (1$/10$) = 0,5 + 0,1 = 0,60

Die Gesamtrendite wäre also 60 % p.a.

Ab 1994 benützen wir die von Compustat angebotene Gesamt-rendítenfunktion (Total Return, TRT1y). Diese Erträge werden auf Jahresbasis errechnet, wobei jedes Jahr auf Ausreißer überprüft wur-de. Alle Portfolios, außer in Kapitel 4, enthalten jeweils 50 Aktien. Wenn eine Rendite für ein bestimmtes Papier nicht zu der gesamten Datenlage paßte oder einen Ausreißer darstellte, wurde dieser Wert entfernt. Der gesamte Ertrag wird geringfügig unterschätzt, da in der Periode 1951 bis 1994 die Dividendeneinnahmen nicht monatlich reinvestiert worden waren. Alle Aktien waren in Dollarbeträgen gleichgewichtet. Das bedeutet, wenn eine Aktie die *schwere* IBM ist und die andere das Leichtgewicht Terra Industries, würden dennoch bei z.B. einem 100 000 US$-Depot mit 10 Aktien in jede dieser Ak-tien 10 000 US$ investiert. Die Depots wurden nicht um etwaige Korrelationen durch geographische Lage der Unternehmen, Be-tafaktoren oder Branchenkorrelationen bereinigt. Die Angaben zu den Erträgen differieren je nach verwendeter Compustat Daten-CD geringfügig, da Standard & Poors die Daten permanent aktualisiert. Unsere Untersuchung, ob dieser Effekt substantiell ist, ergab, daß sich die Einflüsse über die Zeit ausgleichen.

Datendefinitionen

Jährlich erhobene Daten wurden mit einer Zeitverzögerung des Ein-treffens von 11 Monaten unterstellt. Dieses Vorgehen wählt man, um zu verhindern, daß man fiktiv Portfolios mit Daten konstruiert, die realiter noch gar nicht zur Verfügung stehen. Genau wählten wir Perioden zwischen 11 und 15 Monaten, um Jahresendeffekte zu berücksichtigen und Unternehmen aufnehmen zu können, die ein vom Kalenderjahr abweichendes Geschäftsjahr haben. Wir richte-ten unsere Anlageentscheidungen des 31.12. jeden Jahres nach Da-ten, die tatsächlich zu diesem Zeitpunkt zur Verfügung standen. Wir untersuchten dazu mehrere Compustat Jahres-Datensammlungen, um zu sehen, wann bestimmte Daten in der Realität eingetroffen sind, und wendeten dieses Wissen auf die vergangenen Perioden an. Ab 1994 werden nur noch Real-Time-Daten verwendet so daß eine derartige Zeitverzögerung obsolet geworden ist.

Es folgen noch Definitionen von Kenngrößen.

Umsatz: Jährlicher Nettoumsatz, um 15 Monate zeitverzögert.

Umlaufende Aktien: Die Anzahl aller ausstehenden Stammaktien zum Jahresende, ohne Vorzüge und Namensaktien, die um Aktiensplits bereinigt und ebenfalls um 15 Monate zeitverzögert wurden.

Potentieller Liquidationserlös: Der potentiell zu erzielende Wert bei einer Liquidation des Unternehmens für die Aktionäre. Dieser Wert wird um bevorrechtigte Ansprüche z.B. von seiten der Vorzugsaktionäre bereinigt. Wir benützen diesen Wert als Näherung für den Buchwert einer Unternehmung und unterstellen wiederum eine Zeitverzögerung von 15 Monaten.

Einnahmen vor außerordentlichen Posten: Die Einnahmen eines Unternehmens nach allen Ausgaben inklusive außerordentlicher Posten und Steuerrückstellungen, aber vor Rückstellungen für Dividendenzahlungen. Abschreibungen werden hier nicht berücksichtigt.

Jährliche Dividende pro Aktie zum Ex-Tag: Hier verwenden wir eine Zeitverzögerung von 11 Monaten und gehen von der Bardividende bereinigt um Aktiensplits aus. Wir rechnen hier die Zahlungen an Vorzugsaktionäre nicht ein, aber Sonderausschüttungen an die Aktionäre sind eingeschlossen. Die Daten entstammen Standard & Poors *Dividend Record* sowie Interactive Data Service, Inc.

Jährlicher Gewinn pro Aktie exklusive außerordentliche Posten: Stellt die regulären Gewinne pro Aktie bereinigt um außerordentliche Erträge und Aufwendungen sowie Abschreibungen dar. Wir gehen auch hier von einer Zeitverzögerung von 15 Monaten aus.

Jahresschlußkurs: Nicht zeitverzögert.

Vorsteuereinkommen: Operative und nicht operative Einnahmen vor Steuerrückstellungen ohne außerordentliche Erträge und ohne Berücksichtigung von Abschreibungen.

Adjustierungsfaktor: Ein Faktor um bei Aktiensplits eine Verkettung durchführen zu können.

Wertberichtigung und Amortisation: Jährlicher Wert, der z.B. die Abschreibung auf Kapitalgüter widerspiegelt.

Stichwortverzeichnis